说不尽的梅兰芳

刘祯——著

SHUOBUJIN
DE
MEILANFANG

河北出版传媒集团
河北教育出版社

图书在版编目（CIP）数据

说不尽的梅兰芳 / 刘祯著. -- 石家庄：河北教育出版社, 2024.10. -- ISBN 978-7-5545-8951-9

Ⅰ. K825.78

中国国家版本馆CIP数据核字第2024HY4738号

说不尽的梅兰芳

作　　者	刘　祯
策　　划	董素山
责任编辑	任晓霞　赵莉薇
装帧设计	牛亚勋
出版发行	河北出版传媒集团
	河北教育出版社　http://www.hbep.com
	（石家庄市联盟路705号，050061）
印　　制	保定市正大印刷有限公司
开　　本	787mm×1092mm　1/16
印　　张	32.25
字　　数	428千字
版　　次	2024年10月第1版
印　　次	2024年10月第1次印刷
书　　号	ISBN 978-7-5545-8951-9
定　　价	198.00元

版权所有，翻印必究

梅兰芳与福芝芳

1941年梅兰芳全家在香港（前排左起：梅葆玥、福芝芳、梅葆玖、梅兰芳。后排左起：梅绍武、梅葆琛）

目录

史论

梅兰芳表演理论及体系 003

一位艺术家口述史中之余叔岩 032

梅兰芳艺术精神与文化空间刍议 053

梅兰芳的表演革新与传统艺术精神 073

弘扬中华优秀传统文化，构建梅兰芳表演艺术体系 082

梅葆玖与京剧的传承发展 088

传播

梅兰芳与文化传播 097

格里格：「北欧的斯诺」及其眼里的梅兰芳与中国戏曲 120

梅兰芳1930年温哥华之行考述 139

21世纪回望梅兰芳「走出去」 162

梅兰芳：从「一代伶王」到「艺术劳动者」 173

立身行己,追求光明 334

雅音弦歌 338

交流互鉴,走向世界 342

《梅兰芳纪念馆藏拓片集》序 347

《梅兰芳祖籍考》序 352

《梅兰芳演出剧目的生成与递嬗》序 356

「梅兰芳艺术人生文丛」前言 360

《舞台生活四十年》后记 363

访谈

走向世界的梅兰芳 369

经典戏曲是「把米酿成酒」 390

走出去!让中国戏曲惊艳世界 400

文献

田汉致梅兰芳两封信的发现及交游考述 195

「五音泰斗」邓洪山致梅兰芳信的发现及其他 222

胡适与梅兰芳的交往推助戏曲跨文化传播 231

从景和堂到缀玉轩 243

俞振飞致梅兰芳信件、扇题诗与其他文献及释读 260

文献·记录与艺术·历史 276

梅兰芳和他的绘画艺术 285

序评

「他山之石」与梅兰芳戏剧的世界意义 315

《梅兰芳学刊》创刊词 326

梅兰芳的表演艺术 330

一脉梅香久 百年韵犹真 406

「梅澜芳华」展与梅兰芳纪念馆的学术型公共文化建构 414

《霸王别姬》对新时代表演艺术和创作的启示 446

后记

附录

梅兰芳名言 455

史论

梅兰芳表演理论及体系
——《舞台生活四十年》个案研究

一、梅兰芳表演体系之"待开垦"与《舞台生活四十年》

作为20世纪的京剧大师,梅兰芳留给后人的是一笔十分丰富和宝贵的艺术遗产,120周年双甲子的纪念就是要弘扬其艺术精神。梅兰芳的艺术成就和所奠定的地位,使得在他离世之后不乏各种规模与声势的纪念活动,照理说我们对梅兰芳及其艺术的认识、总结和研究应该有相当的积累和收获,而这些积累和收获也应该在京剧等传统艺术的传承和发展中发挥着积极和有效的作用。而事实上我们沉静下来,扪心把问,会发现很惭愧,已经到了梅兰芳诞辰双甲子之年,即便从他离世算起,也有50多年了,但我们对梅兰芳京剧艺术及其表演体系的总结和研究还处于很基础的阶段,这座京剧艺术的富矿还处于待开垦阶段,以至于形成了一种奇怪的现象:一方面许多学者声称找不到题目可做,另一方面梅兰芳京剧艺术及表演体系的研究又确确实实被"悬置"着。这是戏曲学者的缺席和失职,之所以造成这种失职和缺席,某种程度上又是由于梅兰芳身上所罩的那层光环包括对梅兰芳的认知方式误导和阻碍了学理学术的展开,在热闹的"纪念"之后是学术研究长时间的离席和沉默。而且,以往人们更关注和着眼梅兰芳作为京剧大师的表演艺术,实际上他的表演艺术与他对京剧深刻的理论认识有密不可分的关系。在理论上,梅兰芳也有很高的造诣,这得益于他的谦虚好学,周围凝聚了一批饱学之士,同时,也与他访日、访美、访苏接触他国戏剧艺术,思考、比较和升华自己对中国戏曲的认识理解密不可分。阅其《舞台生活四十年》,何尝不是在读一部以京剧实践为本的有关戏曲理论的力作呢。他的戏曲思想、创新意识和戏剧观念是20世纪戏曲理论的重要收获,这一领域的研究前景极其广阔,是一座待开垦的富矿。无疑,梅兰芳《舞台生活四十年》不唯是一部个人艺术生涯的回忆录,更是他戏曲表演理论的总结和宣言,是梅兰

▼ 14岁时的梅兰芳

芳表演体系的重要构成，其理论价值可以使人联想到 18 世纪德国莱辛之《汉堡剧评》。

素来梅兰芳于人们心中的思维定式是一位表演艺术家，杰出的京剧表演艺术家，这当然是正确的。但梅兰芳之所以成为梅兰芳，成为 20 世纪最杰出的京剧表演艺术家，还在于他不是只会唱戏、技艺精湛的表演艺术家，还是有极高文化素养、理论识见和世界眼光的戏曲表演理论家。所谓梅兰芳表演体系，是他舞台实践和理论认识双向趋一的结果，没有偏废，缺一不可，这也是梅兰芳在 20 世纪的独到之处，造就了梅兰芳表演体系。人们更多地也把梅兰芳体系与中国戏曲表演体系相提并论，作为中国戏曲表演体系的代表。[1] 梅兰芳的理论识见融入他的艺术革新和创造中，同时也有大量的理论文章、评论和讲座讲话等。1962 年中国戏剧出版社出版《梅兰芳文集》，其中，最能集中反映和代表梅兰芳艺术审美和理论见解的是《舞台生活四十年》。

关于《舞台生活四十年》"最初写作的动议"，梅兰芳提到是在 20 世纪 30 年代，但"那时我的工作重点还放在编剧和演出上，而且在艺术方面也还在探索前进的阶段，没有时间做这件事。因此，就辜负了他们的好意"[2]。30 年代梅兰芳南迁后开始和许姬传合作，"我们曾两度企图写成此书，但是由于精神上一直不能安定，所以都只是起了个头，就搁下来了"[3]。到了 1950 年 6 月间，梅兰芳同许姬传"在一次偶然的闲谈中，决定了我们以后写作的计划。预备采用细水长流的方法，我想到就说，他听到就记，这样，慢慢地累积起来，或者可以完成这个工作"[4]。黄裳的约请和催促，朋友们的鼓励，促使梅兰芳决定开始这部回忆录的写作。"写作的方法，是由我口述，姬传笔记，稿成寄给他的弟弟源来，由源来和几位老朋友再斟酌取舍，编整补充，最后交黄裳同志校看发表。我在天津表演期间，每夜回到旅馆就与姬传相对长谈，往往达旦。此后由津而京，南北往来，我们只要有机会就写。起初颇以为苦，渐渐成为习惯，也都感到兴趣了。虽然这一年中间，因为事情太忙，屡次停顿，我们的精神，却是始终一贯地重视着这件工作的。"[5] 从1950年10月16日起开始在《文汇报》发表，共连载190期。经进一步修改完善，于1952年、1954年由平明出版社先后出版第一、二两集，书名题"梅兰芳和舞台生活四十年"，成为当时的畅销书。第一、二集出版后梅兰芳接着写作的稿子，有的在《戏剧报》连载，有的在《文汇报》（香港版）连载，另外三章则未发表过。这些内容成为梅兰芳去世后文化部和中国剧协纪念梅兰芳系列活动中拟要出版《舞台生活四十年》的第三集。"文革"中第三集誊清稿件不幸遗失，后两章幸好在梅兰芳夫人福芝芳手中保管，又从旧报刊重新收集已发表部分，合为一起，但赴日本演出一章无可弥补，这就是《舞台生活四十年》的第三集，参与编纂的为许姬传和朱家溍，1981年3月由中国戏剧出版社出版。

从其三集目录，可以管窥其所谓四十年舞台生活之内容。这四十年，是梅兰芳艺术最为辉煌和灿烂的时代。作为一部演员的回忆录，家世、从艺经历和演出及表演经验总结等构成了其"回忆"的主体，这是人们印象中回忆录固有的写作模式。《舞台生活四十年》作为一部回忆录"反映出梅兰芳的成长过程和艺术经历，对于提高戏曲演员的艺术修养和指导创作实践，有重要的参考价值，同时也为中国戏曲表演体系和近代戏曲史的研究，提供了比较丰富的资料"[6]。这种评价应该代表了戏曲界对这部著作一种普遍的认识。

二、《舞台生活四十年》之戏曲史价值

近代戏曲发展，雅部昆曲的地位不再，代之而起的是各地地方戏

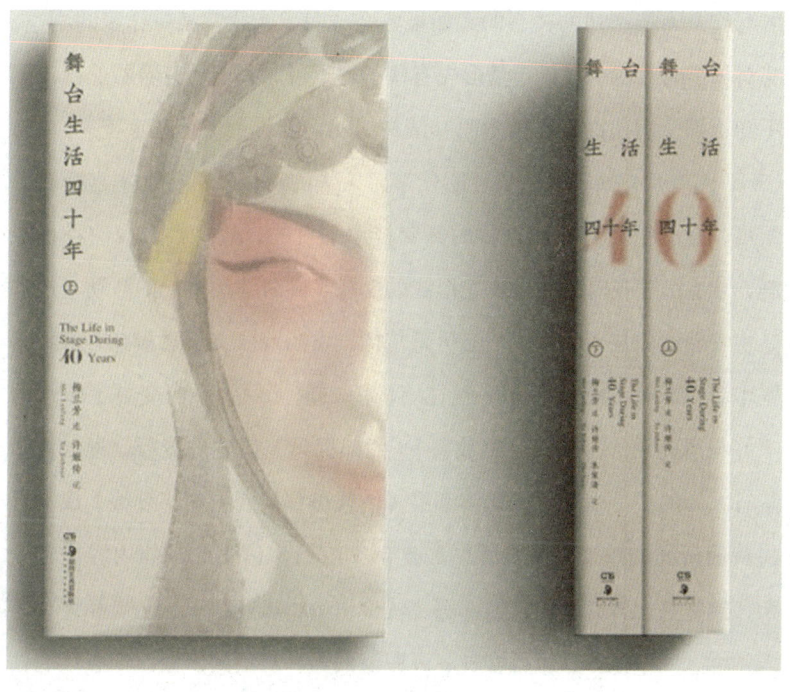

的蓬勃涌起，京剧成为它们的翘楚，傲立剧坛。这一时期它的一个显著特征就是表演艺术在戏曲格局中地位的凸显，传奇文本对于明清戏曲的地位意义逊退于地方戏面对芸芸众生的表演。表演是由演员完成的，而历来演员都是戏曲格局中最为正统势力所不屑和贬抑的对象，如朱权辈所污称的"娼夫""绿头巾"等。地方戏兴盛是民间艺术和民间思想意识的提升以及对戏剧主导权的获取，也在彻底改变着人们的戏曲观念，包括对演员的认识、演员地位的认识，所以近代戏曲史的研究，是以表演、演员为主要对象的。对于近代以来戏曲所发生的这种转折变化，郑振铎曾指出："惟一般的研究者，往往只知着眼于剧本和剧作家的探讨，而完全忽略了舞台史或演剧史的一面。不知舞台上的技术的演变和剧本的写作是有极密切的关系的。如果要充分明了或欣赏某一作家的剧本,非对那个时代的一般舞台情形先有些了解不可。我们研究希腊悲剧,能不知道那个时代的剧场情形吗?清初《劝善金科》、《莲花宝筏》(应为《升平宝筏》——笔者注)、《昭代箫韶》、《剑锋春秋》等大本宫廷戏的演出,是非需要有比较进步的舞台技术不可的。故舞台方面的种种限制,常支配着各时代的剧本之形式的变迁。同时,演员们的活动,也常是主宰着戏曲技术的发展。演员是传播、发扬戏曲文学之最有力者。读剧本者少,而看演戏者多。往往有因一二演员的关系而变更了听众的嗜好与风尚的。《卖马》《捉放曹》《四郎探母》诸剧的流行,程、谭辈是有大力的。"[7]也因此张次溪编纂《清代燕都梨园史料正续编》成为近代戏曲研究的重要文献典籍。而这部文献所辑诸书,虽然内容比较驳杂,侧重点也各有不同,但都围绕优伶演员、班社组织、艺事品评、艺人师承、风格流派、流行剧种、声腔演变等,对不同发展时期有代表性的著名演员,如魏长生、程长庚、谭鑫培等都有较为详尽的记述。郑振铎认为此文献的搜辑刊布,"研究演剧史得之,尚可有左右逢源之乐"。包括王芷章编辑的《升平署志略》,也是演剧方面的文献,在郑振铎看来,"合之此书,近代剧的演变,始能言矣"[8]。

徽、汉等地方声腔剧种和昆曲孕育了京剧,京剧在地方戏中脱颖而出,并进入了一个表演艺术炉火纯青的鼎盛时期。梅兰芳之前的京剧还是以生行为主的表演艺术,前有程长庚、余三胜、张二奎老生"三鼎甲",继有谭鑫培、孙菊仙、汪桂芬老生"新三鼎甲",长期称雄剧坛。梅兰芳所学为正工青衣,却不为其所拘,而是兼收并蓄,突破传统正工青衣只重唱工、不太讲究身段表情的不足,从人物的刻画和塑造出发,把花旦及刀马旦的技巧融会贯通,在京剧舞台上塑造了一批性格各异、光彩夺目的女性形象,赵艳容、西施、虞姬、杨玉环、白娘子、萧桂英、韩玉娘、穆桂英等等,成为"梅派"塑造的舞台代表人物。梅兰芳的艺术实践和革新探索，为旦行开辟了广阔的天地，使旦行后来居上，并始终成为京剧的主角。梅兰芳成为京剧艺术的杰出代表，梅兰芳个人的家世生平、学艺搭班、学画养鸽、整理新编、演出交流等等，是研究梅兰芳的第一手资料，尤其是他对自己剧中表演极其细致、生动的描写，在那个声像技术还不够普及的时代，具有无可替代的价值，是今人一笔无价的艺术财富。《舞台生活四十年》是梅兰芳个人的演艺演剧史，也是那个时代旦角艺术走向辉煌的历史，是中国京剧表演艺术臻于极盛的历史。

《舞台生活四十年》是梅兰芳个人回忆录，但他回忆所涉及的是那个时代京剧界和京剧演出、戏曲演出的方方面面，梅兰芳所记，可能比有些学者的研究更详更准。今天人们对京剧的传承与现状更为关注，这一问题其实早在20世纪50年代已显现。在梅兰芳看来每出戏不是只靠主角，配角也占有重要地位。想要避免"演员荒"，解决各方面的人才，就"要大量地培植，就非有一个很健全的机构不可"。而在这方面叶春善所办的喜连成，在梅兰芳看来它"从小规模做起，一直维持了三十几年，培养出许多各部门不同的人才，成为今天戏剧界的基本骨干，真是值得钦佩、表扬的。同时富连成的停办，也不可否认的是我们戏剧界的一个绝大的损失"[9]。萧长华是喜连成的老教师，其亲家叶春善是科班实际的全权主持，这样在萧长华的协助下，从喜连成创办到富连成科班的历史脉络，介绍得非常详细，尤详于叶春善办学精神和管理理念。梅兰芳认为这段历史"在近代戏剧教育史上说，是有他很重要的地位跟不可磨灭的功绩的"[10]。现在看，第五章《一个历史最悠久的科班》的史料价值更显珍贵，尤其对近代戏曲教育发展史。

在与梅兰芳合作的诸多演员中，他单列余叔岩和杨小楼为两章。《我和余叔岩合作时期》一章，以他与余叔岩合作为视角，对余叔岩家世、学艺、为人、演出等记述甚详。特别称道余叔岩倒仓后经过八九年极艰苦的锻炼,终于克服生理上的缺点,扭转乾坤,继承谭派,发展成为"余派"。梅兰芳认为:"演员首先要有一条好嗓子,才能在舞台上成为好角。所以演员的倒仓变嗓时期是一个关口,倒不过来,往往一蹶不振,沦为配角。但如果刻苦锻炼,在艺术上达到某种高峰程度,就能够克服生理上的缺点,扭转乾坤,成为影响不小的流派。余叔岩的艺术成就,正是一个很好的例子。"[11]所记天乐园看谭鑫培贴演《辕门斩子》后余叔岩琢磨其腔、在泼水的冰地上练功"起霸"跑圆场、宗谭而转益多师等等,非常具体细致,非常生动感人,也可以看出梅兰芳对同行的赏识和奖掖。对他与余叔岩"边排边改边演"的《梅龙镇》《打渔杀家》记述得更是细腻有加,包括演员之间舞台上的交流及对所扮人物体验的心理情绪都娓娓道出,有着最为生动、形象的记录。

梅兰芳与杨小楼同班合作有两次,在《与杨小楼合作时期》一章中,对他们默契的演出合作记述颇详,特别是他对杨小楼的演技极为赞赏。他们合作演出最多的是《长坂坡》,这也是他们合作的保留剧目,虽然剧中梅兰芳只演一个配角,但非常喜欢这出戏,更主要的还在于他认为杨小楼所饰的赵云表演很有感染力。"巡营"一段杨小楼的表演,梅兰芳认为:"这段表演实际只是向下场门和上场门两望而已,每次这个两望的身段,也是能得到全场观众喝彩的。""赵云巡视完毕回到'倒椅'上坐下,右脚踩在椅背上,以右拳支着头部,右肘放在右膝,闭眼表示假寐,这时刁斗声声,凄凉相应,出现了一尊威武持重的英雄造像,放在任何世界著名的雕塑面前,亦不减其光彩。"[12]我们知道梅兰芳中和持重,不轻易褒贬臧否他人,但对杨小楼所塑造的赵云具"雕塑美"的称赞,是艺术上的惺惺相惜,也是梅兰芳品格的反映。

梅兰芳之"回忆",不局限于个人的生平演艺,尤其不自我炫耀和卖弄,但自我和自我演艺又是一个触类旁通极好的媒质由头,他极专业的眼光和戏曲素养,使他的"回忆"呈现在人们眼前的是一种具有历史和文化内蕴的环境空间，这也使得他的"回忆"有历史感和文化气质。剧场舞台是演员的"立足"之地，与演员有密切关系，当然这方舞台同样是让人再熟悉不过的地方，也完全可以忽略它。但对于没有身临其境的观众，对后来的人来说，忽略会是一种历史和文化的流失，也是对演员演出最直接的消解，所以它又不是和"自我"完全游离的关系。《舞台生活四十年》有两章讲剧场戏台，一是第一集第四章《回忆四十年前的剧场》，一是第三集第七章《"承华社"时期》，两个时期的剧场也形成了鲜明的对比，梅兰芳对紫禁城戏台、会馆戏台、饭庄戏台、住宅院中戏台、住宅室内戏台、室内非正式的戏台、院中搭棚、搭台等记之甚细。梅兰芳说："这十余年中堂会戏，在我的舞台生活中占不小的比重，所以我觉得要把这种舞台的样式和效果以及有关文献写一写，也算提供戏曲史上一点资料吧。"[13]

梅兰芳重视地方戏，尤其对那些与京剧有历史渊源的地方戏情有独钟。他曾五次到汉口，很注重了解汉剧的历史和发展，在回忆中将与对方交流的内容详加记载，认为"汉剧跟京戏的确有血肉相连的关系，我们只要研究一下京戏的创始，就不难知道他们的渊源了。京戏的产生，是混合了徽、汉两种地方戏，再吸取一部分昆曲的精华，这样组织成功的"。谭鑫培唱念里带着"鄂音"，他撷取各家，自成一派，是京戏里汉派的继承人物。"许多汉剧的内容如剧情、场子、台词、剧名、服装和演员的基本动作等，都跟京戏一样，这足以证明它们相互间关系的密切了。"[14]

《舞台生活四十年》是梅兰芳的，也是京剧的，它所展示的是京剧表演艺术一部生动、形象和专业的历史，一个艺术家经典的回忆和个案。

三、《舞台生活四十年》之戏曲表演理论意义

梅兰芳以京剧表演艺术家身份著称,其《舞台生活四十年》人们亦以一种对待演员艺术家之"回忆录""谈艺录"等视之。这也是二十世纪五六十年代新中国成立后许多演员艺术家所做的,在那个缺乏声影技术的年代,无疑也是一种较好的传播、保留和传承方式。其实,细读《舞台生活四十年》不仅可以了解梅兰芳的身世、表演艺术,而且也可以看出梅兰芳之为一代大师的艺术修养、理论思维和其表演的体系性。

步入京剧时代,表演艺术凸显,文本意义有所消解,这也是当代一些戏剧学者对戏曲不以为意的主要原因。作为一个演员,他看重的是唱念做打基本功,靠过硬和精湛的功夫、技艺赢得观众,名噪梨园。看戏也好,听戏也罢,所留意和玩味的是表演和表演韵味,在其一招一式、一韵一顿,而剧情故事则都是人们耳熟能详、不必去细究的。京剧将中国戏曲的表演艺术推向了高峰,引领了20世纪观众的审美走向和趣味,也开启了京剧作为一种时代艺术的时尚之潮。

在那样的一种时代潮流中,作为一个演员是幸运的,有成者有很多可以骄傲和炫耀的资本。作为"四大名旦"之一的梅兰芳,不是自封的,也不是某人某个机构戴上的桂冠,而是那个对京剧艺术喜爱有加时代的观众投票选出的,体现着社会公众的认可和称许。梅兰芳成为"四大名旦"之一也是实至名归的,而他之所以被观众和时代推崇,当然是因为他的艺术,他在舞台上表演艺术的精湛是那个时代的人们所容易看到和理解的,但舞台表演艺术身段唱念之外的,却是很少有人关注的,本来也是可以和演员剥离的,而梅兰芳不是。梅兰芳的艺术,表演、身段是其形,思想观念和革新精神为其神,他的艺术、他的京剧、他的剧目、他的人物,在他那里是一个完整体,具有统一性,流贯着他的思想和审美,欧阳予倩称之为"美的创造者"。"美"是戏曲表演的崇高原

则,这一点梅兰芳特别重视,他指出:"中国的古典歌舞剧,和其他艺术形式一样,是有其美学的基础的。忽略了这一点,就会失去了艺术上的光彩。不论剧中人是真疯或者假疯,在舞台上的一切动作,都要顾到姿态上的美。"[15]而不能损害"美的条件"。在谈到赵艳容这一人物"三笑"之后,"有一个身段,是双手把赵高胡子捧住,用兰花式的指法,假做抽出几根胡须,一面向外还有表情。这个身段和表情,虽说是带一点滑稽意味,可是一定要做得轻松,过于强调了,就会损害到美的条件了"[16]。梅兰芳对京剧表演"姿态美""美的条件"的认识和追求,是追溯到中国的"美学的基础的"。此后在梅兰芳审美思维中,尤其是对青年艺术家成长都强调要注意辨别精、粗、美、恶,"我向来觉得这是一个艺术家一生艺术道路的重要关键"[17]。张庚分析道:"梅先生在表演中所给予观众的美感享受,因为是与剧情、与人物密切结合的,所以他虽然运用了高度的技巧,却仍是平易近人。""其所以这些人物都能给人以美感,就是在于他恰如其分地按人物的身份、年龄、性格而加以美化,一点不做作,一点不勉强,使存在在生活中的性格上、思想上、感情上、体态上那些零星没有系统的美经过了艺术的集中、突出,而大大鲜明起来,成了一个统一的美的形象的原故。"[18]

以美为原则,具有艺术完整性和统一性的眼光,梅兰芳予剧本以重要的位置,这也是梅兰芳的非凡之处,贯穿了他舞台艺术实践的一生。同样,这一点在《舞台生活四十年》有着清晰的体现。1951年4月16日梅兰芳在去武汉的火车上还在和大家讨论对《女起解》的修改,他认为:"关于《女起解》头场的辞别狱神,我已经早就免了跪拜。只是对着供桌行一个万福礼。现在我想把这层意思,根本推翻它。从状子上着想,修改反二黄的唱词和身段。经过大家一番探讨,把唱词方面最后两句老词'保佑我与三郎重见一面,我重修庙宇再塑金颜',改为'我这里将状子暗藏里面,到洪洞见大人也好申冤'。身段方面唱完

▼《宇宙锋》,梅兰芳饰赵艳容

末句,拿出状子看一看再揣入胸前,表示此番起解复审,要全靠这张状子来申冤了。并且对崇公道出了监狱就是搜查苏三,苏三躲开不让他搜的一个身段,也有了很明显的交代。"[19]演出后又纳谏从流,接受观众意见,认为"到洪洞"应改为"到太原"。[20]

《宇宙锋》是梅兰芳"功夫下得最深的一出",这出戏,徽、汉、梆子、皮黄都有演出。京剧完全是一出唱工戏,"身段、表情都简单而呆板,没有什么变化,场子也相当冷静,所以观众对它并不十分重视"。[21]梅兰芳对《宇宙锋》无论是全本还是《修本》《金殿》都进行了全面的修改,塑造出了京剧舞台熠熠生辉的赵艳容这一女性形象,这在《舞台生活四十年》有详细的记述。将梅兰芳改编演出本与他本比较,可以看出其进步。对此,黄裳《试论梅兰芳〈宇宙锋〉》一文,有详细的比较,兹不赘述。[22]这种成功,不仅是人物塑造和心理刻画的细腻,也不只是文本的改编,更是一种系统性和整体性戏剧观的发展,就是揭示赵艳容人物所具有的本质意义。这一点,梅兰芳借好友冯幼伟的口点题出来。冯幼伟与梅兰芳惺惺相惜,对《宇宙锋》也是非常称道的,他认为:"两千年前的封建时代,要真有这样一位'富贵不能淫,威武不能屈'的女子,岂不是一个大大的奇迹吗?"[23]赵艳容这样一个"奇迹"我们说何尝不是梅兰芳的呢!

《舞台生活四十年》显然不是一部理论著作,但它是一部有明确和系统戏曲发展和革新思想指导的艺术实践总结之作。梅兰芳的戏曲理论和主张,来自舞台实践和革新,也来自他自身文化、理论的修为和所具有的宏阔的世界戏剧眼光。中国戏曲表演和理论体系,具有浓郁的实践色彩,但这种理论总结和提升往往是由学者和理论家们去完成的。而梅兰芳的意义和不俗,正在于他也是中国戏曲表演体系理论的构建者,实践与理论两者的联系和区别,在梅兰芳这里得到很好的体现,这从《舞台生活四十年》亦可以管窥。梅兰芳艺术追求的美,具有形式美、姿态美，但又不是仅仅停留在相貌和外在的，而是与内在、精神、思想相一致的整体和中和之美。他对赵艳容这一人物"两种性质"表情的琢磨、理解即体现了他对人物内在、精神"难言之隐"的重视。[24] 梅兰芳指出："我对于舞台上的艺术，一向是采取平衡发展的方式，不主张强调某一部分的特点来的。这是我几十年来一贯的作风。"[25] "采取平衡发展的方式"是梅兰芳几十年来一贯的作风，也是他的理论主张，他这样要求自己，也这样看待和评价戏曲、戏曲表演。他认为："我心目中的谭鑫培、杨小楼这二位大师，是对我影响最深最大的，虽然我是旦行，他们是生行，可是我从他们二位身上学到的东西最多、最重要。他们二位所演的戏，我感觉很难指出哪一点最好，因为他们从来是演某一出戏就给人以完整的精彩的一出戏，一个完整的、感染力极强的人物形象。""在我心目中谭鑫培、杨小楼的艺术境界，我自己没有适当的话来说，我借用张彦远《历代名画记》里面的话，我觉得更恰当些。他说：'顾恺之之迹，紧劲联绵，循环超忽，调格逸易，风趋电疾，意存笔先，画尽意在。'谭、杨二位的戏确实到了这个份，我认为谭、杨的表演显示着中国戏曲表演体系，谭鑫培、杨小楼的名字就代表着中国戏曲。"[26] 这里，梅兰芳谈到"中国戏曲表演体系"，它是一种基于宏观和整体的思考、认识，而谭鑫培和杨小楼是他心目中所特别欣赏的演员，在梅兰芳看来他们的精彩不在某一点上，而是一种整体性，梅兰芳用了两个"完整"——"完整的精彩的一出戏""完整的感染力极强的人物形象"。所以，谭鑫培、杨小楼是中国戏曲的代表，这是梅兰芳作为一位表演艺术家的表达方式和话语思维。总结中国戏曲表演理论及构建这个体系，无疑，谭鑫培、杨小楼这样的一代大家的艺术都是需要我们认真归纳、抽绎和提炼的。如果对这样一批批艺术大家的表演艺术、理论总结和概括出来了，那么，这种表演理论及其体系性的形成也就为时不远了。

梅兰芳的"完整"理论，追求的是艺术完整，不是表演的一招一式,不是唱念,不是身段,但又是包含了唱念和身段的艺术整体,这种认识与当时戏曲审美取向是有一定差距的,这也体现了梅兰芳的艺术眼光和超凡。这种"完整"理论的提出,与新中国成立后戏曲改革所追求的方向是一致的。当然,新中国成立后的戏曲发展与改革有着更为广阔的背景和现实意义,其追求和目标也是社会文化整体发展的组成,这个方向用张庚的话讲,就是"舞台体制的完整性",田汉归纳为"完整的综合艺术的整体"[27],夏衍在戏曲革新中也强调"加强舞台艺术的整体性"[28],可见,"完整"是一个关键词,追求完整是戏曲发展和革新的一个方向,也成为当代戏曲发展的主旋律。梅兰芳作为一个表演艺术家,虽侧重于演员和表演,然而与学者、理论家的认识有非常契合的一面,显然梅兰芳阐述的"完整"更加可感,更加生动、具体。

自古书、画同理,其实书画与戏曲亦同理。梅兰芳20多岁即已对绘画产生浓厚兴趣,在鉴赏朋友收藏的古今书画中,他"感觉到色彩的调和,布局的完密,对于戏曲艺术有声息相通的地方;因为中国戏曲在服装、道具、化装、表演上综合起来可以说是一幅活动的彩墨画"[29],从而对绘画发生浓厚的兴趣,先后跟王梦白、陈师曾、金拱北、姚茫父、汪蔼士、陈半丁、齐白石等学画。他的绘画有专业水准,一度痴迷绘画达到废寝忘食的地步。绘画与戏曲相通,他借助绘画原理对戏曲表演有了更深刻的理解。

这种(绘画作品)大和小、简和繁的对称,与戏曲舞台上讲究对称的表现手法也是有相通之处的。画是静止的,戏是活动的;画有章法、布局,戏有部位、结构;画家对山水人物、翎毛花卉的观察,在一张平面的白纸上展才能,演员则是在戏剧的规定情境里,在那有空间的舞台上立体地显本领。艺术形式虽不同,但都有一个布局、构图的问题。中国画里那种虚与实、简与繁、疏与密的关系,和戏曲舞台的构图是有密切关系的,这是我们民族的对美的一种艺术趣味和欣赏习惯。[30]

在梅兰芳看来,"我们从事戏曲工作的人,钻研绘画,可以提高自己的艺术修养,变换气质,从绘画中去吸取养料,运用到戏曲舞台艺术中去"[31]。绘画于他,不只是一门技艺,更是他洞烛、认识戏曲的一个重要参照,也使得他的艺术思想、艺术观念在多艺术形式中能够自由徜徉,从而达到融会贯通。对戏曲表演、戏曲表演理论的认识很多是借助于对绘画理论的表述来求解和转达的。一些剧目,剧目场景,人物扮相或服饰样式、色彩等的设计、安排,都受到绘画的启示,如《生死恨》《天女散花》《白蛇传》《奔月》《葬花》等,但也注意师其意,而不能舍己长,不能生搬硬套。"戏曲与绘画各有自己的特点,在运用时必须考虑如何加工,才能收到实际的艺术效果。"[32]他设计古装头等就是成功的例子。梅兰芳的书画技艺众所周知,这种艺术之间的触类旁通,对梅兰芳深刻认识戏曲特性有着重要的意义。上述所引借顾恺之画之"意存笔先,画尽意在"评价谭鑫培、杨小楼,见出梅兰芳学识和文化理论的修养,是他理论构成的重要资源宝库。对杨小楼塑造赵云人物"雕塑美"的评价亦然。

不唯对传统文化,梅兰芳不遗余力地学习、了解和把握,而且对新生事物尤其是当时先进的电影艺术极其喜欢:"我看电影,受到电影表演艺术的影响,从而丰富了我的舞台艺术。"[33]但他清醒地认识到两者的分野:"电影与戏曲都是综合性的艺术,但它们的表现手法,在写实与写意的程度上有差异。"[34]《舞台生活四十年》里,他对戏曲特性的认识,还有一个参照系,这就是电影。如《长坂坡》第二场的安排,梅兰芳认为有很多精彩的处理手法,体现了中国戏曲的高妙,"如果在电影里也许用两个镜头，但在舞台上则不能不称赞传统表现手法之妙"[35]。而这一场结尾时的舞台调度，"运用了中国戏曲出场入场多种多样手法"，针对有些看似不合理的地方，如八个曹将被赵云等四人架住时那么服服帖帖地让两位夫人从从容容地走了，梅兰芳认为"这正是戏曲艺术最合理的表现手法"，"戏曲传统中有许多现实主义和浪漫主义相结合的手法，不能简单地理解"。[36]

掩卷《舞台生活四十年》，不知不觉联想到18世纪德国莱辛的《汉堡剧评》。其实，这两者有很不同的一面，莱辛是一位理论家，梅兰芳则主要是一位艺术家，但他们也颇多共同之处，这主要表现在他们的对象都是当时本国的戏剧作品。汉堡民族剧院于1767年4月22日开张，同年关门，莱辛担任该院的艺术顾问。《汉堡剧评》就是莱辛根据该院52场演出撰写的104篇评论，于1769年合集为《汉堡剧评》。莱辛反对法国新古典主义，努力建设民族戏剧和市民戏剧，《汉堡剧评》"是作者对汉堡民族剧院的实践进行批评和理论探讨的成果，是对德国资产阶级民族戏剧发展的科学原则最早、最成功的描述，在欧洲美学发展史上占有重要地位"[37]。与莱辛以汉堡民族剧院诸多演出剧目为基础进行评论一样，梅兰芳《舞台生活四十年》以自己40年舞台表演的剧目为基础，加以细致、生动和具体的描述。它不仅仅是一个表演艺术家艺术实践的还原和场景再现，也是梅兰芳艺术追求、思想和观念的表达，是他艺术理论和表演体系构建的重要组成。它的特性在于梅兰芳的表演实践，然而人们往往只看到了梅兰芳作为一代艺术大家的表演成就，未能深入挖掘其"回忆"中的理论资源和理论的系统性；其实，这也是中国戏曲理论的特性所在，而被人们忽视了。实践与理论的紧扣，理论是实践经验的累积和提升，理论不是空穴来风，不是束之高阁的。当然，无论梅兰芳，还是他的《舞台生活四十年》，在看到恪守传统、尊重传统、发展传统的同时，更应该看到梅兰芳和梅兰芳艺术所表现出的时代感、文化感和美感,是传统和时尚、美和善的有机统一。20世纪50年代《舞台生活四十年》一问世即有洛阳纸贵之轰动,60多年过去了,纪念梅兰芳先生亦已进入双甲子之年,但《舞台生活四十年》的文献和理论价值会是我们寻觅和总结中国戏曲表演理论体系的重要资源,是构筑这一体系的吉光片羽和丰富精深的重要阐释。

席勒研究了《汉堡剧评》后,在给歌德的信中慨叹:"毫无疑问,在他那个时代的所有德国人当中,莱辛对于艺术的论述,是最清楚、最尖锐,同时也是最灵活、最本质的东西,他看得也最准确。"[38]梅兰芳讲究中和美,形式上固难做到尖锐,但席勒对莱辛的这个评价用于对梅兰芳、梅兰芳《舞台生活四十年》,亦殊非不可。

四、《舞台生活四十年》与口述史研究

《舞台生活四十年》不是一部理论著作,而是梅兰芳的回忆录。回忆录、谈艺录在二十世纪五六十年代曾经风靡一时,这与新中国成立后对戏曲等传统艺术的提倡、重视有关,艺人们的政治地位得到空前提高,艺术创作热情高昂,一些有影响和资深的艺术家在政府的支持和帮助下,撰写回忆录、谈艺录,许多老艺人没有文化或文化程度不高,都有相关部门安排专人协助整理。梅兰芳萌生撰写回忆录的想法是在20世纪30年代,因为精力在编剧和演出上,所以没有进行。40年代朋友们旧事重提,梅兰芳"感到这部书倒有编写的必要了"[39]。真正开始是在1950年。从梅兰芳对这项工作的极其重视,可以看出这是他艺术生涯很重要的组成,编剧、演出而再回忆、总结和理论,形成了梅兰芳艺术的一个完整的整体。所以,若止于编剧和演出,固亦可见梅兰芳作为一代艺术大家的成就和辉煌,但不能说是他完整的艺术成就,尤其在艺

术思想和理论观念上会有很多流失。纵观20世纪众多的回忆录、谈艺录,《舞台生活四十年》的文献价值和理论价值是一个值得我们进一步探讨的话题和课题。这还不在于在那个年代它出现得很早,也不在于梅兰芳的名气大,而在于梅兰芳这一作为的自觉,这种自觉是梅兰芳对自己表演、对京剧发展的一种理论思考和总结,其实也是梅兰芳表演艺术的思想精华的凝结。二十世纪五六十年代是一个回忆录时代,它对传统艺术的传承和发展确实发挥了重要的作用,尤其站在今天的立场来看,无论其艺术价值抑或文化价值、文献价值,我们应佩服当时人的眼光和远见。

用当下流行理论来审视,回忆录属于口述历史研究范畴。那么何谓口述历史?著名口述历史研究学者唐纳德·里奇(Donald A.Ritchie)认为:"那些能够被提取和保存的记忆是口述历史的核心。简言之,口述历史是以录音访谈(interview)的方式搜集口传记忆以及具有历史意义的个人观点。"[40] 口述历史研究是西方当代一种理论和研究方法,其最大变化是第三次浪潮冲击。1980年,未来学家阿尔文·托夫勒预言,世界经历过农业时代、工业时代后正开始进入电子化时代,而它将在生产、教育、治理和交流方式上发生革命性的变化。口述历史研究和理论得以快速发展,形成自己一套理论和方法。梅兰芳时期还处于工业化时代,机械设备和技术在中国还比较简单,梅兰芳非常重视新科技的运用,所以唱片和电影资料都留下不少。《舞台生活四十年》作为一部口述历史,没有采用科技设备,但无疑,它是口述历史研究的一部经典之作,意义非凡。

1950年6月,梅兰芳和许姬传就决定:"预备采用细水长流的方法,我想到就说,他听到就记,这样,慢慢地累积起来,或者可以完成这个工作。"[41] 黄裳的约稿,促成了它的开始和完成。"写作的方法,是由我口述,姬传笔记,稿成寄给他的弟弟源来,由源来和几位老朋友再斟酌取舍，编整补充，最后交黄裳同志校看发表。"这部回忆录有明确的体例考虑，对此许姬传在《编写说明》里说得很清楚："本书内容，以记述梅先生的艺术为主，生活次之。这两种记述，性质各异，我们的处理方法也有不同。"生活部分"是尽量采用编年的方式的"[42]。编年体也是中国传统写史最常用的体例，用以写史记事。对梅兰芳家世、生平和学艺等经历的回忆是以这样一种体例进行的，历史感比较清晰。但同时"我也随时插叙一点他从一九五〇年开始述作以后的经历。这是为了不致因专谈旧事，使读者在阅读时感到和生活在新时代里的梅先生离开得太远"[43]。这是很有创意的，使得口述者的口述环境和氛围特别可感，往往有一个由头如报纸或戏单，把历史和现实交织起来，这样的口述更具有宏观的整体感，也会有助于对叙述内容精神含义的准确把握。

其实，对于一位艺术家而言，最难的当然是用怎样的口述方式体现其艺术，尤其是艺术的转变和发展。如果只是某年某月某日演出了某出戏，这还不难，尤其对梅兰芳这样的公众大家，查阅报纸很容易做到，这还只是一个口述的记忆问题。难处在于，艺术不是简单复制，艺术是活的，是发展和变化的，而且，前后是有联系的，存在一种辩证关系。这样的难题，对很多回忆、口述者都是难以逾越的，最后的呈现恐怕很难尽如人意。梅兰芳的回忆，充分考虑到了艺术的流动、活态、发展和变化，所以对最重要的艺术部分有与生活部分不同的回忆、口述视角和体例，这就是许姬传在《编写说明》里所阐释的："一个演员演技的进化，大抵都是随着年龄逐步发展的。为了便于读者深切了解他在演技上的转变和发展，就不可能把他演过的某一出戏，也按着年代，三番四复地分写几次，只好从开始学习说起，一直说到最近演出的状况为止。所以在艺术部分，我们是遵循着演技进化的系统的。"[44]所以，《舞台生活四十年》三集目录，看似不整齐、不讲究，实则精心安排，甚至可谓别具匠心，这种体例安排上的用心，在于力图呈现梅兰芳40年表演艺术的一个完整历程，而不是片段、局部和个别的。他的艺术创造和革新不是片刻和静止的——不是起步时的幼稚，也不是50年代时的成熟、定型，而是从学艺、幼稚走向成熟和炉火纯青的那个过程，这个过程体现在他的演出实践和剧目理解处理上。

比如《宇宙锋》，就观众的叫座情况并不是最理想的，但梅兰芳对它情有独钟。"我承认在我一生所唱的戏里边，《宇宙锋》是我功夫下得最深的一出。"[45]《舞台生活四十年》讲到《宇宙锋》这出戏，是梅兰芳1950年12月在大众剧场演完六场后休息时翻看民国二年（1913年）上海演出的旧戏单而与许姬传打开这个话匣子的。《宇宙锋》是他第一次去上海演出的剧目，梅兰芳第一次去上海演出是他演艺生涯的一个标志点，就是在京剧界从此脱颖而出，一炮打响。上海演出剧目包括《宇宙锋》。"不过每次贴演，上座的成绩，可总不能如理想的圆满。我第一次到上海表演，共四十五天，只唱过两回《宇宙锋》。一出戏的是否受观众欢迎，只要看它在每期演出的次数，就可以知道了。实际上我那时已经对这出戏发生兴趣，演技方面，虽然不如后来那么熟练，比起别的老戏，似乎是好一点。""我却并不因为叫座成绩不够理想，就对它心灰意懒，放弃了不唱，还是继续研究，每期必定贴演几次。"[46]梅兰芳对《宇宙锋》的回忆是全面的，相当于他梳理了自己《宇宙锋》的演出史，包括从第一次演出到后来的全本演出，《修本》《金殿》演出、整理，它的渊源及与其他地方戏剧种的关系，对人物特别是赵艳容这个人物"表情"的把握和处理，生活中之"疯"与艺术表现之"疯"，等等。梅兰芳对戏、对人物的理解和处理，是有一个不断认识和发展过程的，梅兰芳口述出了这个过程，而不是以口述时的认识代替其最初和一贯的认识、理解。而他艺术和演技发展变化除了自我认识和改变外，还有一个重要原因是来自于观众的审美变化。"过了一个时期，又出现一批新的观众。他们是没有看过全本的，对整个的剧情模糊得很。我根据他们的需要,又返回头改演全本。总而言之,演员是永远离不开观众的。观众的需要,随时代而变迁。演员在戏剧上的改革,一定要配合观众的需要来做,否则就是闭门造车,出了大门就行不通。"[47]

在普遍借助于高科技的声影技术之前,如何记录表演艺术家的演唱是一个难题,过去有曲谱(工尺谱)记录演员的唱腔,身段谱表示表演身段动作,但这是很专业的,而且也不能直接诉诸人们的视听觉。黄裳曾讲道:"我曾经尝试仔细进行纪录身段的工作,结果是并不理想的,顾此失彼,纪录不完,最后终于达到了'眼花缭乱口难言'的境地,在最丰富最多彩的地方往往没有留下一字。演后追忆,只有惘然。先前总以为是看得少,就多看几遍,其实也并不能解决问题。"[48]对此,梅兰芳最有体会,《宇宙锋》一剧梅兰芳以口述的方式进行了全方位的分析,然如他所说:"这两场戏我们对付着把它写了下来,在我们已经算是尽了最大的努力。然而我觉得说来还不够透彻。本来用文字写身段和表情,不是一件好办的事。你能写到这样也难为你的。因为有些地方用嘴讲都不容易清楚,何况用笔来写呢。"[49]梅兰芳的口述,不是只有语言的叙述和回忆,而是伴随着表情和动作的,是一种表演。这种示范,我们注意到《舞台生活四十年》以文字记录人"按"的形式加以具体注解和说明,这种手法在当时条件下是一种重要的补充和完善,不仅还原现场,而且生动、形象地把梅兰芳的唱腔抑或身段表演娓娓道来,如在眼前,这是当时一般回忆录所没有的。比如《宇宙锋》赵高以父命和圣旨施压赵艳容,赵艳容三次听完赵高的话,都用"爹爹呀"叫起锣鼓来,抗拒其父,而且一次比一次紧张。在此,《舞台生活四十年》加"按":

在这段剧情发展中,梅先生是用了三种不同样的方法,来表演赵女一次比一次紧张的情绪的。第一次赵高念完"明日早朝送进宫去",他先扯着袖子擦一下眼泪,右手向里翻袖起"叫头"念"爹爹呀",念到最末一句"连这羞恶之心,你……都无有了么",用手指向赵高,左脚微顿,露出了凛然难犯的神态。第二次赵高念完"你敢违抗父命么",他先用双手向里翻袖起"叫头"念"爹爹呀",念完最末一句"此事只怕就由不得你了哇",左手甩袖,显出赵女的情绪比刚才又紧张了一步。第三次赵高念完"你敢违抗圣旨",他先用右手向外翻袖起叫头,然后放下来再双手向里翻袖念"爹爹呀",念到最末一句"也是断断不能依从的呀",用双袖向赵高甩去,表示了赵女誓死不从的决心。[50]

这个"按"具有导读性,站在他者角度,进一步阐释剧情矛盾冲突走向高潮时人物之间细腻的表情表演,这是一种"我"与"他"双线叙述,主观与客观、自我与他者,形成一种补充和递进关系,发挥了很好的作用,这种"按"在整个口述中占有一定比例,是口述的有机构成,是《舞台生活四十年》研究方法的一个重要特色。但这种"按"只是一种补充和注解,不具有与口述者同等的主体地位。

作为一部口述著作,《舞台生活四十年》的体例颇为独特,也颇具科学性,其实,它的体例和方法就是很值得人们关注的。梅兰芳是口述主体,是现实和历史的主人公,但他不是唯一的口述者。关于"梅家旧事",因为晚生和时间久远,梅兰芳直接把许姬传带到他胞姑母家,不假他人之口,而是由胞姑母直接以第一人称去讲述梅家往事和梅兰芳的幼年。而这位姑母"她是我祖父最小的闺女,现在也已经七十开外了。我四岁丧父之后,她是尽了最大的努力来护持我的"[51]。而梅兰芳祖父的经历,则是梅兰芳得自于祖母在他幼年时候的述说,"到今天还是深深地印在我的脑子里"。[52]显然,两位老人的口述,会更具可靠性和真实性。梅兰芳并非坐科出身,但与喜连成不无关系,而且他认为喜连成科班的历史很有"借镜"作用,所以专列一章《一个历史最悠久的科班》来谈,他具体安排了许姬传对萧长华的采访。萧长华是喜连成的老教师,是科班的元勋,而且科班实际的全权主持、校长叶春善又是萧的亲家,所以,所记的准确性是可靠的。对这段历史的回忆,梅兰芳的身份在被采访者、采访者与评论者之间,对此《舞台生活四十年》标示、鉴别得非常清楚,没有含糊模棱或私自攫取。这种口述体例和方式确实很独特,却又很严谨,可信度很高。

口述难免有记忆不准或错误之时,毕竟时过境迁,人的头脑和记忆不能储存那么多过去和历史。这也是口述研究所感到困惑的。这方面,《舞台生活四十年》克服了这种弊端,体例上的周到和规范使得该著具有历史的可信性和学术的严谨性,这也是一般回忆录或口述史所难能比拟的。对此,梅兰芳《前记》说得很清楚,梅兰芳口述,许姬传笔记,然后由许源来和几位老朋友斟酌取舍,编整补充。"源来对这部书,耗费的精力尤多,他代我旁搜博采,征引补充,常常为了一件事、一句话、一个年月,要打几个电话,向几位老朋友询问,反复研求,不厌其详。"[53]有些报纸上出于宣传目的而有所歪曲或夸大的内容,梅兰芳看到了都会指出。所以,该著的严谨,不只是在于梅兰芳超强的记忆储存,还在于运用了较为科学的方法、体例,保证了它的准确性。这种准确性和严谨性,使其有些地方倒很具有学术文章性质。比如到武汉梅兰芳与吴天保谈论汉剧的组织,就更像是学术论文,有点长篇大论,这里要么就是当时有很详细的笔记记录,要么就是查阅补充了文献。与杨先生谈汉剧的沿革亦如此。[54]

作为一部口述著作,口述之外,还特别重视照片文献。戏曲作为舞台表演艺术,是形象立体的,文字不能代替声影,但声影技术在当时是非常有限的。有口述,又能够配以照片,在当时也可以说是最时尚的。即便在今天看来,这些图片给我传递的信息也是非常清晰和有效的,这些照片在该著中发挥了积极的作用。照片文献的运用也是口述者的有意作为。许姬传在《编写说明》里讲道:"在本书前面,附刊了一部分与后面正文有关的照片。这里面除梅氏原有者以外,其余都是向多方面搜访借印的。我在这里,对慨然惠借和代为搜集照片的几位朋友道谢,同时又觉得搜集得还不够丰富,要向读者致歉。"[55]

作为一部口述著作,《舞台生活四十年》是成功的,是口述研究的经典之作,其研究方法值得我们去总结。

——原载《民族艺术研究》2015年第1期

【注释】

[1] 黄佐临认为"梅兰芳是中国传统戏剧最具代表性、最成熟的代表,这种传统戏剧同西方戏剧区别甚大——确实根本不同"。他认为中国传统戏曲具有流畅性、伸缩性、雕塑性和规范性(程式化)四大特征,"梅兰芳艺术的伟大之处就在于他把这四种特征发挥到臻于完美的地步"。《梅兰芳、斯坦尼斯拉夫斯基、布莱希特戏剧观比较》,《百花洲》,1982年第1期。

[2] 梅兰芳:《舞台生活四十年·前记》,团结出版社,2006年,第1页。

[3] 同上。

[4] 同上。

[5] 同上,第2页。

[6] 朱家溍撰写《舞台生活四十年》词条,《中国大百科全书·戏曲曲艺卷》,中国大百科全书出版社,1983年,第421页。

[7] 郑振铎:《序》,载张次溪《清代燕都梨园史料正续编》上册,中国戏剧出版社,1988年,第6页。

[8] 同上,第7页。

[9] 《舞台生活四十年》上册,第51页。

[10] 同上,第60页。

[11] 《舞台生活四十年》下册,第531页。

[12] 同上,第590页。

[13] 同上,第630页。

[14] 同上,第391页。

[15] 《舞台生活四十年》上册,第149页。

[16] 同上,第150页。

[17] 梅兰芳:《要善于辨别精、粗、美、恶》,《戏曲研究》,1957年第1辑。

[18] 张庚:《一代宗匠——重读梅兰芳同志遗著的感想》,载中国梅兰芳研究学会、梅兰芳纪念馆编《梅兰芳艺术评论集》,中国戏剧出版社,1990年,第60—61页。

[19] 《舞台生活四十年》下册,第379—380页。

[20] 同上,第384页。

[21] 《舞台生活四十年》上册,第143页。

[22] 中国梅兰芳研究学会、梅兰芳纪念馆编,《梅兰芳艺术评论集》,中国戏剧出版社,1990年。

[23] 《舞台生活四十年》上册,第142页。

[24] 同上,144—149页。

[25] 同上，第154页。
[26] 《舞台生活四十年》下册，第609—611页。
[27] 田汉:《一年来的戏剧工作和剧协工作》,《戏剧报》,1954年第10期。
[28] 夏衍:《为提高和发展新时代的戏曲艺术而奋斗》,《戏剧报》,1954年第12期。
[29] 《舞台生活四十年》,下册,第461页。
[30] 同上，第470页。
[31] 同上。
[32] 同上，第473页。
[33] 梅兰芳:《我的电影生活》,中国电影出版社,1984年,第3页。
[34] 同上，第1页。
[35] 《舞台生活四十年》下册，第591页。
[36] 同上，第591—592页。
[37] 张黎:《汉堡剧评·译本序》,上海译文出版社,1981年,第1页。
[38] 见席勒、歌德通信集《诚与爱的结合》第409页,柏林民族出版社,1955年。引自张黎《汉堡剧评·译本序》。
[39] 《舞台生活四十年》上册，第1页。

[40] 唐纳德·里奇:《大家来做口述历史实务指南》(第二版),王芝芝、姚力译,当代中国出版社,2006年,第2页。
[41] 《舞台生活四十年》上册，第1页。
[42] 同上，第1页。
[43] 同上。
[44] 同上。
[45] 同上，第144页。
[46] 同上，第142页。
[47] 同上，第143—144页。
[48] 黄裳:《试论梅兰芳〈宇宙锋〉》,载中国梅兰芳研究学会、梅兰芳纪念馆编《梅兰芳艺术评论集》,中国戏剧出版社,1990年,第256—257页。
[49] 《舞台生活四十年》上册，第154—155页。
[50] 同上，第145—146页。
[51] 同上，第4页。
[52] 同上，第12页。
[53] 同上，第2页。
[54] 《舞台生活四十年》下册，第394—395页。
[55] 《舞台生活四十年》上册，第1页。

一位艺术家口述史中之余叔岩
——《舞台生活四十年》发微

余叔岩是京剧鼎盛期后四大须生之首,上承"谭"韵,后起"余"风,因咬字归韵、吐字行腔为老生最正宗之法而响彻剧坛,其"余(叔岩)派"神韵引得观众、后学沉醉其中,心驰神往。纵观余叔岩的一生,他在舞台上演出的时间前后不足20年,全盛时期也仅有六七年,"然自谭鑫培之后,余氏始终执老生坛坫之牛耳,堪称盛誉空前。他上迈前贤,下开后学,宗谭而青胜于蓝。其衣被之广,有如桃李不言,下自成蹊"[1],翁偶虹更是以"京剧老生的第二个里程碑"[2]称之。他与梅兰芳、杨小楼并称为京剧进入全盛时期最为杰出的三位艺术家。

作为同时代人,余叔岩与梅兰芳在艺术上多有交往、切磋与合作,他们的合作也都是京剧表演艺术和京剧史的高光时刻。《舞台生活四十年》是梅兰芳在20世纪50年代所作的一部口述史,由许姬传、朱家溍记录整理。即便在今天看来,这都是一部经典的口述史,它不仅是梅兰芳个人生活、艺术40年的真实记录,非常细致、真实地描述了他的艺术创造和艺术生涯,而且也是一部京剧历史的实录,折射了那个时代广阔的社会、历史、文化和艺术。这部口述史,其描述记录的历史人物众多,而作为章节列目的,除了祖母、秦家姑母、开蒙及不同时期的老师等外,还有两位人物以章名列目,这就是余叔岩和杨小楼。

《舞台生活四十年》中写道:"谭、杨的表演显示着中国戏曲表演体系,谭鑫培、杨小楼的名字就代表着中国戏曲。"[3]在梅兰芳看来,谭、杨二位艺术家集前辈名家艺术精华于一身,并运用个人艺术思维使中国戏曲表演体系趋于完美,是中国戏曲表演艺术家之杰出代表。那么"三哥"余叔岩呢?其艺术地位与艺术成就又与前贤有何异同?我们从以下几个方面可以认识和理解梅兰芳眼中的余叔岩,及余叔岩与梅兰芳的关系。

一、梅兰芳视野中的艺术家

梅兰芳在《舞台生活四十年》中回忆了多位京剧史上蜚声剧坛的表演艺术家,包括程长庚、梅巧玲、余三胜、王瑶卿、陈德霖、谭鑫培、杨隆寿、杨小楼、姜妙香、余叔岩、王凤卿、盖叫天等。其中既有与梅兰芳关系紧密、长期合作的艺术家,也有梅兰芳从他处听闻之艺术先贤。这些艺术家中,梅兰芳述及最多的即谭鑫培、杨小楼、余叔岩,他从艺术、人品、交往等多方面详述之。

在梅兰芳看来,作为艺术家首先要有高超的艺术造诣,这是衡量艺术水平高低的决定因素。但梅兰芳对艺术造诣的界定并非如此单一,这可从三个层面来理解:一是主要角色技术技巧之精炼。京剧是"角儿"的艺术,戏的好坏与"角儿"在表演功法上的优劣有直接联系。如杨小楼在《安天会》中"'蟒罗袍'身段完了之后,撩袍的手不撒开,一个大转身,盘腿落在椅子上,来个盘腿坐相,唱完这句又跳下来,唱'受永享禄丰富'"[4]。杨小楼的表演功力深厚,功法娴熟,人物塑造极其成功,于高难度功法中展现美的意蕴,故梅兰芳将杨小楼细致、精湛的表演记录下来,这是梅兰芳认为主角技艺高超的表现,因而以"真好看"称赞之。二是次要角色的配合水平高超。为秉持"一棵菜"的精神,使剧目演来和谐统一,有时次要演员会根据剧情做出技术上的让步,其艺术造诣不可谓低。梅兰芳与姜妙香合作的《春秋配》,"他(姜妙香)真能把一个头脑冬烘的书呆子不瘟不火、恰如其分地刻画出来"[5]。姜妙香作为次要角色,不为炫技而出风头,全身心投入角色中,与主角相得益彰,共同促使剧目经典化,这是配角艺术造诣高超的表现。梅兰芳常演《捡柴》则与二人"搭配合适也有关系的"[6]。三是正确理解艺术家鼎盛期与衰落期之别。艺术家的艺术青春有限,不同年龄的气力与嗓音难以同日而语,梅兰芳不因艺术家晚年的失误而漠视他们曾有的艺术成就。谭鑫培是梅兰芳极其崇拜、尊敬的艺术家，也是梅兰芳艺术生涯早期的合作者，他晚年虽有失误，但梅兰芳公正对待艺术家的盛年与晚年，其盛年之艺术境界不可抹杀，是为艺术高超之见证。

其次，艺术家的艺术思想成熟而全面。梅兰芳述及的艺术家与匠人不同，他们并非按部就班地承袭前人，而是在亲身的艺术实践中深刻理解剧目，体会剧中人物寓唱、念、做、打之中，形成符合观众审美的艺术思想。这些思想，也可称为流派之精髓。如梅兰芳引陈彦衡语：

> 鑫培刻画人物的方法是变化多端的。有时用眼神，或者轻轻投一下袖，表示不满，使你觉得他这样做是合情合理，绝不违背当时的体制。有些名演员重在唱，有的以做工见长，老谭则唱做并重，然而，他的唱做都非常简练，没有卖弄耍彩的痕迹，是为上乘。[7]

从梅兰芳引语来看，谭鑫培注重用唱做功法表现人物，注重不同剧目中塑造人物的不同方式，注重用戏曲功法为剧情、人物服务，因而，他的戏剧观念已经由"唱曲""炫技"提升至用戏剧观念剖析剧情、扮演人物。

再如梅兰芳回忆杨小楼："他演《长坂坡》，观众都称他是活赵云。到底赵云是个什么长相，有谁看见过吗？还不是说他的气派、声口、动作、表情，样样吻合剧中人的身份。"[8] 杨小楼的成功，不仅是表演技法上的娴熟，更是艺术思想的成熟，这使他在剧情中塑造的人物更为鲜活，扮演的赵云栩栩如生，恍如"活赵云"一般。

梅兰芳在《舞台生活四十年》中回忆的艺术家不胜枚举。他颇为推崇艺术家的艺术思想，着重探讨艺术家创造剧目的成功之处，分析其艺术背后的精神实质。他认可前辈的贡献，不断汲取他人优长，将其艺术精髓融入自己的演出剧目，其《穆桂英挂帅》的成功便可见一斑。

最后，艺术家之人品令人称道。梅兰芳对艺术家之人品有着特殊观照，这是浓墨重彩之处。杨小楼嗓子脆亮、武艺高强，塑造人物活灵活现，从艺术角度而言，实艺术家也。而梅兰芳更为推崇其人品与艺德，他在回忆杨小楼时，专门提及杨小楼不为日本人演戏的往事，说道："一九三七年，日本侵略军占领北京，他从此就不再演出了。"[9]并以"可称一代完人"[10]作结。而《戏剧艺术论丛》版则称："杨小楼堪称是一位富有民族气节的爱国艺术大师。"[11]不论是"完人"还是"爱国艺术大师"，都是梅兰芳对杨小楼最崇敬的定位，这也是梅兰芳称杨小楼为艺术家之最真实的写照。

梅兰芳心目中的艺术家可用"德艺双馨"来形容，他们在艺术造诣、人品人格方面极有影响，对京剧艺术发展，甚或对戏曲艺术之推进有着不可替代的作用。从梅兰芳视角反观余叔岩，便可发现余叔岩确乎集这些品质于一身，但余的身上还有比这些艺术家或短或长之处：

> 内行有句话："一嗓定乾坤。"这意思说，演员首先要有一条好嗓子，才能在舞台上成为好角。所以演员的倒仓变嗓时期是一个关口，倒不过来，往往一蹶不振，沦为配角。但如果刻苦锻炼，在艺术上达到某种高峰程度，就能够克服生理上的缺点，扭转乾坤，成为影响不小的流派。余叔岩的艺术成就，正是一个很好的例子。[12]

余叔岩与其他艺术家所不同之处在于他倒仓之后嗓音条件不佳，很难在艺术上有所作为，但他刻苦锻炼，克服缺陷，达到艺术巅峰，从一名有生理缺陷的演员到成为一名艺术家,其道路崎岖、坎坷且漫长。他的成功在梅兰芳看来是艺术精神与勤学苦练的化合,故梅兰芳"希望青年演员从这里看出他经过的艺术道路,得到启发和借鉴"[13],这是《舞台生活四十年》叙述余叔岩独立成章之关键,我们也可以从这一维度去衡量和认识梅兰芳眼中的余叔岩之成就。

二、京剧史上的梅、余两家

余叔岩所在的余氏家族于京剧史上极负盛名,祖父余三胜、父亲余紫云都是京剧艺术形成与发展道路上不可忽视的艺术家。梅兰芳在《舞台生活四十年》中称:"我和三哥是老弟兄、老世交。"[14]他以"三哥"称呼余叔岩,而余叔岩以"兰弟"相称,可见梅兰芳对余叔岩颇为熟知。以往,梨园家族的世袭性显著,特别是家族间的收徒与联姻,亲上加亲,势力更为强大,梅、余两家即是如此。

余三胜,湖北罗田人,原习汉调,携花腔派汉调进京[15],后将徽汉声腔熔于一炉,以创制京味儿声腔而闻名剧坛,"代表汉派"[16]。波多野乾一认为:"彼之专攻为老生,将皖鄂两省之音,合一炉而冶之,殊于音节回转之处,为研究之焦点。抑扬顿挫,缠绵悱恻,称为前古得未曾有。而于腔调改良之处,彼则荷第一人之荣誉。"[17]《都门杂咏》诗云:"时尚黄腔喊似雷,当年昆弋话无媒。而今特重余三胜,年少争传张二奎。"便可看出余三胜之盛名。因而,程长庚、余三胜、张二奎并称"老生前三杰",观众称余三胜的表演风格为"余(三胜)派"。梅兰芳认为谭鑫培"受余三胜的影响更多,晚年常演的《定军山》《卖马》《桑园寄子》《捉放曹》《托兆碰碑》《琼林宴》,就都是余老先生的拿手戏"[18]。余(三胜)派艺术影响深远,也可理解余三胜—谭鑫培—余叔岩是为一脉相承。余三胜另有一弟,名四胜[19],业副净。

余紫云,青衣,兼演花旦[20],擅跷功,同光十三绝之一,"今日之梅兰芳,略似当时余紫云之地位"[21]。他与梅家的联系颇为密切:其一,他是梅巧玲的得意门生;其二,他对梅兰芳有间接影响。如京剧《虹霓关》一戏,余紫云扮丫鬟,唱念用青衣之法,动作则花旦之形;王瑶卿借鉴余之改良,梅兰芳学于王,而传承至今,故梅兰芳称"他是打开'花衫'门路的先驱者"[22]实不为过。余紫云娶昆曲艺人沈天喜之女,与沈氏生下余叔岩。余叔岩与梅兰芳关系更近一层,其岳父陈德霖也是梅兰芳之师,故梅、余二者在艺术上搭配更为娴熟,成就多部经典之作。

三、梅兰芳口述之余叔岩

余叔岩与梅兰芳同为名伶,年龄相仿,家世相近,但余的成长道路更为坎坷,也更为典型,这充分、有力地证实了一位艺术家从有生理缺陷到登峰造极的华丽转变。梅兰芳很受感动,用大半篇幅详细介绍余的从艺之路,多侧面展现艺术家的精神品质。笔者归纳为刻苦练功、学法精到、艺术追求三方面之精神为上。

其一,余叔岩孜孜不倦,刻苦练功。少年余叔岩承祖、父之名,依先天嗓音之优势,以余(三胜)派为噱头,在大哥余伯清的指导下,借"小小余三胜"之名风靡天津,然因唱戏过劳、生活不检点致使嗓音损伤,辞别剧坛。余叔岩之缺陷也由此而生,他慨叹"追悔莫及"[23]。为了弥补缺陷,余叔岩练功尤为刻苦。一方面苦练嗓音,努力让声音恢复到高亢嘹亮的状态。他设计了一整套从二黄到西皮、由低而高再由高而低、注重张闭口音的调嗓之法,有时"甚至一夜不回家,就在会馆门洞里的马凳上睡一觉,五更起来,接着到窗台喊嗓"[24]。李春林说:"叔岩的嗓子，高音用'立音'，膛音用本嗓，真假音参用，衔接无痕，非有极大本领，不能圆转如意。"[25] 他的嗓音经过刻苦训练，已有很大改善，虽不及"小小余三胜"时期洪亮，但在发声方式、方法上更为科学，用嗓更为规范，发音更为准确。另一方面，他刻苦训练身段。梅兰芳回忆："有一次是冬天，他把凉水泼在地下，让它凝结成冰，他就扎着靠，穿厚底靴，在冰上'起霸'跑'圆场'，为的是在最滑的地面上，能够行动自如，到台毯上就不会出事故，遇到新台毯，就更见功效。"[26] 余叔岩严格要求自己，不惧艰辛，在美、稳及自如方面狠下苦功，不断强化演唱与身段二者兼美之态，成一番艺术巅峰。

梅兰芳列举诸多例子来说明余叔岩的勤奋刻苦，可以看出他对余叔岩的刻苦精神尤其敬佩。但梅兰芳不仅举以成绩，对余叔岩生活不检点而造成今之缺陷的问题也仍不忌讳，甚至曾与余叔岩提及此事。梅兰芳最后以"少年人经验不足，不能掌握分寸，恰到好处，那就要师友们随时体察实际情况，细心辅导"[27] 作结，他的评价是客观的、善意的，并对后学者有警示意义。

其二，余叔岩善于学习，人皆可师。余叔岩的刻苦努力有正确、细致的学习方法指导，这是梅兰芳尤为注意之处，《舞台生活四十年》中设单节介绍。梅兰芳将其学习方法概括为三点：一是向与谭鑫培合作过的老先生学习，向陈彦衡学习唱腔口法，向钱金福学习身段和把子，向王长林学习神情，向田桂凤请教剧目。他尽可能地请教全部与谭合作过的老先生，尽力探寻谭鑫培的艺术精髓，各取所长，丰富自己对谭派艺术的理解与认知。二是向老艺人学戏，先学轮廓，再抠细节，善于抓住最基本扼要的东西，并且广泛学习，包括"票友、对文学和音韵学有修养的外行朋友、爱听谭戏的老观众、为谭老检场的，甚至于'上手'，他都虚心请教，不肯放过任何一个机会"[28]。三是钻研剧本文学和重视音韵规律。余叔岩受魏铁珊的熏陶，对京剧音韵颇有研究，这使他的唱念更讲究，更有韵味。余叔岩广泛问学，参阅音韵正声，结合自身唱腔实践，总结成为学术价值极高的《近代剧韵》，直至今天仍有借鉴意义。

梅兰芳总结余叔岩的学习方法：

> 叔岩的学习方法，虽然是多种多样，但归纳鉴别的本领很大，他向一个人学习时，专心致志，涓滴不遗，必定把对方的全副本领学到手。然后拆开来仔细研究，哪些是最好的，哪些是一般的，哪些是要不得的，哪些东西用到自己身上不合适，要变化运用。[29]

梅兰芳认为余叔岩学精髓、擅研究、懂运用，为后学者指明了学习之法，是艺术传承的成功典范，颇为认可广泛学习与深入研究是一位艺术家成功的不二法门。

其三，余叔岩继承谭派，矢志不渝。余叔岩自"小小余三胜"时期后，便开始醉心于谭氏风范，向与谭合作过的前辈学习，视谭的唱片为法帖，无时无刻不在琢磨谭派艺术，他把谭派视为艺术追求的终极目标。余叔岩不放过谭派艺术的细枝末节之处，向谭鑫培追问隐藏在剧目背后的"戏理"，使自己的表演达到形神兼备的程度。他也研究其他谭派演员的表演，自相对照，取长补短。"由于他的学习方法好，功夫结实，善用其长，就在参加'喜群社'的期间，得到观众的好评，水到渠成地获得了谭派传人的首席位次。"[30] 余叔岩的成功并非偶然，而是在坚定、执着的艺术精神指引下，仔仔细细研究谭鑫培之艺，真真正正追求艺术真谛，深悟艺术精髓，在全面继承谭派艺术之中，孕育新"余（叔岩）派"艺术之诞生。

梅兰芳眼中的余叔岩是多面的、立体的，他不仅有过人的艺术本领、精致的舞台呈现，还有高尚的人格、严谨踏实的学习态度、坚韧不拔的艺术精神，这构成了一位艺术家德艺双馨的基本底色。并且，由拙至精的蜕变，为天赋平平的演员提供借鉴之法，为皆可成艺术之高峰而注入鲜活力量。

当然，余叔岩对梅兰芳也颇认可。1918年秋天，有人劝余叔岩搭班，余叔岩表示"只愿与兰弟跨刀"，梅兰芳表示"我在义务、堂会戏中，早已看过他的戏，很愿意和他合作"[31]。二人合作意愿达成共识，于艺术上也有互相欣赏之意。然而，其时正酝酿组织喜群社，梅兰芳提出加入余叔岩，其他人认为社内已有头牌老生王凤卿，戏码不好派，没必要增加戏份开支，欲回绝余叔岩。梅兰芳说："我已经答应叔岩，你们务必把这件事办圆了。"[32] 此则显见梅一方面认可余叔岩之艺术，热盼与余叔岩的合作，希望有机会成就经典之作；另一方面，梅兰芳力排众难兑现先前承诺，其人品令人敬佩。

四、合演《游龙戏凤》与《打渔杀家》

梅兰芳详细讲述与余叔岩排演《游龙戏凤》和《打渔杀家》两出戏的实际情况。梅兰芳认为《游龙戏凤》略显庸俗，"对主要的根本性的问题，由于思想的局限，还没有正确的认识"[33]，但考虑到这是余叔岩提出合作的第一个剧目，便也同意尝试。梅兰芳又将《打渔杀家》比作"小碗烩饼"，已然初显普通，而该戏又以生行为主，更衬托出旦角的戏份不足，也可见余叔岩再度登台的迫切心理。梅兰芳予以特别的理解和支持，还从艺术层面仔细讨论了两戏的创作经验：一方面二人演出两戏时间之久、场次之多，很受欢迎；另一方面，这两出戏最能代表二人合作的艺术思想，特别是显现化合在舞台实践中的余叔岩的艺术思想。虽然梅兰芳戏份有限，但他为使余叔岩能够回归舞台，使二人艺术完美呈现，仍坚持频繁合作，不断锤炼。这是他对艺术的敬畏，是一位艺术家拥有的宽广胸怀。

首先，梅、余打造的经典作品是集体智慧的结晶。他们在排演中向师友问艺，听取他人意见，集百家之长，为我之所用。《游龙戏凤》与《打渔杀家》都以生、旦为主。从舞台呈现来看，《游龙戏凤》一折全部由正德帝与李凤姐演绎，并无其他配角出现。《打渔杀家》虽有教师爷等部分配角出现，但戏份依然不足。若以梅、余二人的艺术能力，完全可以自行排演此戏，但他们却没有这样做，在排练之初就找到老艺人、老琴师、老观众等内外行朋友，一同参与剧目排演。

《游龙戏凤》一戏，他们邀请到京胡圣手陈彦衡、老票友陈子芳、李释勘、齐如山、姚玉芙等，还有"当初看过谭鑫培、余紫云的人，也都来参加意见"[34]。陈彦衡在唱腔上对梅兰芳有许多帮助，如他提出"凤姐所唱'一人用不了许多银'，'用不了'三字的腔，突破一般四平调的唱法"[35]。再如曾学习余紫云艺术的老票友陈子芳也为梅兰芳提供了"余紫云先生的身段、部位、神情"[36]。《打渔杀家》同样如此，余叔岩与钱金福、王长林等老艺人仔细研究身段与唱腔，遂获成功。因此，梅兰芳说："从排练《梅龙镇》中，我们还取得了集体合作经验。我们排戏时，旁观者都有发言权，他们有时只提出问题。例如：台词不通顺，音节不好听，身段不好看等。我们根据他们的意见，琢磨着修改……"[37]

其次，深入生活，尊重人物，符合剧情。梅、余二人的唱腔、念白及身段都在人物与剧情的发展中创新和改变。如《游龙戏凤》中，正德帝叫凤姐拿去银子，凤姐说"男女有别"，后面正德帝要进入凤姐房间，凤姐说"男女授受不亲"。而梅、余将两句念白前后倒置，"因为凤姐不愿从男子手里取银子，用'授受'两字比较贴切，后面男的要到女的卧室里去，用'男女有别'也合适"[38]。再如凤姐卷帘的身段，"要做出帘子挂在外面的卷法，先踏步蹲身，双手托帘，中指翘着微颤，跟着身子慢慢站起来，托过头顶，右手由外向里一引，好像捏着一根绳子的样子，然后双手挽绳，打一个结，把卷好的帘子捆住"[39]，此处卷帘程式深入生活实际，演来更符合剧情发展。《打渔杀家》中停船、放船桨、撒网的程式已然固定，而他们"觉得停桨捕鱼，张着风帆，不大合适，就加了落帆的身段。桂英蹲身解绳，双手缓缓地往上松绳，萧恩抬起一条腿，高举双手往下接帆，这种高矮相是表现风帆正往下落，松绳与接帆的动作，必须紧密呼应，才显得紧凑逼真"[40]。萧恩撒网不仅做得好看，而且一改以往哆嗦、对眼的情况，"露一点不留神要失手的样子就够了"[41]。梅兰芳与余叔岩细致地分析剧本中每一处细节，将表演与人物、剧情融为一体，准确、恰当地表现人物，推动剧情，典藏版《舞台生活四十年》手稿引赵桐珊语："梅、余两位唱得真丽，真细，很小的地方都扣得那么紧，跟真事一样。"[42]李少春曾"亲身体会到梅、余二位艺术大师所塑造的人物性格鲜明、典型"[43]，留下难忘印象。

再次，常演常新，不断修改，臻于至善。他们在演出成功后，还在舞台实践中不断修改，达到艺术完美之境界。梅兰芳说："我和叔岩合演的《梅龙镇》《打渔杀家》是当时义务、堂会戏中常见的剧目，由于不断演出，不断修改，就渐渐达到成熟阶段。"[44]但他们的修改不是随意的、大幅度的，而是以谭鑫培、余紫云、王瑶卿等前辈名家的演出为范本，经过舞台实践、慎重试验而深思熟虑形成的。

最后，在梅兰芳的视角下没有小角色只有小演员。《游龙戏凤》与《打渔杀家》的旦角戏份较少，特别是《打渔杀家》中的桂英少有亮点，梅兰芳并未因戏份少而有丝毫计较，依然在表演上认真雕琢。言简斋在民国十一年（1922年）于江西会馆堂会看梅、余《打渔杀家》时说："梅先生的桂英，比十年前初看时，大大提高，在形象的'美'和性格

'美'上都超过了以前所看到的桂英。"[45] 这就是梅兰芳在小角色中依然能够找到出彩之处，使人耳目一新。一方面，梅兰芳艺术造诣高，擅演各种角色，使小角色分外出彩；另一方面，梅兰芳有着高尚的人格，他不歧视小角色，不与他人相争，而是以"一棵菜"的精神，成就经典。

《红毹纪梦诗注》赞梅、余之《游龙戏凤》云："天子风流事尚闻，梅余演出更超群。居庸关外曾凭吊，一片荒凉玉姐坟。"[46] 当时老观众也评价道："叔岩演正德，年龄、扮相都比谭老占优势，同时，经过细致的排练琢磨，对这个风流天子的神情笑貌，描摹逼真，《戏凤》这个戏应该说是青胜于蓝。《打渔杀家》的萧恩，谭老的年龄、扮相都占优势，而一种如松柏般的苍劲气韵，不是单凭学力能够达到的。"[47] 二人的成功显而易见，这在中国京剧表演史上有着里程碑式的意义。其实，梅兰芳与余叔岩在艺术思想上有许多契合之处，正因为二人勠力同心，才造就经典之作。梅兰芳虽没有明确说明他如何评价余叔岩的艺术思想，但在排演中自可看出，二人互相认可，取长补短，不断融合，引起艺术共鸣，这正是梅兰芳对余叔岩的最高认可。然而，老观众的评价更为客观，既有超越，又有不足，才是人们对艺术家的普遍认知，也是梅兰芳对一位普通而又非凡的艺术家的真实描述。

五、《舞台生活四十年》之余叔岩研究的文献价值

梅兰芳将《我和余叔岩合作时期》单列为《舞台生活四十年》一章，一方面，向读者呈现一位从嗓音有缺陷到谭派正宗、新余（叔岩）派鼻祖的演员的蜕变，对读者、演员、后学者有启发意义；另一方面，为余叔岩的研究提供了重要文献。余叔岩生前专注于京剧研究，撰写了多部研究专著，但其妻将这些材料随余叔岩的离世而焚毁，使得余叔岩

▼《梅龙镇》，梅兰芳饰李凤姐　　一位艺术家口述史中之余叔岩

的重要研究文献少之又少。梅兰芳既是余叔岩的合作者，又与余叔岩在生活上颇有往来，故而，梅兰芳对余叔岩的理解与认知更为准确、客观，其价值显而易见。

其一，《舞台生活四十年》是研究余叔岩的一手文献。梅、余两家的交往及梅兰芳与余叔岩的合作关系是文献生成的基础，也是梅兰芳最真实还原余叔岩之捷径。从《舞台生活四十年》之《我和余叔岩合作时期》整章来看，梅兰芳从余之家世、学习历程、合作艺事三个方面回忆余叔岩，将余叔岩的从艺历程较为全面地呈现出来，是深刻理解余叔岩艺术的一手文献。

其重要性表现为三点：一是对余叔岩及其家世的历时性回溯，充实中国京剧发展史。梅兰芳先对余三胜、余紫云作以回溯，二人是京剧史上重要观照的艺术家，更是余叔岩艺术生成的前期基础，这一方面有利于理解余叔岩之成功，另一方面为充实中国京剧发展史提供重要佐证。如梅兰芳探讨以余三胜为代表的汉派艺术时提出"余三胜—谭鑫培—余叔岩—谭富英"的老生汉派发展路线，进而说明"汉派在京剧舞台上的影响是比较大的"[48]，此不仅对余三胜的艺术贡献作以定位，更是对京剧老生源与流的系统性描摹。再如梅兰芳探讨余紫云时勾勒出"梅巧玲—余紫云—王瑶卿—梅兰芳"的旦角花衫生成路径，更充实了京剧花衫行当的演变史书写。而余叔岩从"小小余三胜"到陈德霖关照学谭，再到"春阳友会"走票，直至与梅兰芳合作，这些口述内容能够帮助我们理解余叔岩的艺术生成及其对老生行当承上启下的贡献。

二是详细记述余叔岩经典剧目之生成，是一部用文字记载的活态表演文献。余叔岩仅有唱片留世，演出录像未存，故梅兰芳口述的余叔岩之《游龙戏凤》《打渔杀家》的表演材料尤为难得。这既有研究价值，又有示范意义。梅兰芳将余叔岩演出两戏的身段、动作、神态、唱腔详细记录，并对余叔岩所改与原本之不同有所阐述。如余叔岩将《游龙戏凤》中正德帝唱四平调第一句"有孤王打坐在梅龙镇"改为"有寡人独坐梅龙镇",梅兰芳则认为此句"移用《乌龙院》中,'宋公明打坐在乌龙院'的谭腔"[49]。再如《打渔杀家》"昨夜晚吃酒醉和衣而卧"唱段,余叔岩起初竭力揣摩谭腔[50],后来"尺寸和谭相似,唱法也从灵活之中更为沉着,可以说是'颜筋柳骨',各有千秋"[51]。梅兰芳将余叔岩"临摹""化用"的谭腔及余的创造都翔实地记录下来,此中不仅能够表现余(叔岩)派剧目的传承与创新,更能体现一位艺术家对艺术的追求。而这样一种原原本本记录表演行动、揣摩人物内心起伏、阐释表演艺术变与不变之理,为口述史书写提供了范式,其中以梅兰芳的口述为中心,又凝练一批文人的文学话语表达,既立体呈现鲜活的戏曲表演,又蕴含典雅的文学之美。

三是客观记述、如实记录观众评价。诚然,余叔岩的艺术以典范成就"余(叔岩)派",这代表着当时观众审美的整体认知,但梅兰芳仍坚持客观的艺术评价。梅兰芳将有些人提出的"台词不通顺,音节不好听,身段不好看等"[52]记录下来,这不仅体现梅兰芳作为一位艺术家对艺术的真诚、对艺术批评的态度,更能表现艺术家在褒与贬的批评中成长与进步,是口述史真实、生动的写照。

其二,梅兰芳纪念馆《舞台生活四十年》部分手稿的发现,丰富了余叔岩研究的文献材料。新整理的典藏版《舞台生活四十年》[53]以年代最早、经授权首次结集成书者为底本,以梅兰芳纪念馆新发现的《舞台生活四十年》部分手稿及其他版本为参校文献,高度还原特定历史语境下梅兰芳口述的本来面貌。典藏版《舞台生活四十年》之《我和余叔岩合作时期》手稿增加约七千字,主要体现在手稿(典藏版)与之前他版[54]在用词上的不同,他版稿较手稿(典藏版)删除了多段原文、按语及注,同一表演动作在手稿(典藏版)与出版稿中的不同。手稿(典藏版)的整理与出版,能真实、全面理解梅兰芳的艺术态度,进一步充实梅兰芳"口述"中之余叔岩文献，更能从点滴中深入理解余叔岩艺术的成长、成熟。

如他版稿中韩麟阁说梅兰芳"颇似紫云当年"[55]，而"当年"一词在手稿（典藏版）中则作"盛年"，虽一字之差，我们更可看出梅兰芳表演的精彩，而出版时由"盛年"变为"当年"从侧面也可看出梅兰芳谦虚、低调的为人。又如正德帝虽军官打扮而李凤姐觉得"他举止、气派与一般赳赳武夫不同"[56]，手稿（典藏版）原作"举止潇洒"，"潇洒"一词更能加强读者对正德帝这一时候内心、行为的认知，而"赳赳武夫"显然是对正德帝"阶级"身份的标签语。特别是贯大元提及余叔岩演出《搜孤救孤》的某次堂会戏时，手稿（典藏版）作"宣统大婚的堂会戏"[57]，其时间更明确、精准。他版稿与手稿（典藏版）在用词上的微妙变化，能增强人们对余叔岩艺术的理解，更能体现一位艺术家在口述中的严谨、考究。故而，不论从文献价值还是艺术价值来说，手稿（典藏版）的意义与贡献是不容忽视的。

一方面，手稿（典藏版）为京剧研究提供文献补充。如谭富英回忆谭鑫培向余三胜学艺的按语中，许姬传手稿原注：

> 梅先生的初稿里，谭的籍贯作黄陂，许多记载和口头上也说他是黄陂人，只有《十三绝传略》里作江夏，梅先生曾叫我（姬传）问谭家的人作最后决定。在整理这篇遗稿时，1962年8月9日"梅兰芳逝世一周年纪念演出"，谭富英、梅葆玖在人民剧场合演《大登殿》，我在后台化妆室问富英同志的籍贯，他说："我家是湖北武昌府首县江夏人。大家误传黄陂，是因为先祖逝世时，黎黄陂（元洪）正做总统，送来奠敬三百元，在当年是一份厚礼，所以大家认为和他是同县亲同乡了。"[58]

此注确切、有力地回应了谭氏籍贯,并更正了讹传。再如余叔岩演《游龙戏凤》时,手稿(典藏版)中原有"他的动作简练经济,而目的性很强,唱念字眼清楚有力,四声讲究,但有韵味,有生活,没有矫揉造作的地方"[59]的评价,此段弥补了梅兰芳对余叔岩扮演正德帝的表演认知,特别是对动作与唱念的综合概述。值得关注的是手稿(典藏版)增加了大量的对《游龙戏凤》"月儿弯弯照天涯"经典选段表演的口述,最能表现梅、余二人合作的经典性,其文献价值不言而喻。

另一方面,从手稿(典藏版)中发现梅、余表演思想的动态变化。余叔岩将《游龙戏凤》的第一句四平调"有孤王打坐在梅龙镇"改为"有寡人独坐梅龙镇",他版稿并未解释改动缘由,而手稿(典藏版)中接记:"因为'寡'是张嘴音,唱起来比'孤'字响亮,定场诗和念白也有些改动,目的是求其简练通顺。"[60]故,手稿(典藏版)详细说明了表演的动态变化,使研究者更好地从细微之处理解余叔岩剧目的表演思想。

其三,按语的丰富为余叔岩研究提供佐证,加深对余叔岩艺术的理解。本章集谭富英、陈少霖、张宇慈、陈富年、刘砚芳、樊棣生、罗亮生、孙庆堂、王瑞芝、钱宝森、张伯驹、萧长华、关岳森、贯大元、姜妙香、徐兰沅、姚玉芙、梅葆玖、杭子和、李少春、马连良、言简斋、陈彦衡、赵桐珊等20多人"按"语。这些人与梅、余关系颇为紧密,如余叔岩的弟子谭富英、张伯驹、李少春,内弟陈少霖,琴师王瑞芝,鼓师杭子和,老师的后人钱宝森(钱金福之子)、陈富年(陈彦衡之子),艺友贯大元、姚玉芙,梅兰芳秘书言简斋,等。他们是梅、余二人的好友,更是梅、余二人舞台艺术的见证者,他们从多角度补充梅兰芳之口述,使读者更容易理解余叔岩的艺术之路,又为研究余叔岩提供新的、鲜活的材料。如梅兰芳提到余叔岩倒仓练嗓时的认真与勤奋,罗亮生补充说明余的辙口与发音练习法,王瑞芝则补充说明余叔岩"由低而高再由高而低"的调嗓程序,其中包括板式、调门及具体唱段的选择,丰富了余叔岩科学嗓音恢复的口述文献。再如余叔岩饰演的正德帝在"快去商议"念白后,加"我还等着吃酒呢",梅兰芳觉得"学谭老念白的口气,很有生活"[61]。而谭富英进一步说道:"后面念'我还等着吃酒呢'时,用折扇敲桌子,加重了威胁意味。这些念白、动作神情,他都带几分旧时代'营混子'的气味。"[62]这将梅先生提到的"很有生活"更为详细地阐述出来,人们更易理解。张宇慈总结余叔岩在"小小余三胜"时期灌过《空城计》"我本是卧龙岗散淡的人"两面、《打渔杀家》"昨夜晚吃酒醉和衣而卧"一面、《托兆碰碑》"金乌坠玉兔升黄昏时候"两面,共五面唱片。这对于研究以"小小余三胜"为代表的早期京剧演唱风格具有指引作用。

以梅兰芳的视角看,余叔岩既有艺术家的成就,又有与常人相似的缺陷与不足。他勇于突破缺陷,弥补不足,积极向前辈名家学习问艺,在舞台实践中丰富艺术理解,创新表演风格,追求更高艺术境界,是一位热衷艺术、肯下苦功、认真严谨、钻研求索的艺术家。梅兰芳不仅向读者展现一位艺术家的成长之路,更为后学者提供学习范式,激励青年演员取长补短、勇攀高峰。如今,反观《我和余叔岩合作时期》这一章,梅兰芳对余叔岩的回忆是真实、客观、全面、具体、有代表性的,是认识、了解与研究余叔岩生平、学艺及艺术思想的重要一手文献,特别是梅兰芳纪念馆手稿(典藏版)的整理与出版,更为我们拓宽了全面、深刻了解余叔岩的视野,其意义与价值不言而喻。

——本文与赵思宇合撰,原载《中国京剧》2024年第2期

【注释】

[1] 吴小如:《京剧老生流派综说》,中华书局,1986年,第30页。
[2] 翁偶虹:《京剧老生的第二个里程碑——谈余叔岩》,《戏剧报》,1987年第6期,第44—47页。
[3] 梅兰芳述,许姬传、朱家溍记,《舞台生活四十年》,湖南美术出版社,2022年,第824—825页。
[4] 同上,第823页。
[5] 同上,第519页。
[6] 同上。
[7] 同上,第607页。
[8] 同上,第485页。
[9] 同上,第829页。
[10] 同上。
[11] 同上。
[12] 同上,第722页。
[13] 同上。
[14] 同上,第725页。
[15] 刘正维:《从谭腔看汉调的划时代贡献》,《天津音乐学院学报》,1999年第1期,第37页。
[16] 《舞台生活四十年》,第722页。
[17] 波多野乾一:《京剧二百年之历史》,鹿原学人译,上海大报馆,1926年,第22页。
[18] 《舞台生活四十年》,第723页。
[19] 《道咸以来梨园系年小录》《京剧二百年之历史》均有四胜记载,波多野乾一称四胜"一无汉赖也"。
[20] 《舞台生活四十年》,第724页。
[21] 《京剧二百年之历史》,第202页。
[22] 《舞台生活四十年》,第724页。
[23] 同上,第728页。
[24] 同上,第737页。
[25] 同上,第740页。
[26] 同上,第737页。
[27] 同上,第740页。
[28] 同上,第748页。
[29] 同上,第751页。

[30]　同上，第 756 页。
[31]　同上。
[32]　同上。
[33]　同上，第 760 页。
[34]　同上，第 769 页。
[35]　同上，第 768 页。
[36]　同上。
[37]　同上。
[38]　同上，第 762 页。
[39]　同上。
[40]　同上，第 771—772 页。
[41]　同上，第 772 页。
[42]　同上，第 767 页。
[43]　同上，第 776 页。
[44]　同上，第 784 页。
[45]　同上，第 785 页。
[46]　刘真、文震斋、张业才主编，《余叔岩与余派艺术》，学苑出版社，2011 年，第 454 页。
[47]　《舞台生活四十年》，第 784 页。
[48]　同上，第 723 页。
[49]　同上，第 760 页。
[50]　同上，第 775 页。
[51]　同上。
[52]　同上，第 768 页。
[53]　梅兰芳述，许姬传、朱家溍记，《舞台生活四十年》，湖南美术出版社，2022 年。
[54]　如 1957 年人民文学出版社、1961 年中国戏剧出版社之版本。
[55]　《舞台生活四十年》，第 758 页。
[56]　同上，第 762 页。
[57]　同上，第 747 页。
[58]　同上，第 724 页。
[59]　同上，第 768 页。
[60]　同上，第 760 页。
[61]　同上，第 765 页。
[62]　同上。

梅兰芳艺术精神与文化空间刍议

1910年代，是缔造20世纪京剧表演艺术传奇和辉煌的梅兰芳艺术的肇始期；100年后，梅兰芳已经离我们愈来愈远，但他树立的高标、他的艺术、他的品质、他的思想却愈来愈为后人珍视，成为京剧表演艺术的代表，成为20世纪戏曲艺术的一个象征符号。这100年来，社会经历了前所未有的动荡和起伏，时代发展波诡云谲，科技信息日新月异，尤其是20世纪80年代以来，有着太多的新生与创造，也有着太多的尘封与淘汰，披沙砾金，鱼龙混杂，多元多样中也有着自我过多的遗失和丢弃。

　　近年来，随着中国经济的快速发展和科技信息的突飞猛进，人们愈益认识到传统文化对于一个国家和民族发展与生存的重要性。习近平总书记也特别强调弘扬优秀传统文化，他认为："中华文化源远流长，积淀着中华民族最深层的精神追求，代表着中华民族独特的精神标识，为中华民族生生不息、发展壮大提供了丰厚滋养。中华传统美德是中华文化精髓，蕴含着丰富的思想道德资源。不忘本来才能开辟未来，善于继承才能更好创新。对历史文化特别是先人传承下来的价值理念和道德规范，要坚持古为今用、推陈出新，有鉴别地加以对待，有扬弃地予以继承，努力用中华民族创造的一切精神财富来以文化人、以文育人。"[1]一个现代国家的成熟与强大，不仅是经济指标与军事实力的，更是国家体制制度与文化自觉自信的，体现为综合国力。对文化的态度和认识，体现着国家文明程度，而对传统文化的态度和认识，是国家和民族思想与心理走向成熟和自信自觉的反映和表现。

　　如果说20世纪是戏剧时代，那么，无疑最能体现这种时代性的是京剧艺术，而梅兰芳则站在了20世纪京剧艺术发展的潮头和顶端。这是一个革故鼎新、变化日新月异的时代，以往戏曲声腔流行可达数十年，如明代王骥德所谓："世之腔调，每三十年一变，由元至今，不知经几变更矣！"[2]如今的流行音乐如果能够持续三五年就属于相当长了，有的艺术风行三五个月甚至更短,即被更新的时尚所取代。无论是20世纪前期的梅兰芳,还是20世纪后期流行一时的香港歌星梅艳芳,均业已成为历史,离现实越来越远。但梅艳芳的艺术与梅兰芳艺术不同,梅艳芳艺术完全是流行艺术,梅兰芳艺术是传统艺术的集大成,也衍化为那个年代的流行艺术,故人们津津乐道、趋之若鹜。梅兰芳艺术的积淀和梅兰芳艺术精神对于21世纪的中国文化、中国艺术仍具有传承、弘扬的价值和意义。

梅兰芳的表演,20世纪20年代风靡上海。"一有梅兰芳到上海来的消息,上海的茶馆酒铺里,大家兴高采烈,谈论的无非是梅兰芳。家人聚话,店伙闲谈,谁也不要提及他?而浴堂里的扦脚匠,搁起了人家的脚,理发店里剪发司,揪住了人家的头,尤为津津乐道。梅兰芳一到上海,居住的旅社门前,聘他的舞台阶下,人头济济,都想一瞻他的风采,究竟比天上安琪儿胜过几分?梅兰芳不来上海便罢,梅兰芳既来上海,上海人不去看他的戏,差不多枉生一世。所以当去包脚布,也要去看他一回。梅兰芳一到上海,上海人有儿子的,就发生教儿子将来也要唱戏,做第二个梅兰芳的心思。"[3]梅兰芳鹊起于1910年代的上海,这是20年代初上海人对于梅兰芳到来的反应——一种全民性的喜欢与痴迷,其热烈程度通过文字叙述犹觉历历在目。抗战期间,梅兰芳闭门不出,蓄须明志,但是梅兰芳及其艺术的影响丝毫不因为他几年淡出舞台而稍减。"梅兰芳三个字在大部分人的脑筋里,已经成为一种古代东方美的代表型,而不仅是一个艺人的名字了。我相信许多真的古代美人未必有他在舞台上所表现的那样美,而且他以前到世界各国演戏的时候,各国艺术界人士曾一致承认他全身的动作是合于最新的美学原理的,虽然他们不懂得旧剧的唱工,但他在美国表演时,有一天唱完以后,观众大受感动,鼓掌不止,只得出场致谢,启幕达二十余次之多,打破全世界歌唱的记录,你能说这是偶然的吗?"[4]他的影响和流行,不仅成为

"古代东方美的代表型",也得到各国艺术界的认可,"打破全世界歌唱的记录"。这就是梅兰芳及其艺术地位与成就。

梅兰芳离世已有50多年了,然而"梅派"艺术及梅兰芳艺术精神绵延不绝,始终活着并被发扬。21世纪,在走向文化自信和民族复兴之路上,梅兰芳对于我们依然是一个典型、一个代表、一个象征。梅兰芳所开创的"梅派"艺术风靡一时,今天"梅派"传承剧目和唱腔依然是人们所乐道和追逐的,"梅派"艺人也是薪火相传,努力将其发扬光大。梅兰芳留给后人一笔丰厚的艺术遗产,这笔遗产不仅使京剧表演艺术在20世纪达到了高潮,也使"梅派"艺术光彩夺目。它对京剧艺术的丰富和滋养,它对京剧地位的确立和巩固,不以梅兰芳的离世而有所逊减。今天,"梅派"表演构成梅兰芳艺术的基础和主体,是一个比较清晰的概念范畴,其传播和弘扬均有着相对明晰的指向和目标,但梅兰芳的历史文化意义,却远不止"梅派"一词所能全部归纳。梅兰芳艺术精神是"梅兰芳"这一文化符号更具涵盖性,也更为核心和本质之概括,也是诠释梅兰芳之为梅兰芳、"梅派"之为"梅派"、梅兰芳所以能够缔造京剧之崇的索解之码,是梅兰芳自身之因与社会时代外因互相扭结、交织的体现。而这,显然远远不局限于舞台氍毹,这种艺术精神体现为遵循规律、掌握规律和顺应时代与社会审美变化的创新发展,体现为一种艺术发展和社会发展的相融合和正能量。梅兰芳艺术精神是一个综合体,是人与艺,艺与时、世的复合,是艺术与思想、精神的统一。

其实早在20世纪20年代,梅兰芳影响如日中天时,有学者已经不局限于探讨他的天生丽质及其艺术作品,而认为梅兰芳是艺术界的梅兰芳,不仅仅是戏剧界的梅兰芳,是人格上的梅兰芳,不仅仅是优伶界的梅兰芳,是历史上的梅兰芳,不仅仅是现时代的梅兰芳。"时势造英雄,而英雄亦造时势。有了英雄没有时势,所谓英雄无用武之地;有了时势没有英雄,这时势也就糊里糊涂地过去了。故当时势制造的时候,

到底人人不能尽是英雄。既称英雄，必有堪当英雄的必要条件。例如豁达大度、礼贤下士等。就是演剧的英雄，也是如此，亦必具相当的必要条件：（一）须有创造的精神与艺术，（二）人格的修养，（三）能适应时势的需要与奋斗的能力。"在作者看来，以上三种条件具备，方才配得上说为时势所造。而梅兰芳就是一个这样的可造人才，"能应时势之要求以造成艺术家的身份者，这也是不可不算他一个时世的产儿"。[5]真正认识和理解需要深入研究和归纳，而这需要理论界加大研究力度，需要时间做工作，也只有真正认识和理解了，才能真正去弘扬梅兰芳艺术精神；否则，所谓弘扬梅兰芳艺术精神，就是一句空话。

从文化空间看，北京与上海最具地理之优，这两地不仅是京剧流行代表南北流派最重要的区域，也是梅兰芳之成为梅兰芳的两大福地。舞台自然是演员表演绽放的最绚烂的空间，北京、上海许多舞台因他的艺术创造而更具艺术价值、历史价值和文化价值。1913年梅兰芳在上海丹桂第一舞台首次以《穆柯寨》唱大轴戏，轰动上海，声名鹊起，也从此与上海结下不解之缘，上海观众对梅兰芳的追捧已见上述报纸记载。梅兰芳多次前往演出，并于1932年至新中国成立后的这个阶段，滞留久居。上海思南路87号（原马斯南路121号）是梅兰芳于1932年从北京搬到上海后的栖居之所，也是他于新中国成立后回京前的寓所（1938年至1942年期间他滞留香港）。

据许姬传回忆："这所洋房是义品洋行的产业，后来辗转卖给湖南省政府主席程潜。它是民国初年英国式的建筑，底层地下室，二层客厅饭厅，梅氏夫妇住第三层，第四层是梅先生的岳母和葆琛、葆珍（后改名绍武）、葆玥等居住（葆玖是1934年出生在这所房子里的）。当时梅兰芳觉得日本军阀有进窥华北的野心，就带了剧团到上海天蟾舞台演出，演毕把剧团的人送回北京，他和夫人福芝芳及子女在沧州饭店住了半年，冯幼伟给他租了这所房子（按：冯幼伟住在前面第一条弄堂。

▲ 抗战时期梅兰芳在上海马斯南路寓所"梅花诗屋"
▼ 上海马斯南路121号

梅兰芳艺术精神与文化空间刍议

1945年抗战胜利以后，周总理领导的中共驻沪办事处就设在马斯南路临马路一所较大的房子里，上海人称'周公馆'。许涤新同志就住在梅家对门，夏衍、周而复同志住在隔壁弄堂内），没有暖气设备，以壁炉取暖，有一个不小的草坪，可以练拳，打把子，梅兰芳觉得建筑和家具陈设是比较调和的。"[6]1937年淞沪会战爆发，1938年梅兰芳避居香港，香港沦陷后梅兰芳蓄须息演，并于1942年夏天回到上海和家人团聚。回到马斯南路家中，"他平日杜门不出，敌人找上门来，就虚与委蛇，相机应付。可是有一个绝对不可动摇的原则，如果要他演出、播音，以至参加集会或任何形式的社会活动，不管他们说得怎样天花乱坠，总是打定主意，坚决拒绝"[7]。这也是梅兰芳一生一个艰难的时期，受到政治上和经济上"双重压迫"，却不为所动，以告贷、卖画为生，坚拒演出，充分展示了梅兰芳的节操和爱国之情。

2015年12月2日，本人借梅兰芳纪念馆在上海壹号美术馆主办"梅兰芳书画及藏品展"之机，前往思南路87号考察。梅兰芳旧居为一幢坐北朝南四层洋房，已经为一家高档酒店所有，不在街道边，在别墅群内，不能看到。本人经向酒店管理人员说明来意，得对方理解和认可，绕过几栋别墅，寂无一人，对方带领走到一别墅楼前，门前挂牌书"梅兰芳旧居"几个大字，一幢坐北朝南四层西班牙式洋房静静地矗立在那里，该处就是梅兰芳在上海栖居最久之所。本人遗憾未能进入楼内，据介绍楼内格局已完全变化，按现在酒店要求布置，不复保存过去的面貌。良久，不忍离去，凉风瑟瑟，梧桐叶遍地，思绪纷繁。位于思南路87号的这幢别墅是梅兰芳与上海紧密关系的见证和象征，也是人们瞻仰和敬奉的存在空间，它所蕴含和寄托的则是梅兰芳艺术及思想精神，特别是抗战期间梅兰芳闭门谢客、不登舞台所体现出的民族大义和爱国情怀之象征。

北京与梅兰芳之地缘更是难分难解。1894年10月22日梅兰芳出生于前门外李铁拐斜街的梅姓梨园世家，其父早卒，1900年因家道中落，梅家迁至百顺胡同，与杨小楼为邻，梅兰芳就读私塾。1907年梅家移居芦草园，梅兰芳正式搭班"喜连成"。1908年梅兰芳母亲病逝后，梅家迁居鞭子巷头条，两年后梅兰芳与名武生王毓楼的妹妹王明华结婚。梅兰芳可谓是地道的北京人（梅兰芳自谓祖籍泰州），在其为生计无数次的搬迁中，有两处居所从时间上来看是最长的，从文化价值上看也是最有意义的。一为无量大人胡同5号[8]，一为护国寺街9号。

无量大人胡同一传说为吴良大人胡同。吴良者，乃朱元璋手下的大将。又有人认为是因无量寿庵故址在无量大人胡同而得名。无量大人胡同的宅院为梅兰芳20世纪20年代所购，由两个四合院连为一体，内中还有一座在当时颇显新式的洋楼。在此居住期间，梅兰芳艺术和影响臻于极盛，接待过诸如印度大诗人泰戈尔、美国好莱坞影星范朋克、意大利女歌唱家嘉丽·古契、日本著名歌舞伎表演艺术家守田勘弥以及当时的瑞典王储古斯塔夫六世夫妇、美国总统威尔逊的夫人等众多国际上的名流大家。

1932年梅兰芳离开北京，南行赴沪。他也是著名的收藏家，缀玉轩藏有大量曲本，在戏曲界被称为缀玉轩藏书，"缀玉轩"即为无量大人胡同居所书斋。某种程度上，"缀玉轩"就是梅兰芳的文化符号。梅兰芳儿媳屠珍在《京城艺术沙龙——无量大人胡同24号》一文中写道："无量大人胡同内梅先生的客厅缀玉轩成为人文荟萃的地方，真可说是京城一处'艺术沙龙'。梅先生的文学修养和历史知识，就是在众多友人谈文论艺、臧否人物、上下古今、无所不及的氛围中，得到了熏陶和提高。"从历史与文化空间看，无量大人胡同具有极其重要的价值。

无量大人胡同位于米市大街东侧，呈东西走向，1965年改为红星胡同，红星胡同11号即原无量大人胡同5号梅宅。由东城区文化委员会编著、2005年9月出版的《东华图志》，记载了梅宅的位置，并证实

2005年时梅宅已经成为"无存建筑",完全不存在了。[9]昔日胡同被拆迁,代之而起的是通衢大道金宝街。无量大人胡同5号及缀玉轩承载着梅兰芳鼎盛时期的艺术及思想文化,这种不可弥补的破坏,伤害的岂止仅是一座宅院!

护国寺街9号原为护国寺街甲1号,1951年7月梅兰芳一家从上海迁回北京定居于此,直至1961年8月梅兰芳去世。梅兰芳人生最后的十年就是在这里度过的。1949年10月1日新中国成立,中国历史掀开崭新的一页,建立起与前迥然不同的新的社会制度——社会主义,梅兰芳成为杰出戏曲演员的代表,有了人民艺术家的头衔。梅兰芳的人生进入了他一生的最后辉煌,拥有了诸多头衔:全国政协常委、中国戏曲研究院院长、中国戏剧家协会副主席、中国文联副主席、中国京剧院院长、中国戏曲学院院长等。戏曲进入50年代备受关注,毛泽东有"百

◀ 无量大人胡同住所长廊内景
▶ 梅兰芳在无量大人胡同住所

梅兰芳艺术精神与文化空间刍议

花齐放，推陈出新"的题词，中央政府颁布了《关于戏曲改革工作的指示》，全面进行改戏、改人、改制，文化部成立戏曲改进委员会，梅兰芳成为其中重要的成员。护国寺街9号不仅是他的休息和生活之所，也是他工作、写作之所，今天我们在1955摄制的电影《梅兰芳的舞台艺术》中，依然可以看到那时护国寺街9号是戏曲界、文化界雅集、交流的重要场所，是人们心目中的圣地。1986年10月27日梅兰芳纪念馆在其故居建立，并正式对外开放。开馆仪式上，全国人大常委会副委员长习仲勋揭幕，邓小平题写馆名。梅兰芳纪念馆也是迄今保持最为完整的梅兰芳旧居，是一座典型的两进院落四合院，占地1200平方米，原为清末庆亲王奕劻王府的一部分，20世纪50年代修缮后，梅兰芳搬入居住。一进门，青石砖瓦大影壁前的翠竹中安放梅兰芳的半身雕像。正院北房正中为客厅，里间为起居室，东西耳房为卧室和书房，书房的书柜里收藏大量珍贵手抄剧本，墙上悬挂张大千、齐白石、陈半丁等著名画家的作品，各项陈设均按梅兰芳生前生活原状布置。东西两边厢房原为梅兰芳子女的居室和餐厅，现在东厢房辟为梅兰芳书画及藏品展，西厢房展出梅兰芳戏衣、道具和表演指法图示。外院南厅是纪念馆主要展室，展出大量珍贵照片和实物，还有视频影像播放。近来在南厅院子里增加一个展廊，展出梅兰芳访美京剧图谱。故居成为一块圣地，纪念馆承载着"梅兰芳"三个大字所蕴含的文化与精神。

　　就纪念馆空间来看，1000多平方米非常有限，但纪念馆不仅在寸土寸金的护国寺街上，而且每平方米都有历史和文化的印记。正院北房的原状布置，以凝固、静止的形式定格历史，是对纪念馆主人的一种尊重；对于参观拜谒者来说，会油然产生仪式感，从而生发敬畏之心与敬仰之情。这正是主人公作为公共人物之被"纪念"的意义，这种仪式感某种程度上要比我们直接予以纪念主人盖棺论定的伟词更为润物无声，更具意义。就纪念馆而言，当然并不能仅仅停留于对故居的定格和"静

▲ 北京护国寺街 9 号梅兰芳纪念馆大门
▼ 北京护国寺街 9 号梅兰芳纪念馆院内

止化",而应追寻这种定格与"静止化"背后的历史记忆、真实生活和故事细节,这样与拜谒参观者所形成的互动和交流应该是最为生动和有效的。

如何解决空间有限和展览展物丰富的矛盾,是多年来困扰和制约纪念馆发展和发挥更大效益的瓶颈。由于空间限制,采用图片展示不仅是形象的,也是最为节省空间的,南厅以图片形式扼要地介绍了梅兰芳一生的主要艺术经历和社会活动。纪念馆收藏有梅兰芳亲人捐献给国家的3万余件照片、剧本、纪念品等文物、资料,如何利用和开发这些资源,是纪念馆面临的课题和挑战。作为文物文献,保护好当然是第一位的,但也不能永远把它压在箱底,那会是对文化的延宕和浪费。这方面,纪念馆以专题形式向社会公众开放,但似乎还远远不够。另外,就是以影印出版的方式将其推向社会,包括梅兰芳的照片图片、书画藏品、访美图谱、古籍善本等,其中"梅兰芳艺术大系"是纪念梅兰芳诞辰120周年一个比较系统和全面的以文献为主的出版项目,让更多的人了解和认识梅兰芳,了解和认识梅兰芳纪念馆的文化资源,扩张其文化底蕴和厚重。"走出去"也是纪念馆囿于空间所限所采取的一个有效方式,变被动为主动,走出纪念馆,走向社会,走向学校,走向全国各地,走向世界。在走出去的过程中,在与社会接洽、交流过程中,社会的需求会改变我们过去闭门造车的思维,对我们的展览内容和思维方式多有启发,从而调整我们的思路,创新我们的思维和展览模式。以2015年为例,梅兰芳纪念馆先后到北京师范大学、北京密云、新疆霍城、重庆万州、上海、广州及非洲肯尼亚举办主题为"文化名人与民族精神""中华名人展""梅兰芳书画及藏品特展"等展览活动,受到广泛好评。具体以肯尼亚展览来说,应肯尼亚国家博物馆、内罗毕大学邀请,梅兰芳纪念馆于2015年10月25日至29日赴肯尼亚首都内罗毕参加"中华名人展——梅兰芳"展览和博物馆交流活动。

该展览为大型图片文献展,旨在宣传梅兰芳为中国文化、中国京剧艺术事业所作出的杰出贡献。一同展出的还有来自宋庆龄故居、郭沫若纪念馆、鲁迅纪念馆、李大钊故居、茅盾故居、老舍故居和徐悲鸿纪念馆等八家单位。出席展览开幕式的肯方人员有肯尼亚国家参议院副议长金比·吉图拉（Kimbe Gitura）、肯尼亚国家博物馆馆长米扎兰朵·吉布贾（Mzalendo Kibunjia）等,参加开幕式的中方人士包括内罗毕大学孔子学院院长撒德全等。吉图拉、吉布贾分别发表了热情洋溢的讲话,祝贺本次展览顺利举行,并欢迎纪念馆代表团的来访。

时任梅兰芳纪念馆书记、副馆长刘祯代表八家名人纪念馆在致辞中指出："我们希望此次展览能进一步推助中肯两国的文化交流,增进肯方民众对中国的了解,进而为中肯传统友好关系增光添彩。希望肯尼亚人民通过此次图片展能够认识这八位伟大的中华名人,并从他们的人生轨迹和伟大事迹中感受到百年来中国历史的发展进程,以此增进中肯之间的文化交流,深化两国之间的了解和友谊。"刘祯与吉图拉、吉布贾、撒德全等共同剪彩后,展览正式开幕。代表团与嘉宾和孔子学院师生们一同参观了展览,并就展览内容进行了交流。孔子学院学生们还演唱了中文歌曲《肯尼亚、中国是一家》《同一首歌》等,将活动推向高潮。中国在肯的华人华商、留学生以及肯尼亚各界人士约100人出席了当天的活动。新华社驻肯尼亚记者及肯尼亚相关新闻媒体第一时间对活动进行了报道。本次肯尼亚展出是首次访问非洲国家,将梅兰芳与其他中国20世纪文化名人推介过去,意义重大。

梅兰芳是京剧表演大师,对其展示更得需要体现形象性和生动性。梅兰芳主要艺术与活动在20世纪前60年,彼时录音技术、电影技术还是新生事物,尤其电影技术更为罕见,而梅兰芳却是一位极有见识的艺术家和思想家,20年代初即在百代公司录制唱片,到30年代已与多家公司合作录制唱片,如高亭、长城、百代、蓓开、胜利、大中华

▼ 2015年10月"中华名人展——梅兰芳"在肯尼亚内罗毕国家博物馆举办

等。"兰芳每灌一片，在事前，选剧择词，运腔使调，以至胡琴过门，鼓板点子，靡不缜密考虑。"[10]所以，梅兰芳唱片质量也是最好的。早在1920年，梅兰芳就应上海商务印书馆之邀，拍摄无声片《天女散花》和《春香闹学》了。

1924年，梅兰芳应华北电影公司之约，拍摄了《黛玉葬花》等5出无声片片段，又在第一次赴日演出期间，应日本电影公司之邀，拍摄了《虹霓关·对枪》和《廉锦枫·刺蚌》两个片段。1930年访美演出，应美国派拉蒙公司所约，拍摄有声片《刺虎》。1947年丰子恺拜访梅兰芳，亦有劝请，"今后多灌留声片，多拍有声有色的电影"。[11]梅兰芳喜欢拍电影，著有《我的电影生活》。1948年梅兰芳主演的戏曲电影《生死恨》是中国电影有史以来第一部彩色影片，于1949年3月在上海首场公映。目前，纪念馆现有的影像展示还比较初级和低端，纵观世界博物馆发展，高科技多媒体趋势已汹涌澎湃，面对这样的潮流，如果我们不能跟上，就会进一步拉大距离，有逐渐被淘汰的可能。而就博物馆、纪念馆这种发展趋势来讲，梅兰芳纪念馆有其资源优势和库存储备，这不仅是作为表演艺术家的梅兰芳本人的影响所确立的，同时也与他留下的大量音频、视频和图片资料密切相关。把这些形象、生动的资料借助多媒体高科技，以创新思维加以开拓发展，将其数字化、信息化，而不仅仅停留于这些音频视频资料的原生态保留，那么对认识和理解梅兰芳就会有新的升华，并且，制约纪念馆发展空间的瓶颈也会改变，参观者接受、认识的主动性和趣味性甚至现代性都会加强，而这也应该是纪念馆加大工作力度、投资力度和创新力度的主攻方向。

纪念馆的质量和厚度还在于它是否有研究，是否有研究能力和研究成果。面对3万多件文物、文献和藏品，完整地予以保护，保护好自然是第一要务，但这不是纪念馆的最终目的。这些文物文献不是为藏而来，它更需要发挥作为梅兰芳文物文献所具有的价值，需要能够让公众去参观、领略——一件一件物品，一个一个侧面，点点滴滴，作为一种媒介，建立起一种互动、交流和对话，汇聚、构成人们全面和深入了解、认识梅兰芳、梅兰芳艺术和精神的元素。这就需要我们不仅是一位保管员，还应该是知情者、研究者。对于纪念馆，固然不能缺少门卫、售票员、保管员，也需要讲解员，但纪念馆质量如何其实更取决于是否有研究者、专家，这样一支队伍的建立事关纪念馆发展的质量和水平，也事关对被纪念者思想精神弘扬的程度。这种研究，当然包含着对纪念馆历史、陈列及藏品文物文献的认识、解读，也包括对被纪念者生平、思想和艺术的研究。就梅兰芳纪念馆而言，它也应该是世界梅兰芳信息研究中心——进入21世纪，梅兰芳纪念馆的发展应该有这样一个定位，进入这样一个层级，或者应该明确这样一个方向。尤其是近年来隶属关系的调整，管理和人事划归中国艺术研究院之后，依托中国艺术研究院深厚的学术资源和丰富资料，加强横向联系和建立课题合作机制，也包括与社会其他学术资源的整合合作，实现这样一个目标的可行性、容易

梅兰芳演出《天女散花》

度显著提高。学术需要积累，而人才则是当务之急！

在走向文化自信、重视传统文化的21世纪，"梅（兰芳）学"热和升级也是必然，而作为梅兰芳纪念馆该有所担当，有所作为。护国寺街9号，不仅有那片雅致幽静的四合院落，也不仅有一俟秋天即果实累累、梅兰芳亲手所植寓意"事事平安"的柿子树与海棠树，更有对梅兰芳艺术和思想的互动、对话、阐释和弘扬，从而能够营造出一个更有魅力、更加多维和更具思想与文化的精神空间！

——原载《文化艺术研究》2016年第2期

【注释】

[1] 习近平，2014年2月24日在中共中央政治局第十三次集体学习时的讲话。
[2] 中国戏曲研究院编，《中国古典戏曲论著集成·四·曲律·卷第二·论腔调第十》，中国戏曲出版社，1959年，第117页。
[3] 俞慕古：《上海人与梅兰芳》，《申报》，1923年12月21日第8版。
[4] 冀之枫：《梅兰芳再演营业戏》，《申报》，1946年5月19日第8版。
[5] 佛：《现在中国艺术化的梅兰芳》，《申报》，1926年11月25日增刊5版。
[6] 许姬传：《梅兰芳表演体系的形成和影响——缀玉轩诸老和梅兰芳》，载《忆艺术大师梅兰芳》，文化艺术出版社，2015年，第24页。
[7] 许姬传：《抗战八年中的梅兰芳》，载《忆艺术大师梅兰芳》，第129页。
[8] 《档案证实梅兰芳旧宅位于北京原无量大人胡同》，《新京报》，2008年12月26日。
[9] 同上。
[10] 禅翁：《梅兰芳灌片一笔细账》，《半月戏剧》，1938年第5期。
[11] 丰子恺：《访梅兰芳》，《申报·自由谈》，1947年6月6日至9日。

梅兰芳的表演革新与传统艺术精神

▼《一缕麻》,梅兰芳饰林纫芬

　　1962年8月9日,田汉在《人民日报》发表怀念梅兰芳的文章《追忆他,学习他,发扬他!》写道:"有些外国农民晓得的中国人,一个是孔夫子,一个是梅兰芳。一些外国戏剧家又把梅兰芳当成戏剧界的孔夫子。"[1] 田汉之所以将梅兰芳比作"戏剧界的孔夫子",是因为中国的戏剧与诗歌、小说、音乐、绘画等文学艺术一样,生成于本民族的文化语境,运用特有的表现方法与表演形式,展现艺术的精神气韵。而梅兰芳充满东方大雅的表演创造,具有独特而鲜明的中华文化特质,最能体现中国艺术意境化的风采神韵。如果说孔子是中国文化的精神领袖,其思想对中国文化发展产生了深远影响,那么梅兰芳作为戏剧艺术的集大成者,他用一颦一笑、一腔一势勾画出中国式的"写意"图景,可谓中国传统艺术的象征者。

梅兰芳舞台表演跨越20世纪初期到中期50多年，可以划分多个时期，每个时期都有自己鲜明的艺术特色和时代特色，1910年代的声名鹊起，1920年代的享誉全国，1930年代的欧美传播与爱国情怀，使其不仅在艺术上臻于完美，而且思想上更为进步和成熟。1949年10月，不仅是中国共产党领导的新中国成立的日子，梅兰芳艺术和人生也进入一个崭新的阶段。在这个新政权下，梅兰芳兴致勃勃地从上海回到北京，参加全国文代会、全国政协会议，并担任了中国戏曲研究院院长、中国京剧院院长、中国戏曲学院院长及中国戏剧家协会副主席、中国文联副主席等职，从此，他的工作就和新中国戏曲、文化事业紧紧联系起来。我们知道，"百花齐放，推陈出新"这一方针对新中国文艺事业发展的重要影响，它是毛泽东主席给新成立的中国戏曲研究院的题词。关于这一题词，与梅兰芳还有一个故事。1951年4月3日，中国戏曲研究院成立，梅兰芳被任命为院长。事先梅兰芳就到荣宝斋订裱空白宣纸册页，分送毛泽东主席、周恩来总理和其他中央领导同志请求题词。3月下旬，毛泽东派人送来亲笔题词，笔锋墨采充满了龙腾虎跃的气势。梅兰芳发现不是送去的册页，就问是不是因为纸不好，所以换了。送题词的同志说："主席写的时候，我在旁边。第一次是写在原来的册页上，写完了，不惬意，就另换纸写，又不满意。这是第三张。"并且还说："主席给人题词，常常写几张，然后从中挑一张。"梅兰芳也深有感慨地说道："从写字这件事，可以推想毛主席处理党和国家大事是如何反复思考，谋定而动。我们必须学习他老人家这种认真负责、一丝不苟的精神。"[2]

　　从延安时期京剧改革提出的"推陈出新"，到新中国中国戏曲研究院成立的"百花齐放，推陈出新"方针，梅兰芳认为这个方针提得好，在他看来："过去有些人认为京剧是老大哥，我就觉得不合适。中国有那么多地方戏，都有它的特色，应该按照百花齐放的方针，交流经验，互相学习。"[3]在现实中，梅兰芳对地方戏、地方戏演员是非常看重和尊重的。新中国成立后，梅兰芳个人演艺进入新阶段，他的一个重要目标，就是把京剧这种美的艺术奉献给劳动群众，让尽可能多的观众可以接触和欣赏到梅兰芳艺术，为此，梅兰芳不遗余力地到各地，为市民、工人、农民、解放军指战员服务。其时梅兰芳已经五六十岁了，他的每次外出演出，少则半个月、一个月，多则可达四五个月。他自己说道："九年多以来，我除了在北京首都演出之外，也常到各省、市去旅行演出，和当地的工人、农民、部队不断接触。今天我的观众成分和过去旧社会时代大不相同了，他们给予我的支援和鼓舞，使我感激得不知道要说什么才好。"在学习了毛泽东《在延安文艺座谈会上的讲话》后，他"对戏曲艺术为广大工农兵服务的意义有了了解，确乎愿意做好这种工作"[4]。梅兰芳对自己入党有很高的要求，同时他也有紧迫感，在他看来，"我已经参加了社会主义革命事业，天天正在做着我应当做的工作，将来还要把晚年的精力放在培养后一代的任务上面，如果自己还没有锻炼好，怎能够把现在的和将来的工作都做得好呢"。他认为只有自己改造得更彻底，才可以放心大胆贡献出所有力量，所以，"我今天才申请入党，不算早了，不能再等待了"[5]。1959年3月，梅兰芳被批准加入中国共产党，他的夙愿得以实现，也标志着梅兰芳作为20世纪杰出的京剧大师、一位具有高度文化担当和文化自觉者，由孜孜矻矻在艺术道路上的特立独行，真正汇入新时代和人民之中，走向了更为坚定的文化自信。

梅兰芳天生具有一种美的能力，初工青衣，兼擅刀马旦、花旦，后合青衣、花旦而为一，创造出花衫表演行当的华贵气质，改变戏园以老生为重的旧通例，开启剧界以旦角为中坚的新局面。梅兰芳的演唱，宗时小福一派，练音咬字，一字不苟，行腔圆润，珠喉婉转，时常声到尾处，自有旋折，宛如游龙；其拔尖之音，紧峭高亮，浑然有力，加之

《天女散花》,梅兰芳饰天女

娴习昆曲，刚柔浓淡之间，极委婉纤徐之致，甜而不媚，稳重匀圆，尤显雅质。

梅兰芳的扮相，端庄杂流丽，刚健含婀娜，譬如梅花，淡红香白，别具精神。尤其做工，意态传神，悉造其妙。演《黛玉葬花》，宁静婉约，尽弱不胜衣之态；扮《虹霓关》东方氏，耍花枪各种，英气逼人；《四郎探母》则显贵妇之雍容气度；《三娘教子》则有贤母之坚固贞正；新编剧《天女散花》，身段活泼，装饰秀丽；《桑园会》《武家坡》等剧，颇能营造贞烈幽节之气象。梅兰芳稔熟程式动作，善于捕捉各色人物的精神气质，洞悉世态人情，模其形态，画其精神，又能抛开形式的束缚，跳出现实场景的羁绊，在空的空间舞台，借助身段、手势、眉目、神情等肢体表达，抽象出斑斓的景语，充盈着时空的无穷。他的表演，有写实的部分，也有虚拟的部分，有程式的套式，但绝无程式化的呆板，在虚中生有，于有中藏虚，虚实之间，演出舞台天地的"生生"之意，展现东方艺术的诗意气韵与空灵气质。

1913年梅兰芳应许少卿之邀，在上海丹桂第一台登台演出。在"梅党"的策划下，他以《穆柯寨》压台，贴演扮相与身段均生动且好看的刀马旦，自此一炮而红，名噪一时。此时，正值新旧文化猛烈撞击的时代，在西方外来观念的影响下，掀起了一股对具有写实主义倾向的戏剧审美观念的推崇。京剧开始寻找冲击传统戏曲观念的突破口，以戏曲改良为切入点，以此寻求"旧"戏曲的现代性转型。

作为身处时代浪潮中的人物，梅兰芳也受到上海"新文化"的影响，不愿陷在"旧的圈子"中，曾于1915年编演诸如《孽海波澜》《宦海潮》《邓霞姑》等时髦新戏，大胆尝试现代故事。但是在四年的演出实践中，梅兰芳逐渐意识到，逼真化和写实化的表演方式，使得演员在舞台上只能以接近日常生活的动作形态表现人物，与中国传统戏曲"合言语、动作、歌唱以演一故事"[6]的原则相背相离，"古典歌舞剧的演员负着两重任务，除了很切合剧情地扮演那个剧中人之外，还有把优美的舞蹈加以体现的重要责任"。如果继续盲目以西方话剧的美学原则改造旧戏，抛弃四功五法的表演手段，丢弃民族戏剧的角色行当，轻视传统艺术的美学原则，"在这个条件之下，京戏演员从小练成功的和经常在台上用的那些舞蹈动作，全都学非所用，大有'英雄无用武之地'之势"[7]。那么就会有违戏曲的发展规律，也不可能嫁接出优秀的表演形式，甚至会阻碍京剧的发展。

在不同文化思潮碰撞与融合的反复体认中，梅兰芳最终放弃编演时装新戏。他回归到传统艺术的表演道路上，坚守中国艺术的美学原则，努力在传统文化的资源中寻求戏曲改革的药方，探索戏曲发展的另一条东方出路。

梅兰芳系统学习"歌舞合一，唱做并重"[8]的昆曲，汲取古典歌舞、文学与演技的养分，在演唱、身段与扮相的美感上下功夫，精细化地处理人物唱词与身段的对应关系，演出剧中人物的深刻性。他追求中正和雅，避免格俗气俚，讲究"针神度绣"的细腻，追求"塑匠模型"的传神，坚守中国传统艺术精神的正脉，打开舞台表演的"视域"，扩充人物表现的深度，也形成了其昆曲"表演的体系"。[9]

梅兰芳尊崇传统，但不固守传统，他致力于传统剧目的整理加工与古装新戏的开创，在坚持写意美学原则的前提下，着重于艺术形式的革新。他回向传统艺术，参照古代绘画中的仕女图像，在头面与服饰上对传统旦角的扮相进行创造，首创新的古装扮相和服饰，根据剧中人物特征设计歌舞表演。自1915年以来排演出《天女散花》《麻姑献寿》《黛玉葬花》等一系列新编古装戏，在1927年凭借历史新编剧《太真外传》，被选为"四大名旦"之首。这种歌舞并重的艺术形式以及古雅新颖的人物扮相，使观众耳目一新，也成为梅兰芳在艺术革新方面的特色，也深化了京剧艺术的美学内涵。诚如当时人的评价："南方舞台以排本戏巧制机括为能事，而北方角儿则注重于剧词，风情雅丽，多出文人手笔。以彼喻此，固不可同日语。""畹华之《太真外传》，全剧中确有几处极美观之姿势，与夫特别动听之歌曲，轰动京城，每演无不满座。"[10] 同时，梅兰芳又主动学习西方戏剧舞美的先进技术，从道具、布景、电光等方面对舞台进行现代化的改造，以"再造传统"的方式，开出"古装新戏"发展的新天地，找到中国戏曲现代性转型的践行之路，让传统戏曲焕发出新的时代光芒。因此，梅兰芳"是一位受过中国旧剧最彻底训练的艺术家"[11]，也是一位"美的创造者"。

梅兰芳用自身的天然灵性，以及对艺术的虔诚，以一手一足、一神一态、一字一腔，塑造多元化的女性形象，营造戏曲舞台的华夏风韵。在东西文化交融的大势中，他东出日本，西巡欧美，改变了日本观众对中国戏曲的成见，"向来旅京的东西各国人士以看中国戏为耻，自有梅剧以来，而后东西各国人士争看兰芳之戏，啧啧称道，且有争聘至外国演剧之事"[12]；亦洞开欧美戏剧之门，让其了解在古希腊戏剧与英国伊丽莎白戏剧之外，还有第三种戏剧形式——抽象写意的中国京剧，从而在世界不断认知中国戏曲的过程中，建立起世界表演艺术中的梅兰芳体系。

中国的戏曲与西方的戏剧，生长于各自不同的文化语境中，与本民族的生命精神合为一体，均具有自身独特的审美精神与文明价值。在不同文化交流碰撞的过程中，中国戏曲的发展固然要不断突破自身的局限获得发展，但不能盲目地以西方文化作为标准，为了"西方戏剧化"而忘记中国舞台的"传统化"，为了追求"现代性"而牺牲"中国性"。历史积累的美学原则与思想智慧，是传统艺术获得发展的源泉，只有兼采中西文化之长，扎根民族艺术的肥沃土壤，在多元文化融合的时代潮流中，美人之美，美美与共，才能让传统戏曲获得创造性的转换，建立起具有民族审美特性以及民族精神的艺术。梅兰芳在新旧文化不断碰撞的时代中，坚守中国传统艺术精神，借鉴西方戏剧的先进形式，或许能成为当下如何传承与弘扬戏曲的一种借鉴。

——原载《中国京剧》2021 年 3 期

【注释】

[1] 田汉:《追忆他，学习他，发扬他！》,《人民日报》,1962 年 8 月 9 日。

[2] 福芝芳:《回忆党教育下的梅兰芳同志》,载中国梅兰芳研究学会、梅兰芳纪念馆编《梅兰芳艺术评论集》,中国戏剧出版社,1990 年,第 575 页。

[3] 同上，第 576 页。

[4] 梅兰芳:《自传》,梅兰芳纪念馆油印本。

[5] 同上。

[6] 王国维:《宋元戏曲史》,上海古籍出版社,1998 年,第 32 页。

[7] 梅兰芳:《舞台生活四十年》,中国戏剧出版社,1987 年,第 568 页。

[8] 同上,第 339 页。

[9] 梅兰芳:《谈杜丽娘》,载梅绍武、屠珍等编《梅兰芳全集》第三卷,河北教育出版社,2000 年,第 85 页。

[10] 老拙:《〈太真外传〉与〈文姬归汉〉相辉映》,《申报·自由谈》,1926 年 1 月 15 日。

[11] 胡适:《梅兰芳与中国戏剧》,载梅绍武编《父亲梅兰芳》(上),文化艺术出版社,2015 年,第 182 页。

[12] 《春柳》,1919 年 9 月第一年第 7 期。

弘扬中华优秀传统文化,构建梅兰芳表演艺术体系把中国建成富强民主文明和谐美丽的社会主义现代化强国，是中国共产党团结带领全国各族人民实现社会主义现代化强国战略安排两步走中要实现的第二个目标。"中国式现代化"的提出，具有重要的理论意义。长期以来，西方的理论被认为代表了历史进步和未来的发展方向，随着问题的不断出现和本质裸露，其自塑的形象和神话日渐消退；而中国共产党领导中国人民所进行的改革开放伟大变革，使中国人民走向小康和富裕，并以构建人类命运共同体而嘉惠他国和世界。中国的发展模式、发展道路、发展理念被愈来愈多的人、政党和国家所理解、接受，中国共产党人的不断实践和探索，愈来愈具有一种更为宏阔和世界的眼光和筹谋。"中国式现代化"的提出，是我党从实践到理论的一种新突破、新超越，应和了中国特色社会主义现代化思想理论，是中国特色社会主义道路自信、理论自信、制度自信、文化自信的生动体现，这一理论概括也是在 21 世纪面临"百年未有之大变局"的形势下，中国发展跨入超越他人模式和理论历史阶段的鲜明表征，也因此，机遇与挑战并存，机遇与挑战并重，所以它"是一项伟大而艰巨的事业，前途光明，任重道远"。

马克思主义是我们立党立国、兴党兴国的根本指导思想，马克思主义原理与中国具体实际相结合，特别是"同中华优秀传统文化相结合"，进一步挖掘和认识到自身优秀传统文化的价值意义，"只有根植本国、本民族历史文化沃土，马克思主义真理之树才能根深叶茂"。二十大报告对中华优秀传统文化有许多重要论述，认为要"把马克思主义思想精髓同中华优秀传统文化精华贯通起来、同人民群众日用而不觉的共同价值观念融通起来，不断赋予科学理论鲜明的中国特色，不断夯实马克思主义中国化时代化的历史基础和群众基础，让马克思主义在中国牢牢扎根"。身为梅兰芳纪念馆人，学习后我们深觉自己肩负的责任重大，使命光荣，为铸就社会主义文化新辉煌我们应尽自己的绵薄之力。梅兰芳是20世纪伟大的京剧表演艺术家，杰出的民间外交家、文化使者，梅兰芳纪念馆作为国家重点文物保护单位，保护好这处具有悠久历史和文化内涵的处所，是我们的第一工作要事。这项工作不仅是对不可移动文物的建筑、院落的保护，也包括对馆藏大量梅兰芳生前收藏的可移动的各类文物文献的保护。以馆藏1420幅书画为例，其中申报一级文物35幅，包括齐白石《荷花四条屏》、何香凝《红梅图轴》、金城《双鹤梅花图轴》、溥儒《猴图镜心》、林长民《楷书节录楞严经四条屏》等，二级文物276幅，三级文物830幅。它们是重要的历史见证和文献档案，这些珍贵的文物文献，似乎还可以让我们感受到梅大师当年触摸后的温度，从而倍感亲切，从这个意义讲，堪称无价之宝。如何保护、保管好这些文物文献，是我们所首先要考量的问题。在文旅部及国家文物局领导的支持下，梅兰芳纪念馆旧居修缮列入国家文物局关于北京市2022年度全国重点文物保护单位文物保护项目计划，包括安防、消防工程设计方案，馆藏书画保护修复计划等，均在国家文物局立项。馆藏梅兰芳收藏的珍贵文物和文献33448件（套），包括书画、拓片、文稿、信函、照片、图书杂志、剧本、外文资料、剪报、戏单、戏服、明清家具、瓷器等诸多品类，是国内外保存梅兰芳相关文物文献最为集中、最为丰富的机构。守护好这些文物文献，是梅兰芳纪念馆人首要的责任。

纪念馆作为窗口单位，特别是担任着爱国主义教育基地之责任，如何服务、怎么服务是我们一直探索和努力去创新的。在健全现代公共文化服务体系、创新实施文化惠民工程方面，我馆始终把观众放在第一位，梅馆人始终以梅兰芳为楷模，处处为观众着想，举办高质量公益讲座，在有限的空间尽可能增加展览面积，提高展览水平，更多推出新的展览。年初在国家博物馆举办的"梅澜芳华——梅兰芳艺术人生展"是迄今为止规模最大、品质最好的梅兰芳综合展览，受到专家和观众的好

弘扬中华优秀传统文化,构建梅兰芳表演艺术体系

《贵妃醉酒》,梅兰芳饰杨玉环

评。迎接党的二十大胜利召开举办的"艺术劳动者——梅兰芳"展,展示梅兰芳作为"艺术劳动者"将最美的艺术呈现给人民、呈现给劳动者,从文化自觉实现向文化自信的历史迈进,特别是党的领导和哺育,对梅兰芳政治觉悟提升和思想境界飞跃起了重要作用,正是有了这一环,梅兰芳的艺术人生无比壮阔,从而臻于完美。故居院落是静止的,但梅派艺术和梅兰芳的思想精神是鲜活生动的,在创造性转化和创新性发展方面,梅馆陆续推出古琴、京剧跨界演出《琴芳梅兰》、沉浸体验式演出《遇见梅兰芳》等内容,受到观众的好评,有的演出还带到了国外。

作为20世纪伟大的京剧表演艺术家,梅兰芳有四大名旦之首美誉,他的访日、访美、访苏演出及欧洲考察,使得他享受世界盛誉,遂有"世界三大戏剧体系"之说。在推进马克思主义中国化时代化,加快构建中国特色哲学社会科学学科体系、学术体系、话语体系进程中,梅兰芳表演艺术体系是最具中国思维、文化和民族特点,也是最具有世界意义和影响的话语体系。梅兰芳纪念馆正在承担的国家社会科学基金艺术学重大课题"梅兰芳表演艺术体系及相关文献的收集整理与研究",集合了国内和馆内优秀的老中青专家,经过四年的不懈努力,反复论证,多次研讨,即将结题。该项目对"梅兰芳表演艺术体系"进行了系统、全面和深入的论述,追溯了该"体系"说的源流,回应了学界各种质疑,更主要地从学术和戏曲本体构建和阐释了这一体系的思想和内容,形成了梅兰芳表演艺术体系的主体论述;而围绕这一主体论述的四个子课题为"梅兰芳表演艺术本体研究""梅兰芳表演艺术与文化研究""梅兰芳表演艺术理论与美学研究""梅兰芳表演艺术海外传播及影响",既是对主体论述的拱卫和支撑,亦彼此互为对话、联系,并形成体系的不同层级;而其基础则是"梅兰芳表演文献整理与研究",有八部文献成果,加上梅兰芳表演艺术体系"总论",形成梅兰芳表演艺术体系之四级架构，可谓从"体系"内容内涵至架构层级的因果递进和层级关联，形成一套完整的从文献到理论的阐述和架构。这是一个需要不断探讨的话题和领域，而无疑，该项目完成所具有的创新价值和学科意义也是毋庸讳言的。梅兰芳的舞台实践和"走出去"，真正建立起中国戏曲与世界交流、对话的格局，对20世纪国际舞台产生重要影响，包括对欧美当代艺术亦影响深刻，讲述了最好、最生动的中国故事，传播了最美的中国声音，展现了美不胜收的中国艺术，在深化文明交流互鉴、增强中华文化传播力和影响力方面，时至今日仍然具有重要的现实意义。

——原载《中国文化报》2022年12月23日

梅葆玖与京剧的传承发展

参加罢台湾大学中国文学系主办的国际学术研讨会，4月25日中午来到桃园机场，办理手续回京。在微信朋友圈惊闻梅葆玖先生去世消息，虽在意料之中，内心却也还是感到震惊。他昏迷那么久，终无回天之力。然而，他毕竟不是一位普通的老者，而是梅兰芳的儿子，京剧界响当当的梅葆玖先生，他的辞世会有怎样的影响呢？

甫下飞机，就接到记者约稿电话，亦深感媒体的敏感和对葆玖先生的关注，但我还需要让自己心情平静，在平静中会思考得更多，也更理性和客观。几天来，各种媒体对梅葆玖先生去世的报道，颇有铺天盖地之势，微信消息多为同人传递，倒也未觉意外，意外的是昨天走在街上，坐在公交车上，依然听到各类新闻平台热议葆玖。梅氏父子对于中国人有着怎样的印象和记忆？想到这些，几天来的平静轰然崩塌，感情之潮亦汹涌而来。葆玖之别，是我们与梅兰芳最深的割断，55年前我们失去了梅兰芳，今天葆玖先生亦骤然而去。

近日来通过媒体上的大量回忆文章，可以使我们更为了解葆玖先生的京剧造诣及在京剧传承特别是梅派艺术传承和发展中所发挥的独特作用。我与葆玖先生近距离的接触大约是在2005年，葆玖先生作为全国政协委员，参加全国政协组织的"京剧院团发展现状"考察团，该团成员都是戏曲表演艺术家和学者，亦曾来中国艺术研究院座谈，其时本人作为戏曲研究所所长汇报戏曲研究与理论发展状况。针对当前京剧院团人才缺乏、观众群日益萎缩的困难和问题，考察团赴上海、南京、天津、北京、武汉等地考察。包括葆玖先生在内的这些全国政协委员们指出，保护和振兴京剧是发展中华文化的重要内容，要承担起振兴京剧"国粹"的历史使命。他们建议：国家应制定带有长期性的政策措施，将振兴京剧艺术摆在文化建设的重要位置；要加大人才培养力度，培养更多的京剧名角；加强对京剧艺术的舆论宣传，加紧培育市场和培养新一代的观众。就我所知，这次考察活动收到很好的效果。同年11月，文化部组成专家组，对27个省、自治区、直辖市申报的37个京剧院团进行全面评估，并最终确定11个国家重点京剧院团。

这些年来，在京剧的传承工作上葆玖先生不遗余力，拜他学梅派的有49人之多，他还带着弟子们往返于各地，不辞劳苦，展示梅派艺术的风采和魅力，宣传和普及京剧艺术。2014年是梅兰芳诞辰120周年，"双甲之约"他带着梅兰芳剧团赴各地演出，并沿着父亲梅兰芳足迹远赴日本、美国、俄罗斯、英国等国演出、演讲。虽然已是80岁高龄，扮相表演风采依然，舞台上一丝不苟，讲台上精神矍铄，不事浮华，尤其谈到梅派，总是语重心长，耐心细致。他认为自己是受教梅兰芳最多、获益最大者，因此每当谈及"父亲"二字他的声调总会发生变化，饱含感恩之情。对于父亲的教诲他铭记于心，加之多年的表演体悟，几十年的积累琢磨，葆玖先生已成为梅派艺术真髓的继承者，也是不遗余力的倡导者、推动者、宣传者和实践者。梅兰芳对葆玖寄予的期望，从1950年10月24日他们父子同台在天津中国大戏院合演《金山寺》《断桥》可见一斑。据说那晚观众的情绪热烈极了，梅剧团的人相当紧张，尤其是梅兰芳，对那晚的演出特别关心。对此，《舞台生活四十年》是这样记载的："所以唱完了戏回到饭店，他（梅兰芳）一进门就对我（许姬传）说：'《金山寺》是一出开打的戏，不是普通的文戏可比。葆玖的武工没有很深的底子，又是第一次上演，我真替他担心。唱得好坏不管，我怕他出错。今天能把这出戏对付下来，也算难为了他！'梅先生一面说着，顺手把大衣脱下挂好，倒了一杯茶喝着。'现在葆玖演戏的条件，要比我幼年的时候便利得太多了。有那么许多位前辈，随时可以指教他，纠正他。再说新建筑的戏院，对于拢音这一点是有很好的设计的，灯光的配合也调和。这都对演出有很大的帮助。'梅先生说得高兴，就把当年搭班时的戏馆、骡车、跑马、赛车、行戏这些情形一直谈了三个钟点。等我们谈完了话，东方已经发白了。"[1]

▼《金山寺》,梅兰芳饰白素贞,梅葆玖饰青儿

梅葆玖与京剧的传承发展

葆玖先生重视京剧艺术的传承与保护，在全国政协会上提交的提案是《急需对京剧保护和传承》。他从小浸润于梅派艺术，也一直在传承、弘扬梅派艺术，并逐渐地蜕壳，走向艺术和思想的成熟。他对梅派艺术中和之美的认识很深刻，在他看来，"梅派最大的特点就是没有特点，讲究的是规范，是范本。他无论是一招一式、一字一腔、发声运气，都非常强调规范，就是不要突出某一方面，那当然没有特点了，因为欲要突出某一方面，往往是要达到掩饰另一方面的不足或缺陷为目的，这并不是演员的不够，相反是体现了演员的能耐，只是梅派不提倡那么做而已。而且没有特点，不是没有风格，如果把风格都演'化'了，那是'水'了，也不是梅派了。诚然他是用心来唱，用心来演，用他真诚的心，跟他的感情，跟他的爱来表演。观众被他征服了，自然地形成了他的表演风格———梅派艺术"。[2] 多年的实践和积累也使他真正把握了梅派艺术本质，这也体现在他对梅兰芳艺术实践成功与失误的认识上。

记得 2015 年上半年的一天，葆玖先生的挚友吴迎先生给我打电话，相约谈事，我们约在梅兰芳纪念馆。中午吴迎先生风尘仆仆赶来，原来他受葆玖先生之托，谈梅派艺术的传承和发展，特别是人才培养。人才培养有多方面因素考量，其中重要一条，就是演员的文化素养和理论修为。虽然学校设备越来越先进，条件越来越好，可以上本科，读研究生，但葆玖先生认为还不够，还应该继续深造，读博士，从而进一步提升和完善演员的文化、理论水平，也希望我能够支持。我听后非常感动，这不仅是因为对我的认同，更主要的是能够感受到葆玖先生对京剧、对梅派认识之清醒，考虑问题之深，眼界之开阔，不以己为是，不因循守旧、故步自封，而确实做到与时俱进。几年前他就说过："从京剧传承的角度出发，还有一个重要的方面，就是培养高精尖的演员。京剧艺术主要还是看你的表演，听你的唱腔，就像我们听西方歌剧《茶花女》一样,这些经典作品不可能再改了,主要还是看什么人去唱,什么人去演。观众来看主要是来看角,没有角是不行的。所以我们就要培养高精尖的名角,他一上台,大家就争先恐后地来买票。培养演员,也得培养有文化底蕴的,这样演出来的人物才能真实。不知道历史,不了解文化,不知道京剧、昆曲是怎么形成的,光模仿外在,只能是一个外壳。"[3]京剧界有许多好的传统,也有一些根深蒂固的旧观念和旧习俗。以葆玖先生在京剧界之尊,却头脑如此清醒和洞达,对文化与理论有如此之认识,在令人钦佩之余,还会想很多,亦不知葆玖先生之外,持这样开放和先进理念者还有几多。

他观念之新、思想之新,无论是对陈凯歌执导电影《梅兰芳》、上海话剧院话剧《梅兰芳》的支持,还是从他参与新媒体京剧《梅兰霓裳》都可证明。为此他还专门撰写了《从〈梅兰霓裳〉谈梅派的"中和之美"》,他认为:"舞台三维虚拟景象设计、运用是否恰当,是否'中和',其衡量的尺度是'综合'与'平衡',这是梅派'中和之美'的原则。舞台三维虚拟景象设计构思必须与舞台布景结合起来,有里有外、有虚有实、天衣无缝。将三维动画制作的影像与舞台虚拟的实景结合,营造浑然一体的舞台三维虚拟景观,这才显得'中和'。如何用三维动画技术和虚拟景象设计表达梅兰芳艺术的'写意传神',做到'移步而不换形',可能是今后一代人、两代人长期攻关的科研题目。如果让一些'大场面、大制作'被人诟病太过写实反而使戏曲虚拟表演显得虚假,真的改变了梅派的'形'了,那就直接破坏了我父亲一再强调的'综合'与'平衡'了。"[4]他的这种热衷和支持新媒体,与乃父当年热衷唱机、电影也是一脉相承,都始终能够走在时代前面。

人们对梅兰芳及其京剧艺术时代的向往和记忆,使"梅兰芳"三个字成为笼罩在葆玖头上的一顶光环,寄托了人们对那个已经渐行渐远时代的想象和情感咀嚼。梅兰芳京剧艺术不仅属于他生活的时代,也属于未来，无疑葆玖先生成了人们对梅兰芳艺术、梅派艺术追慕的托体，而葆玖也担当起来了，他作为梅派艺术最重要的传承人，有血缘身份因素，有形象酷似因素，有梅兰芳嫡传亲授因素，更主要的，他以自己亲身行为、舞台上的粉墨登场，对梅派剧目的传承和顺应时代变化的发展，证明了自身的价值和对梅派剧目的理解。他的思想和理念与乃父亦颇相类，重传承传统，亦重创新发展，不是非此即彼，靠走极端夺人眼球的。他的标准就是美的标准，他的满意是以观众的审美判断为前提和追求的，简单地以"保守"或"创新"来贴签，不是客观的，也不是全面的认识。

仿佛自然界也会有感应。北京的春夏难得有雨，5月3日是我们最后与葆玖先生告别的日子。天地有情，多日的晴朗，到了2日天空黯然，气温骤降，细雨绵绵，似乎也在诉说着对葆玖先生离去的悲痛和不舍，点点滴滴，淅淅沥沥，让人黯然销魂，情何以堪！

——原载《文艺报》2016年5月6日

【注释】

[1] 梅兰芳:《舞台生活四十年》第四章，团结出版社，2006年，第41页。

[2] 梅葆玖:《从〈梅兰霓裳〉谈梅派的"中和之美"》,《戏曲艺术》，2013年第5期。

[3] 梅葆玖:《〈梅兰芳〉给我们的启示》,《人民日报》(海外版)，2008年12月23日。

[4] 梅葆玖:《从〈梅兰霓裳〉谈梅派的"中和之美"》,《戏曲艺术》，2013年第5期。

传播

梅兰芳与文化传播

京剧是 20 世纪的流行艺术，也是中国文化的重要和活态载体，梅兰芳是京剧艺术发展达到巅峰、京剧表演艺术走向炉火纯青时最具代表的人物。梅兰芳的艺术，是"美的艺术"，梅兰芳的一生，是传播和弘扬中国传统文化、思想、价值观的一生。

梅兰芳的文化传播，从传播的空间来看，大致可以划分为国内和国外两个大的区域；从传播的方式和特点来看，主要不是诉诸文字表达，而是形象的舞台表演，生动、直观和形象，同时，也是他一生躬耕践行的。因而，从传播效果和影响力来看，也是最为广泛和深远的。

一、梅兰芳是"美的创造者"，还是文化的传承者

以往人们对梅兰芳的认识，更多关注的是其作为一位演员——杰出的京剧表演艺术家，"真正的演员——美的创造者"，"梅先生继承了京戏悠久的优良传统，在旦角的表演艺术方面，说他已经汲取了过去许多名旦角演戏的精华而集其大成，这是丝毫也不夸张的。他对传统的戏曲表演艺术能够完全掌握之后，便从原有的基础上有很多的发展"[1]。他是"美的创造者"，也是文化的传承者。他的美、他艺术的美，遮掩和淡化了他作为文化传播者的角色。这些年来，国家启动非物质文化遗产保护工作，包括昆曲和其他戏曲艺术也从被冷落到得以改观，甚至昆曲又成为一种时尚艺术。即便如此，昆曲的流行也不能和梅兰芳时代人们对京剧的痴迷相提并论。

举一个例子，可见 1920 年代上海人对梅兰芳的极其追捧："一有梅兰芳到上海来的消息，上海的茶馆酒铺里，大家兴高采烈，谈论的无非是梅兰芳。家人聚话，店伙闲谈，谁也不要提及他？而浴堂里的扦脚匠，搁起了人家的脚，理发店里剪发司，撳住了人家的头，尤为津津乐

《五花洞》,梅兰芳饰潘金莲,王少卿饰武大郎(双影)

道。梅兰芳一到上海,居住的旅社门前,聘他的舞台阶下,人头济济,都想一瞻他的风采,究竟比天上安琪儿胜过几分?梅兰芳不来上海便罢,梅兰芳既来上海,上海人不去看他的戏,差不多枉生一世。所以当去包脚布,也要去看他一回。梅兰芳一到上海,上海人有儿子的,就发生教儿子将来也要唱戏,做第二个梅兰芳的心思。"[2] 由此可以看到梅兰芳京剧艺术在二十世纪二三十年代是有着非凡影响力的。应该说梅兰芳是 20 世纪最著名的表演艺术家,以往人们讲梅兰芳多从他作为艺术家、京剧大师来认识,很少从文化传承者的角度来讲,而实质上京剧就是最为传统的文化形态——从内容到形式,亦庄亦谐,亦俗亦雅。所谓梅兰芳表演比女人还女人,所蕴含的是梅兰芳女性人物塑造的真实感人。那个年代,人们到北京必做的三件事:逛长城、游颐和园、访梅兰芳。他在京城无量大人胡同的寓所，成为中外文化艺术界大腕、明星云集之所，举凡印度诗人泰戈尔、美国好莱坞影星范朋克、意大利女歌唱家嘉丽·古契、日本著名歌舞伎表演艺术家守田勘弥以及当时的瑞典王储古斯塔夫六世夫妇、美国总统威尔逊的夫人等众多国际上的名流大家，都来这里拜访过梅兰芳。他成名未久即有"复古之功"之誉："十年以来，每叹中国乐律沦亡，而古舞犹失传，乃与二三同好，别制古装新曲，如《天女散花》之袖舞，虞姬之剑舞，西施之羽舞，皆得独抒新得，融化中外，古今舞态，自成一家。时出新声，能令顾曲家荡气回肠而不能自已。歌舞合一，有复古之功，群以梅派尊之。"[3] "歌舞合一"固为梅兰芳表演艺术特色，然其"复古之功"岂独歌舞！

如果说20世纪是戏剧时代，那么，这恰恰是因为以梅兰芳为代表的京剧表演艺术达到了历史巅峰，为戏剧时代的到来奠定了厚实的基础，也成为与古希腊戏剧、印度梵剧三足鼎立的中国戏曲的"梅兰芳"这一象征符号。梅兰芳作为一个文化的传承者，他的意义也愈显崇高。

二、梅兰芳是文化的传承者，还是文化的思想者、革新者

特别值得注意的是，梅兰芳京剧表演艺术达到炉火纯青之时，也是传统文化受到极大冲击的时代。五四运动的爆发，以陈独秀、胡适、周作人、钱玄同、刘半农、傅斯年等人为代表的"新青年"派，提出"重估一切价值"，传统戏曲作为"旧"文化的代表，正遭遇着一次前所未有的非议与批判。[4] 在这样一种环境氛围里，梅兰芳对于传统艺术身体力行，不仅坚持坚守了，而且也使他的京剧艺术进一步走向辉煌。从与胡适等论争的张厚载记载的胡适之于梅兰芳态度的变化，最能够说明传统文化存在的必然性，也最能够说明梅兰芳作为文化传承者的不

遗余力。而且，这个例子也颇具反讽和因果之缘："胡适之近来对于旧戏，也有相当的赞成，去年在北京常在开明戏院看梅兰芳的戏，很加许多的好评。那时我在开明院遇见他，曾问他道：'你近来对于旧戏的观念，有些变化了吧？'他笑而不答。现在徐志摩、陈西滢一班人，对于杨小楼、梅兰芳的艺术，常加赞美。又有一位专业研究西洋戏剧的余上沅，把余三胜、谭鑫培和莎士比亚、莫里哀相提并论，而且认旧戏为一种诗剧。最可注意的，最近《晨报》附刊一种，竟把钱玄同所称为的'粪谱'的脸谱，作了剧刊的目标，咳，当时我费了多少笔墨，同他们辩论，现在想想，岂不是多事吗？"[5]事实上，1930年梅兰芳赴美访问，胡适专门撰写了一篇"Lanfang Mei and the Chinese Drama"（《梅兰芳和中国戏剧》），内中评论道："梅兰芳先生是一位受过中国旧剧最彻底训练的艺术家。在他众多的剧目中，戏剧研究者发现前三四个世纪的中国戏剧史由一种非凡的艺术才能呈现在面前，连那些最严厉的、持非正统观的评论家也对这种艺术才能赞叹不已而心悦诚服。他那些（由笛子伴奏演唱的）昆曲剧目呈现十七和十八世纪的戏剧，而他那些由环球琳般的胡琴伴奏演唱的皮黄剧目则展示上一世纪的俗剧。前一种中国剧是十七世纪的一些文人学士写的，由于内容比较丰富，意念更加雅致，如今已不再为广大群众所懂得，较通俗的皮黄剧便由此而兴起。"[6]这是胡适对梅兰芳的肯定，也是胡适对梅兰芳传承传播传统文化具体详细的描述。对曾经非议过梅兰芳的文化精英这种态度的转变，叶秀山将之表述为"反映了中国文化启蒙的'成熟'过程"[7]。

梅兰芳作为一个艺术家，他的身世、学艺、经历和表演，也是他这个人本身就承载着的中国传统文化。之前的很多演员、艺术家，不乏在舞台上很有表现力，取得成就者，但是由于这些演员自身的文化水平比较低，他们对自己所表演的人物、演绎的故事内涵以及一些曲词念白的意义并不完全了解。这一点不只是过去，现在的一些演员尤其是民间的演员、传承者也是如此。但是,梅兰芳不是这样的演员,如果是这样的演员,梅兰芳也不会是一代京剧大师。因此,梅兰芳不仅是文化的传承者,梅兰芳艺术不仅是传统文化的承载体,他也是文化的思想者和革新者。通过梅兰芳京剧的革新、他创作的剧目和塑造的人物可以看出,梅兰芳所塑造的人物虽然来源于传统,但是已经与过去的形象有所不同。"有些旧的戏如《宇宙锋》《讨渔税》《游园惊梦》《水斗》《断桥》《玉堂春》等等,是许多人都会演的,但由于角色类型的限制,表演程式的限制,演员文化水平的限制,艺术观点的限制,就会使角色的形象不够生动、不够真实,甚至于被歪曲而流于庸俗,最重要的是演员扮演一个角色,必然要喜欢这个角色,要为这个角色的性格、感情和他们的遭遇所感动,然后把他所感动的东西,通过艺术形象去感动观众。如若不然,他的演技就不可能是现实主义的,必然流于形式主义。梅先生是能够用他由衷的感情来演戏的,他所表演的几个有反抗性的女性都很成功,这些大都是旧戏,可是梅先生在几十年的演出当中,曾经不断地反复加以研究,适当地作了修改,去掉了其中某些糟粕部分,把其中的精华更显著地表达出来,这也是和一般的演出不同的地方。"[8]

梅兰芳对文化的传承,还体现在对文化思想、精神的理解和开拓上。这方面,尤其体现在"时装戏"的创作排演上。1913年梅兰芳从上海回来以后,"就有了一点新的理解"。

> 觉得我们唱的老戏,都是取材于古代的史实。虽然有些戏的内容是有教育意义的,观众看了,也能多少起一点作用。可是,如果直接采取现代的时事,编成新剧,看的人岂不更亲切有味?收效或许比老戏更大。这一种新思潮,在我的脑子里转了半年,慢慢地戏馆方面也知道我有这个企图,就在那年的七月里,翊文社的管事,带了几个本子来跟我商量,要排

一出时装新戏。这里面有一出《孽海波澜》，是根据北京本地的实事新闻编写的。[9]

从票房来看，时装戏效果是很好的。之后梅兰芳又创作了时装戏《宦海潮》《邓霞姑》《一缕麻》。在梅兰芳的舞台生活中，表演时装戏的时间最短，遇到的困难最多，而事实上也是梅兰芳在京剧艺术上革新、探索的步子最大，这种革新是内容与艺术形式双重的，"古典歌舞剧的演员负着两重任务，除了很切合剧情地扮演那个剧中人之外，还有把优美的舞蹈加以体现的重要责任"，不意间梅兰芳站在时代潮头，触碰了京剧进入20世纪后即将遭遇的最伟大与最棘手的挑战——京剧的现代转型。梅兰芳演出时装戏似乎成了梅兰芳舞台生涯的滑铁卢，人们不大触及或触及不深，持这种立场的人主要不是根据梅兰芳在舞台上的所作所为，不是以一种历史的眼光，特别不是以一种发展的眼光去认识和分析，而是把梅兰芳的谦虚和客观总结完全视为他失败的自白。梅兰芳是这样总结的："时装戏表演的是现代故事。演员在台上的动作，应该尽量接近我们日常生活里的形态，这就不可能像歌舞剧那样处处把它舞蹈化了。在这个条件之下，京戏演员从小练成功的和经常在台上用的那些舞蹈动作，全都学非所用，大有'英雄无用武之地'之势。有些演员，正需要对传统的演技，作更深的钻研锻炼，可以说还没有到达成熟的时期，偶然陪我表演几次《邓霞姑》和《一缕麻》，就要他们演得深刻，事实上的确是相当困难的。我后来不多排时装戏，这也是其中原因之一。"[10] 这是梅兰芳的时装戏命题，也是20世纪后半期"戏改"的重要命题之一。梅兰芳京剧时装戏的创作和探索，创作和探索中所遇到的制约和困难，与20世纪50年代后"戏改"现代戏创作和探索所遭遇的一脉相承，这也是京剧在20世纪最壮丽的事业和宏伟篇章。它的未竟

▼《一缕麻》,梅兰芳饰林纫芬

和悲剧性，不独属于梅兰芳，也属于整个时代。而梅兰芳的先行探索和历史总结，特别是他作为杰出的演员和京剧界领军人物，其探索意义是十分重大的，也可以看出这种探索的复杂性、整体性和艰巨性，这一课题又从 20 世纪延伸到了 21 世纪，依然是我们所面临的最为壮丽的现实课题。

三、梅兰芳是传统文化的传播者，还是中华文化的传播者

梅兰芳 8 岁学戏，10 岁第一次登台演出。1913 年在上海借《穆柯寨》一炮打响，成为蜚声南北的新星。京剧是一种传统艺术，四大名旦在当时是最为耀眼的人物，而梅兰芳居于四大名旦之首。1949 年新中国成立之后，虽然梅兰芳肩负着繁重的社会工作，他还是在晚年创作了《穆桂英挂帅》，献给了刚刚成立 10 周年的新中国。从他 1913 年出名到 1961 年过世的这几十年间，梅兰芳演出的剧目达一百六七十出之多，其在传承文化方面的影响力是无与伦比的。据说，他在国内的足迹遍及全国除西藏外的所有地方，这种足迹所及，不是徐霞客般的旅游，而是每去一地，都伴随着他曼妙的身姿和动听的曲唱，把最美的艺术、最传统和地道的文化带到各地。他叙述的是典型的"中国故事"，所表演的是最为传统的"中国形式"，以梅兰芳为代表的皮黄京剧逐渐取代"仅有诗和美是吸引不了一般的普通观众的"（胡适语）昆曲，使其传播面达到最大化，使梅兰芳真正成为 20 世纪家喻户晓的人物。

梅兰芳是传统文化的传播者，还是中华文化的传播者，他的表演、传播不只是国内，还"走出去"，走到日本、美国、苏联及欧洲，让世界各国人民认识和了解京剧艺术、中华文化。梅兰芳尚未走出国门，其影响已达。20 世纪 20 年代中期，梅兰芳"后往香港，欧美人士倾倒备

◀ 梅兰芳在苏联拍摄《虹霓关》电影片段,导演为爱森斯坦(中)

▶ 梅兰芳在莫斯科演出时的海报

至,海滨临送者盖数万人。各西字报极意揄扬,美使曾于总统饯别席次,谓兰芳倘能至美一游,以其绝艺表示中国文化,必能使美人增进爱慕中国之心。明年英伦赛会,预以重币来聘赴英演剧,声名洋溢,匪幸致也"[11]。国外对于梅兰芳有这样的期待,从梅兰芳角度看,他去日本、美国和欧洲也是有系统和全盘的推广考量,梅兰芳在《东游记》里说道:"第一次访日的目的,主要并不是从经济观点着眼,这仅仅是我企图传播中国古典艺术的第一炮。由于剧团同志们的共同努力,居然得到日本人民的欢迎,因此我才有信心进一步再往欧美各国旅行演出。"[12] 这样的追求、这样的视野,在当时不要说作为一位演员,就是任何一位见多识广者亦难以企及。

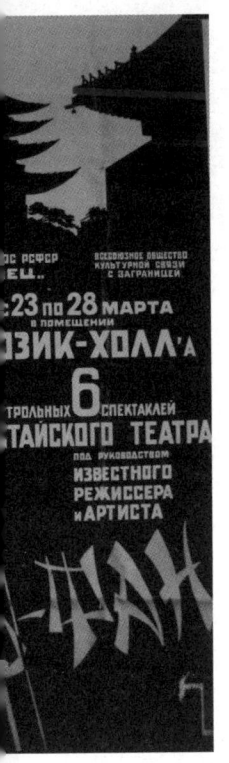

1919年、1924年、1956年梅兰芳三次赴日演出,虽然每次出访背景和原因不同,但对促进文化交流、京剧艺术的推广所发挥的作用是难以代替的。以第一次访日为例来看,1919年4月25日梅兰芳一行到达东京,"昨晚八点半,支那[13]名伶梅兰芳一行三十五人到达东京站。很多人到站台去欢迎,都想看看这位名伶。各社摄影记者为了拍摄这个场面拥挤得像打架一样。梅本人不用说了,就连同来的所有的人也没有一位能走动一步"[14]。原计划在帝国剧场演出十天,后应剧场要求增加两天,票价昂贵而售票处人山人海。第一天演出《天女散花》就引起日本媒体好评如潮:"梅最精彩的地方就是他扮演的天女踏上缥缈的云路时的舞姿,真是举世无双。"(凡鸟《显示了天赋的艺术风貌,梅兰芳第一天的演出》)"姿容美,声音美,再加上服装也极美,仅就这些已足能使观众赏心悦目。最紧要的是舞蹈,那又是怎样的呢?可以说大体轻妙,精致极了。"(久保天随《梅兰芳的〈天女散花〉》)"他仪态舞容的艳异冶丽的特色,不管懂不懂支那剧,都使我国观众为之神魂颠倒。"(不痴不慧生《有关梅兰芳的事》)他对日本艺术、文化的深刻影响更能够通过艺术家、学者的评论和研究显示一斑。文学家永井荷风看过《贵妃醉

梅兰芳与日本歌舞伎演员中村歌右卫门（五世）及其子合影

酒》后评论道："中华戏曲是我盼望已久的，今晚我偶尔聆听之后，感到那比我国现在的戏剧更具备艺术的品致，其气魄之宏伟真是大陆底的。我非常激动了。激动的是什么呢？我对日本的现代文化一直怀有强烈的嫌恶之感。因此对支那和西欧的文物具有十分仰慕之情。现在，我知道，我所怀有的这种仰慕之情不由自主地更加强烈起来了。"[15] 日本艺术家、学者对中国艺术、中国文化的理解是相当深入的，他们的评论都不是停留于表面的赞扬，而是进入学术与思想的底处。如不痴不慧生对《思凡》《天女散花》舞容表现不同剧种的理解，非常具有历史和专业的眼光，并且着眼于未来："我们早就认为支那剧已经杂技化了，可是梅却使我们懂得了它还保留着作为艺术的要素。在我们想象中，梅的身上大约还有点儿已经衰颓了的支那艺术的复活。"[16] 认为梅兰芳艺术是"已经衰颓了的支那艺术的复活",则确实看到了梅兰芳艺术在当下和未来的意义、地位。1924年的赴日演出,专门为前一年关东大地震义演募款,故文化交流和人文友善的意义更大。1956年梅兰芳率86人组成的"中国访日京剧代表团"赴日演出,彼时中日尚未建交,其决策与拍板的是周恩来总理,梅兰芳作为文化使者的意义更为显著,也有力地推进了民间的友好和往来。

1930年2月16日,纽约百老汇第49街剧院梅兰芳赴美演出鸣锣,这是京剧艺术首次在美国剧院出现的记载。这是梅兰芳极其看重且经过精心准备的一次远赴重洋,历时半年之久,演出72天,访问了西雅图、芝加哥、华盛顿、旧金山、洛杉矶、圣地亚哥和檀香山等城市,演出的剧目有《芦花荡》《青石山》《打城隍》《空城计》《汾河湾》《贵妃醉酒》《打渔杀家》《春香闹学》《刺虎》《虹霓关》《廉锦枫》《天女散花》《霸王别姬》等剧,以及剑舞(《红线盗盒》)、羽舞(《西施》)、杯盘舞(《麻姑献寿》)、镰舞(《嫦娥奔月》)、袖舞(《上元夫人》)等舞蹈节目。梅兰芳的演出在美国刮起一股旋风,《纽约时报》评论说:"梅兰芳身穿华丽的戏装在舞剧中的表演,犹如中国古瓷或挂毯那样优美雅致,使观众觉得自己是在跟一个历史悠久而成熟的奇妙成果相接触。"[17]纽约记者俱乐部举办的欢迎宴会,出席人数到达五千,可谓盛况空前。[18]梅兰芳演出得到美国戏剧界主流媒体的关注和好评,为美国戏剧界其实也包括文化界洞开一扇古老文化传统之门,让他们在古希腊戏剧和英国伊丽莎白戏剧之外,看到第三种戏剧——中国的京剧。西方率先进入现代文明,包括对世界的开拓,新大陆的发现,但文化的认识和了解不是显形的,不是浅尝辄止的,不易做到,何况彼时中华文化已现衰颓,西方正蒸蒸日上。京剧在美国的隆重演出,使美国文化界、戏剧界在古老的欧洲文明之外,看到了另外一种话语体系完全不同的东方艺术、东方文化。古希腊戏剧、伊丽莎白戏剧是西方人戏剧艺术的经典盛宴,当接

▲ 梅兰芳与刘连荣在美国演出《贞娥刺虎》

▼ 梅兰芳受到旧金山市长小卢金尔夫的欢迎

梅兰芳与美国波摩那学院院长晏文士

触到中国梅兰芳表演后，顿时生"酷似"之感。"梅兰芳的戏剧，不仅对任何国家皆可能出现的这种古典艺术性，而且也对希腊古剧，都是一种富有启发性的诠释。伊丽莎白时代的戏剧和这种中国戏剧十分明显地相似。""中国的京剧对希腊古剧作了一种深刻的阐释，因为那些使人联想到希腊的特征，以一种自然的思考方式，一种深刻的内在精神，体现在中国的戏剧里。"[19] 从比较文化、比较戏剧角度看，这也是更早的"世界三大戏剧"说。今年是汤显祖与莎士比亚去世400周年，汤显祖与莎士比亚不仅同处东西方同一个时代，其作品的人文精神与戏剧呈现颇多呼应。而梅兰芳在美国的京剧表演，同样使美国人想到了莎士比亚戏剧："伊丽莎白时代的戏剧和京剧也十分明显地相似，外表或多或少相像。情节场面固定，如你恰好看到的那样，有一些朴实的或并不朴实的道具和常规惯例。伊丽莎白时代的戏剧中有矮树丛充当森林，京剧中有马鞭代替一匹马，四个龙套表示千军万马，舞台上任意确定的位置表明不同的场所等等。还有定场诗，京剧演员上下场都念两句诗，就像莎士比亚戏剧中每场以类似下列两行诗来表明结尾一样。"[20] 梅兰芳一行是把自己视为中国文化的使节，而他们半年多的辛勤演出和付出，也确实让美国艺术界、文化界赞叹"梅兰芳的艺术无疑超越了东西方之间所存在的障碍"。梅兰芳作为中国文化使节访美的意义，从若干年后进入21世纪白先勇青春版《牡丹亭》的再度赴美，亦可得以证实。美国戏剧评论家史蒂芬·韦恩评价说："1930年，梅兰芳剧团把京剧带来了美国，2006年，苏州昆剧院青春版《牡丹亭》团队又把昆曲带来了美国。这次昆曲在美国的轰动，以及昆曲美学对美国文化界的冲击，是1930年梅兰芳访美以来规模最大和影响最大的一回。"[21] 这固然是褒奖当下的白先勇，但中华文化传播溯源则梅兰芳为始为大。

梅兰芳肯定不是中国文化"走出去"赴美第一人，但是，无疑也不会有哪位文化传播者如梅兰芳如此的生动、深刻和极具影响力。值

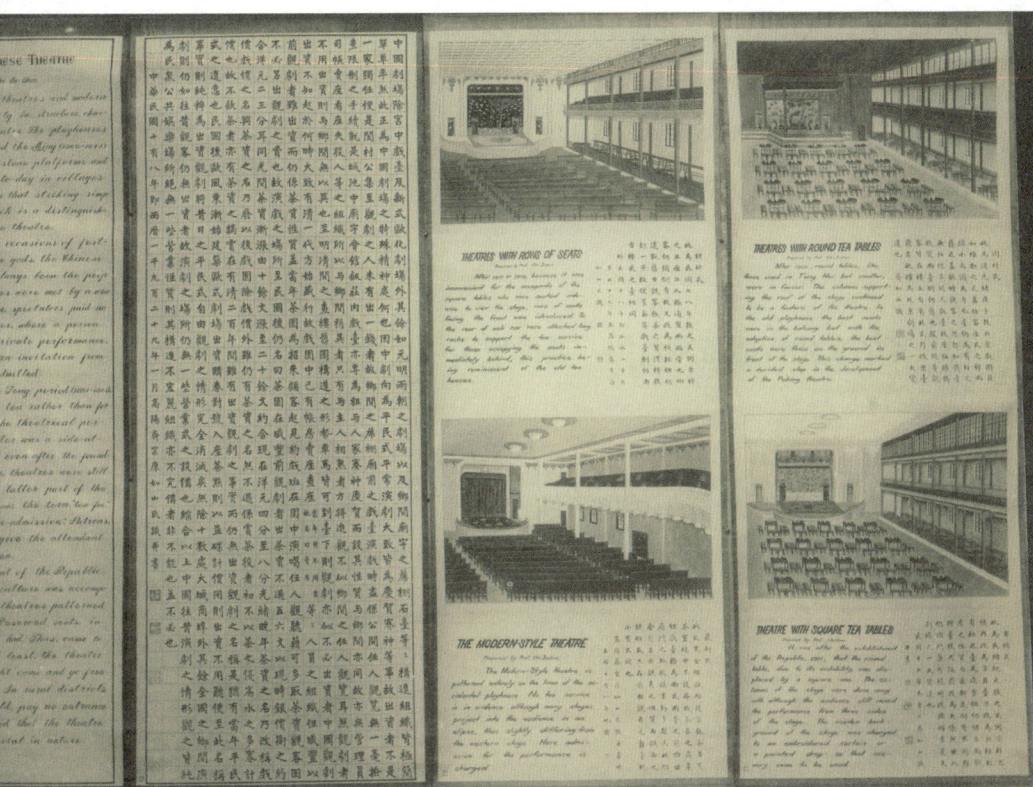

得强调的是，梅兰芳无论访日（1919年、1924年）还是访美都不是国家行为，而是他的私人之举——私人剧团，私人花费，特别是访美，远赴重洋，梅兰芳担负着巨大的经济压力。也唯其如此，愈见梅兰芳的眼光，高瞻远瞩，放眼世界，此后难可比肩。

四、梅兰芳的文化传播是舞台的，还是现实与身体力行的

梅兰芳之所以在20世纪能够取得那样非凡的成绩，不只体现为他的表演艺术，还在于他的人格魅力。梅兰芳以"色艺"赢得观众，更以品格赢得人们的尊崇和喜爱。在他艺术上臻于高峰时，梅兰芳"虚怀若谷，从善如流，所有报纸上评论所及，率唤人分别摘取浏览之。其盛誉者一笑而已，谩骂者亦不之理，惟针砭合理，则力矫前弊，毫不固执于心也！"[22]类似于这样"虚怀若谷""从善如流"的报道不绝于报端。他这种品格的形成，与他的家风和行规的教育及自身的修为砥砺分不开。新中国成立后，梅兰芳地位和影响更上一个台阶，成为真正人民艺术家的代表，有许多耀眼的头衔，但梅兰芳不骄不躁，依然平易近人，诲人不倦。

《舞台生活四十年》是他生命最辉煌时期成长、艺术和生活的写照，每读该卷，受益、慨叹的不仅是他艺术上的孜孜不倦和勇于探索的那种精神，更是他的做人的风范。举一个例子，梅兰芳出生在北京，在北京很多地方居住过，最有代表性的是无量大人胡同，从20世纪20年代到30年代初居住十余载，是他艺术达于高峰时为孝敬祖母买的，非常宽敞气派，这处居所对梅兰芳意义非凡，是见证梅兰芳作为一代京剧大师的一处重要文化空间。1949年7月，梅兰芳由沪赴京参加第一次文代会。闭幕时周恩来总理建议梅兰芳回北京居住，并考虑修缮他原来

的房子。总理的关心为梅兰芳谢绝了,最终选择了护国寺街甲1号(现护国寺街9号)。在他看来,旧宅已售,不能给人挟势之感。单劲松一文《毛泽东、周恩来与梅兰芳的交往与情谊》对此有叙述:"文代会即将闭幕,周恩来再一次接见代表。他特意对梅兰芳说:'您离开北平很多年了,还是搬回北平住吧!梅先生原来住的房子,我们会安排腾出来后进行修缮的,希望您能到北平工作。'""梅兰芳很是感动,但他表示:'回北平不能再住原来的房子了。因为那个宅院是我自己在抗战时期就已经卖了的,再住进去不妥。政府只要给几间宿舍,能安置下足矣。'周恩来非常赞赏梅兰芳的想法,嘱咐有关方面做好适当的安排。"[23]梅派艺术随梅兰芳而辉煌发达,梅派传人甚多,他们成为梅派的传承者、光大者,但他们首先学到的不是艺,是德。杨荣环讲过一个故事:一次程砚秋到上海演出,无意间发现自己和梅兰芳打了对台,作为梅兰芳大弟子,知道这个情况后立即去和梅兰芳解释商量,认为自己不礼貌,打算把合同推迟。但梅兰芳却不以为然,说:没关系,各唱各的,合同定了再改,会给你带来很多麻烦,况且剧目不同,两边都不会受影响,你不要有顾虑,要把戏演好。后来演出时,梅兰芳还特意派人到程砚秋后台去慰问,支持他演出。结果两边的演出都十分红火,成为梨园界的一段佳话。[24]这样的例子在梅兰芳身上可以找到很多。欧阳予倩认为:"梅先生是一个真正的演员,真正热爱祖国的传统艺术,并以毕生之力卫护着这一传统。还有最重要的一点,梅先生不仅是承继着中国戏曲艺术的优良传统,同时也承继了中国艺人的道德传统。"[25]

五、梅兰芳的文化传播是传统的,还是现代和时尚的

京剧是一种传统艺术,借舞台传播是一种传统的方式,20世纪又

是一个西方文化和技术不断引进中国的时期，包括相机、唱机、电影等，这些科技成果与京剧的传播关系密切。我们注意到，梅兰芳还是一位十分时尚之人，十分喜欢现代科技发明和成果运用，所以，梅兰芳文化艺术也借助相机、唱机、电影等广泛传播，并得以长久保存下来。这也是梅兰芳的眼光所致。1920年代，"商务书馆制影戏事业，年来颇为发达，今已央人致意畹华（梅兰芳），请演一二出，播之异域。他年畹华出洋时，亦可使西方人士倍益欢迎。畹华亦首肯曰：不错，咱们就干一会儿吧。大约必《天女散花》《麻姑献寿》等剧矣"[26]。梅兰芳唱片为各唱片公司所灌制，包括高亭、长城、蓓开、百代、胜利、大中华等。"平剧艺员在各唱片公司灌制唱片，其张数，以兰芳为最多。其销路，亦以兰芳为最畅。兰芳每灌一片，在事前，选剧择词，运腔使调，以至胡琴过门，鼓板点子，靡不缜密考虑。所以，灌片之成绩，当然亦以兰芳为最佳。"[27] 梅兰芳喜欢电影，其最早拍电影是1920年。他说："我看电影，受到电影表演艺术的影响，从而丰富了我的舞台艺术。在早期，我就觉得电影演员的面部表情对我有启发，想到戏曲演员在舞台上演出，永远看不见自己的戏，这是一件憾事。只有从银幕上才能看到自己的表演，而且可以看出自己的优点和缺点来进行自我批评和艺术上的自我欣赏。电影就好像一面特殊的镜子，能够照见自己的活动的全貌。因此，对拍电影业感到了兴趣。"[28] 如同着迷绘画，对电影与戏曲的结缘，梅兰芳也是乐此不疲，这方面内容可见其所著《我的电影生活》。对这些现代科技发明的喜爱，通过这些科学技术，使得他对中国文化的传播更广、更久，这也是梅兰芳的慧眼所在。

总之，梅兰芳文化修为是其作为文化传播者的根本保证。梅兰芳从小学艺，8岁登台，拜了很多老师，后来形成了独特的梅派艺术，取得很高的艺术成就。梅兰芳的家教对他的艺术和为人也产生很大影响。

另外，梅兰芳的成功不仅属于他一个人，某种程度上是个集体，他的周围聚集了很多知识分子、文人等"梅党"，他们对梅兰芳的文化修为提升、剧目选择、剧本创作有很大帮助，使梅兰芳对剧中人物把握很准确。除此之外，梅兰芳对佛教很有研究，他的剧目、绘画作品里都有佛教题材。他还是一个绘画大家，二十世纪二三十年代他拜访了很多绘画大师，比如王梦白、陈师曾、金拱北、姚茫父、汪霭士、陈半丁、齐白石等。在上海，梅兰芳拒绝为日本人演出，也断了自家生计，就是凭借卖字画来养家糊口。梅兰芳纪念馆保存有许多他的字画，只是因为他在京剧表演艺术方面的杰出遮掩了他在字画艺术方面的造诣和光彩。梅兰芳所取得的成就——无论是京剧艺术、绘画领域，还是其文化传承方面之功，包括他的为人处世、做人原则，也都与他良好、多方面的文化修为密不可分。

——原载《云南艺术学院学报》2017年第2期

【注释】

[1] 欧阳予倩:《真正的演员——美的创造者——为纪念梅兰芳舞台生活五十年作》,载中国梅兰芳研究学会、梅兰芳纪念馆编《梅兰芳艺术评论集》,中国戏剧出版社,1990年,第18页。

[2] 俞慕古:《上海人与梅兰芳》,《申报》,1923年12月21日第8版。

[3] 无盦居士:《梅兰芳小传》(1926年),载《梅兰芳纪念集壹编》,商务印书馆,2013年,第51页。

[4] 张婷婷:《回到"五四"戏剧论争的现场》,《戏剧》,2008年第2期。

[5] 张厚载:《新文学家与旧戏》,《北洋画报》,1926年7月28日。

[6] 梅绍武:《胡适的一篇佚文:〈梅兰芳和中国戏剧〉》,载《我的父亲梅兰芳》(续集),百花文艺出版社,2004年,第107页。

[7] 叶秀山:《序》,载梅绍武《我的父亲梅兰芳》(续集),第5页。

[8] 《真正的演员——美的创造者——为纪念梅兰芳舞台生活五十年作》,载《梅兰芳艺术评论集》,第19页

[9] 梅兰芳:《舞台生活四十年》(上),团结出版社,2006年,第197页。

[10] 同上,第257页。

[11] 《梅兰芳小传》(1926年),载《梅兰芳纪念集壹编》,第52页。

[12] 吉田登志子:《梅兰芳1919,1924年来日公演的报告——纪念梅兰芳诞辰90周年》,载《梅兰芳艺术评论集》,第643—644页。

[13] 古代印度、希腊和罗马文献称中国为Cina、Thin、Sinae;后在汉文佛经和史籍中译作"支那""至那"或"脂那"等。近代日本称中国为"支那"。见《辞海》(第七版缩印本),上海辞书出版社,2022年,第2910页。

[14] 《都新闻》(1919年4月26日),引自《梅兰

芳 1919，1924 年来日公演的报告——纪念梅兰芳诞辰 90 周年》，载《梅兰芳艺术评论集》，第 643 页。

[15] 永井荷风:《断肠亭日乘》，引自《梅兰芳 1919，1924 年来日公演的报告——纪念梅兰芳诞辰 90 周年》，载《梅兰芳艺术评论集》，第 653 页。

[16] 不痴不慧生:《有关梅兰芳的事》，引自《梅兰芳 1919，1924 年来日公演的报告——纪念梅兰芳诞辰 90 周年》，载《梅兰芳艺术评论集》，第 659 页。

[17] 梅绍武:《访美演出盛况拾遗》，载《我的父亲梅兰芳》（续集），第 52 页。

[18] 同上，第 53 页。

[19] 斯达克·扬:《梅兰芳》，《戏剧艺术月刊》第 14 卷，1930 年 4 月，梅绍武译，载《梅兰芳艺术评论集》，第 703，705 页。

[20] 同上，第 703 页。

[21] 吴新雷、白先勇:《中国和美国：全球化时代昆曲的发展》，《文艺研究》，2007 年第 3 期。

[22] 春醪:《梅兰芳虚怀若谷》，《申报》，1920 年 4 月 29 日第 14 版。

[23] 单劲松:《毛泽东、周恩来与梅兰芳的交往与情谊》，《湘潮》（上半月），2016 年第 6 期。

[24] 杨荣环:《艺术美来自心灵美》，载《梅兰芳艺术评论集》，第 453 页。

[25] 《真正的演员——美的创造者——为纪念梅兰芳舞台生活五十年作》，载《梅兰芳艺术评论集》，第 21 页。

[26] 春醪:《梅兰芳虚怀若谷》，《申报》，1920 年 4 月 29 日第 14 版。

[27] 禅翁:《梅兰芳灌片一笔细账》，《半月戏剧》，1938 年第 5 期。

[28] 梅兰芳:《我的电影生活》，中国电影出版社，1962 年，第 3 页。

格里格:『北欧的斯诺』及其眼里的梅兰芳与中国戏曲

一、缘起：从易德波到格里格

履职梅兰芳纪念馆，自己的工作和研究有重要转变，包括一些远近的朋友，也不知不觉开始对梅兰芳加以关注。北欧学者易德波（Vibeke Bordahl）是研究现代作家秦兆阳的专家，后又致力于扬州评话研究，曾数次赴扬州走近扬州评话、评话艺人，可以用扬州方言说评话，出版多部著作。我与她的认识是1999年在广西南宁民歌节民族民间文化国际研讨会上，算来有近20年的友谊，她是欧美"扬州俱乐部"的召集人，曾在苏黎世大学召开有关扬州文化的国际学术研讨会。她之向中国社会科学院图书馆捐赠扬州评话录音文献，向中国现代文学馆捐赠秦兆阳文献，我都是见证人。她多年在丹麦做研究工作，近年随丈夫回到挪威。

2017年4月9日，她率领一个由丹麦和挪威人组成的团访问梅兰芳纪念馆。除了叙旧，此次见面易德波教授认为还有两件重要事情：一是她此行带了儿子，让我们认识，约定将来她在中国收获的扬州评话等文献由她或者儿子（如果她有意外）通过我捐赠中国方面；二是她此次还带给我一份与梅兰芳有关的文献。这是一份复制的挪威文文献，她小心地取出交给我，并告诉我这是特意给我准备的，文献是用最好的纸张打印的，另纸有她丈夫打印的对文献作者的介绍。我很感谢易德波教授对我的友谊与信任。她赠送我的就是20世纪挪威著名记者、作家、爱国者和民族英雄诺达尔•格里格（Nordahl Grieg，1902—1943）的一份与梅兰芳有关的文献，内文共计14页，其中两张照片，一为梅兰芳便装照，一为梅兰芳剧照。

该文献引起我浓厚的兴趣，梅兰芳在20世纪世界的影响是大家所公认的，他访日、访美、访苏都成为那时戏剧界的重要事件，然他与挪威这样的北欧国家的联系则是我们所未知的。但挪威文又成为一种交流

◀ 格里格撰挪威文《梅兰芳》首页书影
▶ 《当代北欧短篇小说集》刊登《梅兰芳》

障碍，我请易德波教授代为物色可以胜任的翻译者，很快易德波教授就给我回信，她推荐的译者是北欧文学著名的学者、曾在我国驻北欧国家使馆工作多年的石琴娥女士。不久我接到石女士的邮件，富有戏剧性的是，石女士的丈夫王建兴30年前曾将《梅兰芳》由挪威文译为中文，后发表于由石女士主编的《当代北欧短篇小说集》（上海译文出版社，1986年）。王建兴，笔名斯文，曾任我国驻冰岛国特命全权大使，在外交战线奋斗了整整40个年头。石女士在邮件中讲："这篇文章不属于短

MEI·LAN·FANG

Nadine har tat mig med i teatret for at se Kinas største skuespiller, Mei·Lan·Fang.

Nadine er et kapitel for sig selv; mange kapitler for sig selv er Nadine. Hun er for eksempel æresoberst i Chang·Chun·Changs flyvekorps, og indtar bestandig sin formidagscocktail i uniform og leggins. Men iaften er hun klædt i den mest ortodokse og tilknappede kvindelighet; teatret er en konservativ ting og ikke til at spøke med.

— Dette er ikke Ibsen, sier Nadine som vet alt, idet vi kommer ind i salen. En helvedeslarm slaar os imøte, det skriker av lys og farver og bevægelser og skingrende instrumenter fra scenen. Og der! En hvit komet suser pludselig over vore hoder, en haand strækkes ut av mørket og griper den med et klask, det er en duk som er hevet fra en mand ved en gryte oppe paa galleriet, kastet med brændsikker sikte over hele teatersalen. Med usvikelig precision staar han deroppe og slænger vaate kluter til alle som ønsker at friske sig i ansiktet.

Nei, det er ikke Ibsen. Men til gjengjæld Shakespeare! Ja, slik er vort arme vesterlandske maal: slik maa scenen ha været i den vidunderlige frodige,

6 — Grieg.

梅 兰 芳

[挪威]诺·格里格
斯 文译

诺达尔·格里格 (Nordahl Grieg, 1902—1943)，挪威杰出的爱国主义作家，民族英雄。第二次世界大战期间，他为了抗击德国法西斯侵略，投笔从戎，1943年12月2日乘坐英军飞机参与轰炸柏林，在空战中壮烈牺牲。

诺尔达·格里格生于卑尔根，与著名作曲家埃德瓦尔德·格里格同族。他是一位现实主义作家，对底层人民的痛苦生活寄予深切同情，他的第一部诗作《在好望角的周围》(1922)和长篇小说《船在航行中》(1924)都描写水手们惨痛的命运。《溪流中的石头》(1925)和《挪威在我们心中》(1929)是两部充满爱国热情的诗集，热情地歌颂挪威雄伟的大好河山和为挪威的繁荣作出贡献的劳动群众——水手、渔民和邮递员等。

1927年格里格作为记者曾来中国，发表了《在中国的日子里》(1927)。从同一年开始，他的创作转向戏剧方面，发表了《一位年青男子的爱》(1927)、《巴拉巴》(1927)和《大西洋》(1932)等，但不太成功。1932—1934年他居住在苏联，这一段的生活对他的思想和创作具有

·307·

篇小说，但是我非常喜欢这篇作品，一来这篇作品在挪威很有影响，二来写的是关于我国的戏剧大师，而且文章的作者本人不是一般记者，而是挪威人民引以为荣的反法西斯斗士，在二次大战的一次空战中壮烈牺牲，因此我觉得十分有意义。"（5月2日）不久，她将经自己之手审校过的译文寄给了我。这对夫妻，一生中有40年基本上是在北欧诸国工作与生活，不但为我国和北欧诸国的关系发展作出了积极贡献，也为传播北欧文化、历史和文学默默地耕耘。

挪威文《梅兰芳》的作者诺达尔·格里格的名字在挪威很响亮。他出生于卑尔根，挪威文学史称他为"卑尔根诗人"。他是一位诗人，1922年出版诗作《在好望角的周围》，成名作是1929年出版的诗集《挪威在我们心中》，赞美挪威的山川湖海，歌颂纯朴的人民。他还是小说家、剧作家，他的剧作有力地揭露了资本主义的罪恶，如《我们的力量和光荣》（1935年）。1937年创作的剧作《失败》以巴黎公社为背景，具有积极的乐观主义精神，描绘从那次失败中诞生的未来，将会是一个更加美好的世界。这是他最杰出也是最受欢迎的作品。

格里格是挪威的民族英雄。他的远祖是1772年诞生的挪威国歌的作者。20世纪40年代，他曾投笔从戎，在反法西斯战争中担任挪威的号角和旗手，亲自拿起武器参加抵抗组织，也曾在英国以他慷慨激昂的声音播出自己撰写的诗歌，鼓舞和激励挪威人民的战斗和信心。1943年12月8日，他以记者身份乘坐轰炸机飞临柏林上空，目睹和感受纳粹末日的来临，不幸飞机被击中，壮烈牺牲。

格里格对中国人民怀有深厚的感情。他1927年以记者身份来到中国，先后到过北京、沈阳、上海、武汉、南京、广州等地，走过大半个中国，访问过张作霖、张学良，见过第三国际代表鲍罗廷，并与宋庆龄有交往。在挪威人眼里，格里格的中国之行是为了寻找真理。在他1927年发表的《在中国的日子里》（奥斯陆金谷出版社），我们可以看到这位"追求真理者"一颗火热和滚烫的心。对于中国人民深陷的苦难，他感同身受；对帝国主义与军阀挟朋树党、作威作福，表现出强烈的愤慨；而对宋庆龄则无限尊敬，认为"孙中山去世后，她成为国民党的灵魂"。他认为世界上最需要妇女运动的地方就是中国，而宋庆龄是这一运动的倡导者。也因此，格里格被萧乾誉为"北欧的斯诺"。[1] 在北平期间，格里格曾在一位中国女性军人那迪内（Nadine）的陪同下步入剧场，观看了梅兰芳的演出，为此他专门撰写了《梅兰芳》一文。其实，这不是严格意义的小说，而是"一篇出色的报道体散文"[2] 但这部作品在挪威极有影响，文章所写的是中国的戏剧大师，而格里格又是挪威人民引以为荣的反法西斯斗士，是挪威家喻户晓的人物，这是主编石琴娥女士不能割爱，而将它收入《当代北欧短篇小说集》的特殊原因。也可能是这个原因，该文虽然20世纪80年代即翻译成中文出版，但似乎既没有引起小说界、文学界很强的关注，也没有引起戏曲界的留意。有意思的是，格里格的戏剧创作也是从1927年开始的，这一年他创作了《一位年青男子的爱》《巴拉巴》，不知他的戏剧创作生涯开始与在北京这场梅兰芳京剧的观摩是否有某种联系。

格里格创作《梅兰芳》迄今已整整90年了，虽然挪威人对于中国戏曲不甚熟悉，毕竟它与西方戏剧分属不同的表演体系，但"梅兰芳"这个响亮的名字是刻印在挪威人心中的，而这又是与"格里格"这个响亮的名字联系起来的。

二、《梅兰芳》纪实般的北平剧场与习俗

从西方读者视角来看，格里格笔下的北平文化，特别是独具东方特色的京剧文化无疑是别开生面的，虽然不似格里格般亲历，但格里格

的眼光和细致描写，以及他对中国文化一定程度的熟悉，也会深深抓住和打动挪威的读者。而站在中国视角来看，窃以为这部作品的专业和文献价值还未被学界认识，甚至未被开垦，于是，愈益显示出它的价值和意义来。

我更喜欢、更愿意把它视为格里格北平看戏纪实。进入20世纪，京剧生行表演艺术基本风格奠定，复又以梅兰芳为代表的旦行表演艺术异军突起，大放异彩，京剧艺术的发展势不可当，如日中天。20年代也是梅兰芳表演艺术达到鼎盛的时期。就这样，格里格走入一个与易卜生剧场完全不同的东方剧场，他对剧场的看客有叙述：

> 看客大多是穿着绸缎长袍，外罩橄榄色马褂的老年绅士。也有不少丽姝淑女，她们手上戴着白玉或翡翠的镯子，坐在那里不停地扇扇子，象牙扇每扇一下便划出一个圆弧，空气中会飘来一股沁人心脾的凉快。场里也有一些年青男人，角质的眼镜后露出聪颖而目空一切的眼睛。看客们时常交谈，并向前后左右的熟人点头招呼，年青人看到长辈必须站起身来深深弯腰三鞠躬以示敬意。不过有一点所有的观众都是一样的：不管怎样精神分散，他们的心思还是在舞台正在进行的演出上。

由此可以看出剧场一般看客的身份、性别、年龄和习俗来。那时看客对于京剧的痴迷，连格里格这样一位外国人也感受到了，就是在一出戏结束后短暂的换场中，这些看客互相有交流交谈，"不过有一点所有的观众都是一样的：不管怎样精神分散，他们的心思还是在舞台正在进行的演出上"。这也是那个年代京剧的魅力所在。

那时的剧场生态、剧场习俗是与格里格熟悉的剧场完全不同的。在中国，看戏是艺术，更是文化，这种剧场文化不仅昔日的老外看到会惊讶无比，瞠目结舌，就是今天的戏迷，也多不知其详。当步入剧场，格里格还没有从"各种陌生的乐器发出了聒耳的铿铿锵锵的尖吼"中悟过神来：

> 看那边！一颗白色的彗星突然从我们头顶上呼啸飞过，黑暗中竖起一只手来，"噗"的一声将它接住。原来是条毛巾。那是花楼顶层一口大锅旁边有个男子瞄准得绝对正确地投向池座里的每个目标。此人居高临下，随时用他那必须精确得容不得出半点差错的技艺向所有要擦把脸使头脑清醒清醒的观众飞速奉献上热气腾腾的湿毛巾。

格里格具有西方人的幽默感，却看到了中国剧场文化的特征。"一颗白色的彗星突然从我们头顶上呼啸飞过"的，是一块看客所需要的毛巾，描写得何其生动，又何其诙谐！这成为中国剧场的一景，当时就曾有许多外国人评价："中国戏不但舞台上的伶人能演，就连满园里茶役们也都能打出手呢。"[3] 喝茶、嗑瓜子、抽烟、扔毛巾、小买小卖，这样的喧闹、杂乱等，在格里格的笔下被描写成"彗星呼啸飞过"。徐慕云曾批评这种剧场现象是"楼上楼下满园手巾把子飞舞的怪状"，[4] 历来遭到知识精英的诟病，但同时他们却也忽略了它与中国戏曲演出与生俱来的源生性，以及剧场演出的生态文化，民众对其文化的认知、选择与参与。格里格具有专业眼光，尽管对中国的剧场氛围不太适应，仍接纳并认同。他认为西方剧场也曾经历过同样的过程，也有为娱乐而服务的剧场，而中国舞台特有的演出形式，始终伴随着民众的日常生活而产生、传承、演变，是"差序格局"中民众生活的一种方式，并带有世俗化的娱乐性质，观演过程中，不仅具有艺术观赏性，也可进行人情交往，是市民群体生活的一部分。在特定的文化氛围中，戏曲文化经千年的演变发展，有其厚重的历史积淀，因而格里格对中国舞台是心存敬仰的。

> 他威仪堂堂，昂首阔步，好像一头羽翎遍体、色彩斑斓的雷鸟。斜插在背上的四面三角小旗分列在他脑袋两边。头上戴着一顶中间耸立着枪尖、四周镶有珠宝璎珞的王冠，像是在乌黑的头发上扣了一个粗大的巨轮。手里握着一根巨大的长枪。他身上穿的是一件红、黄、紫三色的战袍。
>
> 他像一阵狂飙似的旋进舞台，然后按照一种古怪的、巴洛克时代的旋律往后连连倒退。他又朝前交叉移动双腿，似乎正在走一条仅仅靠了他的英勇的男子汉气概才得以跋涉而过的险路。他站停了片刻，引吭高歌一曲表明他的必胜信念的战歌，接着提起一条腿横跨一根马鬃做的鞭子，跨过去，然后重新猛如风暴地朝舞台背后冲过去。

作为一位第一次观摩中国戏曲的外国观众，能够如此详细地加以描绘，见出格里格的艺术欣赏和感悟力。他对武将的描述，虽然没有采用戏曲的专业术语——虚拟、程式，但我们不难从字里行间补充起来，看到武将的英武和气概。中国戏曲之妙，在于它的表演不是写实、生活的，而是对生活的提炼，虚拟和程式化表演动作是艺术的积淀积累，最终成为美化的身段、动作。而理解戏曲的一招一式，一颦一笑，是需要观剧经验的。格里格能够这么理解中国戏曲的表演，十分难得。

演出期间有个插曲，公案剧演员表演出错，"突然之间整个场子陷入了令人发抖的静寂，然后爆发出一阵气愤的、带有兽性的尖声哄叫。人人脸上都露出了怒不可遏的神情，整个剧场像开了锅一样，狂暴的谩骂此起彼伏、不绝于耳"。那迪内告诉格里格是那个演员走错了一个步伐，连格里格都知道，这对于中国戏曲表演是不可原谅的，"中国的剧院和观众就是这么一丝不苟，这么严格讲究，演员一举一动，在舞台上走多少步，诸如此类的表演程式都有千年来破坏不得的一定之规"。格里格并不是一位中国戏曲的研究者，但能够对中国戏曲有如此认识，可见他的艺术领悟能力。京剧艺术进入20世纪是发展的鼎盛时期，是天时地利人和综合作用的结果。京剧是当时脍炙人口的时尚艺术，也是市场化选择的艺术形态，好的演员票房价值就高，同时无形之中也约束着表演的质量，在观演的互动中，演员从反求诸身中重获艺术的表演经验，促成表演的严格讲究和一丝不苟，而观众的懂戏懂行，也极大地促进了演员表演臻于炉火纯青。台上的任何疏忽、纰漏都瞒不过观众的眼睛和耳朵，演员一旦出现失误，观众便"怒不可遏"，甚至不为演出买账，以看不见的手，将演员赶出梨园行。这样的例子很多，由此也可以看出当时观众的赏戏水平之高、艺术审美眼光之"毒"，对演员是极大的监督和鞭策，所以，那时京剧发展也是最为符合艺术规律的，台上与台下，演员与观众形成了一种互相理解和默契的互动关系。

格里格也注意到了中国戏曲"技艺上的准确性"，他谈到这样一个传闻："有位大表演家双目失明了，但仍能在舞台上像过去一样轻松自如地演出最剧烈的武打场面，因为他已经把自己的、别人的位置都丝毫不差地牢记在心了。"京剧史上这样的例子应该不是一个两个，而是有很多。比如民国初年京剧名伶"四大怪"之一的老生双阔庭，艺宗孙菊仙，善于刻画人物性格，后患眼疾，双目失明，不仅没有放弃舞台，甚至更加勤奋苦练，尽管在生活中步履不稳，一上台便判若两人。《捉放曹》一剧，拾鞭挥鞭，上马跨腿，他泰然自若，有条不紊，赢得观众满堂彩。对于格里格，这样的传闻只是"听说"，而由"听说"传递的信息，不难体会到中国戏曲"技艺上的准确性"，也可见他对中国戏曲特征的把握还是比较深入的，所谓透过现象看本质，不是停留于表面的技艺和好奇。

三、格里格眼里梅兰芳的诗意表演

格里格对梅兰芳的钦佩，从他作品的命名即可见一斑。其实，一个外来的记者，对戏曲对梅兰芳又能够有多少接触呢！但从他的景仰（可能来自那迪内的介绍）也折射出中国人对梅兰芳的"粉丝"情结。梅兰芳那时影响巨大，外宾来北平有必做三件事之说，即登长城、逛故宫和看梅戏（或曰访梅兰芳）。所以，这场演出于格里格也是极其期待的，以至一有女主角上场，便迫不及待地误以为是梅兰芳。那时梅兰芳"伟大"到什么程度？不仅舞台上梅兰芳被密切关注，就连他的心情好坏也成了观众的喜恶。

格里格经历了5个小时的漫长等待，在"打雷般敲响"的鼓吹喧阗中，以及像根红线一样整个晚上都粘在人神经上"二根弦的中国小提琴"的声音中，嘈杂的氛围难免有些"煎熬"，甚至觉得"像这样呆坐着一出接一出没完没了地看戏，真是一种叫人肉体上受不了的疲劳战"，这时，梅兰芳终于出场了。梅兰芳的出场，观众的反应格里格是这样记载的：

> 可是当梅兰芳一出场，所有人的疲容立时一扫而光，人人脸上露出了抖擞的精神和充满了刚刚迸发出来的期望。大家都坐得像蜡烛一般笔直，眼睛是年轻的、炯炯发光的。

这就是梅兰芳的魅力，京剧的魅力！历经5个多小时的等待，那一张张灰白的、慵倦的、睡眼惺忪的脸立刻灿烂起来，"眼睛是年轻的、炯炯发光的"。梅兰芳现场表演的艺术效应，引发观众心里期待获得满足与认同，从而得到的精神力量，也让人的慵倦不堪的面貌发生如此巨变！

此日梅兰芳演出的是《西厢记》，对于梅兰芳出场的表演和观众反响格里格描写道：

>　　就像一团裹在白色绸缎里的絮云，梅兰芳轻轻柔柔地出现在舞台上。人们看不清楚他做了什么动作，仿佛他没有挪动脚步人已经袅袅娜娜地飘荡过来，仿佛他的双手徐徐卷舒出一层朦胧的轻纱。
>
>　　他抬起了手臂，连一个外国人，一个对此道一窍不通的门外汉都可以看出来，他的这个动作美极了，姿势既优雅，神韵又端庄。就在这个时候，整个剧场像是点燃了熊熊的火焰。观众站立起来，他们高声呼喊："好！""好啊！"观众为能一饱眼福而欣喜若狂。他们准确地知道这个抬起手臂的动作是多么优美，多么难得。

他的出场赢得了满堂彩，这是梅兰芳效应！显然格里格也完全沉浸其间，惊叹道："他的这个动作美极了，姿势既优雅，神韵又端庄。"实际上，格里格并不十分了解中国戏曲，但因为《西厢记》借由申茨·胡恩德豪生翻译成德文，所以成为格里格唯一看过的中国剧本，对故事情节也比较熟悉。尽管演出的不是全本，但不影响格里格对剧作和人物的理解，他对梅兰芳表演的描写充满了诗情画意：

可是一轮皓洁的明月照映着寺院！淡淡的清辉投洒在高大的圆柱之间，分外地令人销魂和勾人悲思。那个年青人恍惚之中似乎看到自己心上人变成了朦胧迷人的、似真似假的月光，飘然而至。这就是梅兰芳的演技，来的不是苹苹，不是一个女郎，而是中国之夜的迷人的月光！这个心上人充满了温柔和疼爱，在张的面前徘徊。她的脸部表情、声调和音韵都倾吐出对他的脉脉柔情。他将信将疑地挣扎着抬起身来，向地板上骤然腾起和正在逼近的这团光焰四射、响声隆隆的爱情之火迎了过去。还有海誓山盟！苹苹歌唱了不可思议的爱情之夜，她怯生生地朝他移动了身躯。月亮洒下了光芒，洒下了光芒。他竖起身来朝她伸出双臂，他的双唇像烈焰似的燃烧！

格里格对梅兰芳表演所构筑的艺术世界，通过现场的体验来领会，又对其做了生动细腻的现象学描述，从而激活读者的艺术感受。也就是在观看梅兰芳表演的这一年，即 1927 年，格里格开启了自己的戏剧创作，我们并不能直接判断是受梅兰芳的影响，但某种程度上看，也可能是一种巧合。可惜我们不懂挪威文，并不能直接阅读格里格的剧作，将其与中国戏曲的剧作风格相互对比，不过，这是一个有趣的课题，有待今后研究的继续展开。

《西厢记》这部剧的蕴藉之处在于，崔莺莺这一千金小姐丰富、复杂的内心世界。她对张君瑞"临去秋波那一转"，普救寺两人一见钟情，但也顾虑重重，若即若离。在经历了孙飞虎之欲劫掠后，以为老夫人曾亲口许诺，两人好事在即。孰料老夫人一句"拜了哥哥"，让两人重坠深渊。一波未平一波又起，既有外界环境的阻挠和顾忌，亦多自己内心的思绪和犹疑，结果让张君瑞爱恨交织，七上八下，苦不堪言。这是一出爱情名剧，亦有复杂、深刻的内心纠葛和反复。被"折腾"的不

Mei-Lan-Fang som Ping-ping.

格里格原文所配梅兰芳剧照

仅是张君瑞,应该还有观众,特别是作为一位外国观众,他能够理解吗?能够看懂梅兰芳的表演吗?格里格作了这样的回答:

> 梅兰芳演的这出戏描述了一个既有相思成疾又有爱情追求的月夜。在他的千姿百态的表演里闪烁着神奇的光彩,忽而是倾吐爱情的温柔,忽而是反唇相讥,忽而是冷漠无情;像是游移在寒夜中捉摸不住的星星磷火、像是碧绿似冰的晶莹美玉,像是纯洁无瑕的坚硬大理石,像是金星迸溅的爱情流火。月亮和梅兰芳就这样相辉交映着……

剧中人物思想不是单一的,而是不断发展变化的,格里格用诗一样的语言表达的是一种赞赏,一种理解,一种钦佩,《西厢记》也因此鲜活起来了。

四、格里格与《梅兰芳》的谜和疑问

不过,这场深受格里格喜爱的演出也给我们留下一些疑惑和问题。我们知道《西厢记》是梅兰芳所擅演的一个昆曲剧目,特别是早期,演出较多。梅兰芳在《舞台生活四十年》第二集第三章里提到,民国四年(1915年)四月到民国五年(1916年)九月"十八个月中的工作状况",这是他"业务上一个最紧张的时期"[5],排演了各种形式的新戏,同时演出了好几出昆曲戏,其中专门一节讲昆曲《佳期》《拷红》。《佳期》《拷红》是《西厢记》中的两出戏,也是梅兰芳演出本的核心情节。关于《西厢记》的故事可谓家喻户晓,不必饶舌,包括并不专门研究中国戏曲的格里格对《西厢记》也十分熟悉。问题在于,《西厢记》的女主人公崔莺莺,是张君瑞的恋爱对象,而红娘是个助人为乐的婢女、配角。梅兰芳的演出本,主角不是崔莺莺,而是红娘,这是梅兰芳演出本与《西厢记》全本最大的差异。

梅兰芳认为,在《佳期》《拷红》的表演中,"红娘是一个具有正义感,肯用全力来打破旧礼教,争取婚姻自主的典型人物"。梅兰芳对该剧的加工和处理,全部之力也用在了红娘这一人物的塑造上。梅兰芳始终扮演红娘,其他人物"李寿峰的崔母演得最好,把这种矛盾的心理,很有层次地表达出来。李寿峰的弟弟李寿山,和乔先生的儿子乔玉林,也都陪我演过。张生和莺莺,始终是由姜妙香和姚玉芙扮的"[6]。傅惜华说《佳期》演张君瑞与崔莺莺爱情私合事,"剧中以红娘一脚最重,乃六旦(即贴旦)色之'五毒'(凡昆剧中最重要之脚色曰'五毒',亦谓之'正场')"。[7]过去四大徽班中,擅演红娘者,四喜班有周芷茵、陈桂寿,三庆班有诸桂枝、仲瑞生、刘桂凤等。"至于今日演此而称杰作者,惟韩世昌、梅兰芳二人耳。"[8]

从现存演出剧照来看,梅兰芳扮演的角色也均为红娘。另外,在格里格发表的文章里,附了两张梅兰芳照片,一张是梅兰芳生活便装照,一张是《太真外传》所饰杨贵妃的试装照。照片显然不是格里格剧场现场拍摄,而是文章发表时所配。据格里格所述,他当时不仅看了梅兰芳戏,还于当日到梅兰芳府上登门拜访。我们知道,1927年是梅兰芳接待外宾特别频繁的一年,包括克伯屈博士夫妇、英国驻华公使蓝博森夫妇、美国驻华公使马克谟、日本天华魔术团等,都是在他的名宅无量大人胡同寓所进行的。格里格被邀请去的那座"精致而古老的公馆",应该就是此居。他们一起谈到易卜生,梅兰芳以西方戏剧为参照,阐述了中国戏曲具有"梦幻和美的意境"。而格里格文中所叙述梅兰芳扮演的应该是崔莺莺,那么,是格里格之误,还是梅兰芳跨行,还

《西厢记》,梅兰芳饰红娘

是根本就不是《西厢记》呢？直接质疑格里格观看的不是《西厢记》，似乎有点武断，一场正式的商演也应该不会跨行；如果是跨行，那么这会成为此次演出的一个热点，以那迪内的懂戏和热情，应该在格里格面前不会忽略。那么，会是格里格的想象梦幻？这是一个比较具有颠覆性的质疑和话题，我们已经不能去问格里格本人了。

还有一个关乎当时戏曲演出时长习俗的问题。据格里格描述，这场演出于当晚12点，已经演出了5个钟头，仍不见梅兰芳影子，观众已经非常疲劳。也就是说演出是从晚上7点开始的，直到"清晨四点钟，梅兰芳终于出来了"。当格里格看完戏，"不过外面太阳升得老高。我们走出剧院，驱车经过行人川流不息的街道时，已经是骄阳似火的大白天了"。如确如是，那么这是都市里的"两头红"。过去在一些乡村演出祭祀戏剧，如安徽、江苏等地的目连戏、傩戏，从日落演到次日日出，被称为"两头红"。但都市演出京剧特别是北京这样的都市演出京剧，前后达十多个小时，尚未所闻。旧时京剧演出一场戏往往是6个小时左右，剧目少则七八个，多则十几个，只有一些重要的堂会戏会从下午一直演到次日凌晨，偶或也有唱到天亮的。一般办堂会的自己家有戏台，有大的房子院落。没有戏台的会选择有戏台的饭庄办堂会，或者有戏台的大院落办堂会。而格里格看戏的地方不是家庭堂会，也不是饭庄，而是剧院。也有在剧院办堂会的，这种人多为新贵，但尚未听到剧院堂会演出有持续到天亮的。那么，是恰巧格里格赶上演到天明的那类堂会戏，还是格里格因看戏过于漫长煎熬的一种误记？要么就是一种对东方好奇的夸张，而非纪实。

关于这两个问题，我专门致函石琴娥女士和易德波教授，希望她们能够帮助予以回答和解决。两位先生非常热情。石琴娥女士刚从医院住院回家，即回复邮件："我们在翻译时商谈过，觉得文章中的有些情节似乎同实际情况有出入，但原文是如此，我们只能按照原文去翻。

但决定在介绍作家的文章中加上一小段,我们当时是这么加的:'《梅兰芳》记述了作者第一次看我国京戏的体会,因为他对京戏不熟悉,所记可能有不准确之处,但从中可以看到他对我国戏剧的喜爱,对我国戏剧大师梅兰芳的尊敬。'我个人认为,这篇作品基本上还应该算是纪实作品,由于作者是个西方人,对京剧,对当时的上海不熟悉,再加上中间还通过翻译,另外,估计这篇作品作者不是在上海写的,过了一段时日再撰写的,难免会出现偏离实际的情况。这是我个人的猜测,不一定正确,仅供参考。"

易德波教授又到了丹麦,在看到我的邮件后回复道:"你的关于梅兰芳和 GRIEG 的问题,我没有办法回答。真的奇怪!要是 GRIEG 的'写实'的报告不跟当时的具体情况符合,我们可以问很多问题:GRIEG 是不是并不写他自己所经验的事实?他是不是根据别人写的东西自己比较随便地创造了一个'机会'?但是既然他不是专家,没有什么知识,所以他的'报告'就有很多错误?我希望不是这种情况。我觉得 GRIEG 的描写和理解好像是特别聪明的,好像他特别理解中国戏曲。目前我就不能不问我自己:这个理解、这个聪明,可能不是 GRIEG 的,可能是借别人的作品,写一个假的报告?目前我不多写!以后再说!"

格里格的《梅兰芳》有它的文献价值,无论是挪威人还是中国人,尤其是中国戏曲学者,都能从字里行间的描述中,感受到 90 年前梅兰芳演出的真实场景。但同时,这篇文章也留给我们许多疑问和谜团。易德波教授的回复,让我觉得她对此文不是没有关注过,她认为格里格的描写和理解好像是特别聪明的,似乎他特别理解中国戏曲,而这个理解、这个聪明又不是格里格的。一谜未解,悠然一袭轻纱似又笼罩过来……

2017 年 8 月 31 日于京城非非想书斋

——原载《艺术百家》2017 年 6 期

【注释】

[1] 萧乾:《旅人行踪：萧乾散文随笔选集》,中央编译出版社,2005年,第147页。

[2] 石琴娥:《谈北欧小说》,载《当代北欧短篇小说集》,上海译文出版社,1986年,第17页。

[3] 徐慕云:《梨园外纪》,生活·读书·新知三联书店,2006年,第136页。

[4] 同上。

[5] 梅兰芳述,许姬传、许源来、朱家溍记,《舞台生活四十年》团结出版社,2006年,第235页。

[6] 同上,第333页。

[7] 傅惜华:《〈西厢记〉之〈佳期〉》,《国剧画报》,民国二十一年（1932年）二月第五期,载《傅惜华戏曲论丛》,文化艺术出版社,2007年,第75页。

[8] 傅惜华:《〈西厢记〉之〈佳期〉》,《国剧画报》,民国二十一年（1932年）二月第六期,载《傅惜华戏曲论丛》,第76页。

梅兰芳1930年温哥华之行考述

梅兰芳京剧艺术的海外传播，1919年、1924年、1956年访日，1930年访美和1935年访苏，不仅是艺术交流、文化盛事，也成为学术关注和研究的热点。随着梅兰芳海外传播研究的不断推进，梅兰芳海外事项的点点滴滴，都成为人们爬梳钩稽和关注考证的内容。梅兰芳足迹所及，除日、美、苏外，尚有波兰、德国、法国、瑞士、奥地利、英国、意大利、埃及、新加坡等多国，对这些国家的访游，不似日、美、苏时间长、有演出、规模大，但也是梅兰芳海外文化交流的重要组成。有些国家虽然梅兰芳未及访问，然凭借梅兰芳当时在国内国外的名气，也产生积极的辐射影响，如20世纪挪威杰出的爱国主义作家、民族英雄、战地记者诺达尔·格里格（Nordahl Grieg, 1902—1943）撰写的《梅兰芳》，使"梅兰芳"成为挪威人民所熟悉的名字。[1]

1930年访美是梅兰芳出国传播京剧艺术的重要事件，往返时间达半年之久，演出72天，从西雅图开始，先后在纽约、芝加哥、华盛顿、旧金山、洛杉矶、檀香山等城市演出。纽约演员俱乐部会长哈普顿（Hampden）评价说："从前东方与西方是完全隔断的，这种天然的间隔，妨害于人类关系很大，但无法免除的。近年来东西两方已渐渐联络起来，现在东方的艺术，梅氏（兰芳）他带了东方文化到西方来，他可称沟通东西文化的专使，是关系于人类最有功之一人。"[2] 在梅兰芳看来，其访美是"兰芳生命史上最不能遗忘而最值得纪念之一页"！[3]

梅兰芳访美信息报道甚多，评价亦甚高，为不争事实。然1930年梅兰芳访美之行，路经日本，曾有神户登岸赴东京之行，欢迎规模甚为隆重，虽无演出，然有观摩戏剧演出，有电台演说，不啻又一次访问，所以有梅兰芳四次赴日之说。

除此之外，梅兰芳美洲之行，还达哪里？是否去过加拿大呢？2017年4月初，梅兰芳纪念馆作为北京八大名人纪念馆成员赴加拿大温哥华参加"中华名人展"，3日在不列颠哥伦比亚大学亚洲系举办的

梅兰芳赴美时在"加拿大皇后"号轮船上

"漫谈20世纪中国文化名人的精神内容及现实意义"研讨会上,有加拿大听众提出"梅兰芳是否来过加拿大",该问题遭到否定。但加拿大华裔作家协会创会副会长、执行会长梁丽芳教授多年从事中外文化交流史研究,所以熟悉这方面历史和文献,她肯定了梅兰芳到过加拿大温哥华之说,并看到过加拿大相关媒体报道。本人对此颇感兴趣,与梁教授进行交流,进一步证实她的文献出处。本人回国后不久,即收到了梁教授提供的文献来源,并据此撰写了《梅兰芳在加拿大:一九三零年唐人街文化社区一瞥》一文,刊登于2017年5月的温哥华《环球华报》。

梁教授所搜索文献为《大汉公报》,1930年2月1日对梅兰芳的到来有题为《华侨团体欢迎梅兰芳》的报道,文云:

域多利函：祖国优界泰斗梅兰芳，所演剧情，大裨文化，诚空前所未有，不啻为优界之圣久矣，口碑载道，中外蜚声，闻此行为美国现任总统贺华氏夫人介绍，特用重金聘往纽约演剧。而梅兰芳素具发扬祖国文化于各大陆为志愿，乃不辞跋涉，俯允放洋，实行宣传工作。经搭坎拿大皇后于昨卅一号午后一点钟抵埠。到埠欢迎者，有中华会馆正董职员等，致公堂盟长秘书长罗小白及职员等，适适轩各商董等。备车数乘，鹄立候迎，直至将近三打钟，方见梅氏等二十人上岸。由司徒英石介绍与各人握手见礼，谈询片时，即行上车往游域埠风景，至三点四十分钟抵中华会馆，登堂稍坐，与各梓里相见，致公堂复派菁莪学校教员罗振觉先生，到中华会馆会晤，请到堂一叙。惟因四点钟要转船赴舍路埠直往纽约，为时不过二十分钟左右，不克应招，俟回国时定当登堂拜候以申感激之忱云，谈完即匆匆握手登车，往诗丕亚埠头落船矣。梅君气度雍容，和蔼可亲，又能谙达数国言语，诚聪明绝顶之谦谦君子也。

- 1930年2月1日温哥华《大汉公报》关于梅兰芳的报道
- 1911年2月孙中山在温哥华与致公堂部分成员合影

　　《大汉公报》的报道非常及时，前一天梅兰芳到来并与华侨华人会晤，次日即见诸报端，也可见梅兰芳到来一事于当地华侨华人的重要性。《大汉公报》（The Chinese Times）是加拿大存续历史最悠久的华文报纸，于1907年由洪门致公堂创立，创刊初期刊名为《大汉报》，其后一度改称《大汉日报》（The Chinese Daily News），再于1915年改称《大汉公报》。该报是洪门的机关报，旨在宣扬当年中国革命事业，从1910年起由冯自由担任主编，曾与由梁启超于1903年创办的保皇会刊物《日新报》展开笔战。

　　梅兰芳赴美路经温哥华，逗留时间非常短暂，中华会馆、致公堂等方面派人迎接梅兰芳。温哥华中华会馆成立于1895年，1906年正式注册为慈善团体。致公堂又名"洪门"，在海外称为"义兴会"或"义兴公司"，为致公党前身，1904年孙中山曾加入该组织。《大汉公报》对梅兰芳一行短暂的逗留报道甚详，也可以看出梅兰芳之到来对于当地华人的影响及华人的热烈欢迎程度。包括对梅兰芳访美之意义，亦甚多褒词："祖国优界泰斗梅兰芳，所演剧情，大裨文化，诚空前所未有，不啻为优界之圣久矣，口碑载道，中外蜚声，闻此行为美国现任总统贺华氏夫人介绍，特用重金聘往纽约演剧。而梅兰芳素具发扬祖国文化于各大陆为志愿，乃不辞跋涉，俯允放洋，实行宣传工作。"唯"特用重金聘往纽约演剧"似不确。梅兰芳访美担负极其重要的文化交流和传播使命，更是梅兰芳作为20世纪文化人的自觉和历史担当，赴美演出前后酝酿多年，也得到两国官方和民间的支持和鼓励，但演出本身还是具有商业性质的，也主要是由梅兰芳个人承担。《大汉公报》对梅兰芳本人也有很高的评价："梅君气度雍容，和蔼可亲，又能谙达数国言语，诚聪明绝顶之谦谦君子也。"

其实，《大汉公报》并不是梅兰芳到达加拿大温哥华唯一的记载，但确是现今所知最详细的公开报道。梅兰芳成名甚早，这也是由他的演艺生涯决定的，围绕梅兰芳形成了一个强有力的文人集体，俗称"梅党"，参与策划、组织、经营和记录梅兰芳的演出和诸多社交活动，所以，关于梅兰芳的各类记载和档案工作也是最细致的，包括梅兰芳的访美。在梅兰芳人数不多的访美队伍中，演员出身的李斐叔担任中文秘书，他随团撰写的《梅兰芳游美日记》从"（民国）十八年十二月十九日"写起，其中第四节"由日本之西雅图"，1930年1月31日日记，所记载的就是登陆温哥华，经温哥华登船赶到西雅图的一日两地之行。

梅兰芳赴美之行的行程为：1930年1月18日从上海乘英国的加拿大皇后号轮船启程，21日到神户，至东京，23日从横滨上船继续航行，又经过8天终于抵达太平洋彼岸，但首先到达的不是美国，而是加拿大的温哥华。经过海上数日波涛汹涌的颠簸，到达维多利亚带给他们无比的喜悦，从他们一见陆地和甫入船埠可见一斑：

晨起，见两岸青山，峰峦苍翠，时有片片白云，飘忽去来于其间，在那对峙的双峰之中，□了一轮朝旭，发出来朱红色的金光，射满了各个山头，由那山麓森林里，时有一缕炊烟，蜿蜒直上，白如云雾，隐约人家三五可辨。海波微兴，涟漪摇漾，近岸处的山影，倒映在绿水里，清爽如镜。也许是渔翁吧，轻摇着兰桨，在那欸乃声中，冲破了那镜子上面所倒映着的山影，去开始觅取他那意外的收获。

当这冬尝春物的季候，而有这样清雅宜人的景色，我们正从狂风暴浪中逃走出来，骤然得到如此境界，胸襟豁然开朗，其快乐尤甚于渔人之发现桃源。

舟中人声，嘈杂喧攘，耳朵里时时听到那欢喜的声浪说："到了维多利亚了！到了维多利亚了！"

这维多利亚，是英属坎拿大的一个小岛，我们即因此登岸，转往西雅图。

十二时许，船即缓缓靠定了码头，海行至此，总算告一结束。这时候，微微下了几滴小雨，那雪白的海鸥，在码头与船埠的附近翔来翔去，好像也来表示欢迎的一般，我们心里都布满了新鲜的欲望，来领略这异国的色彩。最奇怪的有两件事：一是那海鸥毫不避人，它会飞到你的脚底下来，很驯柔地来受你抚摸，如同人家蓄养的金铃小犬一般。一是码头上来往的人色虽多，而空气非常的镇静，绝无车马喧闹，熙熙攘攘之声。这是异于我国而使我们最惊奇的第一次特殊接触。连他们的野禽，也都好像曾经受过高尚的教育一般，其纪律的整齐，态度的和蔼，远甚我人！[4]

进入维多利亚港，李斐叔虽然以日记记录这一事件，但对维多利亚的描述如同一篇优美的散文诗，这是近90年前温哥华自然旖旎风光的真实描写，也是梅兰芳一行经历太平洋肆虐狂风巨浪后一种心理"落

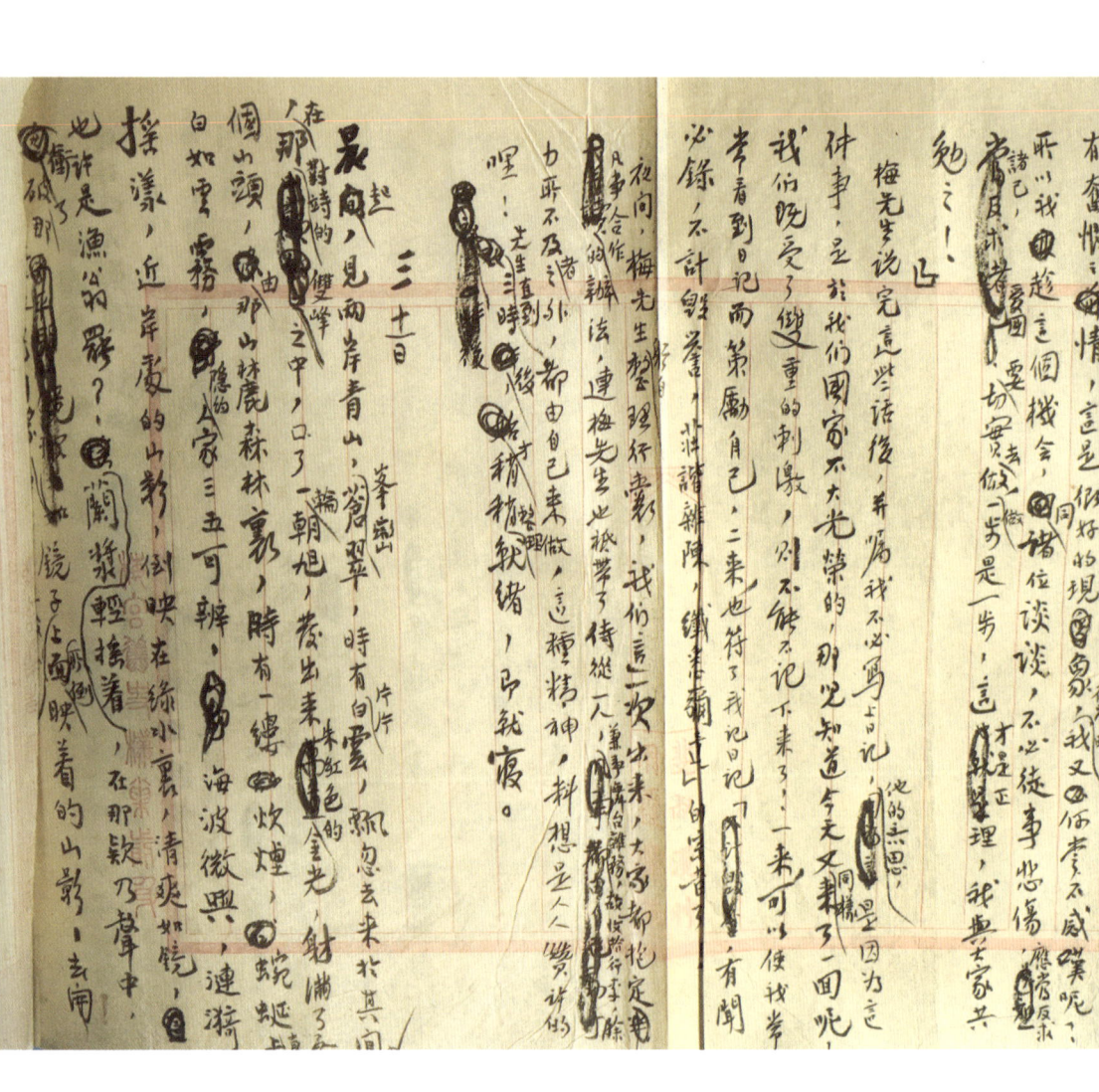

地"、心情放松的体现。旅途的艰辛和单调，此刻一扫而去，李斐叔甚至把他们登陆的惊喜比之于历史上渔人桃源的发现。李斐叔也是环保主义者，他"最奇怪的两件事"，在今天看来依然是我们与发达国家的差距，而彼时环境与人的关系也是如此深刻地刺激了梅兰芳一行。现在我们乘飞机而非轮船到达温哥华，与梅兰芳等进入的视角不同，交通工具有别，人口已今非昔比，城市人口达60多万，成为国际化大都市，但置身温哥华，其山水之美、森林之原生态、空气之醉人依然故我。

梅兰芳一行来到温哥华，未及登岸，即已开始他的温哥华之行。《游美日记》和《大汉公报》关于"到达时间"的记载大致相符，《游美日记》记载从晨起陆地逐渐呈现开始，到"十二时许，船即缓缓靠定了码头"，所谓"海行至此，总算告一结束"；《大汉公报》则云"经搭坎拿大皇后于昨卅一号午后一点钟抵埠"，二者是比较一致的。然《大汉公报》所缺的是，从"抵埠"到3点上岸期间所发生的事件，这个时间大约有3小时。而《游美日记》关于这段时间有详细记载，船甫系缆，移民局人员上船检查护照，手续办理过程非常简单，以至于同行者怀疑其真实，随即梅兰芳向大家解释道："维多利亚是英国属地，我们系经过这里往美国去的，并不勾留，所以手续很简单！""按英国律，凡赴美者，过此例不许登岸，必须得移民局之通过才可，我们已托昌兴公司与移民局交涉妥当，即由此转乘快轮去西雅图。"团里大多数成员都没什么赴海外经验，但梅先生曾两次赴日，一次是1919年，同行者有齐如山、姚玉芙、马宝明、孙惠亭、李德顺等人；另一次是1924年，同行则有姚玉芙、朱桂芳、徐兰沅、孙惠亭、李斐叔等。这次赴美梅兰芳做了多年准备，事无巨细，悉究本末，这是梅兰芳做事的风格，所以遇到问题也能够解答团员们的疑虑。

紧接着，昌兴公司特派司徒旎登船接待。司徒旎是广东人，他专门负责管理亚洲来客登岸事务，态度非常和蔼可亲，与梅兰芳简单交谈后，便亲自去料理登岸手续。他应该是梅兰芳一行到美洲后见到的第一个华人。接下来新闻媒体的记者蜂拥而至，有高鼻子蓝眼睛的，也有亚洲日本、中国的，他们带着笔和摄影器材，由张禹九担任翻译，涉及中国艺术的情况及访美的目的和经过等，"询问颇详，费时甚久"。面对记者的热情采访，梅兰芳称誉"你们的消息真是灵通啊"，其中一位记者是这样回答的："梅先生访美的消息，此间各报时有登载，在上海动身及经过日本的情形，美国各报皆已见过，消息是由电报拍来的，所以我们都能事先知道先生的行程。"人未登岸，也尚未到美国，新闻之战已掀起，梅兰芳赴美的一举一动都受到媒体的高度关注，这不能不说是此次访美成功的舆论先声。记者们争与梅兰芳摄影，并给全体团员拍了合影，方才散去。

之后上船的是潘光炯博士，他受此次赴美接待方郭秉文指派，前来迎接，梅兰芳一行从温哥华到纽约之行都由潘博士负责。日记描写此君"英姿飒爽，少年英俊"。他对梅兰芳一行由西雅图入境，表示出了一定的担心，梅兰芳"急问其故"，听到潘博士细述原委后：

> 先生（梅兰芳）闻言，很镇静地说："那么我们且等待到了西雅图的时候，看情形如何，再说吧！"[5]

显然，梅兰芳比潘博士更成熟，看问题更稳重，也更理性。乍听潘博士的"深虑"，梅兰芳有"急问其故"之迫切，潘博士担心的是此次梅兰芳访美，民国政府伍朝枢公使找了美国国务院交涉，而入境之事向来由美国劳工局管辖，伍公使的交涉，反而使得劳工局方面"颇露出不豫之色"，所以潘博士忧虑"要发生故障"，听罢潘博士述说，梅兰芳心里反而镇静下来。

接下来登船见面的是加拿大温哥华方面的华侨黄耀华等,《大汉公报》的介绍比较简略,而《游美日记》则甚详:

> 此时,有维多利亚中华会馆总理黄耀华同副理关元恩两君,拿了该地华侨的公函,来代表欢迎!梅先生谢其盛意。黄君说:"梅先生在上海起行之时,此间各报,即已登载各种消息,我们本已全体会议,拟定了盛大的欢迎计划,后来听说梅先生过此并不耽搁,而连日又适逢阴雨,只得半途而罢!我们同人都引为一件憾事,非常的抱歉!"梅先生说:"实在不敢当!我因为到纽约后,还需布置一切,时间上不及在此勾留,甚觉有负同胞的厚意,尚望转致谦忱为感!"
>
> 大家又闲谈了一回,遂由黄、关两君及潘博士司徒君等,陪领全体团员登岸。登岸后,仅由海关人员,略事检查各人的手提皮箱,用粉笔在皮包上签了字,许可放行。其余的大件箱笼,据说等到西雅图的时候,再由美国当局检查。各人检查完毕后,即由黄、关诸君导登预雇的汽车,游览全埠一周。

梅兰芳到温哥华确实就是"路过",不在其计划内,这从黄耀华之口得到进一步确认,而当地华侨华人闻讯,虽取消了"盛大的欢迎计划",其真挚和热情十分感人,让梅兰芳等切切实实感受到了这"同胞的厚意"。温哥华上岸只有一小时时间,而这一小时里,"导登预雇的汽车,游览全埠一周"。

《游美日记》对于该日的记载,之于梅兰芳"勾留"温哥华十分重要,不仅生动、具体地描述了梅兰芳及其团队的时时刻刻、点点滴滴,即便从温哥华历史文化角度看，该日的记录也具有非常重要的历史和文献价值。陪同者对温哥华的介绍是：

> 维多利亚，是加拿大哥伦比亚州的首邑，位于温哥华岛的东南，气候温和，为东方汽船的口岸，这里，又与加拿大太平洋铁路以及大北铁路，有联络的关系与便利，全市人口仅七万余人，我们华侨，约有四千多人，最可惊奇的是偌大的城市，所有警察不过四十人，民间夜不闭户、路不拾遗，风俗的淳厚，于此可知。出产以木材为大宗，工业甚盛，我侨胞也很多靠此客生。[6]

这相当于是 90 年前温哥华一个简明扼要的百科词条，地理气候、工业交通、经济人口、风俗民情等，类似于官方的介绍和统计数字。梅兰芳一行坐在车上，目睹了温哥华的居住区，各家各户不同的建筑，规模不宏大，钩心斗角，美丽雅观，花草盈庭，空气鲜美，干净卫生，远处是白茫茫的太平洋。大家都为之陶醉。梅兰芳说："这里还是乡村哩，若在我国，何殊天堂，我们头一幕映入眼帘的，已经如此，后去的伟观，更不知又将如何呢！"车辆驶入街市，在大家眼里，商业的繁荣，"似犹盛于上海"，令人艳羡。

随后，进入唐人街。"唐人街，外人称为 China Town，是我们华人的寄居地，在西洋各大城市皆有，我们也久已闻名了！"与繁华而整洁的街区相比，唐人街则显示出另一番景象，颇让大家失望。梅兰芳也表现出他的关切，黄耀华解释说："固然我们华人，缺乏卫生常识，然而外人凡事动辄掣肘，好像故意加以蔑视的一样，我侨胞寄守他人篱下，也只得听其自然了！"黄耀华的解释比较客观，可以看出那个年代华人寄人篱下所遭受的蔑视，温哥华亦然，令大家共同叹息。[7]

  车达中华会馆，下车入内参观，建筑系仿中式，内中雕梁画栋，很像一所庙宇，中悬中山先生像，四壁满贴标语，此地原是国民党的机关。梅先生于小坐之后，因同人即须登舟，当即离去。

  出门后，在街之斜对面，有所请致公堂者，也是我华人集团之一，居然龙旗高悬，随风飞舞，恰与中华会馆所悬的青天白日旗，针锋相对，我们颇觉惊讶。这时候团员龚君说："刚才我还看见有人家挂的是五色国旗呢！你们注意吗？"听完龚君的话，更使我们堕入五里雾中。潘君为我们解释道："有些华侨的知识很幼稚，他们又都是祖传侨居，自幼生长美邦，对于国内的情形，太不清楚，然而对于祖国都很热心。因为太热心，所以听到保皇党中人来宣传几句，攻击他人如何不好，便信服了保皇党；若是国家主义派来宣传几句，便会服了国家主义。所以弄得意见分歧，党派四起。所以直到如今，这种遗毒，还依然存在，未能革除啊！"大家这才明白，梅先生说："这也难怪他们，为的都是爱国，可惜我国历年纷乱，使他们无所适从，致生弊端。今大局既定，深愿执政者，还加宣慰，因势利导，既正国际视听，也未始非国家之福吧！"[8]

  前往中华会馆，是梅兰芳一行在加拿大温哥华下船登岸的主要原因。在中华会馆和致公堂等诸君热情欢迎下，梅兰芳一行最后来到中华会馆，和华侨中的各位见面，"小坐"片刻即起身告别。对此，《大汉公报》描写非常详细："至三点四十分钟抵中华会馆，登堂稍坐，与各梓里相见，致公堂复派菁莪学校教员罗振觉先生，到中华会馆会晤，请到堂一叙。"因为要转船到西雅图，所以梅兰芳一行匆忙告辞，前后不到

二十分钟。《游美日记》描述了中华会馆的中式建筑,雕梁画栋,仿佛一座庙宇,里面还悬挂着孙中山的画像,四壁贴满标语,这座建筑还曾是国民党的驻外机关。有趣的是在街对面,致公堂高悬龙旗,与中华会馆的青天白日旗"针锋相对",甚至还悬挂五色国旗,让团员们"堕入五里雾中",对此,潘博士予以了解答。从温哥华中华会馆和致公堂的"五颜六色",可以看到国内混乱的政局在国外的辐射传播,即便是遥远的加拿大,也留下了政治的印迹。尽管华人对国家的关心和热爱,显得很有点幼稚,但拳拳之心却也昭昭然,不论出国多久,也不论出生在哪里,始终保持了一颗爱国之心。听了潘博士的解答,梅兰芳感慨道:"这也难怪他们,为的都是爱国,可惜我国历年纷乱,使他们无所适从,致生弊端。今大局既定,深愿执政者,还加宣慰,因势利导,既正国际视听，也未始非国家之福吧！"

到达码头后，大家在候船室等候，梅兰芳则与送行者告别。汽笛三响后，"梅先生及同人，当即登轮，黄、关及欢迎诸人，等船离开了船坞才去。"其所乘船如同中国的江轮，但船的构造和设施，更为宽大、舒适。梅兰芳在头等房间，有铺位，可以休息。在船上，他们也真正品尝了美国菜。

> 九时许，在天色昏黑中，但见满山灯火，如星棋布列，我们疑惑又重到了香港了！因为香港之夜，就是如此的景象，这时候，同人的精神，又复振作起来，原来到了美国的西雅图了！[9]

到达西雅图，梅兰芳便结束了在加拿大温哥华的一日之行。

梅兰芳纪念馆现存8册梅兰芳游美日记抄本，开本大小不同，字体不一，其中前引封底标"总00001/D1/甲10001：1"，封底里页标"04874/1—7/文00001"者，内容最丰富和详细，纸张大小不齐，字迹亦较为潦草，有涂抹，疑为祖本。其余抄本较为单薄，字迹整洁，内容均不完整，多为节录或者片段，应该是后来之简本。在"总00001/D1/甲10001：6"抄本册中，有游美日记1月31日的记载。这个抄本记载不同于前者，应该是前者的简本，字迹亦较为工整，字体与前者亦不同。兹录于后，以便对比：

> 晨间，见两岸青山含笑相迎，已入英属坎拿大之维多利亚矣。梅先生九时起身，十二时许，船即抵埠，先有移民局人来检查护照，手续甚简

单。盖梅等系赴美境，非来英地者也。按英国定律，凡赴美者，过此例不许登岸，必须移民局通过方可。余等事先已由昌兴公司与移民局商洽妥当矣。该公司并派司徒旄君来接。司徒君系专管亚洲来客登岸事务者，甚和蔼可亲也。旋有外报记者数人，来船访问，梅先生出见，由张禹九先生翻译，于中国艺术情形及此来目的，询问颇详。后为梅先生及全体团员摄影数帧而去。嗣有潘光炯博士来接，潘为郭秉文博士托来照料自维多利亚至纽约途中之一切事务者。潘博士云，恐全体抵西雅图时，进口手续上难免有故意留难情形。梅询其故，潘云，美国进口之事，向归劳工局管辖，闻此次伍朝枢公使特往国务院交涉。美国官场中，互相猜忌之心亦甚重，故闻劳工局颇致不满也云云。梅云，且待至西雅图时，看情形如何再说。复有维多利亚中华会馆总理黄耀华、副理关元恩来接，并持有该地华侨公函，以表欢迎之意。黄君云，梅等在上海起程之时，此间各报即已登载，但天气阴雨，本拟设盛大欢迎之会，只得作罢，至为歉意云云。遂相偕登岸，由海关人员略事检查手提皮箱，其余大件，至美境西雅图时当由美当局检验也。

于是分乘汽车绕全埠一游。维多利亚者，坎拿大之一小岛也，然其市政与建筑殆高出上海数倍，全市仅七万余人，华侨四千，而最可惊奇者，全市警察才四十人云。人民居室，建筑极为美观，占地非广，规模非大，既合乎卫生，且处处含有美术思想。梅先生欣羡不置。车过所报中国街者，Chinese town，门楣剥落，污秽不堪，良足使人感慨也。至中华会馆小坐，国民党机关设此。略一参观，即住船埠，登赴西雅图之船。黄、关二君待开船后始去。舟中甚舒适，有司徒及潘君照料。七时许，就舟中进膳。九时许，即抵西雅图，Seattle。满山灯火，如星棋布列，颇似香港也。舟停片时，即有移民局人来，先行检验护照，并视各人相貌是否与护照上相同。验毕，当即许可登岸，并无留难情形，但云，明日全体仍须往移民局检查体格，及重验护照，并候华盛顿劳工局正式许可入口之电令云。移民局人去后，即与来舟中欢迎之领事代表刘吉祺君、旧金山华侨代表陈岳东、司徒灿文、邝炳舜三君，罗智竞君，及各新闻记者等，略一周旋，登岸直往夏令配克旅馆 Olimpic Hotel，即下榻于此。其余团员等则居青年会。抵旅馆后，新闻记者来访不绝，寝已甚迟。

1930年1月31日对于梅兰芳及同行，是不平凡的一天，虽是过境加拿大，但在温哥华的亲身经历和所见所闻，可谓一种丰富的见识，这是局囿于国内所不可能产生的，而这种经历和见识，无疑凝聚了梅兰芳对同胞的感情和对祖国的热爱。此行对梅兰芳个人产生的影响，从其言谈中已经能够感受到。温哥华也是梅兰芳此次访美的前奏，虽然时间仓促，步履匆匆，更遑论演出，但短短一日，经历极其丰富，他在温哥华的"热"，其实已经预示了他赴美的成功。这与梅兰芳前期在国内所做的多方准备，和国人对梅兰芳访美所寄予的期望是分不开的。在那个现代通信刚刚起步的年代，以今天的眼光看还不太发达，特别是跨洋联系，对于普通人来说更是遥远，也很困难，不料梅兰芳抵达温哥华，立刻招来各国记者，采访者也不限于华人华侨的范围，不难看出梅兰芳访美的国际性、国际意义。自梅兰芳在上海登船的那一刻，他的海上之行、他的日本逗留、他的船靠温哥华，都已在媒体报界的关注之下。从各路记者不待梅兰芳下船就登船采访的急迫，也透显出梅兰芳当时到达美洲的新闻意义。

同样，《梅兰芳游美日记》对温哥华的记录也有特别的意义。我们不治温哥华历史文化的研究，但无疑，《梅兰芳游美日记》以写实的笔法和独特的视角，记录了温哥华当时的景象。这种记录是梅兰芳一行的透视，他们的眼光、立场和感受等等，均与当地人、该国人的认识不尽相同，是一种来自异域比较的视角，以中国人的体验，描述温哥华自然环境之美，工业、商业的发达和社会文明。然而，温哥华也是贫富两极分化的，华人华侨在北美发展中，特别是最下层的劳工，发挥过重要的作用，而他们的作用被遮掩了，不仅遮掩，也一直受到各种歧视，包括当事国出台的歧视性法律。而从《游美日记》可以看到这些劳工和华人的命运，与走向工业文明的那个城市形成了一种对比。这对梅兰芳一行有比较深刻的刺激，当然也是一种激励。梅兰芳一行真可谓"温哥华一日游"，这种他者视角的透视，对温哥华具有更多的客观性，也因为是他者，一些在当地人看了见惯不怪的事物，都带给这些外来者一种新奇新鲜，借此，温哥华的自然之景、山川之丽、人文之萃、日常之俗，都以简洁之笔得以保留。因为是梅兰芳的亲身游历，所以，一切当时的景物都是可视、可感、在场的，给人以历历在目、栩栩如生的直观感觉。

梅兰芳温哥华一日行，是1930年访美的一个小插曲、间奏曲，与接下来梅兰芳到达美国后所掀起的热潮及影响相比，确实是比较平凡的一天，但站在另外一个视角来看，温哥华之行是具有填补历史的意义的。虽然短暂逗留，也没有演出，但梅兰芳在这个"小岛"的游览，之对于华人华侨的意义及华人华侨对他热烈之欢迎，包括各家新闻媒体的快捷反应，成为他到美洲的第一印象和记忆，某种程度也是访美的预热。温哥华，开启了梅兰芳访美登岸的序曲和新篇章。这一日，梅兰芳的感触及对他的影响也是多方面的，他之赴美演出一个重要使命就是弘扬自己民族艺术，温哥华中华会馆、致公堂各界各位的热烈欢迎，让他"甚觉有负同胞的盛意"，无疑也坚定了他的文化自信，这是梅兰芳文化自觉的必然发展。唐人街的感受，想必对梅兰芳很有刺激，所以黄耀华回答后，梅兰芳有"一叹"，这"一叹"应该对他是一种激励，他的成功背负着国人的期望，包括海外华人的热切期望。

1930年梅兰芳访美，是一次艺术之旅、文化之旅，更是推介和弘扬中华文化之旅。就在此次海上之行即将到岸的前一天，也就是1月30日，船上还发生了一件事，使梅兰芳一行深受刺激，一路闷闷不乐，在即将下船时，复次遭遇，更让梅兰芳与同事备受刺激。是个人受到不公待遇吗？不是的。事实上梅兰芳始终受到特别的优待，包括30日当天，因为要下船了，"船上有许多外人，来要相片，请签字，华人中也有潘世宁、蒋凤五诸君，先生（梅兰芳）亲自署名予之。膳时，船主特别恭维，另备有上等中菜及贵重西餐，款待先生，席上陈设精美，花

梅兰芳赴美时在轮船上参加化装舞会

草器皿,焕然一新。"[10] 用李斐叔的话来说,"事,是件很小的事,但是,在国家的立场上,也算得是一件大事呢!"[11] 那么究竟发生了什么事呢?

我们上船的那一天,在晚膳之后开映电影之前,全场的观众(也就是旅客),有英国人,有美国人,有日本人,我们的华人当然也不在少数,大家正在不分国籍,聚集一堂,等候欣赏银幕艺术的时候,忽然那音乐台上奏出一种乐歌，我们只当是开幕的先奏，依旧坐在椅子上，可是这音乐的声音刚刚发出，全场的空气也蓦地里由谈笑的声中静默下来，随即看见全场的外人，都离座站起来了，昂首直肚，两手下垂，看那神情，个个毕恭毕敬，真是庄严整肃，气象万千。我们团员好在事先都受过训练，心儿里都知道这是奏演美国国歌，因为我们坐的是美国船（英国船——本文作者注），当然要起立致敬的啊。片时乐止，这才重复坐下，全场又恢复了那嘈杂的声音，我们很觉得荣幸，今天居然受到了国际仪节的洗礼了！坐定之后，只等那电影的开幕，可是坐甫定，乐声又作，外人又都站立起来，我们自然也不能例外，一齐卷入了漩涡，但是我们心里却有点模糊起来，这又是奏的什么乐歌，要使群众这样肃然起敬呢？等到乐止，以问黄先生子美，黄先生说："这是英国国歌，恐怕还要接连奏演法国歌、日本歌呢。"话未说完，果不其然，又是奏起什么法国歌、日本歌来了！[12]

事后，梅兰芳曾召集全体团员，有一番语颇沉痛的讲话："今天的事，我们在当时，都太觉难堪了。这次船上，我们华人乘客很多，人家奏国歌，为什么不奏我们中国国歌呢？不一定要富于爱国心的人才愤慨，凡是我们中华民族，在这情形之下，恐怕没有一人不为之感叹吧！但是细细回想，我们去责备人家吗？我想是不能的。为什么呢？一来因为我们自己的国家，太不图强，自己失掉了国际的高尚地位；二来，国家祸乱叠起，尚未有余暇，顾到这礼节的虚文。今日之局，真是咎由自取。"国家积贫积弱，让人痛心叹息，一路上影响了梅兰芳的心情，也促使他有更多的思考，这就是每个中国人都应该担负起自己的一份责任，从自己做起，身修，家齐，达到国治。他相信："若是人人能够如此，我们的国歌，自然有在全世界奏演，使全世界人民肃立致敬的那一天。"[13] 不到20年，梅兰芳的预言已然成真，他的梦想得以实现。赴美途中的这一遭遇，带给梅兰芳的这种思考是超越艺术的，是走向世界的梅兰芳思考。梅兰芳的思考与践行是高度一致的，他将象征中国符号的传统文化，撒播到世界各地，产生了重要的影响，改变了当时外国对中国艺术认识上的偏见，这是一般人难以企及的。就让我们以这段梅兰芳与同事的共勉，作为本文的结束语：

> 我们这次出去，也就是正替国家努力的一个机会。就大者言之，好好地去演戏，使他们认识我们中国文化的久远，艺术的伟大；就小者言之，平时的一举一动，都要沉雄高尚，努力自爱，使他们了解我们民族的生活情形，打破他们历来对我的错误观念，随时随地，都要注意他们的长处，拾一些知识带回祖国，以赠送亲戚朋友，作为名贵的礼品。能如此，便是不虚此行，而且尽了一点国民应负的义务。你们为了国歌问题，都很有愤慨之情，这是很好的现象。在当时，我又何尝不感叹呢！所以我趁这个机会，同诸位谈谈，不必徒事悲伤，应当反求诸己，爱国要切实去做，一步是一步，这才是正理，我与大家共勉之！[14]

——原载《梅兰芳学刊》第二辑，学苑出版社 2019 年

【注释】

[1] 诺·格里格:《梅兰芳》,斯文译,载《当代北欧短篇小说集》,上海译文出版社,1985年。参刘祯《格里格:"北欧的斯诺"及其眼里的梅兰芳与中国戏曲》,《艺术百家》2017年6期。

[2] 李斐叔:《梅兰芳游美日记》"三月十三日",梅兰芳纪念馆编,国家图书馆出版社,2015年。

[3] 同上。

[4] 《梅兰芳游美日记》"(一月)三十一日",手抄本,藏梅兰芳纪念馆。

[5] 同上。

[6] 同上。

[7] 直到2018年4月22日,温哥华市长罗品信(Gregor Robertson)在市议会一场特别会议上代表市府就该市歧视华人的历史向华人社区正式道歉。

[8] 《梅兰芳游美日记》"(一月)三十一日",手抄本。

[9] 同上。

[10] 《梅兰芳游美日记》"(一月)三十日",手抄本。

[11] 同上。

[12] 同上。

[13] 同上。

[14] 同上。

21世纪回望梅兰芳『走出去』
——赓续梅韵出海华章

1930年2月17日，在纽约百老汇49街戏院梅兰芳访美的首场演出正式拉开帷幕，当日《纽约世界报》发表评论道："梅兰芳在舞台出现三分钟，你就会承认他是你所见到的一位最杰出的演员。演员、歌唱家和舞蹈家，三位一体，结合得那样紧密无间，你简直看不出这三种艺术相互之间存在什么界限，这在京剧里确实是浑然一体而不可分解的。"[1]梅兰芳在美国演出轰动剧界，贝拉考斯、斯达克·扬等戏剧家、评论家的好评不断。而在这次访美之前，梅兰芳于1919年、1924年两次访日演出，已在亚洲文化圈声名大噪；访美演出之后，又于1935年在苏联演出，亦轰动一时，将中国传统戏剧成功融入世界潮流，成为当年中日、中苏文化交流里程碑式的事件。

尽管梅兰芳离开我们已经60年了，但自2022年初梅兰芳纪念馆等单位在国家博物馆举办"梅澜芳华——梅兰芳艺术人生展"，观众及各界踊跃参观，好评如潮，可见梅兰芳的艺术仍有持久深远的影响。近日梅兰芳纪念馆整理出版梅兰芳经典口述史《舞台生活四十年》（典藏版），推出"梅兰芳艺术人生文丛"（10种），再度形成多媒体传播下梅兰芳艺术的热潮。确实，梅兰芳作为20世纪耀眼的艺术大师、文化巨匠，他的艺术、他的思想精神、他所构建的表演艺术体系，以及他所具有的文化自觉、文化传播具有深远影响，梅兰芳艺术的经典性，依然是我们今天需要系统、深入总结和研究的课题。

如果说梅兰芳与斯坦尼斯拉夫斯基、布莱希特体系并誉"世界三大戏剧体系"尚存理论聚讼的话，那么美国著名戏剧家、剧评家斯达克·扬已提出京剧与希腊古剧、伊丽莎白时代的戏剧"颇为相似"的认识，他直言"梅兰芳的戏剧是我所见到的一种对希腊古剧最深刻的诠释"[2]，则可视为西方人眼里的"三大戏剧"比较观。梅兰芳的贡献和影响不仅是首次把京剧艺术带入西方，更重要的是梅兰芳的艺术影响了西方戏剧和当代艺术。1935年，布莱希特在莫斯科观看了梅兰芳的

The Ancient Costume or Ku-chuang

Prepared by Pao Chi-tai Shih

What is known as the ancient costume or ku-chuang, was the habit of Chinese women of two thousand years ago. Somewhat similar to the long skirt and short jacket of Western dress, it is graceful in style and perfect from the aesthetic point of view. Therefore painters from ancient times to the present day all have pursued the portraying of beauties in ancient costume regardless of their own period and manner of dress. For example while the Hung Lou Meng, or The Dream of the Red Upper Storeys, also known as "The Dream of the Red Chamber" is apparently a novel with its background in the Ching Dynasty (1644–1911 A.D.), yet its characters are usually painted wearing ancient costume. To Chinese, these portraits would not be regarded by the common mind as refined works of art.

The old Chinese drama, however, did not use costumes of this style as the details of the costume had well nigh been lost and what examples were extant existed to us only in imperial paintings of the Sung (960–1127 A.D.) and Yuan (1280–1368 A.D.) dynasties. Within the last two decades, Mr. Mei Lan-fang, after spending much time in painstaking work for the details of this dress among large numbers of portraits and books, has finally been able to assemble an ancient costume for the theatre. The new creation was heartily welcomed by the general public and proved to be a great success. Since then, the ancient costumes has been adopted by many actors and actresses and is now "like the wind" current throughout the length and breadth of China.

The styles of old dress in the different plays, created and introduced by Mr. Mei, are numerous and varied. Each costume is planned both to reveal the nature of the character impersonated and to achieve the best effect possible in the incidental dances. Being limited by space, we can show only thirty representative costumes in the accompanying chapter.

COSTUMES

宛转衣	大喜外传	WORN IN A GENTLE MOOD IN "YANG KUEI-FEI"	WORN IN THE BOUDOIR IN "YANG KUEI-FEI"
玉真衣	大喜外传	WORN AS JADE SPIRIT IN "YANG KUEI-FEI"	WORN IN THE MOON PALACE IN "YANG KUEI-FEI"
袭人衣	代袭人	WORN BY HSI-JEN IN "CHASTENING HSI-JEN"	WORN IN THE SUMMER PALACE IN "YANG KUEI-FEI"
木兰甲	木兰从军	WORN WHILE IN THE ARMY IN "MU-LAN IN THE ARMY"	WORN WHILE DANCING ON THE REVOLVING TABLE IN "YANG KUEI-FEI"
浴纱	天河配	WORN WHILE BATHING IN "THE ROMANCE OF THE MILKY WAY"	WORN WHILE PLEDGING ETERNAL L... IN "YANG KUEI-FEI"
华清毅	大喜外传	WORN WHILE BATHING IN HUA CHING POOL IN "YANG KUEI-FEI"	WORN AFTER THE RECONCILIATION IN "YANG KUEI-FEI"

演出后不久即写出了《中国的第四堵墙：论中国戏剧的幻灭效果》（又译《第四堵墙：中国表演艺术中的陌生化效果》）。"这本书是布莱希特对20世纪国际戏剧史做出的最为深远、最为不凡的贡献之一。同样，布莱希特在这篇关于梅兰芳的论文中首次使用了术语'间离效果'，这意味着这位中国演员为布莱希特的研究提供了理论界定，并通过应用马克思主义辩证法，间接地帮助他找到了一种与建立在自然主义幻想基础上的欧洲资产阶级戏剧完全不同的表演手法。看看梅兰芳是如何帮助欧洲的先锋派戏剧传统填补空白的，这确实不可思议。显然，演员艺术中心体系——这一直是所有先锋派戏剧项目的重要议题——在这位中国传奇演员身上发挥了最大的优势。"[3]梅兰芳的世界意义，首先是他把中国京剧带出国门，进入世界，使得中西戏剧进入平等交流和相互对话的空间，这是梅兰芳艺术独有的价值，这也是众多走出国门的京剧家、戏曲家中唯独梅兰芳具有不可替代性的原因。梅兰芳"走出去"，引发欧美苏戏剧界、艺术界从中国戏曲吸纳、借鉴舞台艺术所具有的可能性，从而反思自身戏剧的局限性，梅兰芳已成为中国戏剧与文化符号，长久、深刻地影响世界戏剧的发展，迄今仍可说没有第二人。

  梅兰芳访日、访美、访苏三国四次演出的成功，除了中国京剧艺术的独特魅力以及梅兰芳精湛表演带给外国观众特别是美苏观众的视听冲击之外，究其根本，还在于出访演出本身就是梅兰芳主动弘扬传统艺术、具有文化自觉的体现。梅兰芳出身梨园世家，经历坎坷，学艺勤勉，沪上之行，声名鹊起。他年轻成名，却不骄不躁，虚怀若谷，有强烈的追求和担当精神，时装新戏、古装新戏等创作见出他的不凡。梅兰芳所处的时代，是一个革故鼎新、风云多变的时代，封建王朝摧枯拉朽，外来思想文化潮水般涌来，人们在看到西方船坚炮利的同时，也感受到其科技文化的领先，传统戏曲自身的信心已经不复存在，梅兰芳坚守戏曲，也期盼能够证明戏曲，"走出去"本身即是一种光大，而通过出访演出获得的轰动效应也是对内最好的回应和内证。

尽管演员在当时是一种谋生职业，在1913年之后梅兰芳的收入已相当可观，他不仅被中国观众所热捧，也为居华的外国人所喜欢。然而1919年梅兰芳首次访日演出后，如其自己所述："第一次访日的目的，主要并不是从经济观点着眼的，这仅仅是我企图传播中国古典艺术的第一炮。由于剧团同志们的共同努力，居然得到日本人民的欢迎，因此我才有信心进一步再往欧美各国旅行演出。"[4]

梅兰芳出访演出的成功，还在于每次出访前精心的准备。以访美为例，1930年之行前后经历了近10年的筹措准备，涉及各个方面的工作，齐如山《梅兰芳游美记》从"游美的动机""欧美人士认识梅兰芳的由来""欧美人士看中国剧的由来""事前的宣传""事前的接洽"等15个方面加以阐述，其团队"冯幼伟负责筹款及外交事项，吴震修等筹划出国前对美国观众的了解与爱好，齐如山担任宣传、著书、绘图，梅兰芳则设计制作舞台装置及服装道具的图案和色彩，而剧目的选择则由大家出主意并征求熟悉美国情况的中外友人的意见"[5]。工作之细致，以《梅兰芳歌曲谱》编辑为例，先由琴师徐兰沅、马宝明记写传统工尺谱，再由刘天华译为五线谱。琴师持胡琴、笛子校对一稿。刘天华演奏小提琴，琴师进一步校改。交由梅兰芳反复演唱，刘天华再依腔修改。再将修改记写的曲谱以小提琴演奏给梅兰芳等听，征求意见，反复修改。前后持续了七八个月，又由汪颐年代为画谱，杨筱莲、曹安和、周宜校对，最终告成。[6]而访美图谱绘制的包括行头、古装衣、冠巾、扮相、脸谱、舞谱、切末乐器等种类繁多的近2000幅作品，非常精致，说明文字中英文对照。"宣传方面起了很大作用，带去的几种介绍中国戏曲的书和160个戏曲图谱，宫殿式的舞台装置，行头的图案绣工等，都是吸引观众的条件。"[7]这些准备工作具有很强的针对性，比如《梅兰芳歌曲谱》，就是考虑到外国人看中国戏，排场、行头、举止、动作还容易入眼,"惟独歌唱一层,最不容易顺耳",所以"把预备出去演的几出戏,先谱出五线谱来,或者外国人可以看着谱,在钢琴上、提琴上,常常弹着拉着听听,使他们稍微有点习惯时,就自然容易入耳了"[8]。这种准备使得梅兰芳访美演出,不仅一般观众能够领略东方之殊,而且美国戏剧、艺术工作者能够跨越文化从专业角度认识和评价梅兰芳,从而使梅兰芳及所代表的中国戏曲艺术真正与西方戏剧形成对话和交流。他的演出不是浮光掠影的呈现,而是从艺术和专业层面打动并进入西方主流戏剧领域的一次碰撞,同时激起涟漪并影响深远,甚至至今"梅兰芳与 20 世纪国际舞台"也是西方戏剧界学者所探讨的一个重要话题[9]。虽然将梅兰芳纳入世界三大戏剧体系源于中国学者的理论归纳,但只有将梅兰芳所代表的中国戏曲表演谱系纳入世界舞台,才能真正构筑起世界戏剧的多元形态和整体面貌。

20 世纪是梅兰芳时代,他也属于 21 世纪。坚定我们的文化自信,建设社会主义文化强国,实现中华民族伟大复兴的中国梦,塑造好中国形象。习近平总书记指出:"要推进国际传播能力建设,讲好中国故事、传播好中国声音,向世界展现真实、立体、全面的中国,提高国家文化软实力和中华文化影响力。"中华文化传播的梅兰芳经验是我们宝贵的财富,而真正认识梅兰芳是一个大课题,这也是学者们多年来孜孜以求探索的。

人们常说越是民族的越是世界的。世界的精彩在于它的丰富多彩,不同民族、不同区域的智慧和文化构筑起这个人类命运共同体。作为文明古国,中国有 5000 年灿烂辉煌的历史,绵延不绝,形成中华文化思想价值体系。京剧根植于传统文化沃土,有着深厚的文化底蕴,梅兰芳的书写是语言声音、身段舞蹈的,更是思想和精神的,是舞台的,也是物质身体的,他所接受的启蒙教育和学戏技艺,都打上传统深深的烙印,对传统他有着比一般人更深的理解和热爱。

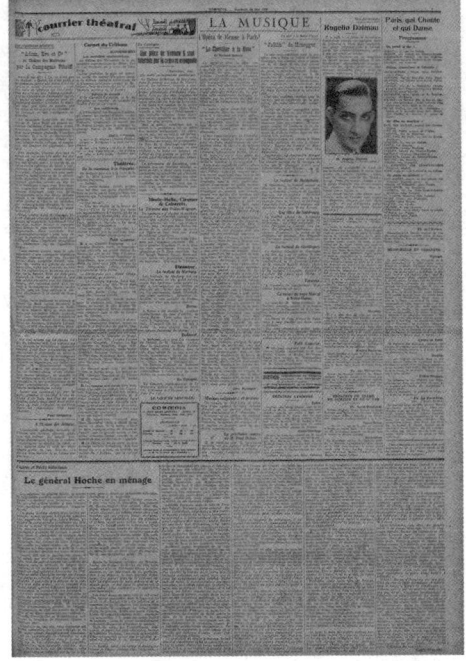

▼ 1928年法国报纸报道梅兰芳

梅兰芳也是紧跟时代、与时俱进的，他是守正创新的代表。在传统文化遭受史无前例的攻讦、批评时，梅兰芳将作为"旧文化"代表的京剧艺术推向了一个新的历史高度，让京剧成为一种时尚，这不仅是表演样态的，也是思想内容的。传统戏蕴含丰厚的思想文化，古装新戏和时装新戏见出梅兰芳的革新意识，见出梅兰芳在社会激烈变革中的社会责任和担当。梅兰芳的伟大，是梅兰芳对艺术刻苦钻研和精雕细琢的结果，更是梅兰芳思想和情感表达站在了时代前列。旧时演员多为穷苦人出身，在学艺练功和提高技艺方面然糠照薪，可以技艺超群，但受文化教育所限，对所演作品意涵及人物的理解难达深入。而思想性恰恰是梅兰芳超凡脱俗，达于艺术前列，使其具有高度文化自觉的重要原因。这种思想性的深邃和细致、周到同样体现于他历次的出访演出。梅兰芳访日、访美、访苏是演出，考虑自己的艺术表演、剧目的选择，也包括经费的筹措等，但他更着眼于了解和关注对象国的历史文化、戏剧传统、观众接受，如何克服文化和语音的差异与不同，努力做到知己知彼，其成功就变成水到渠成。

所谓梅兰芳的世界影响，是在其热闹的剧场掌声鲜花和媒体不绝如缕报道称赞后，梅兰芳艺术和中国戏曲表演体系对西方戏剧、当代艺术创作所产生的深刻碰撞和影响，西方戏剧理论"中国话语"的走入和成为在场。因为梅兰芳，西方戏剧创作和选择都发生了改变，出现了更多交流交融和新变；因为梅兰芳，世界戏剧大家族中国戏曲成为不可或缺的一部分。今天的剧团体制与梅兰芳时代完全不同，通信技术拉近了国与国、人与人的距离，甚而有地球村之称，中外文化的交流状况亦愈益频繁，支持剧团的经费亦愈益充足，但更多的出访演出热闹于开幕，落寞于身后，缺乏真正的对话交流，也难有西方持久的如梅兰芳话题、梅兰芳影响。可以说，当下的条件和可能比90年前、100年前的梅兰芳出访的优越度难以道里计，梅兰芳当年以一己之力能够做到的，我们今天以国家优势应该做得更好，而梅兰芳的经验仍是迄今最生动和具体的案例！

——原载《人民日报》（海外版），发表时有删减，题目改为《21世纪回望梅兰芳"走出去"——赓续梅韵出海华章》

【注释】

[1] 梅绍武：《我的父亲梅兰芳》，百花文艺出版社，1984年，第68页。

[2] 斯达克·扬：《梅兰芳》，梅绍武译，载中国梅兰芳研究学会、梅兰芳纪念馆编《梅兰芳艺术评论集》，中国戏剧出版社，1990年，第703页。

[3] 马可·斯科蒂尼：《梅兰芳与布莱希特式戏剧——一次中国策展经历》，载刘祯主编《梅兰芳学刊》第2辑，学苑出版社，2019年，第196页。

[4] 梅兰芳：《东游记》，钢企俊夫译，朝日新闻社，1959年，第68—69页。

[5] 许姬传：《梅兰芳表演艺术体系的形成和影响》，载《忆艺术大师梅兰芳》，文化艺术出版社，2015年，第16页。

[6] 齐如山：《梅兰芳游美记》，辽宁教育出版社，2005年，第22—23页。

[7]《梅兰芳表演艺术体系的形成和影响》，第20页。

[8]《梅兰芳游美记》，第22页。

[9] 参见田民著《梅兰芳与20世纪国际舞台》，江苏人民出版社，2022年。

梅兰芳：从『一代伶王』到『艺术劳动者』

2022 年 9 月 30 日，由梅兰芳纪念馆、中共北京市西城区委宣传部主办的"艺术劳动者——梅兰芳"展在北京梅兰芳纪念馆隆重开幕。这个展览既是回顾一段半个多世纪前的历史，又有着立足当下的鲜明特点。梅兰芳一生都在不断探求"艺术为谁"这个时代命题，而他以一个"艺术劳动者"的身份所给出"坚守人民立场"的答案，在这个崭新的时代又显现出更为厚重的分量。作为展览的策划者，梅兰芳纪念馆也非常荣幸地将这个展览作为自己的劳动成果呈现出来，迎接党的二十大胜利召开。开展一个月以来，我们陆续接到了很多正面积极的反馈意见，看到梅兰芳的事迹依旧保持着一如当年般振奋人心的力量，我们策展团队也想起了策划过程中，不断被梅兰芳的点点滴滴所感动的心路历程。展览所能呈现的文字量毕竟是有限的，所以我们想借这篇文章，谈一谈我们在策展过程中，所感受到梅兰芳生命历程中那种无垠的美丽与壮阔。

梅兰芳为何选择在 1957 年申请入党

"艺术劳动者"这个展览名称，就来自于梅兰芳的《入党志愿书》，梅兰芳在 1957 年 12 月写的《入党志愿书》里，两次用"艺术劳动者"定位自己："我是一个戏曲演员，在旧社会里是被压迫的，自幼受到一些旧思想的熏染，对于社会的发展规律缺乏认识，阶级觉悟很差，凭着自己的良心，我只能学习着人民的特别是戏曲界一些传统的美德，勉力作一个善良、正直、勤劳、爱国的艺术劳动者而已。""在党的极大关怀和教育之下，使我认清了社会发展的必然规律，通过革命的伟大胜利，祖国的伟大建设和党大公无私地为人民、为整个人类谋福利的伟大措施，我深深地受到了感动，使我真正认识到党的马列主义的真理，也认清了作为一个艺术劳动者所应走的正确的光明的道路。"我们认为,这是新中国成立之后,中国共产党领导下梅兰芳对自己身份最新的思考、认识和定位。梅兰芳一生有过许多称号、头衔,最终他在《入党志愿书》中所认定的却是"艺术劳动者"这个朴素的身份,看似普通,却蕴含着壮阔的理想——让自己的艺术去经历广大人民群众平实厚重的检验,以获得最欢欣诚挚的接纳。

这份《入党志愿书》现藏于中国第一历史档案馆,梅兰芳纪念馆藏有梅兰芳的入党《自传》《为准备吸收梅兰芳同志入党的请求报告》以及《关于吸收梅兰芳入党的决议》,直到前段时间取得这份《入党志

▼ 梅兰芳在福建前线与战士联欢,战士操琴,梅兰芳演唱(1958年)

愿书》的高清复印件,关于梅兰芳入党历程的文献才得以完整。

也许很多人会有一个疑问:为什么梅兰芳入党是到了他的晚年1957年,而不是新中国成立后的50年代初期?

其实,仔细梳理梅兰芳在新中国成立以后的活动和言论,我们就可以发现,梅兰芳对共产党有一个认识的过程:"在解放以前,我对伟大无比的中国共产党领导的人民革命事业,没有明确的认识,直到解放以后,时时刻刻受到了党的教育培养,天天接触了各种新事物,思想逐

渐有了些进步了,我信仰共产党,拥护共产党,也是因为我对党有了认识。"(梅兰芳入党《自传》)同时梅兰芳自己也有个思想改造和提高的过程。

随着梅兰芳投身社会主义文化事业的建设中,梅兰芳对共产党的认识,对社会主义新中国的认识越来越深刻,所以他才有了入党的愿望。他把党看得很神圣,认为它是"一个亘古未有的伟大的中国共产党",而梅兰芳的为人又非常谦和,"因为怕自己的条件不够,所以迟

梅兰芳在中国戏曲研究院入党宣誓

迟不敢开口",他一直觉得他离一个共产党员的条件还有一定距离,他还需要学习和改造。而他在1957年60多岁的时候提出入党申请,是因为社会主义各项事业的飞速发展,"使我受到了更进一步的思想教育,因而加强了我请求入党的勇气。我想,我已经参加社会主义革命事业,天天正在做着我应当做的工作,将来还要把晚年的精力放在培养后一代的任务上面,如果自己还没有锻炼好,怎么能够把现在和将来的工作都做得好呢?所以热烈希望及早参加党的组织,直接受到深入的共产主义教育,使我脱胎换骨,改造得更彻底,才可以放心大胆贡献出所有的力量,我今天才申请入党,不算早了,不能再等待了"(梅兰芳入党《自传》)。特别是梅兰芳希望在戏曲教育方面有更大的作为,他觉得如果自己经过更多的锻炼,成为一个中国共产党党员,从政治思想方面就更有资格培养戏曲艺术的接班人。所以他的入党历程是谨慎与急迫相统一的,这也是他个人非常富有魅力的一个方面,做决定时考虑得特别周全,甚至有点谨慎过头,但一旦决定之后,他又异常坚定。于是,在1957年,梅兰芳经过了对自己的严格审视后,申请加入中国共产党。

天南海北吐芳华

这是西安市狮吼豫剧团在梅兰芳先生赴陕演出时赠送给他的签名绣缎,上面密密麻麻地签满了全团百余人的签名,这是梅兰芳在新中国成立后踏歌而行的宝贵见证。1951年,周恩来总理建议梅兰芳可以去东北、西北、西南这些没有去过的地方转转,跟观众见见面。梅兰芳深受鼓舞,把自己的老搭档们都请回剧团,挂帅重征,演出足迹遍及17个省市,多次远赴之前并未涉足的哈尔滨、旅顺、齐齐哈尔、西安、太原、兰州等内地城市为工农群众演出。向更基层的工农兵群众呈现戏曲之美,传递党和国家的关怀,也使自己的艺术传播到了更广泛的人民群众中,获得了广大人民群众真正的接纳,成了一名名副其实的艺术劳动者。

大家都知道梅兰芳是20世纪伟大的京剧表演艺术家,过去人们比较熟悉的实际上是20世纪前期的梅兰芳,特别是二三十年代梅兰芳在舞台上所取得的成就,在访日、访美、访苏等中外文化交流活动中的贡献,以及抗战期间蓄须明志所展现出的民族气节。

然而梅兰芳的一生,无论在哪个阶段,都是同样波澜壮阔的。以前人们对梅兰芳在新中国成立前的事迹较为了解,但是对梅兰芳在新中国成立后的事迹却不太熟悉,甚至于有人对梅兰芳在新中国成立之后的成就和贡献有所质疑。我们这个展览不仅要回应这样的质疑,更想将

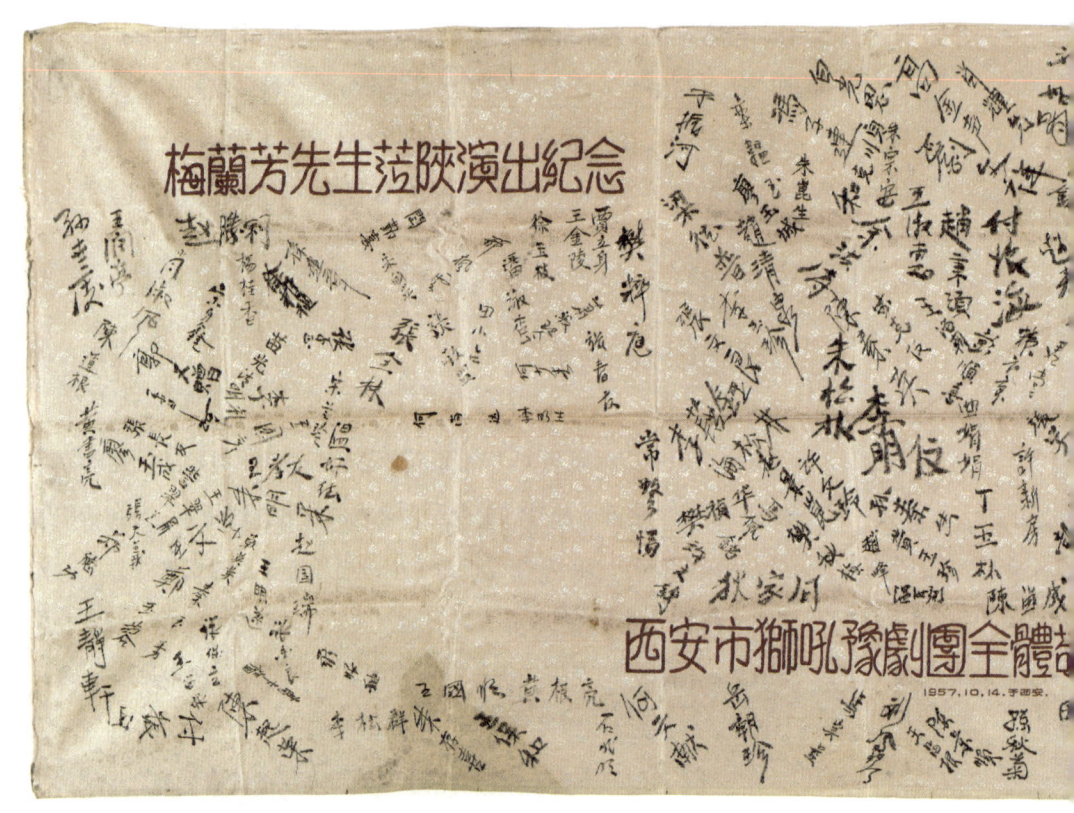

▼ 西安市狮吼豫剧团赠送给梅兰芳的签名绣缎

梅兰芳的成就与贡献置于 20 世纪的历史长河中,来重温梅兰芳壮阔的一生。

实际上在新中国成立 70 周年的时候,我们曾经做过一个"梅兰芳与新中国"展,虽然和这个展览一样都侧重展现梅兰芳在新中国成立之后的活动,但是这两个展览之间也有巨大的差别。差别就在于这次"艺术劳动者——梅兰芳"展,我们想把梅兰芳整个一生思想升华的历程展现清楚。新中国成立后,在中国共产党的领导下,在一个崭新的社会

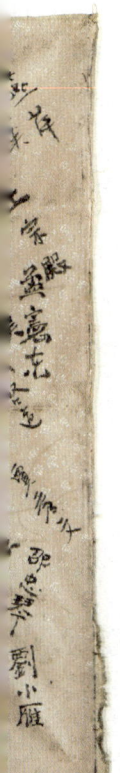

里，梅兰芳加入社会主义的文化建设过程中，他看到、感受到、参与了这个万象更新的伟大历程，就如他自己说的"新中国成立以来，桑田变成沧海，平地涌出楼台，愚公移山，天孙织锦，说不尽的千般妙处，万种风光"（梅兰芳《千般妙处 万种风光》）。

这个过程中，他自己也在不断学习，不断改造和提高自己。梅兰芳在《入党志愿书》和他为入党写的《自传》里面也特别强调了，1949年之后梅兰芳学习了毛泽东主席《在延安文艺座谈会上的讲话》，学习讲话之后梅兰芳有了非常多的感触。从他的一系列手稿中，我们可以感受他对"艺术劳动者"这个身份的认识是越来越清晰的。

假使没有50年代、60年代的梅兰芳，那么梅兰芳的艺术也好，人生也好，在一定程度上都是不完美、不完整的。"艺术劳动者——梅兰芳"展所要体现的，就是梅兰芳从一位具有文化担当、文化自觉的"一代伶王"向具有高度文化自信的"艺术劳动者""最美奋斗者"实现的历史迈进！

有了50年代、60年代在中国共产党领导的社会主义的文化建设事业中继续奋进的梅兰芳，才使得梅兰芳是一个"20世纪的梅兰芳"，然后他的人生是圆满壮阔的。

道义从来在吾肩

这是1922年10月梅兰芳赴香港演出时赈灾会赠送的纪念章。纪念章正面写着"与人为善纪念，梅畹华先生惠存，民国壬戌年十月上

瀚",背面写着"香港孔圣会华东医院潮汕赈灾会敬赠"。这只是梅兰芳无数次义演所获得的纪念品中的一个,但其中的"与人为善"四个字,却也是点出了梅兰芳为人和性格中比较明显的一个特征。

我们讨论梅兰芳思想升华的历程,不能局限于他在新中国成立之后的学习和提升,也要注意到他从青年时代起就展现出的那种不同于流俗的思想境界和使命担当。

这一点与梅兰芳的家学渊源和成长环境都有关系。梅兰芳的祖父梅巧玲出生于江苏泰州,是位列"同光十三绝"的名旦,执掌"四喜班"多年,常有仗义疏财之举。父亲梅竹芬亦工旦行,颇获称誉,惜英年早逝。伯父梅雨田是著名琴师,常年为谭鑫培伴奏,梅兰芳的青衣唱腔多蒙其雕琢锤炼。梅兰芳的艺术根底渊源有自,更继承了梅家谦虚谨慎、乐善助人的纯朴家风,并发扬光大。梅兰芳自己也说:"我能够有这一点成就,还是靠了先祖一生疏财仗义,忠厚待人。"(梅兰芳《舞台生活四十年》)

梅兰芳的这种担当体现在三个方面:

首先,他有着强烈的社会责任感。梅兰芳秉承着中华民族千百年来同舟共济、守望相助的家国情怀,凭借自身的社会地位和巨大的影响力,从青年时代开始便频繁地出演义务戏或直接捐资,为贫苦大众及受灾人民提供自己最大限度的帮助;为社会公益募资,为抗战活动积极提供援助。这都成为梅兰芳"义伶"形象最鲜明的注脚。

其次,他有着高尚的民族气节。1931年"九一八"事变后,梅兰芳从北平移居上海,他陆续排演了一批抗敌救亡、抵御外侮的戏,唤起民众强烈的爱国热情。抗战时期,梅兰芳留起唇髭,息歌罢舞,不与侵略者为伍,多靠典当和卖画为生,体现了"威武不能屈,贫贱不能移"的高尚民族气节。梅兰芳不仅在戏曲舞台上塑造了无数个体现我们民族美德的人物形象,在人生的舞台上,又以我们民族的美德塑造了自己的形象。

最后，梅兰芳是一个有着高度文化自觉的艺术家，一般观众比较熟悉他新中国成立前访日、访美、访苏的历程，那时候的出国演出不是中国官方组织的，应该讲是一种个人的行为。梅兰芳出面组织这样规模的出国演出，经济负担是很重的，担着很大的风险。但是梅兰芳无论哪一次出国，都不以营利为首要目标，我们都能看到他强调的是中华文化传播。1919年访日，梅兰芳在《东游记》里说道："第一次访日的目的，主要并不是从经济观点着眼的，这仅仅是我企图传播中国古典艺术的第一炮。由于剧团同志们的共同努力，居然得到日本人民的欢迎，因此我才有信心进一步再往欧美各国旅行演出。"他要把中国的传统文化介绍到国外去，让世界了解中国的传统文化。比如说，我们都知道在那个年代，华人在美国的社会地位是比较低的，但是梅兰芳把中华优秀传统文化，把这种美的艺术带到大洋彼岸，受到了美国观众的热烈欢迎，他在旧金山等地受到了国礼级别的隆重礼遇，这对在美华人和美国民众都是一个观念上的巨大冲击。所以我们说梅兰芳是一位非常有文化担当、具有高度文化自觉的艺术家。

美的创造者

这四张照片是我们选取的梅兰芳在不同时期出演《金山寺》的剧照。光绪年间，陈德霖等演昆剧《金山寺》时，将早年南府档案中所载白、青二人的头饰"渔婆罩"改为戴"额子"。梅兰芳初期演出此戏时，也戴"额子"。从20世纪30年代起他对此装扮进行了多次改革。我们可以看到正是他的逐步改革，使得白素贞的扮相变成了我们今天舞台上看到的样子。当下京剧乃至整个戏曲艺术中表演、舞台、服饰、容

梅兰芳初期演出《金山寺》戴"额子"

妆、伴奏等诸多方面都受益于梅兰芳当年的大胆的改革和创新，并沿着他开创的"新传统"一直走到了今天。一如田汉在诗中所称赞的"最纵横处最精严"，梅兰芳在京剧艺术的创造和革新中，是既"精"且"严"，还将这种"精严"数十年如一日地坚持到了他在舞台上的最后一刻。

梅兰芳在戏曲舞台上塑造了数以百计的女性人物，无论是传统戏中的孟月华、孙尚香、王宝钏、赵艳容、王春娥、苏三、柳迎春、东方氏、白素贞、升平公主、双阳公主、李艳妃，还是时装新戏的孟素卿、林纫芬、邓霞姑，抑或古装新戏的嫦娥、上元夫人、花木兰、西施、虞姬、宓妃、廉锦枫、红线女、天女、林黛玉、梁红玉、韩玉娘、晴雯，还是昆曲中的杜丽娘、白素贞、费贞娥、红娘、李桂枝、杨玉环、陈妙常、邬飞霞等，经其饰演、打磨或创造，即成为戏曲舞台让人过目难忘的舞台形象。包括其打造的许多舞蹈，诸如《别姬》的剑舞、《麻姑献寿》的盘舞、《嫦娥奔月》的镰舞、《西施》的佾舞、《天女散花》的绸舞、《黛玉葬花》的锄舞、《木兰从军》的戟舞等，之所以成为戏曲的表演范式，是因为其中倾注了梅兰芳的心血。他一生善于继承，勇于创新，追求不断，锐意提高，而他奉行的演戏原则是"演戏除了要演得像以外，还要演得美"，美是其艺术的最高追求。"梅兰芳同志的表演，所以能达到艺术上最美的境界，就在于能点染出角色的活的神情，他最善于表现角色在特定环境下特有的活的神态，他能够在剧情发展中带有关键性的瞬息间，通过极其简练的优美的动作，深刻地剖示出角色的精神状态，通过突出的凝神的几笔，给观众塑造出一个优美的活的艺术塑像，使观众永远不能忘怀。"（曹其敏《艺术美的化身——谈梅兰芳舞台艺术》）

他是舞台上美的创造者，也是现实中美和善的践行者。欧阳予倩高度评价梅兰芳是"真正的演员，美的创造者"时，梅兰芳身上"还有

▼ 梅兰芳演出《断桥》

▼ 梅兰芳后期演《白蛇传》,梅兰芳饰白素贞,梅葆玖饰青儿

最重要的一点":"梅先生不仅是承继着中国戏曲艺术的优良传统,同时也承继了中国艺人的道德传统。"这特别体现为他是一位爱国主义者,在欧阳予倩看来,"这是作为一个艺术家必须具备的品质。梅先生承受了中国艺人的道德传统,和为正义而斗争的精神"。(《真正的演员——美的创造者——为纪念梅兰芳舞台生活五十年作》)

梅兰芳对于当下的意义是多方面的,他在京剧表演艺术方面取得了辉煌的成就,他树立了一座巍峨的艺术高峰,把中国京剧艺术推到了前所未有的高度,让人们沉浸、留恋其间,欣赏和乐道中国传统艺术的美妙和迷人魅力。戏曲从民间的把玩、趣味,到文人的雅化、载道,再至舞台表演的至纯至美,铸就和形成了中国戏曲艺术和美的精神,而梅兰芳终其一生不断地磨砺、改良、创造,如切如磋,如琢如磨,精益求精,做出了自己的不朽贡献。

对于后人来讲,我们不光要敬仰他,也需要学习他,无论是从事戏曲表演的专业人员也好,或者其他各行各业的人也好,都要树立这样一种事业之心。

永远在路上——梅兰芳的 1956

这是梅兰芳向全国人大常委会汇报视察戏剧工作情况文件,1956年11月、12月梅兰芳在南昌、长沙旅行演出的同时,进行了戏剧视察工作,并写就《江西省南昌市戏剧工作的视察报告》和《湖南省长沙市戏剧工作的视察报告》,呈交全国人大常委会。这是他在新中国成立后,抖擞精神,持续奋进在社会主义文化建设事业前线的宝贵见证。

这次展览一共分了 6 个单元,其中一个单元我们专门单独挑出了梅兰芳 1956 年的行程来展开陈设。前面就已经提到,新中国成立后,全国人民代表大会常务委员会：

　　1956年11、12月间，我正在南昌、长沙旅行演出，先后得到江西、湖南两省人民委员会转示大会关于各代表就地进行视察工作的通知。当即抽出时间在该两地进行关于戏剧工作的视察，分别接见了各剧种的剧团负责同志和主要演员，又同他们举行了座谈，听取他们提出的意见，从而了解目前存在的一些问题。现写就"江西省南昌市戏剧工作的视察报告"和"湖南省、长沙市戏剧工作的视察报告"各一份，随函送请大会察阅，借供参考。

　　　　此　　致
敬　　礼

附：江西、湖南两省视察报告各一份

　　　　　　　　　　　　　　梅　兰　芳
　　　　　　　　　　　　　1957年2月　日

梅兰芳带领着梅剧团踏遍祖国大江南北，足迹遍及17省。仅仅在1956年，梅兰芳的演出足迹就遍及海内外16个城市，尽管他此时已经62岁，还承担着许多的行政工作，但他还是义无反顾地把根扎在戏曲舞台上。1956年上半年，梅兰芳有两个比较重要的演出行程，首先是梅兰芳到泰州寻根祭祖，他为了答谢家乡人民的盛情，不顾疲劳，将自己的代表剧目倾囊而出。接着在5月份，在周恩来总理直接关怀下，梅兰芳率中国京剧代表团赴日演出，取得极大成功，为中日两国关系正常化起到了重要的推动作用。

下半年从日本回来之后，梅兰芳又马不停蹄地依次赴沪、浙、赣、湘、鄂演出，12月底到武汉就病倒了。对于一个60多岁还依旧奋斗在舞台第一线的艺术家来讲，这么高强度的演出是非常难得的。养好病以

▼ 梅兰芳着矿工服在井下为煤矿剪彩

后他又在武汉为武钢的工人演出，一直到 1957 年的 2 月，才从武汉回到了北京。这次旅行演出前后持续达四个半月，外出时间之长，演出场次之多，观众人数之多，都是非常惊人的，以至于毛泽东主席都关注到了梅兰芳这次的出行，在梅兰芳回京以后还跟他说这次出去的时间可不短。梅兰芳还在演出中和各地剧团交流、座谈，并撰写视察报告，向全国人大常委会提供一手的调研信息，以至于在 60 多年后，我们在梳理梅兰芳的行程时，依然会被这位六旬老人身上所焕发出的生命活力所照耀。

而梅兰芳自己也在文章中谈到了他的活力之源："究竟有什么力量能够恢复我的青春呢？这是由于解放后，我接近了工农兵，他们的诚恳、朴素的高尚品质，爱工作、爱人民、爱国家的热情在鼓舞着我，许

多新人新事随时随地在影响着我，我和新的观众在台上台下打成一片。他们对我的歌唱是那样地热爱，我也为他们建设祖国的巨大贡献所感动而愈唱愈有劲。"（梅兰芳《怎样保护嗓子》）在与人民群众的紧密联系和日益交往中，梅兰芳也找到和确立了"艺术为谁"这一终极答案。

——本文与柯琦合撰，原载《纵横》2023年第1期

文献

田汉致梅兰芳两封信的发现及交游考述

▼ 田汉兄弟与母亲易克勤

20世纪文坛,梅兰芳与田汉无疑是两位重量级人物,新中国成立后又都齐聚北京,在新政权下工作,彼此来往和工作交集甚多。以新中国成立的1949年来说,田汉与梅兰芳先后进京。田汉于该年2月随中国人民解放军进入北平,并参加了在天安门举行的北平和平解放庆祝大会。梅兰芳在上海迎接了上海解放,又受邀作为上海代表于6月26日到达北京,出席7月2日至19日的中华全国文学艺术工作者第一次代表大会,并做了发言。田汉为主席团成员,被选为中华全国文学艺术界联合会全国委员。在此期间成立的作为戏曲改革工作的最高顾问性质的机关——中央人民政府文化部戏曲改进委员会,田汉、梅兰芳等43人成为委员,主任委员是周扬。[1]梅兰芳因为筹款济同业之急,会议结束后在北京长安剧场和周信芳演出了几场义务戏,一直到8月8日乘火车离京返沪,田汉、洪深、周扬等到车站送行。9月中旬,梅兰芳再次赴京,参加21日开幕的中国人民政治协商会议,并在大会上作了发言。也是在这次会议上,大会通过决议,以田汉作词、聂耳作曲的《义勇军进行曲》为中华人民共和国代国歌。10月,

田汉被任命为中央文化部戏曲改进局局长，10月2日，中华全国戏曲改革委员会成立，田汉担任主任（11月1日该机构改为文化部戏曲改进局，田汉担任局长[2]），梅兰芳为京剧研究院院长。同日，梅兰芳与田汉等出席新成立的中国保卫世界和平大会，共同选为全国委员会委员，晚上，梅兰芳应邀与田汉共同主持中华人民共和国成立庆祝晚会，并演出了《武家坡》《打渔杀家》《群英会》等[3]。

田汉于1951年春调整为艺术事业管理局局长，梅兰芳于4月被任命为中国戏曲研究院院长。1953年10月，全国剧协改组为中国戏剧家协会，推选田汉为主席，梅兰芳、欧阳予倩、洪深为副主席。可见，新中国成立后梅兰芳与田汉工作联系和来往是非常密切的。也因此，两人间的书信来往比较少，在《田汉全集》里仅收了一封田汉致梅兰芳的信。这封信写于1959年6月1日，是田汉看了梅兰芳新戏《穆桂英挂帅》后二日写的，信中称："前晚看过《挂帅》无限兴奋，这是您解放后第一次搞新戏吧，沉雄慷慨，比看您的《梁红玉》意境还要深永亲切！"并认为姜妙香、梅葆玥、梅葆玖的表演"都使人愉快"。而田汉写信给梅兰芳的主要目的，是"重读您的主要唱词，试就原文做了些修改，无非是帮助您和改编者把这戏搞得更合适些的意思"[4]。共有六段曲词。这封信既可以看到老一辈艺术家之间的感情，更可以看到他们之间对工作和事业的一丝不苟，精益求精。此信也发表在1959年第12期的《戏剧报》上。

这是《田汉全集》所收的致梅兰芳唯一的书信，而梅兰芳纪念馆尚保存有两封田汉致梅兰芳的信件。无疑，通过这两封信也可以看到田汉与梅兰芳之间更多的联系和交往，以及那个时代的印迹。两封信之一有月日落款，但都没有标注年代，不过，对两封信书写的具体时间还是可以考证出来的。

书信之一，梅兰芳纪念馆分类号甲00754，用纸为"中华人民共和国文化部公用笺",田汉用毛笔书信,竖写。

内容如下:

梅先生:

青岛姚君一缄转上。似已来了许久,请早回她一信。

我明晨四时南飞,国庆前回来。祝

日安!

田汉

洪深兄入苏联红十字医院,病情转剧,咯血不止,神经剧痛,您可以去看他一次。

信内容比较简捷,而且比较匆忙,因为第二天田汉凌晨就要出差。信中提到"青岛姚君"一位女性,托田汉转给梅兰芳"一缄"。"青岛姚君"为谁,难以考证。此外,信的内容还是透露了一些比较重要的信息,信中提到了洪深:"洪深兄入苏联红十字医院,病情转剧,咯血不止,神经剧痛。"告知梅兰芳洪深病情应该是田汉写信的主要意思。洪深学名洪达,字浅哉,号伯骏、潜斋,江苏武进(今属常州市)人,与梅兰芳同庚,长田汉4岁。1919年洪深考入哈佛大学戏剧训练班,成为中国第一个专习戏剧的留学生。[5]洪深与田汉的相识可以追溯到1924年。[6]1930年加入中国左翼作家联盟,任英文秘书。8月与田汉等发起成立并以光明剧社名义加入中国左翼剧团联盟(1931年改组为"左翼剧作者联盟")。抗日战争爆发后,他立即投身于抗日洪流之中,和田汉一起组建了10个抗敌演剧队、1个孩子剧团及其他团队深入战区宣传抗日。洪深从中国话剧和电影的草创时期开始,就进行了编剧、导

◀ 田汉致梅兰芳信信封
（1955 年）

▶ 田汉致梅兰芳信
（1955 年）

中華人民共和國文化部公用箋

地址：北京東四牌樓·頭條胡同五號·電話四局三〇三三 三〇三四

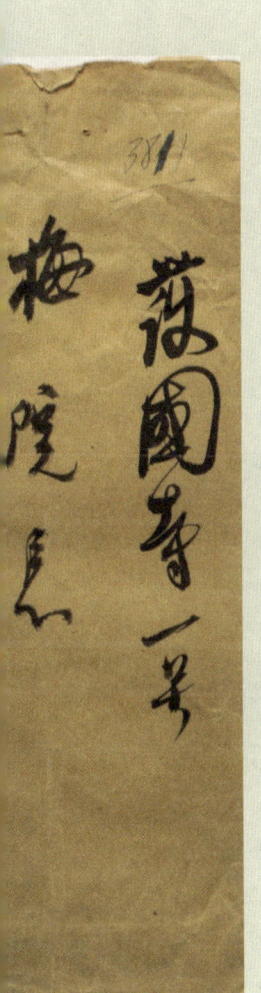

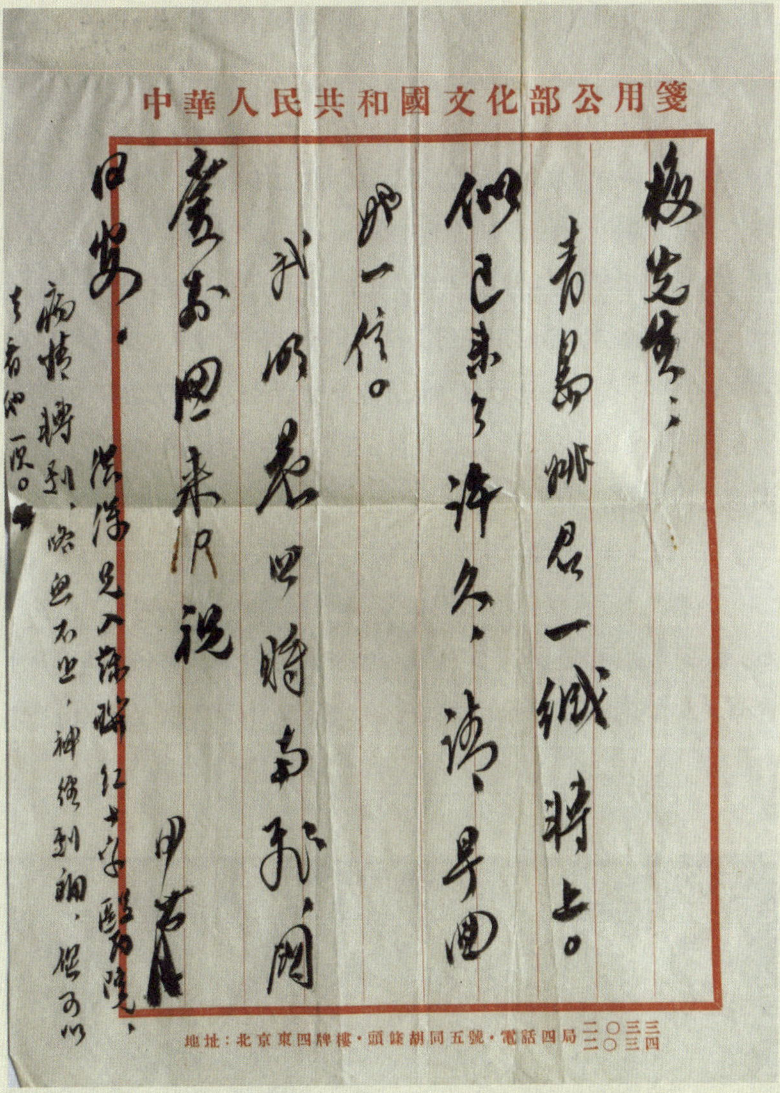

说不尽的梅兰芳　　▼ 梅兰芳（右一）出席第一
届全国人民代表大会时
与田汉（右二）等合影
（1954年）

演、表演等全面的实践和理论探索，是中国现代话剧和电影的奠基人之一。

1949年7月，洪深在北京参加了中华全国文学艺术工作者第一次代表大会，被选为常务主席团成员；9月参加中国人民政治协商会议，被选为政协委员。次年，被任命为文化部对外文化联络局副局长。1953年被选为中国戏剧家协会副主席，此届主席为田汉，梅兰芳亦为副主席，另一位副主席是欧阳予倩。1954年任国务院对外联络局局长[7]。1955年4月，为纪念梅兰芳、周信芳舞台生活五十年，洪深与周扬、沈雁冰、田汉、欧阳予倩等14人组成纪念会主席团，11日晚上，洪深与梅兰芳、周信芳同台合演了《审头》，洪深演汤勤，因洪、梅、周三人同庚，都属马，故此次演出被人称作"三马同台"[8]。

其实，此时洪深已经身患肺癌，他的病是在2月访问波兰时发现的，洪深先期回国。6月、7月间，他还抱病去上海、常州、苏州等地考察，并参加了7月的全国人民代表大会。7月29日洪深正式向组织

请假，回家养病。[9]8月22日午后，田汉正在做去华南旅行的准备，接到对外文化联络局的电话，说洪深约他和阳翰笙、夏衍去他家，田汉很紧张，因为知道洪深病况转坏，因一时找不到阳、夏，就约了欧阳予倩一同前往（当初田汉与洪深的认识就是欧阳予倩介绍的）。田汉认为洪深是有"极丰富的科学常识"的人，他对自己的病情有认识，所以请来几位好友，安排后事，特别是对他两位年龄还比较小的女儿成长的关照。

隔了一两天，洪先生病体更重，就从他家里搬到苏联红十字医院去了。我在他入院的第二天，在崇文门大街买了几钵鲜花去看他。那天他精神还好，很快地便走出病房，亲给洪师母打电话。这一天我原想接触一些问题的，洪先生谈起前一天他兄弟来看他的事，似乎有些激动，我就没讲下去了。

第三天我匆匆陪阿尔巴尼亚文化代表团乘飞机到广州去了，没有再去看他。据说他曾向安娥问起过我："寿昌什么时候转来？"安娥说："可能在半个月后。"他就不作声了。

到广州的第三天，我陪阿尔巴尼亚代表团在爱群饭店楼下餐厅进餐，广州市文化局局长丁波同志交给我一封张光年同志发来的急电。深兄逝世了！才离开他一两天，我跟他真是永不能见面了，我哭了。[10]

关于洪深入住苏联红十字医院的时间，田汉说是22日在和欧阳予倩看望之后"隔了一两天"，《洪深年谱》写是"8月25日病危送北京红十字医院抢救"，并且该日周恩来总理到医院探望洪深，并嘱洪深放心养病，爱人和孩子组织上都会照顾好的。"洪深听后十分激动，但已无法表达自己的感激之情"[11]。田汉的探访是第二天，那就是26日。27

日一早田汉陪阿尔巴尼亚文化代表团到了广州，也即田汉给梅兰芳信中说的"明晨四时南飞"。田汉是在"到广州的第三天"，亦即 29 日接到张光年所发急电，得知"深兄逝世了"！这样在时间上前后就吻合了。但《田汉年谱》据同样的材料，理解为"二十五日（田汉）前往苏联红十字医院看望入院治疗的洪深（同上）"，"二十六日陪同阿尔巴尼亚文化代表团飞广州访问（同上）"[12]。引文括号里的"同上"，指的是田汉撰写的《忆洪深兄》，与《洪深年谱》所引文献相同。这里《洪深年谱》对入住医院记述不准，"北京红十字医院"应为"北京苏联红十字医院"，该院始建于 1952 年，是新中国成立后在苏联政府和苏联红十字会援助下，由中国政府建立的第一所大医院。1954 年医院从甘水桥旧址迁入现北京友谊医院地址。毛泽东主席、刘少奇副主席、周恩来总理、朱德委员长特为医院亲笔题词。1970 年，周总理亲自为医院定名为"北京友谊医院"。

《田汉年谱》对 25 日和 26 日时间理解有误。如果田汉看望洪深是 25 日，26 日陪同外宾去广州的话，那么，田汉《忆洪深兄》一文中的"第三天我匆匆陪阿尔巴尼亚文化代表团乘飞机到广州去了"的"第三天"和"到广州的第三天"的"第三天"就难解。田汉此文对时间的表述是很讲究很准确的，也因为他与洪深的感情深厚，以至于在洪深去世一年后的忌日，田汉在上海大舞台"向一千五百多位文艺工作者做报告，当我告诉他们那天正是洪先生逝世周年忌的时候，全场都起立为洪先生默哀。洪深兄早期的戏剧活动主要是在上海，上海人民对洪先生是特别熟悉的、亲密的。他们对洪先生的死感到分外的损失和悲痛是很自然的"[13]。所以，8 月 22 日田汉等去洪深家看望后，"隔了一两天"洪深病重入住苏联红十字医院应为 25 日。"我在他入院的第二天"看望是 26 日。"第三天我匆匆陪阿尔巴尼亚文化代表团乘飞机到广州去了"，这个"第三天"应该指洪深入院后的第三天，亦即 27 日。那么 27 日离京到广州,"到广州的第三天",亦即 29 日收到洪深逝世的电报,整个时间就合乎情理,没有乖忤之处。在田汉这篇文章中,时间的表述非常严谨,只有"隔了一两天"不是确数,其他几处时间概念非常准确,但前后互证,可以确定"隔了一两天"应为两天后,即 25 日入住苏联红十字医院。

如此说来,田汉致梅兰芳的这封信写于 1955 年 8 月 26 日,这一天田汉"在崇文门大街买了几钵鲜花去看他。那天他精神还好,很快地便走出病房,亲给洪师母打电话。这一天我原想接触一些问题的,洪先生谈起前一天他兄弟来看他的事,似乎有些激动,我就没讲下去了"。回到单位后,田汉做第二天出差的准备,并给梅兰芳写了这封信,嘱咐梅兰芳"洪深兄入苏联红十字医院,病情转剧,咯血不止,神经剧痛,您可以去看他一次"。没有资料证明梅兰芳是否去了医院看望洪深,不过,以梅兰芳的为人和他们之间的友谊及田汉的提示,梅兰芳应该不会忽略大意。9 月 2 日洪深追悼会在北京隆重举行,欧阳予倩致悼词,李维汉、习仲勋、沈雁冰、周扬、夏衍、欧阳予倩、梅兰芳等出席,田汉和梅兰芳等都担任治丧委员会委员。

田汉与洪深的相识可以追溯到 1924 年,田汉有两封致洪深的信,揭示两人有趣的相识。因洪深《少奶奶的扇子》再次上演,田汉重观此剧"益增钦佩",本来打算写一篇"长评",庶事劳形,没有实现,"殊怅然也"。他事"欲趋寓面交,适忘号数。居同北里,函札往还,亦天下之趣事也。请顺告号数,当于尊暇时奉访"。[14] 感觉田汉有点马大哈,却也增添了两人相识的趣事。在另一封写于该年中秋夜的信中,田汉说"那晚承您赐访,略得痛谈"来看[15],两位惺惺相惜之人终于得以见面。从那时相识到洪深 1955 年去世,两人有 30 多年的友谊。两人志同道合,友谊深厚,所以洪深才在自己告别人世时,将家人托付给田汉。田汉也不负朋友之托,洪深去世后两家来往依然密切。据田汉 1965 年日记，1月1日新年"晚饭时洪师母和洪钢来"[16]。"洪师母"即洪深夫人常青真，"洪钢"为洪深之女。2月2日是旧历新年，这一天午后田汉看望了亲家母、曹禺等，"去看洪师母，她患偏头痛。洪钢、洪铃和云卫与女公子都在"[17]。3月12日是田汉生日，这一天他接到洪深女儿洪钢夫妇从南京来电贺寿，让他喜出望外，"难得她总记得我"。[18]这一年田汉被下放到北京郊区顺义县牛栏山公社"劳动锻炼"，并继续作"检查"，紧接着1966年1月号《剧本》公开点名批评田汉，1月1日新年短暂回京时间，他"到什锦花园访洪师母，她和洪钢夫妇都在家"，次日"洪师母和她的爱婿来访"。[19]此时他的处境已经越来越艰难了。

田汉致梅兰芳另一封信，梅兰芳纪念馆分类号甲00763，登记"来源：北京寄上海"，为"文化部艺术事业管理局公用签"，钢笔字竖写[20]：

畹华先生：

听说您还乡演出，刻下想已经回到上海了。

我们在京看了一个月话剧，又要写文章，又要招待内外宾，也够忙的。

介绍湖南剧院经理周静同志和舍弟田洪，他们到京邀约京剧院剧团到湘演出，尤其是代表湖南观众热切要求想请您在出国前后，到毛主席的故乡一行。他们千里趋访，其意甚诚，请您予以接洽。如承赐允，曷胜感谢！

问春福。

田汉，三月卅日

姬传先生均此问候。

◀ 田汉致梅兰芳信信封（1956年）
◀ 田汉致梅兰芳信（1956年）

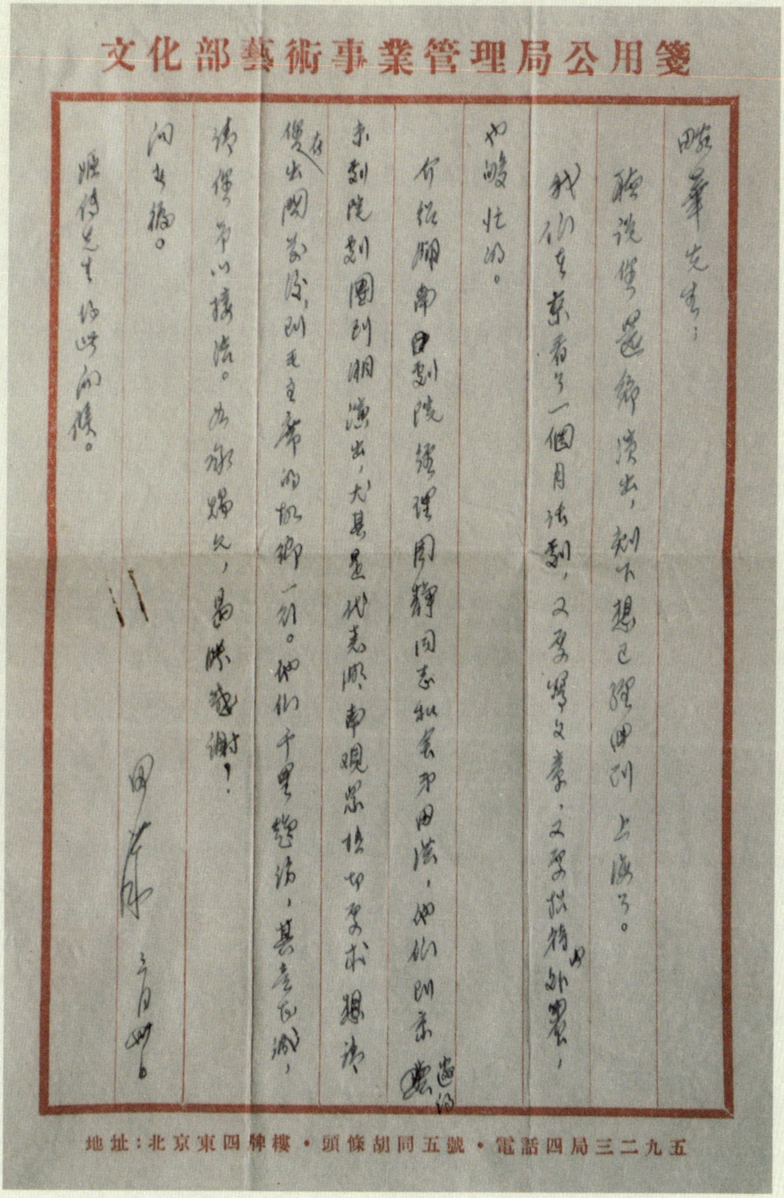

田汉致梅兰芳两封信的发现及交游考述

文化部藝術事業管理局公用箋

畹華先生：

聽說僅選擇演出，剩下想已騰出到上海了。

我們臺柬看了一個月話劇，又考察文藝，又要放情也要，也够忙的。

介绍湖南劇院經理周輝同志和蕭老到田漢，他們即來拜訪。

求劇院到團到朋演出，大暑是他表演南觀眾热切需要的。

像出閉高院到氏左席的枪架一切。他們千里楚楚到京，甚盼見面。

請儘可能接洽，如能辦到，當然很謝！

問安！

　　　　　田漢
　　　　　六月廿八

陳信芳先生的地址後。

地址：北京東四牌樓·頭條胡同五號·電話四局三二九五

这封信有月日,却没有年代,不过,通过其内容还是能够考知写作此信的具体时间。信中一个重要信息是"听说您还乡演出,刻下想已经回到上海了"。"还乡演出"是梅兰芳20世纪50年代的一次重要活动。我们知道,梅兰芳据其祖母讲述,他的爷爷梅巧玲是从泰州走出来的艺人,虽然从父辈到梅兰芳,与泰州没有任何关系,梅兰芳生于北京,长于北京,但是对祖籍地泰州有着浓厚的家乡情结。"曾祖在泰州城里,开了一个小铺子,仿佛是卖木头雕的各种人物和佛像的。他有三个儿子,你祖父是老大,八岁就给江家做义子。江老头子住在苏州,没有儿子,起初待你祖父很好,后来娶了一个继室,也生了儿子,她就拿你祖父当作眼中钉了。"[21]带着夙愿,梅兰芳于1953年3月7日至15日来到泰州,祭祖寻根,演出参观。梅兰芳激动地在欢迎大会上说:"返乡是我多少年来的愿望,今天居然能达到我的目的。怎能叫我不高兴呢!"[22]15日离开泰州到扬州参观,22日起在扬州进行演出。据田汉信内容看,扬州演出之后3月底梅兰芳是到了上海的,包括梅兰芳纪念馆比较原始的"技术资料登记账"显示该文献来源是"北京寄上海",但该信为《戏剧报》牛皮纸信封,钢笔字竖书:

周静同志、洪弟带交

梅兰芳先生

田汉托于北京

据此,这封信应该是周静、田洪两位找了田汉后,田汉手书此信,然后由两人带往上海见梅兰芳的。田汉说"刻下想已经回到上海了",有猜度之意,但显然去上海也是梅兰芳计划中的安排。而现有的大多数

梅兰芳年谱或年表都没有其离开扬州到上海的记载。这样，田汉此信所写的年代也特别清楚了，是1956年。现在能够看到田汉致梅兰芳三封信中，田汉对梅兰芳的称谓也各不相同，1955年8月信称"梅先生"（信封书"梅院长"），1956年3月此信称"畹华先生"（信封书"梅兰芳先生"），1959年6月信称"畹华同志"，都是尊称，但称谓的变化是否也刻有时代变化的印记呢！

信中田汉所说"我们在京看了一个月话剧，又要写文章，又要招待内外宾，也够忙的"，是指第一届全国话剧观摩演出大会，田汉担任筹委会副主任。该演出从3月1日开幕至4月5日结束，参加会演的剧目有多幕剧32台，独幕剧18台，包括苏联、罗马尼亚、南斯拉夫、朝鲜等12个国家的艺术家参加了这一盛大的活动。田汉撰写了《话剧艺术健康发展万岁！——迎接第一届全国话剧观摩演出会》等文章。田汉给梅兰芳写此信时，实际上这一活动尚未结束。

田汉在百忙之中给梅兰芳写信的目的是介绍两位湖南客人："介绍湖南剧院经理周静同志和舍弟田洪，他们到京邀约京剧院剧团到湘演出，尤其是代表湖南观众热切要求，想请您在出国前后，到毛主席的故乡一行。他们千里趋访，其意甚诚，请您予以接洽。"所介绍湖南来的两位客人，一位田洪，为田汉弟弟，一位周静，湖南剧院工作人员。田汉兄弟三人，他是老大，还有两个弟弟田洪和田沅，一些回忆田氏兄弟的文章称其兄弟相差各三岁，经考察不确。小弟田沅出生于1904年，抗战期间与音乐家冼星海一道奔往革命圣地延安，1948年在淮海战役中负伤，1950年在天津去世。田洪出生于1901年，田汉从日本留学回国到上海工作后，接母亲易克勤和弟弟田洪、田沅到上海一起生活，田汉办南国社，他就当了教务主任。1938年，田汉三兄弟在武汉参加周恩来领导下的抗战政治部三厅工作。新中国成立后，因为工作需要，田洪留在湖南工作，曾任湖南军区洞庭湘剧工作团团长、湖南剧院经理等职。在"反右"和"文革"当中，田洪受到不公正的待遇。"文革"结束之后继续投身于湘剧事业，任第一至五届湖南省政协委员等职。1990年于长沙去世。

信中另一位周静（1920—1992），江苏江阴人。1937年在武汉"大公剧社"担任话剧演员，1938年在武汉加入抗敌演出队八队，在湖南等地坚持抗日演出活动。新中国成立后分配在上海市文联工作。1951年冬在上海与原演出八队队长刘斐章结婚，随刘回到湖南长沙。刘斐章（1908—2006），贵州人，曾任湖南省文化局文艺（科）处长，副（局）厅长。周静曾任湖南剧院经理秘书，20世纪50年代，主管剧院基建和接待省外院团名家到长沙演出。尤其是接待了梅兰芳来湘演出。"文革"期间下放汝城"五七"干校7年。恢复工作后先后在湖南省文化厅艺术处、湖南剧院等岗位工作。

  1954年10月1日，湖南剧院落成，位于五一广场，田洪任湖南剧院经理[23]。其实，湖南剧院邀请梅兰芳演出从1955年就开始了。梅兰芳纪念馆藏有分类号为甲00224，湖南省文化局、文联"请梅院长来湘演出"信件。该信为"湖南省文化局用笺"，内容如下：

中国京剧研究院梅院长：

  您在京剧艺术上高深的造诣，湖南人民一直是很敬仰的，并热切地希望能看到您的精彩的表演，这对于提高和丰富湖南人民的文化生活和推动全省戏改工作是有很大鼓舞作用的。我局、会特函请您在完成舞台艺术纪录片的拍摄工作后，如果今年不能来，希望明年一定来湖南一趟，并请将来湘时间提早告知，以便安排。届时当派员前往欢迎并研究有关演出有关工作中具体问题。

  此致

湖南省文化局（圆章）

湖南省文学艺术工作者联合会（条章）

一九五五年八月廿日

  京剧研究院是1949年10月成立文化部戏曲改进局后成立的机构，梅兰芳任院长，1951年中国戏曲研究院成立后，梅兰芳被任命为新的院长。可以说，湖南剧院成立伊始，即以把邀请梅兰芳去演出列入议事日程，这样才有了1955年8月湖南省文化局和湖南省文学艺术工作者

梅兰芳演出《贵妃醉酒》
（1956年长沙）

梅兰芳与梅葆玖演出《游园惊梦》(1956年长沙)

联合会邀请之事。1956年田洪与周静邀请梅兰芳应该就是湖南方面"派员前往欢迎并研究有关演出有关工作中具体问题"的,促成此事前后花了两年时间。

关于这次周静与田洪持田汉信如何见梅兰芳,现在看不到任何记载。[24] 田汉是湖南长沙人,其信中所表达的湖南人民和观众对梅兰芳演出的"热切要求",也未始不是田汉的一种心愿!田汉始终对家乡怀有深切的感情。信中提到的梅兰芳"出国前后"指的是梅兰芳带领中国京剧代表团访日演出,从5月26日至7月16日,这是一次重要的访问演出,是在周恩来总理亲自安排下进行的,是两国文化交流的一件大事,是梅兰芳该年度最重要的演出活动。

显然田洪、周静持田汉信件邀请梅兰芳,是被梅兰芳接受了的。在这一年10月后繁忙的外地演出中,梅兰芳从杭州到江苏、江西,最后于12月5日晚到达长沙。到达后的第三天梅兰芳即赴湘潭韶山参观毛泽东的故居,并题字:"我瞻仰了毛主席的故居,使我知道他在少年时代的劳动生活,我深深体会到伟大的革命事业是从平凡的生活中锻炼出来的。"[25]10日开始在湖南剧院的演出,梅兰芳首演了《贵妃醉酒》,30日同样是以《贵妃醉酒》在湖南剧院结束他的湖南之行,当晚剧场里观众达2000多人。这期间,梅兰芳还与湖南戏剧界300多人举行了座谈会,谈了他此次来湘所看的祁阳戏《借赵云》、邵阳花鼓戏《打鸟》和常德高腔《祭头巾》几个剧目,进行具体分析,认为"它们各有不同的风格,值得我们学习的地方很多"。然后梅兰芳结合《霸王别姬》和《宇宙锋》谈了自己"在表演上的一点经验":"我整理剧目,喜欢一步一步地改,不喜欢把一个流传很久而观众已经熟悉的老戏,一下子就大刀阔斧改得面目全非,让观众看了,不像那出戏。这样做,观众是不容易接受的。""我常常改完一个戏,演了一个时期,又看出一些问题,再加修改。经过一次又一次的打磨,一直打磨到今天,还不敢说成功了。

梅兰芳等在毛泽东故居留影（1956年）

可见艺术是没有止境的。"他并提醒湖南的戏剧工作者:"我们在打破清规戒律、大力发掘传统剧目的同时,也要注意有一些不是传统剧目而含有毒素的戏,千万不可让它混了出来。"[26] 此外,梅兰芳还向湘西苗族自治州灾区捐出 600 元"寒衣款",表达他对灾区群众的"怀念心情"。[27] 对此次赴湘演出活动,湖南省与长沙市方面给予极高的礼遇,当时省、市领导都亲自出面欢迎梅兰芳的到来。演毕,湖南省和长沙市也赠予梅兰芳两本演出活动相册,现存于梅兰芳纪念馆,一为"梅兰芳在长沙演

出影集"(华昌照相馆王兆麒经理),1956年12月,1册89帧。一为"梅院长来湘演出期间参加各项活动留影及演出剧照",1956年12月,1册34帧,十分珍贵。

另,梅兰芳纪念馆还存有"田汉同志亲笔编写的稿","慰问福建前线将士短曲"(南梆子),这也是不见于《田汉全集》的历史文献。短曲如下:

（南梆子）

都只为到前线把英雄奉看，

跨黄河渡扬子路过江南。

一路上土高炉红光灿烂，

全中国都成了钢厂一般。

才离了西子湖山温水软，

（转二六）

一霎时铁马到鹰潭。

鹰厦路，工程险，

穿过了叠嶂的武夷山。

富屯溪水来相伴，

送我到闽江鼓岑间。

美帝在中国失败他心不甘，

支持蒋匪卖国集团，

金门马祖当跳板，

竟妄想回大陆重上金銮。

（转快板）

我海防将士真勇敢，

打得他浪滚波又翻。

解放军尽都是周处武松英雄汉，

不解放祖国领土心不安。

上山擒虎从来易，

入海斩蛟又何难。

停停打打随我便，

先把那民族大义说一番。

智勇双全努力干，

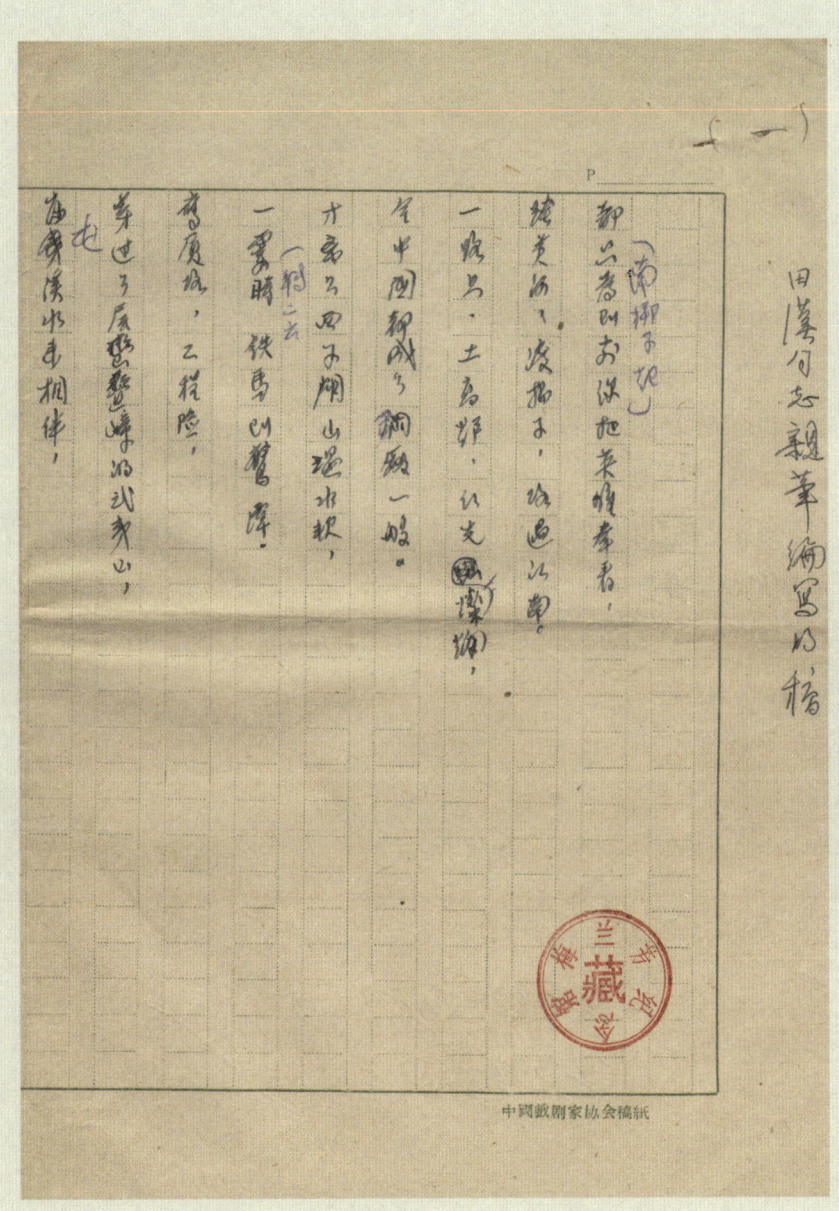

> 红旗指日插台湾。
> 美帝他胆敢来侵犯，
> 管叫他片甲不复还。

20世纪50年代，梅兰芳走遍大江南北，给工农兵演出，慰问志愿军，看望福建前线的官兵。1958年10月13日，以田汉为团长、梅兰芳等为副团长的文艺界福建前线慰问团从北京出发，前往福建前线向人民解放军进行为期一个月的慰问演出，梅兰芳演出了《宇宙锋》等剧目。对此，梅兰芳去世后，田汉曾深情地回忆："我跟他一道慰问福建前线解放军战士时除正式演出《宇宙锋》外，他还冒着敌人炮火的危险在战壕中清唱。"[28]晚间他还亲自对金门打过好几发炮弹。为此田汉还赠过梅兰芳两首绝句：

> 写到佯狂赵女魂，万人如水不闻喧。
> 名山每看添新彩，海国秋深访厦门。

> 亲发加农意兴豪，硝烟浓处卷惊涛。
> 先生歌后经三日，犹有余音绕战壕。[29]

早年的田汉与梅兰芳分属于"新剧"和"旧戏"阵营，他们之间的交集起码从梅兰芳访苏前的1934年即已开始。梅兰芳访苏演出是一件大事，消息甫出，各界关注和议论声不断，这期间，田汉有"梅兰芳赴俄演剧问题的考察之一、之二"，撰写了《中国旧戏与梅兰芳的再批判》和《苏联为什么邀梅兰芳去演戏》两篇长文。他们的走到一起，有历史的风云际会，也有个人思想和艺术观的变化和发展，都是饶有趣味的话题。梅兰芳去世前一天上午，田汉还专程到医院看望他，在医院梅兰芳每天要刮胡子。"咳，瘦了！将来怎么好贴片子？"[30]心里惦记的还是舞台。孰料，17小时后的8月8日早上4点梅兰芳病情恶化，就与世长辞了！梅兰芳去世后六七天，田汉就写了《追悼梅兰芳同志》发表于1961年第8期《文艺报》，8月10日《人民日报》又发表了田汉《和梅兰芳同志最后几次见面》，8月18日深夜还写了《梅兰芳同志精神不死》(《戏剧报》1961年第15，16期合刊)。梅兰芳逝世一周年之际，田汉撰写了《纪念梅兰芳同志逝世一周年》[31]《追忆他，学习他，发扬他》[32]。在田汉看来，"作为中国戏曲艺术家，梅兰芳同志是一位祖国优秀传统的勤奋的继承者，但同时又是一位天才的创造者，他在传统的基础上创造了精美空前的表演艺术，他到苏联、到美国、到日本充分代表了中国戏曲当时的最高水平"。[33]

——原载《戏剧艺术》2021年1期

【注释】

[1] 《中央人民政府文化部成立戏曲改进委员会——确定戏曲节目审定标准》，1949年7月27日电，载中国艺术研究院戏曲研究所《戏曲研究》编辑部、吉林省戏剧创作评论室评论辅导部编《戏剧工作文献资料汇编》（上编），长春市第十一印刷厂，1984年，第19页。

[2] 刘英华：《文化部戏曲改进局的成立及其衍变》，《中国戏剧》，1995年第9期。

[3] 谢思进、孙利华：《梅兰芳艺术年谱》，文化艺术出版社，2009年，第253页。

[4] 田汉：《田汉全集》第20卷，花山文艺出版社，2000年，第158页。

[5] 马彦祥：《序》，载陈美英编著《洪深年谱》，文化艺术出版社，1993年，第2页。

[6] 《田汉全集》第20卷收录1924年田汉致洪深信函两封，分别见第23、24页。亦见《洪深文集》第4卷，中国戏剧出版社，1957年。

[7] 陈美英编著，《洪深年谱》，文化艺术出版社，1993年，第154页。

[8] 同上，第155页。

[9] 同上，第156页。

[10] 田汉：《忆洪深兄》，载洪深《洪深文集》第1卷，中国戏剧出版社，1957年，第2—3页。

[11] 《洪深年谱》，第157页。

[12] 张向华编，《田汉年谱》，中国戏剧出版社，1992年，第458页。

[13] 《忆洪深兄》，载《洪深文集》第1卷，第3页。

[14] 田汉：《致洪深》，载《田汉全集》第20卷，第23页。

[15] 同上。

[16] 《田汉全集》第20卷，第301页。

[17] 同上，第326页。

[18] 同上，第344页。

[19] 田汉:《一九六六年日记片段》,载《田汉全集》第 20 卷,第 429 页。
[20] 这封信也收入梅兰芳纪念馆编《梅兰芳来往书信集》,文化艺术出版社,2016 年。
[21] 梅兰芳:《祖母的回忆》,载《舞台生活四十年》第一集第一章,团结出版社,2006 年。
[22] 居涌:《万人空巷看艺王——梅兰芳还乡纪实》,载中国梅兰芳研究学会、梅兰芳纪念馆编《梅兰芳艺术评论集》,中国戏剧出版社,1990 年,第 568 页。
[23] 冯雷整理,《田洪年谱》(内部未刊稿)。
[24] 田海雄在《梅兰芳在长沙》一文中记载,1956 年 3 月其父亲田洪得到田汉联系好去杭州见梅兰芳消息时,"高兴得眉飞色舞,心脏加速。他骑上自行带上书信息匆匆就向省文化局去汇报,听到消息后省文化局几位局长也激动不已,决定当晚派我父亲坐火车直奔杭州",对这段历史有详细记载。
[25]《湖南日报》1956 年 12 月 8 日。
[26] 梅兰芳:《互相学习,不断提高——在湖南戏曲艺术座谈会上的发言》,《新湖南报》,1956 年 12 月 20 日。
[27] 谢思进、孙利华:《梅兰芳艺术年谱》,文化艺术出版社,2009 年,第 315 页。
[28] 田汉:《追悼梅兰芳同志》,载《田汉全集》第 17 卷,第 608 页。
[29] 同上。
[30] 田汉:《和梅兰芳同志最后几次见面》,载《田汉全集》第 17 卷,第 615 页。
[31] 载《大公报》1962 年 8 月 8 日。
[32] 载《人民日报》1962 年 8 月 9 日。
[33] 田汉:《和梅兰芳同志最后几次见面》,《人民日报》,1961 年 8 月 10 日。

「五音泰斗」邓洪山致梅兰芳信的发现及其他

在中国戏曲剧种的百花园中，东西南北，古老的、新兴的、大的、小的，不一而足，构成中国戏曲丰富多元、美丽的风景。其中，形成于齐国故都、聊斋故里淄博的五音戏来源很早，从"周姑子""肘鼓子"民间小戏逐渐发展起来。其作为一个剧种影响的确立则是到了二十世纪二三十年代，邓洪山的出现，使得这一剧种走出地方，具有更为广泛的影响，被誉为"五音泰斗"。邓洪山（1903—1996），艺名鲜樱桃，出生于今济南市历城区华山镇坝子村。父母及两个哥哥都是"周姑子"民间艺人，他擅演青衣、花旦，彩旦和老旦也很当行。邓洪山的唱腔优美，表演细腻，善于表现人物内心情感，生活气息浓郁，深受当地老百姓的喜爱，致有"卖了裤和袄，也要看鲜樱桃"的俚谣。他在《王小赶脚》《彩楼记》《拐磨子》《亲家婆顶嘴》等剧目中所塑造的众多民间妇女形象都很感人。邓洪山的出现，使得五音戏这一民间小戏得以迅速发展，奠定了五音戏作为首批国家级非物质文化遗产的基础。

邓洪山之所以在艺术上能够取得那么高的成就，原因是多方面的，而其中一个重要原因，就是他不拘一格，博采众长，善于学习。不仅向周边的民间艺人学，也向京剧、梆子等剧种学，与"四大名旦"及盖叫天、张君秋等交往、切磋。而他与梅兰芳更是在1920年即相识。梅兰芳赴济南在珍珠泉院内戏楼演堂会，邓洪山演《王小赶脚》，他也是唯一的地方戏演员，他的被邀请应该与张宗昌的乡土观念有关。梅兰芳大邓洪山9岁，此时梅兰芳声誉日隆，这一年他去了汉口、南通演出，并第四次赴上海演出，这一年梅兰芳堂会演出十分频繁，包括与邓洪山相识的这次堂会。梅兰芳对邓洪山的《王小赶脚》表演十分欣赏，邓洪山主动找梅兰芳，从此两人结下了深厚的友谊。

20世纪30年代初，邓洪山第一次赴京演出，梅兰芳亲自观摩并邀请其到寓所做客。梅兰芳对邓洪山的表演赞不绝口，当时已有京剧"四大名旦"之称，他对邓洪山说，你的表演艺术要比我们高超得多，如果在京剧界，加上你就是"五大名旦"了。[1]梅兰芳赠送一套古装戏服、凤钗和宝剑等物。此次邓洪山一行来京演出遇到困难，梅兰芳派人送去大洋作为回家盘缠。30年代邓洪山有"山东梅兰芳"之誉[2]，50年代毛泽东亦称邓洪山为"山东梅兰芳"[3]。

新中国成立后，毛泽东题词提倡戏曲艺术要"百花齐放，推陈出新"，京剧、五音戏都得到新的发展。梅兰芳担任了中国戏曲研究院院长、中国京剧院院长和中国戏曲学院院长，50年代到各地演出，参与和指导戏曲改革和发展。最新的文献发现表明，梅兰芳与邓洪山这两位20世纪20年代即相识的同道，在1957年又恢复了联系。梅兰芳纪念馆现存邓洪山写给梅兰芳的亲笔信，信内容全文如次：

梅院长：

　　我是山东五音剧团邓洪山，艺名鲜樱桃。远在卅年前您在济南珍珠泉演出，我曾到后台来拜见您，与您谈了两句话，您还记得吗？我现在在天津中央音乐学院作短期教学工作，我们剧团亦于月前来津演出了三场戏。前几天经友人介绍认识了李庆春先生，据李先生说，您最近为了救济艺人，曾组织联欢演出。听闻之下，使我十分感动，这是多么使人敬佩和十分值得学习的事，梅院长，我一定向您学习。

　　我们五音剧团于（19）52年重新组织起来，这是全国唯有的一个五音剧团，但由于演员文化水平不高，艺术修养不足，以及其他各方面的原因，致使剧团至今天还没发展得很好。同志们常常说，希望有一天能见到您。由于剧团条件不够，来不了北京，这"一天"不知什么时候才能实现。最近剧团排出了几个不成熟的剧目，同志们很希望能来北京汇报演出。梅院长，您说我们有可能实现这"一天"吗？盼来信，并盼对我们五音戏在推广方面提出指示。此致
热情的敬礼！

邓洪山　上　57.1.7

　　这封信信纸为"中央音乐学院"，应为毛泽东体红字印刷，封皮书：

　　　　北京

　　　　护国寺壹号

　　　　梅兰芳先生收

　　　　天津中央音乐学院新楼205室邓缄

梅院长：

　　我是山东五音剧团邓洪山，艺名鲜樱桃。远在卅年前您在济南珍珠泉演出，我更到戏院来拜见您，并承蒙赐了两句话，您还记得吗？我现在在天津中央音乐学院作短期教学工作。我们剧团亦于月前来津演出了三场戏。前天承友人介绍认识了李紫贵先生，据李先生说：您最近为了救病老人，要组织联欢演出。听闻之下，使我十分感动。李是多么使人敬佩和十分值得学习的事。梅院长：我一定向您学习。

　　我们五音剧团打52年重新组织起来。这是全国仅有的五音剧团。但由于演员文化水平不高，艺术修养不足，以及其他各方面的原因，至使剧团至今天还发展得很好。同志们常之说：希望有一天能见到您。由于剧团条件不够，来不了北京，这一点不知什么时候才能实现。最近剧团排出了几个不成熟的剧目，同志们很希望能来北京亲现演出。梅院长：您说我们有可能实现这一点吗？盼来信，并能对我们五音戏在推广而提出指示。此致

　　热忱的敬礼
　　　　　　　　　　　　　　　邓洪山上 57.1.7

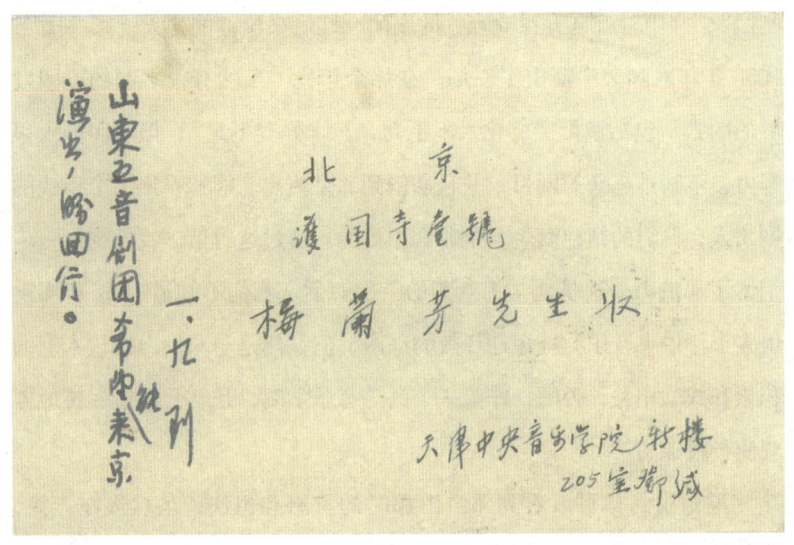

信封左侧竖题:

一·九到

山东五音剧团希望能来京演出,盼回信。

这封信具有重要的史料价值,此前关于他们之间 20 世纪 20 年代的相识,也有人认为是传说,甚至是攀附,没有直接证据。该信"远在卅年前您在济南珍珠泉演出,我曾到后台来拜见您,与您谈了两句话,您还记得吗",这是一当事人写给另一当事人的私信,不是给别人看的,所以其所叙述的内容应不容置疑。它不仅是京剧、五音戏两个剧种重要人物交往、友谊的直接证明,而且也透露出了更多历史和时代的信息。从五音戏剧团角度看,1952 年,淄博五音戏剧团称"山东五音剧团",在当时就是五音戏唯一的剧团,即后来所称的"天下第一团",1956年年底到天津演出了三场。在那个年代,虽然有很多制约剧团发展的因素,包括演员"文化水平不高,艺术修养不足",但剧团同人很努力,不断排练新的剧目,并且期望到北京演出。能够看出那个年代的剧团人,他们的精神面貌,是非常积极的。通过这封信,我们也进一步了解了邓洪山,这是他与梅兰芳的一次对话。我们不知道1957年邓洪山去天津中央音乐学院短期任教的缘由,但显然是与邓洪山在艺术上的积累和成就相关,否则,作为一个高等音乐学院,是不会聘请一位地方戏演员授课的。

通过这封信可以看到邓洪山那时的思想和想法,虽然人在天津,但考虑都是五音戏,包括致梅兰芳信本身,也是为五音戏计。他对制约剧团发展的因素有较为深刻的理解,这与他自身数十年的努力及新中国成立后对艺人的改造分不开,看到了演员"文化水平不高,艺术修养不足",可以说,这也是戏曲多少年以来裹足不前的一个重要原因,无疑邓洪山的认识和理解是具有眼光的。可以看出,邓洪山于五音戏有一个梦,这个梦就是他始终盼望有到北京演出的这"一天"。而且,这封信的写作时间似乎也值得玩味,他写于1957年1月7日,据考1月7日是邓洪山的出生日期[4],他在自己54岁生日当天给他所崇敬的京剧大师梅兰芳写信,是时间的巧合,还是有着更多的考虑和意味,就不是我们所能够知道的了。

这封信也是两位不同剧种艺术大师互相的一种致敬和交流。20世纪50年代,梅兰芳在戏曲界已经身居要职。邓洪山所听说的让他"十分感动"的、"多么使人敬佩和十分值得学习的事",是梅兰芳1956年下半年在南方各地演出,从湘潭到长沙,12月30日在长沙湖南剧院演出《贵妃醉酒》。梅兰芳听说湘西苗族自治州遭遇旱灾,捐出600元"寒衣款",表达对受灾群众的关怀之情。所谓听说的"救济艺人"当

1960年五音戏剧团北京演出后梅兰芳、鲜樱桃等合影

指此事。邓洪山信写于1957年1月7日,梅宅1月9日收悉。但显然梅兰芳没有及时看到,因为他离开长沙到武汉后,受寒感冒,一直在武汉病休,直到1月19日在武汉人民剧院首次公演《贵妃醉酒》。所以梅兰芳看到信应该是他结束这次旅行演出,2月下旬回到北京后的事了。

邓洪山所述,也是梅兰芳在新中国成立后工作和演出之一斑,他去厂矿、农村、部队和朝鲜前线、福建前线为工农兵演出,走遍了大江南北。在邓洪山眼里,梅兰芳是他要学习的榜样。当然,邓洪山是希望梅兰芳能够帮助他、帮助五音戏剧团实现到京演出的这"一天"的愿望。那么1月9日梅宅收到信呢?信皮左侧竖书:"一·九到 山东五音剧团希望能来京演出,盼回信。"这应该是梅兰芳秘书许姬传对来信内容的概括,强调"山东五音剧团希望能来京演出,盼回信"。现在看不到梅兰芳是否给邓洪山回信,但有一个事实是,1960年9月、10月份五音戏剧团携聊斋戏《胭脂》及《亲家婆顶嘴》等经典小戏再次来京演出了,取得极大成功,党和国家领导人朱德、邓小平等观看演出,周恩来还接见了部分青年演员,梅兰芳也观看了演出。邓洪山的夙愿、五音戏剧人的夙愿终于得以实现,那么,这与邓洪山给梅兰芳的这封信是否有关联呢?

邓洪山这封致梅兰芳工整的信,是"五音泰斗"邓洪山难得一见的书信文献,特别是这封信非写给普通的人,它是两位大师40年友谊的见证,让我们看到了他们在那个时代的事业之心和所具有的精神面貌,弥足珍贵!

——原载《艺术评论》2019年11期

【注释】

[1] 马光舜、朱雷声、常勇:《中华戏曲·五音戏》,社会科学文献出版社,2017年,第251页。

[2] 宇人:《山东梅兰芳:鲜樱桃飘落何方?》,《飘》,1946年第7期。

[3] 于志宏:《情绕心怀 音萦耳际——忆毛泽东主席视察济南》,《济南日报》,1991年2月5日。

[4]《中华戏曲·五音戏》,第245页。

胡适与梅兰芳的交往推助戏曲跨文化传播
——从胡适与梅兰芳的两封重要书信谈起

关于梅兰芳与胡适的两封书信来往，新近被笔者发现藏于梅兰芳纪念馆，涉及梅兰芳访苏之事宜。两封信函的发现具有重要意义，不仅见证梅兰芳与胡适之间的关系，而且涉及重要的出访苏联事宜。两份信函手稿尚属首次发现，史料文献价值很高，为胡适与梅兰芳交往的一手材料，足证梅兰芳与胡适交往关系的递进及胡适在梅兰芳访苏的整个筹备过程中所起到的重要作用，亦可看出新旧文化人、戏剧人思想观念在时代和历史变幻中的冲突与互融。我们不妨先将梅兰芳与胡适的交往过程做一梳理。

一、新旧戏剧论争的时代喧嚣：梅兰芳的访日演出

梅兰芳出访的成功，离不开梅兰芳个人的艺术成就和远见卓识，离不开"梅党"全力的扶持与支持，也得到了新文化运动的先驱、熟悉西方文化者——胡适的鼎力相助。

如果时间回到1917年3月，文化月刊《新青年》正式吹响新文化运动的号角，以胡适、钱玄同、周作人、刘半农、傅斯年等人为代表的"新青年派"，他们认为西方戏剧是"先进"的，中国旧戏是野蛮而落后的。

1919年与1924年两次访日，梅兰芳精湛的技艺受到日本观众的称赞。日本重新将中国戏剧纳入本国文化的参照系，以纠正盲目崇拜

西洋的风气。日本著名汉学家、中国戏剧学家青木正儿,在观看梅兰芳的演出后,曾于1920年专门给胡适寄去《品梅记》。青木正儿在信中表达了对新文化运动的赞同,同时也提出中国戏曲与西方话剧分属不同"属别",实与西方歌剧、舞剧更为接近,均以"歌""舞"的创造为其舞台表达,具有极高的艺术价值,不能被西洋话剧所取代。

胡适在随后的回信中,称赞青木正儿的观点"认识准确,见解平允",并承认自己对于音乐完全是"外行",在戏剧论争中发表的言论对旧剧破坏有余而建设不足,是有欠公允的:"我们的能力太薄弱了,恐怕破坏有余,而建设不足。"

二、完美的"遗形物":胡适推动梅兰芳访美

实际上在众语喧哗的20世纪20年代,作为东方戏剧标志性人物,梅兰芳的舞台形象已大放光彩,成为中国传统艺术的符号,不断向来自异文化圈的西方人士展示着戏曲的独特美感。世界各国名流来到中国,许姬传、许源来在《忆艺术大师梅兰芳》中说道:"把逛长城、游颐和园、访梅兰芳列入日程。"梅兰芳所居住的北京无量大人胡同,成为接待外宾的重要场所,接待过欧美各界人士,诸如奥地利小提琴家费里茨·克莱斯勒、英国作家萨默赛特·毛姆、瑞典王储夫妇、美国威尔逊总统夫人、约翰·杜威、伯特·罗素等。这是美国人欧奈斯特·K.莫

说不尽的梅兰芳

梅兰芳（左四）在好莱坞与影星卓别林（左二）及三大戏院经理合影

在1930年编印的《纽约如何看待梅兰芳》中记录的一份名单，其中就包括胡适在哥伦比亚大学哲学系学习时的导师——杜威先生。1919年，杜威应胡适邀请来华讲学，本打算短期停留，因其讲座大受北大学生欢迎，便在中国停留三年。杜威东游期间，"他的学生胡适先生陪同他观看梅剧、拜访梅寓"。越来越多的外国名流通过观看梅兰芳的戏剧表演去了解东方文化，在东西交流与对话的情景中，处于"弱势"的旧戏因不断获得西方人的肯定而得到自我证明,胡适对梅兰芳"也有相当的赞成",结下深厚情谊:"无量大人胡同之梅邸,亦时见胡之踪迹,而胡对国剧之批评亦翻然改观矣,此诚梅之魔力耶?"尤其在1925年,胡适在北京"常在开明戏院看梅兰芳的戏,很加许多的好评"。胡适因提倡新文化主张废弃旧戏,又因与梅兰芳的友谊对旧戏颇有"好评",这种前后矛盾的态度亦招来不少批评。

1925年,胡适之所以常去看梅兰芳演戏,则是因为梅兰芳自日本归来之后,"访美"事宜已提上日程。

为了促成梅兰芳访美,胡适借助自己在美国的影响力,专门"替梅大王写上许多介绍信给美国著名人物",向西方宣扬梅兰芳。又在梅兰芳的恳请下,将《太真外传》的剧情"用英、日文字分别译出,俾外人易于了解"。在梅兰芳出访前夕,胡适每晚在梅宅听戏,帮助梅兰芳改戏选戏:"当年梅兰芳要到美国表演之前,他每晚很卖气力地唱两出戏,招待我们几个人去听,给他选戏。那时一连看了好多夜。梅兰芳却装之后,很谦虚,也很可爱。"胡适主动撰写英文文章《梅兰芳和中国戏剧》,发表在旧金山编印的《梅兰芳太平洋沿岸演出》英文专辑中,向美国观众推介梅兰芳。文中称赞梅兰芳"是一位受过中国旧剧最彻底训练的艺术家",擅长表演以昆曲为代表的旧剧和用胡琴伴奏的皮黄新剧,他的表演将历史上的"遗形物"以艺术的形式完美地保留下来,这是世界上其他国家不曾看到的。

此外,在胡适的帮助下,梅兰芳巡美演出得到美国学界的支持,"美方赞助人名单上,杜威博士的大名赫然在目"。以胡适为首的"新青年派"为推动梅兰芳访美做了大量准备工作,他们参与编写《梅兰芳歌曲谱》,发表关于推介旧剧的文章,"认识到旧剧所代表的民族精神与艺术品性,并站在中国艺术的审美立场为旧戏的合理改良寻找西方的戏剧经验,拓展了中国戏曲的世界性文化空间"。梅兰芳访美代表了一个时代艺术精神的跃动，预示着历史将要转入一个以中西文化对等交流为标志的新阶段。

1930年1月18日，梅兰芳一行22人带着古老的中国艺术出帆起航，搭乘邮轮从上海经日本赴美，开中国戏曲界未有之创举，在西方文明中发扬中国之文化。启程之前，送行者名流云集，胡适也专程赶到码头，与梅党"恭送梅大王"。7月18日梅兰芳载誉归国，次日各界人士在上海大华饭店举行盛大欢迎仪式，中外来宾200余人到场，胡适亲自主持欢迎会，并在会上致辞：

> 梅氏游美之成功，固不必言，其尤为重要者，则梅氏介绍中国戏剧于外人之前，使知中国京剧之真相而免模糊之揣想。梅氏启行之前，同人等预料其成功可待，今则果然耳，亦足见梅氏之艺术造就，自有过人之处。

三、发扬国光，争胜国际：胡适与梅兰芳访苏

1934年3月，梅兰芳在收到苏方的邀请之后，便着手筹备出访。梅兰芳旋即给胡适去信寻求帮助：

> 适之先生：
> 　　好久不见了，这大热的天，想您的文章一定少做几篇。听说北平今年多雨，您院里的松树一定更长成可喜了。前一个多月，我在开封唱义务戏赈灾，很想绕回北平见见您。没想到苏俄又来电报使我不能不回上海筹备出国的一切。我这次出国是先到苏俄后到欧洲各国。苏俄这次是先来好些

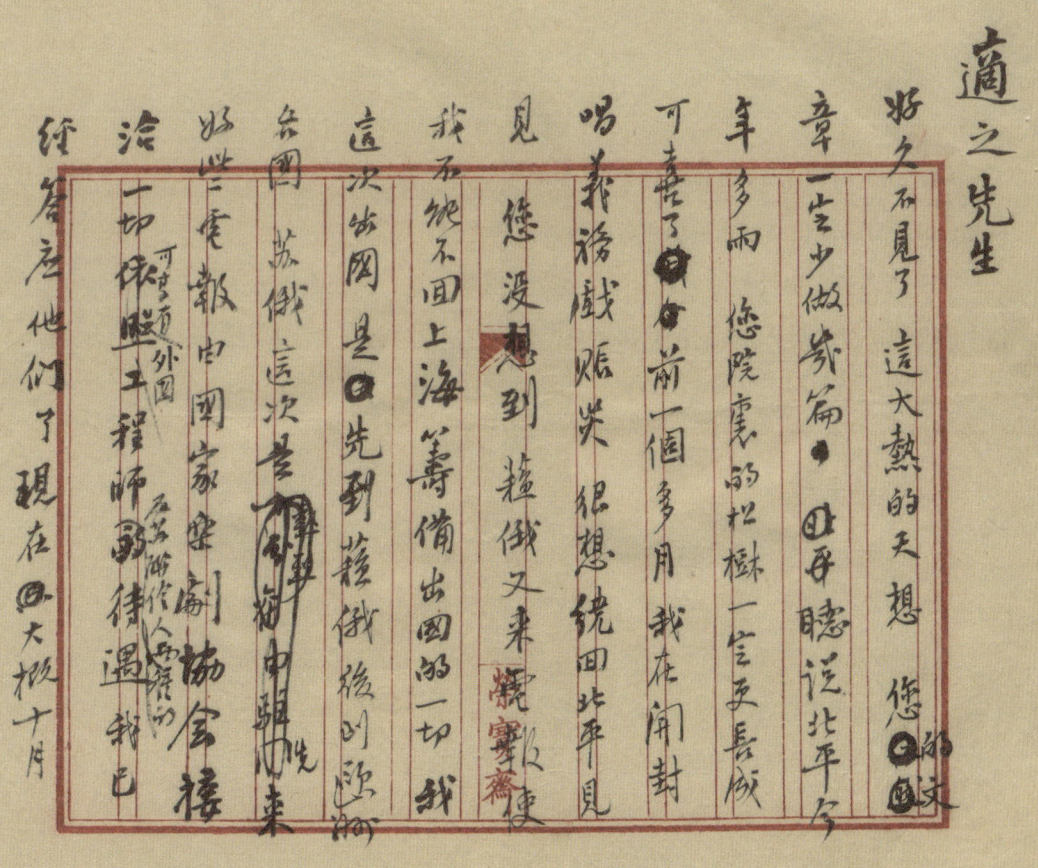

适之先生

好久不见了 这大热的天想 您一定少做几篇文章，日前听说您已平安到国

年多雨 您院里的松树一定更长成可喜了。日前一個多月我在开封唱义务戏账，又很想绕道北平见您没想到苏俄又来邀请

我不能不回上海筹备出国的一切这次出国是先到苏俄然后到欧美各国 苏俄这次是由驻华大使馆电报 由国家歌剧协会特来邀请，剧协代人出馆的一切依照工程师的待遇我已

经答应他们了 现在已大概十月
出国 可望道外回
洽一切 并此
好些 耑此
敬颂
    兰芳

电报,由国家戏剧协会接洽一切,可享有外国工程师及苏联伶人两种的待遇,我已经答应他们了。现在大概十月必须到莫斯科。于欧洲除法国已有国家大戏院略有接洽以外,其余还未接洽我。这次出国当然是极谨慎的准备,希望能比上次赴美更有相当的结果。但是我希望前往的第一希望是想得到您一篇对我此次出国的见解。我终以为,上次美国有若干成功实是由于您的一篇文章的指导和引起美人的兴趣。所以我这次又想于这大热天,来求您费半晌钟的工夫,给我们一个启示。想您一定能允许我的请求,因为这事的筹备很繁杂,所以齐如山先生特地由北平赶到上海来,他这几天要回平了,还想到府上奉看先生。

确定访苏时间为 1935 年 3 月 15 日,在莫斯科表演五日,在列宁格勒表演三日,演出结束之后梅兰芳即可赴欧陆之游。

但笔者新近在梅兰芳纪念馆发现一封胡适致梅兰芳、冯幼伟信函,信中涉及胡适促成余上沅同行的具体信息以及完整记录,兹具录如下:

幼伟、畹华两兄:

此次因十四日有一个会,所以赶回来,在天津没有耽搁,所以没能够和仲述谈话。上沅兄是常见的,昨天他收到了幼伟兄的信,他带来和我商量。他在基金会方面从今年十月起就可以有请求休假半年至一年的权利,只因会中经费不充裕,所以未曾有所决定。

依此间休假办法,他可以得全薪,但问题在于旅费。他和畹华兄出去,旅费当然不成问题,我已把你们的意思略告他了,但他亦愿意知道详情的,有下面的几点:

1. 畹华赴俄,何时出发?在俄住几时?

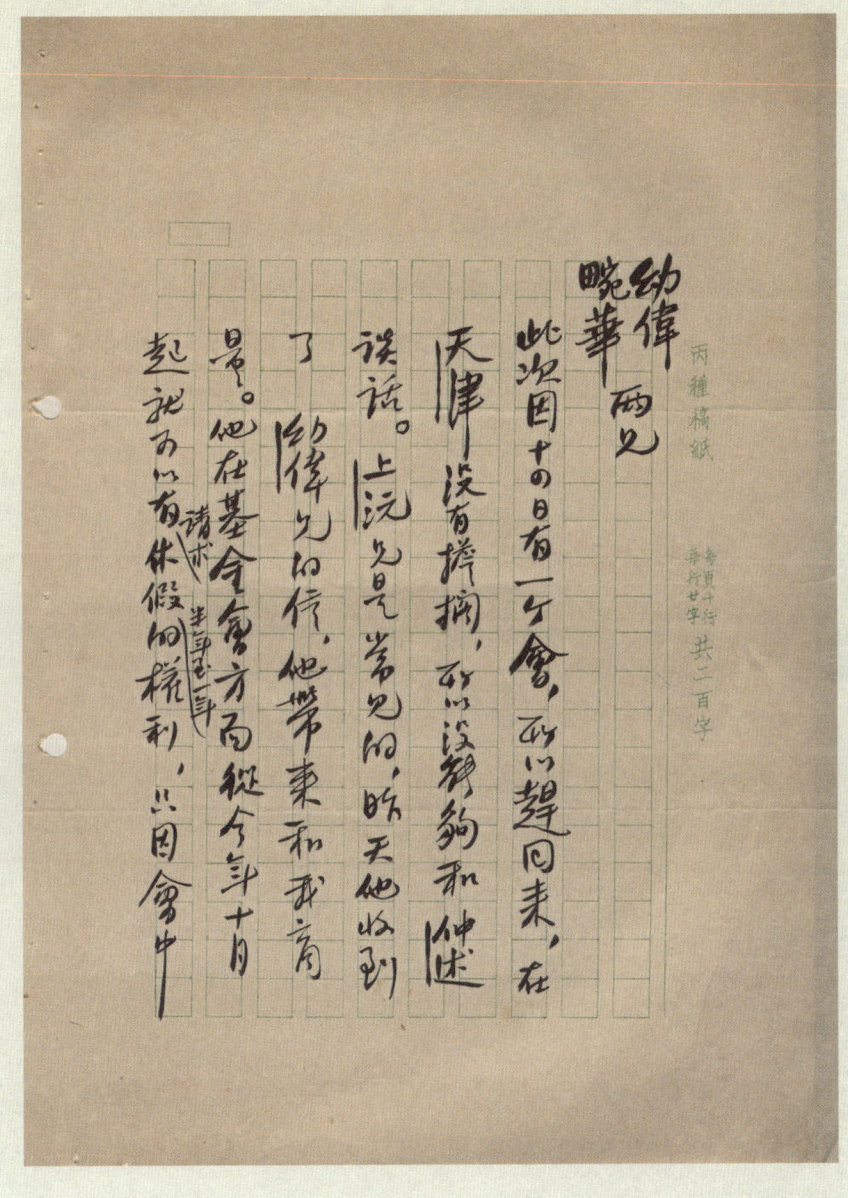

2. 在欧洲各国游历去查共计若干时？拟游若干国？

这几点确定了，他才可以计划他的旅程。大概他的意思还注重和畹华同游后，他自己还能有一点时间在英国作半年上下的研究，所以他要先知道畹华在苏俄及欧洲的时限。

关于同游的事，我们谈话的大概是：1. 他可以同往苏俄。2. 他可以同畹华在欧洲各中心游历考察戏剧艺术情形。3. 在上述两项同等时期，旅费及生活费由畹华方面担负（个人零用当然由他自己担负）。4. 畹华回国后，上沅自己留在英国，他计划至少留学半年，现方筹划此项经费，中基会方面能津贴他多少，此时当未能确知，故他专项计划，此时当未能具体决定。

我所能报告的，大致如此。

你们已得了悲鸿兄的同行，若能和他面谈一次，或可将在欧各国游历情形大致决定。此时要注意的一点是夏季各国都不是戏剧、歌剧、音乐的节季，剧场虽不全停，大要无最精彩的东西可看。

忽问

大安

胡适上

廿三，十一，廿六

在胡适的大力推荐下，余上沅正式加盟梅兰芳剧团，成为访苏演出的副指导，发挥着沟通中苏的重要作用，在访苏之后的游欧，也一路陪伴着梅兰芳。

余上沅是胡适的学生，先后在匹兹堡卡内基大学戏剧系、纽约哥伦比亚大学攻读西洋戏剧文学和剧场艺术专业，谙熟西方戏剧。

余上沅认为："'国剧'决不能当作代表中国唯一的戏剧，而将新话剧屏诸洋剧外剧之列。盖中国今日决不能学闭关时代,故步自封。"梅兰芳对余上沅的观点大为赞同。在经过访美之后,梅兰芳已"开眼看世界",他站在中国艺术的立场,提倡旧剧在发扬自身的艺术表演时,应提倡借鉴西方话剧、新剧之优点,弥补在思想观念上轻视或缺乏现代意识之不足,扭转沦为声色表演之倾向。

1934年的除夕,冯幼伟特地到上海与胡适晤面,"谈梅畹华出国事",当天夜里,张彭春、余上沅、梅兰芳、冯幼伟等人在国际大饭店济济一堂,共商访苏。新文化人与热爱旧戏的梅党,各自抛开先前的偏执,托诸戏曲表演,俾其文化交流,以比较互现的慧识眼光,将中国戏曲成功推向西方,蔚成多元戏剧体系之重要一元。除夕夜话,辞旧迎

梅兰芳归国后在上海与冯幼伟、颜惠庆、胡适、钱新之、叶扶霄等人

新，围坐团圆，也预示着1935年梅兰芳"研究剧艺，发扬国光"的访苏之行，序幕已缓缓拉开。

新旧戏剧论争对中国戏曲进行猛烈的抨击，对传统艺术"矫枉过正"的伤害已是客观事实。但梅兰芳在时代的喧嚣中，谨守戏曲艺术的本真，从古典文化中吸取智慧，通过访日、访美、访苏等活动，维护旧剧的存在尊严，同时也用"现代性"的眼光，重新激活旧剧的创造性生机，扩大中国戏曲跨文化传播的生命空间。胡适在梅兰芳三国出访演出中，亦经历了戏剧观念的变化，从立足于西方批判现实主义的立场，斥责旧剧为无用的"遗形物"，到为积极推动梅兰芳的访美、访苏，他也逐渐发现旧剧应有的价值，倡导通过借鉴西方戏剧的优处，以知识学的建构来维护中国戏剧的尊严，真正建立起中国戏剧的学术体系，提升民族艺术的精神，并在跨文化的传播中，积极将中国戏曲融入世界戏剧的体系中去。

——原载《人民政协报》2023年11月20日

从景和堂到缀玉轩
——梅兰芳藏珍稀戏曲抄本述论

一、"说不尽"的梅兰芳与"梅学"研究

梅兰芳是20世纪伟大的京剧表演艺术家,他的出现不仅改变了京剧形成以来生行为主的表演格局,也把京剧表演艺术提高到一个新的境界,开启了一个以梅兰芳为代表和标志的京剧新时代,带来那个时代舞台艺术空前绝后的繁盛。梅兰芳出身梨园世家,其祖父即是"同光十三绝"之一的梅巧玲,执掌四喜班,其伯父雨田为著名京剧琴师,父亲竹芬,工旦,早逝。梅兰芳从小练功,奠定了扎实的基础。他在京剧艺术举凡唱腔、表演、头饰、服装、化妆、剧目、导演等各方面都独抒己见,别开洞天,故其在京剧舞台艺术上的成就是全方面的,达到了当时京剧表演艺术的新高度,俗称"梅派艺术"。

梅兰芳作为20世纪的文化标识和符号,其意义也是多方面的,包括在文化交流和传播方面,他作为具有文化担当的先觉者,认识到中华文化的价值,在国内国外成为民间外交的先行者,为中华文化与世界的交流和沟通作出了自己卓绝的贡献。梅兰芳使得中国戏曲艺术真正走出国门,走向世界,成为与世界戏剧共置和对话的先驱。梅兰芳访日、访美、访苏带出去的不仅是"艺术",更是一种文化,体现了一种文化责任和担当,这种担当和责任在那个中华民族动荡不安的时代尤其难得,不仅受到华人华侨的尊敬和爱戴,也受到所在国各界的尊重和礼遇。

梅兰芳十分注重个人修养,有极高的人文素养和审美眼光,他成名早,在他周围聚集了一批有见识、艺术鉴赏能力和修养高的文人,所谓"梅党"。梅兰芳多才多艺,兴趣爱好非常广泛,早期即拜多位画家学画,绘画造诣相当高,如刘海粟所评价的,他在绘画上是"名家","画名为戏所掩,亦因戏名而流布国内外"[1]。他心灵手巧,对新的发明和科技都十分关注和喜爱,包括相机、收音机、唱机、电影等新生事物,梅兰芳都是热衷者。也因此,在艺术视野和艺术观念上,梅兰芳不

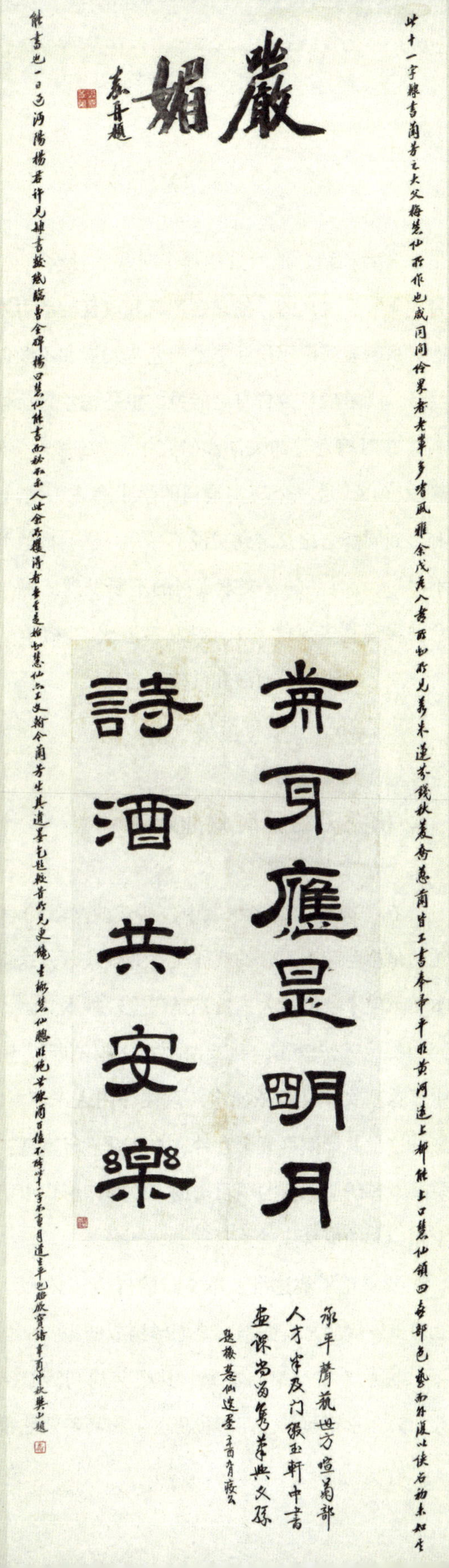

梅巧玲隶书

严媚 春舟题

洗耳听明月　诗酒共安乐

此十一字隶书兰芳之太父梅慧仙所作也咸同间伶界老辈多谙风雅余戊申岁识慧仙于北京本道芬钱秋菱寓慧甫日工书奉平旺黄河造上郁能上口慧仙领四五人部包艺而升逛此侠后初未如年

能书也一日过汾阳杨君许见雄书敬撼临古今碑杨曰慧仙能书而秋不乐人此余亦护济者幸至追拾中慧仙之文衔合兰芳生其遗墨慧敦其兄俾手拂慧仙题旺光光饮酒日惶不解早享年重日遵生平也履赏诸手夏中秋梁少题

郁平荫拔世方宣荀郁
人才睾及门张玉轩中书
叠课尚烟笃寘典又孙
题徽慧仙选堂　壬有后发

是保守者，结合他所处的那个时代和社会，梅兰芳的艺术是服务于社会、服务于民众的，他京剧革新和改良的动力来源于此，他的成就基于他对京剧表演深厚积淀之上的艺术发展和不断创新。梅兰芳之所以为梅兰芳，既是梅兰芳自身之能力，也是梅兰芳所处时代的共力使然。

在对梅兰芳的关注和研究中，如何深入有关梅兰芳表演艺术体系这一核心，是一个现实迫切的学术命题，但这还不是梅兰芳研究的所有。如同莎士比亚研究"说不尽"一样，梅兰芳的话题和研究同样"说不尽"，而且，随着文献资料的不断发现，梅兰芳话题和研究的魅力亦愈益显现其多视角、多元性和多层次。"梅学"研究方兴未艾，也是舞台表演艺术研究最前沿和最核心的领域。

二、梅兰芳缀玉轩藏曲始末

在"梅学"诸多领域中，从戏曲文献和戏曲史角度，学界比较关注的是梅兰芳缀玉轩的戏曲文本文献收藏。这批由梅兰芳收藏的珍贵文本文献向来秘鲜示人，特别是缀玉轩抄本文献，从梅巧玲至梅兰芳，进而到梅兰芳纪念馆，在戏曲文本文献不断被发现、披露和公布的热潮中，这些文本文献依然多年藏在深闺人未识。2017年梅兰芳纪念馆决定对这批共计四百五十九种文本文献进行整理，也得到了中国艺术研究院基本科研业务费的项目资助，以影印形式出版，这对戏曲界无疑是一个相当大的惊喜。

要真正了解这批文本文献的价值，必须得知道它的来龙去脉，那么缀玉轩藏曲来自哪里，是怎样构成的呢？

梅兰芳出身梨园世家，其祖父梅巧玲(1842—1882)，字丽芬、雪芬，著名京剧演员，四喜班班主。梅巧玲戏路很宽，花旦戏外，兼工青

衣和昆旦，实为余紫云、王瑶卿、梅兰芳等创花衫行当打下基础。他为人正直，办事公道，深为人们所重。梅巧玲享名后，购置京城宣南的李铁拐斜街45号（今铁树斜街101号）寓所，名"景和堂"，梅巧玲即"景和堂主人"。梅巧玲多年舞台生涯，特别是他执掌四喜班后，确立了其在京城梨园界的地位，经济收入提高，故在戏曲剧本方面，也多有爱好收藏。现存这批抄本本身也反映了这一事实。如抄本《鳌头凤》，封面题"景和堂　光绪二年闰五月二十五日立　鳌头凤　头、二、三、四本"。光绪元年为公元1875年，可知《鳌头凤》抄本抄录于1876年，而《鳌头凤》也正是四喜班创演的连台本戏之一。戏曲史家，也是戏曲藏家的傅惜华曾受托整理缀玉轩藏曲，他认为"浣华剧艺湛深，家学渊源。其先祖慧仙，昔主四喜部时，家中所藏戏曲，即已著称于时"[2]。这部分藏曲，在梅兰芳出生前，因受到庚子之变的战乱，"家中书物，毁于兵燹者甚多，及今思之，犹复痛惜也"[3]。梅家的藏曲至梅兰芳复又出现新的面貌，这也是与梅兰芳在舞台表演上的成就互为表里的。梅兰芳的成就和影响，使得他周围聚集一批文人，如冯耿光、齐如山、李释戡、吴震修、许伯明等，这些文士不仅成为他选择剧目和编演新戏的主力，对梅兰芳的影响也是多方面的，包括人文修养、艺术鉴赏以及文物、曲本的收藏等。比之乃祖，可以说他的视野扩大了，从1910年代无量大人胡同寓所的新建，以缀玉轩为梅兰芳文化标志的空间和品牌得以确立。

1930年梅兰芳访美演出是现代艺术史上一件影响深远的事件，人们看到了梅兰芳及京剧艺术的独特及魅力，而访美演出本身对梅兰芳个人也产生了深刻的影响，这反映在回国后他与齐如山、余叔岩、张伯驹成立了北平国剧学会。主要内容有五项：研究国剧原理，搜罗国剧材料，出版《戏剧丛刊》《国剧画报》，办国剧传习所，编纂《国剧辞典》。[4]这应该也是梅兰芳艺术观念提升的一个表现。国剧学会图书馆所藏戏曲文献，多为齐如山、梅兰芳、傅惜华三人捐赠。1933年梅兰芳请傅惜华整理缀玉轩藏曲，傅惜华先后完成了《缀玉轩藏戏曲草目（1—8）》（1933年）、《记缀玉轩藏内府抄本》（1935年）、《缀玉轩藏曲志》（1935年）。其中，《缀玉轩藏曲志》收录"所藏罕睹镌刻流传或未见诸家著录旧抄珍本"杂剧传奇二十四种。由此，梅兰芳缀玉轩藏曲进入世人视野。而除了旧承梅巧玲景和堂之曲外，还有一个重要来源，这就是陈金雀旧藏。傅惜华在《缀玉轩藏曲志·序言》道：

清季故都梨园世家，以藏抄本戏曲称者，厥为金匮陈氏、怀宁曹氏两家所藏，约计四千余册。乙丑岁，陈嘉梁氏逝于旧京。未几，遗书让归泰县梅浣华、北平程玉霜二氏，其余散出亦皆为公私藏家所收，得以保存，亦云幸矣。浣华剧艺湛深，家学渊源。其先祖慧仙，昔主四喜部时，家中所藏戏曲，即已著称于时，而浣华又得陈氏遗书，邺架复增，蔚然大观。[5]

"金匮陈氏"，为清嘉庆、咸丰时著名昆曲演员陈金雀，是梅巧玲岳父。金匮今属江苏无锡。陈金雀寓居于苏州，原名双贵，字熙堂，号金觉。幼师从老教习徐懋德，学习声律音韵。嘉庆十六年（1811年），由苏州织造府选送南府司乐，拜师孙茂林，习小生。因首演《金雀记·乔醋》得到嘉庆皇帝的赏识，赐名"金雀"。曾应召入南府，为升平署总教习。三子均承父业，季子长子嘉梁，为著名笛师，曾为梅兰芳司笛和授曲。梅家与陈家这样一种关系，"乙丑岁"（1925年）陈嘉梁去世后，"遗书让归"梅兰芳就是十分自然的事情了。如清抄本《水斗·付钵·断桥·合钵》，该抄本封面题"水斗　串　断桥　串　付钵　合钵　余庆堂　观心室"。余庆堂是陈金雀的堂号，可见该抄本为"金匮陈氏"。

"怀宁曹氏"，为安徽怀宁曹春山，名福林，唱昆曲老生，曾担任徐小香后台总管，与其父曹凤志分别为嘉庆、同治年间四喜班的昆曲名角。曹春山之子曹心泉（1864—1938），为著名的戏曲音乐家。梅兰芳的《太真外传》由曹心泉谱曲。一般梨园世家，都是口传，很少保留有剧本。而学昆曲的，则多有剧本，不过多为单本，没有完全的整本。齐如山认为有两种人家存有剧本，一是从前成过戏班之家，一是笛师（吹笛之人）："成戏班为竞争生意的关系，需要常排新戏，得多方物色剧本，借了来他必要照抄一份，所以他可以存有许多本子。所谓笛师，都

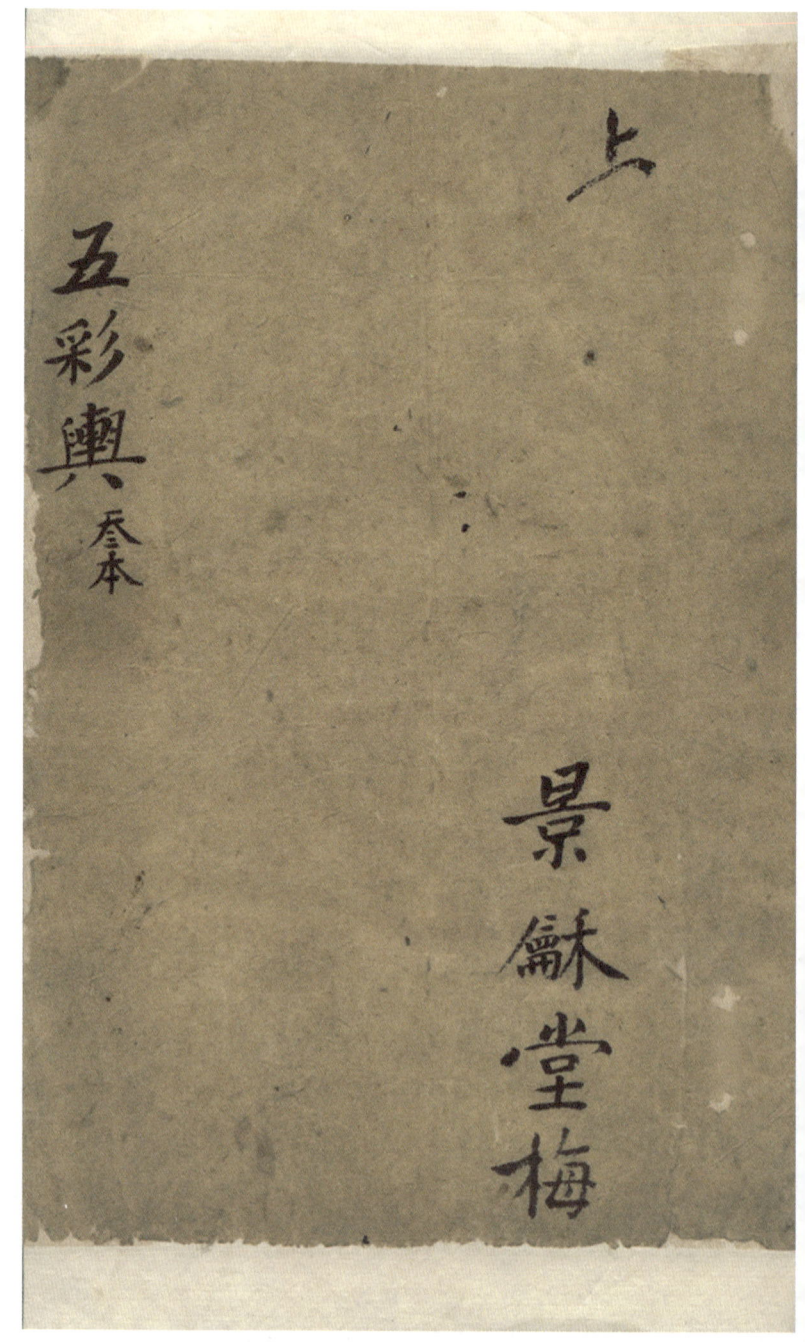

《五彩舆》抄本，景和堂

▼《鳌头凤》抄本,景和堂　　从景和堂到缀玉轩

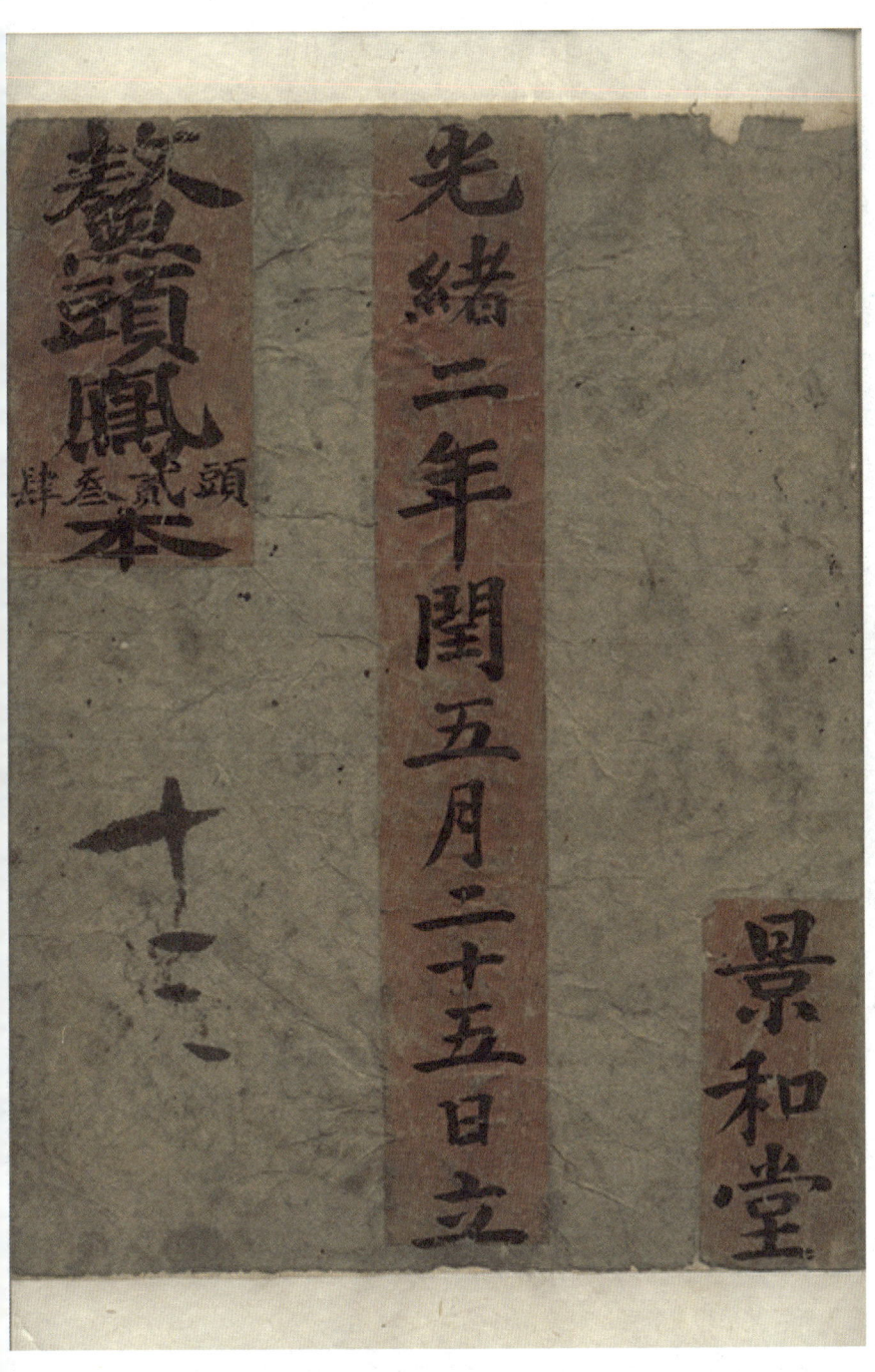

是学昆腔的，他自己必有剧词工尺谱，而且笛师都带教戏，更是非有剧词不可。"[6]这与金匮陈氏、怀宁曹氏两家历史传承颇为吻合。吴书荫认为"这两个梨园世家所藏曲本，大部分是两家和昆曲班社的演出本，还有不少抄本出自内府和升平署"[7]。

在梅兰芳缀玉轩藏曲中，有一批题"缀玉轩剧本汇存"者约200多种皮黄、京剧剧本。这些剧本统一以红格纸工楷抄写，封皮上有"缀玉轩剧本汇存"字样的书签，并钤有"如山"印章，剧本末页有"梅兰芳捐赠"印和"壹玖伍陆年玖月贰拾贰日"印。对于其底本来源，戴云研究认为有五种情况：一是升平署及老四喜班演出剧目，二是富连成演出剧目，三是车王府曲本，四是齐如山创编的剧本，五是梅兰芳数次演出过的剧目。[8]这些剧本应该是缀玉轩藏曲的过录本。1951年梅兰芳担任中国戏曲研究院院长，其时正是"百花齐放，推陈出新"戏曲改革，梅兰芳向中国戏曲研究院捐赠了多部珍贵戏曲文献，包括《缀玉轩剧本汇存》，"壹玖伍陆年玖月贰拾贰日"印应该是捐赠日期。

三、缀玉轩藏曲抄本及价值

从梅兰芳藏曲来源可以看出版本价值。早在20世纪50年代，著名戏曲学者、收藏家和文化部副部长郑振铎主持编纂《古本戏曲丛刊》这一浩大工程，对所选版本要求甚高。"我们采用的时候，十分慎重。一剧每搜集二三种抄本以资对勘比较。弃其残阙不全者，用其最近于原本面目者。实是孤本流传，无可取舍者，则即不全之本，亦复收入，惟为数不多耳。"[9]所收录的都是戏曲珍本。《古本戏曲丛刊》第三集收的一百种明清之际的传奇，其中缀玉轩所藏传奇有《御雪豹》《吉庆图》《聚宝盆》《双福寿》《双冠诰》《长生乐》六种。《古本戏曲丛刊》第五集收了缀玉轩藏《四大庆》传奇。作为丛刊编委的吴晓铃，在郑振铎不幸逝世后，承担了更多的工作，在他拟选的后几集《古本戏曲丛刊》剧目里，缀玉轩所藏的《福寿荣》《风流配》《为善最乐》《两度梅》《百子图》《宜男佩》《十全福》等抄本在列。

梅兰芳缀玉轩所藏抄本从时间上看，有其历时性。梅家三代，始于其祖父梅巧玲旧藏"著称于时"，历其父辈延绵（《奇女福总本》题"光绪乙未年巧年巧月七巧末二日抄录　景和堂梅记"，"光绪乙未年"梅巧玲已经过世，梅兰芳周岁，"景和堂梅记"应该为其伯父梅雨田或父亲梅竹芬所为），至梅兰芳臻于极盛。包括从景和堂到缀玉轩的戏曲文献文本收藏，伴随梅兰芳艺术时代的来临而呈一家之大成。

缀玉轩藏曲不仅数量多，而且其品质高，这些藏曲如做仔细研究，也可以说从整体上反映了清代以来北京戏曲舞台特别是京剧演出的剧目文本一斑。鉴于收藏者的身份，鉴于藏曲的抄本属性，鉴于它是舞台演出本，可以说每一种都具有不可复制的艺术价值、文献价值和历史价值。

如清代乾隆年间内府四色精抄本《狮吼记》，系明代汪挺讷撰传奇。《狮吼记》传奇函套封面书"狮吼记　内府藏五色抄本　泰州梅氏缀玉轩世守"，函脊书"狮吼记传奇　清内府五色抄本"，正文封面书"缀玉轩珍藏　狮吼记　戊午婉华生日后一日释题"。正文首页书"狮吼记　连四出　昆腔"，有"中国戏曲研究院藏书""如山读过"等章。书中夹旧条，毛笔书写"王府进呈本　在乾隆时上下竟好戏剧　故各府第时有精致抄本进奉"。函册封面和脊侧所书"内府五色抄本"，经仔细阅读，实为四色。对此及版本渊源傅惜华有较详细考述："每出标目下，俱注'昆腔'。四周双边，版心鱼尾上题'狮吼记'，下旁书出目及页数。每半页八行，行二十一字。曲文宾白，并为大字，作科双行小字，句旁加圈。开化纸四色精抄。计黄色者为传奇总名、宫调、曲牌；

黑色者为出数、腔名、曲文,及版心之题名、页数;绿色者为出目、宾白;红色者为作科、韵目、句读。此盖仿内府刻本《劝善金科》之例,惟无蓝色耳。字效宋体,整饬谨严,有如精椠(音"欠",刻本)。此本于剧中脚色之服饰扮像一一标明,而作科排场,亦间有特为注出者,匪惟便于梨园之搬演,更可窥见旧日典型也。""此曲原刻本,系万历间汪氏环翠堂所镌。昔王静安(国维)先生曾藏之,今则归于日本京都帝国大学矣。至世所通行者,惟汲古阁刻之《六十种曲》本。梅氏所藏此本,为乾隆内府故物,不分卷,仅四出。每出首行均题'狮吼记',下注曰'连四出'。"[10]

缀玉轩藏《聚宝盆》为清乾隆、嘉庆年间的抄本,年代较早。该剧目为清初著名戏曲作家朱素臣所撰,朱素臣是苏州派重要作家,是《十五贯》的作者。《聚宝盆》描写明初沈万三因聚宝盆发财致富又蒙冤受害的坎坷故事,并无刻本流传,而此抄本曲文均有点板,并附有详细的作科,显系舞台演出本,甚为珍贵。

"封神榜"题材的传奇作品,《古本戏曲丛刊》九集曾影印出版北京图书馆藏内府抄本《封神天榜》,为清代乾隆至嘉庆年间宫廷连台本戏。撰者不详,共十本,十八册,二百四十出(缺失第二本第二十四出)。今梅兰芳纪念馆藏抄本《封神榜》一册共十二出,是《古本戏曲丛刊》九集本外的另一有关"封神榜"题材戏的传奇。故事情节虽与《封神天榜》第十册、十一册内容相似,但曲牌完全不同,此本抄录较为工整,删改之处不多,与《古本戏曲丛刊》九集所收本相比,应属学界未见之善本。

从数量上来看,梅兰芳藏戏曲抄本虽多有捐赠,但现存数目相当可观。此次影印整理者目录登记号为四百五十九种,但许多一种非一剧(出),可能登记号为一种,实际所包含的剧目(出目)则为数种,甚至数十种。如登记号为"乙10839"的《扫花》《凤凰台总本》《夺太苍总讲》等晚清抄本，一册，抄本版心钤"文兴堂"，首页右下钤"梅兰芳纪念馆藏"，登记号为一种，而实际它是昆曲与皮黄折子戏及剧目抄本，达四十个。

再如《妙莲花宝曲谱》，道光丁未年（1847年）初制，咸丰辛酉年（1861年）年重装，二十六册。抄本除第一册外，均无封面。抄本第一册封面左上题"妙莲花宝曲谱"；左中题"道光丁未花朝日　梦禅居士制"，后附印一方，不可辨认。抄本第一册封三左上题"妙莲花宝曲谱"；左中题"咸丰辛酉仲春重装　衍兰谨藏"，后附印两方，不可辨认。梦禅居士，为与清乾嘉刘墉同时的瑛宝。清昭梿《啸亭杂录》记载："梦禅居士瑛宝，满洲正白旗人，永相公子也（永相：大学士永贵）。其兄伊江阿任巡抚，一门赫奕，而居士隐居不仕，有张摄之之风。善绘事，摹倪高士（倪云林）而酷似之。书法俊逸可喜，尤善指头画，识者以为高且园侍郎（高其佩）后一人而已。"[11] 他也是著名的收藏家。该曲谱用朱、墨两色笔旁注工尺谱，只录唱词，无具体故事情节。仅此曲谱，二十六册所收入的剧目共计二百九十五种（出），数量可观。

梅氏所收藏抄本文献具有历时性特点，为梅家三代人及梨园界的历史累积，所体现的是京剧发展并走向辉煌一个重要历程的物化文献。其较晚的抄本为20世纪50年代新中国成立后的，如《新张羽煮海》《慰问福建前线战士短曲》等，均与那时的政治形势紧密联系，表达反抗分裂和维护祖国统一的决心。其中，后一种抄本首页右上题"田汉同志亲笔编写的稿"，抄本首页右下钤"梅兰芳纪念馆藏"。

这批抄本，以昆曲、弋腔、高腔、皮黄、京剧为主，还包括楚剧、汉剧、潮剧、同州梆子、梆子腔、秦腔、豫剧等，还有苏滩、贵州弹词、嘉兴锣鼓、民间音乐、说唱等说唱艺术，还有《戏本目录》《梅氏缀玉轩剧目》等剧目目录集，构成这批剧目文献的丰富和多样。因为是

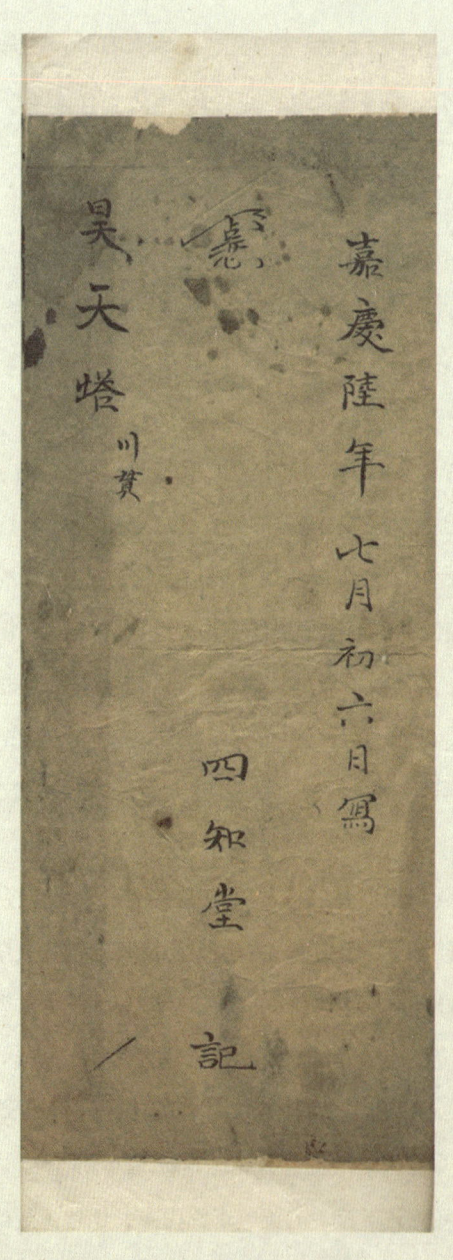

◀《昊天塔》抄本，四知堂
▶ 梅氏缀玉轩剧目

抄本，相信它对这些地方戏剧种、民间说唱和民间音乐的意义也将是独一无二的。

这批抄本的年代、数量及收藏者，决定了它的历史价值、文化价值和文献价值，而其最突出的特点和价值还在于其绝大多数都属于舞台演出本。这些舞台演出本往往会在唱词旁标注工尺、板眼、锣鼓提示，而在相关的曲白处也多附有详细的表演排场、表情、形体动作、穿戴等提示说明。在没有现代音视频记录手段，也鲜少形象绘摹的那个年代，舞台表演的面貌往往要借助于文字语言，而这是存在明显障碍的。在民间，艺人必须关注演出本相关文字并将其转为为舞台表演服务，又因为艺人文化程度普遍较低，所以民间演出本一定要体现出戏"怎么唱""怎么演"，故适应舞台演出的各类记录符号和方式手段随之出现，在那个年代这种记录手段是最为全面和形象立体的。案头的戏曲至多只是剧作家个人和小众范围的自我咀嚼和抒怀，而提供给舞台演出的文本才具有戏曲的本体意义，是服务于大众和社会的，这是舞台演出本可能虽稚拙却能够超越时间和空间，具有形象立体感之所在。它也在最大程度上保存和体现了戏曲历史的"全息影像"密码，使得今人可以最大程度地去复原复制舞台演出。

值得我们注意的是，这批抄本还有一些梅兰芳创演的古装戏、新编戏的剧本。这些剧本与其所收藏的抄本文献存在内在的关联，在一定程度上真实地反映了梅兰芳在表演创作中详细修改、不断完善的过程与细节，对从一个新的角度了解和认识梅兰芳，认识这一时期京剧的进化和发展是很重要的。

《木兰从军》是梅兰芳的早期剧目，编号为"乙10934"《木兰从军》全本，封面右侧题"百忍堂　庚辰年三月初三日"。内页第一页题"民国廿八年八月由上海回京修正"，钤"张盛利章"。此抄本共计十四场。张盛利为京剧老生，早年入富连成科班，能戏甚多，他长期搭梅兰芳、程砚秋及李世芳班。"庚辰年"为公元1880年，则该本当为梅兰芳搭档张盛利据"庚辰年"老本由上海回北京"修正"。在该批抄本中，《木兰从军》有七个版本，这些不同的版本，是研究梅兰芳改编创作《木兰从军》最好的文献素材。

《霸王别姬》有20世纪50年代抄写的十个单头本，分别为周兰、钟离昧、虞子期、项羽、项伯、闵子期、吕马童、刘邦、李左车、韩信。《凤还巢》有九个不同人物的单头抄本。这些单头抄本对我们研究那时的舞台演出及规制提供了较为全面和系统的文本文献。

《抗金兵》是梅兰芳一出极具爱国主义思想的名剧。梁红玉擂鼓战金山的故事来源，最早见于《宋史·韩世忠本传》，明代有《双烈记》传奇。梅兰芳排演的京剧《抗金兵》1933年首演于上海天蟾舞台。在"九一八"事变后，该剧的上演，极大地鼓舞了人们抵御外侮的爱国热情。梅兰芳纪念馆所藏两册抄本，一本为梅兰芳个人的旦角演出草本，一本为全本。文本记录了该戏的改编与创作过程，有较多调整之处，与最终的演出本可资比较，具有重要的文献与研究价值。他次年演出的具有抗敌救亡思想的《生死恨》存五个抄本。

京剧《穆桂英挂帅》是梅兰芳晚年代表作。梅兰芳纪念馆所藏《穆桂英挂帅》（穆桂英单头）五册，第四册封底有1962年许姬传的题字"这是梅兰芳先生每次演出《穆桂英挂帅》时参看的单本"，并印有"许姬传印"的印章；第五册是移植豫剧《穆桂英挂帅》的基本情况介绍，包括编剧、导演、演职员表、故事梗概、梅兰芳移植改编的过程、分场说明以及穆桂英的主要唱词。这些文献对这一剧目从豫剧向京剧过渡和完成，颇具认识和研究意义。

这批抄本不是蛰居案头寂寞无声的墨迹，它是戏曲活的文本文献，是在历史时空"唱响"和"回荡"过的文本文献。从景和堂到缀玉轩，这些文本文献是京剧与戏曲二百多年发展变化的文学见证和舞台"影像"。梅兰芳缀玉轩藏曲,不是孤立的文献收藏,而是与梅兰芳剧目选择、梅兰芳表演艺术紧密联系的,所以梅兰芳缀玉轩藏曲的价值不仅是戏曲历史、戏曲文本文献的,更是梅兰芳艺术整体的有机构成。

2019年中秋日于京城非非想书斋
——原载《艺术百家》2020年第1期

【注释】

[1] 刘海粟:《齐鲁谈艺录》,山东美术出版社,1985年。
[2] 傅惜华:《缀玉轩藏曲志》,1934年。
[3] 同上。
[4] 齐如山:《八十往事回忆录》,龙门书局,2003年,第132—164页。
[5] 《缀玉轩藏曲志》。
[6] 《八十往事回忆录》,第137页。
[7] 北京大学图书馆主编,《北京大学图书馆藏程砚秋玉霜簃戏曲珍本丛刊》,国家图书馆出版社,2014年。
[8] 戴云:《梅氏缀玉轩所藏剧本述》,《戏曲艺术》,2013年第2期。
[9] 郑振铎:《郑振铎全集》(第六卷),花山文艺出版社,1998年,第764页。
[10] 《缀玉轩藏曲志》,第5—7页。
[11] 昭梿:《啸亭杂录·续录》,冬青点校,上海古籍出版社,2012年,第214页。

俞振飞致梅兰芳信件、扇题诗与其他文献及释读

一、俞振飞与梅兰芳

2022年是昆曲大师俞振飞诞辰120周年,上海等地举办学术研讨会、演出、展览等活动纪念这位昆曲大师。通过一代一代昆曲人的不懈努力和继晷焚膏的意志,昆曲20世纪以来经历了跌宕起伏,真正可谓生死存亡,走入21世纪,荣列联合国教科文组织首批人类非物质文化遗产代表性名录。

梅兰芳与俞振飞在20世纪京昆表演艺术领域为执牛耳之人物。梅兰芳以京剧表演艺术享誉天下,昆曲亦负有盛名,京昆艺术浑然如一;俞振飞为昆曲艺术的一代大师,且有相当长时间活跃在京剧舞台上,京

▼《游园惊梦》,梅兰芳饰杜丽娘,姜妙香饰柳梦梅

昆交融。两人年龄有八岁之差,其成名亦有时差。根据现有资料,1924年初俞振飞与"雅歌集"的票友翁瑞午、沈豹在观摩梅兰芳表演的京剧《奇双会》后,在蒋砚香指导下排练《奇双会》,这应该是俞振飞与梅兰芳较早的"见面",其与程砚秋的合作比较早,也比较多。梅兰芳从北京迁往上海后,开始了与俞振飞的合作。1932年,俞振飞应邀为梅兰芳拍曲,并教授昆剧《认子》。1934年2月23日至24日,俞振飞与梅兰芳合演昆剧《游园惊梦》《断桥》《瑶台》。[1]抗战时期,梅兰芳为表达其爱国之心,罢演离开戏曲舞台,除梅兰芳在香港的四年外,其他时间都在上海,二人来往愈加频繁。"他(梅兰芳)每次到上海来演出,

必定要抽空到我家来聊天。有时聊得高兴,我就拿出笛子来,他就引吭高歌,唱上二三支昆曲,这正说明他对昆曲的热爱。记得第一次见面,他就要我为之吹笛,唱了《游园》中的【皂罗袍】和【好姐姐】两支曲子。从1933年他迁居上海后,我们便时相往还,成为知友。"[2] 也因此有抗战胜利梅兰芳复出登台演出,俞振飞助力甚多。而1949年新中国成立后,两人在新政权下的合作更是有目共睹为人所熟知。

二、梅兰芳纪念馆所藏俞振飞等有关文献资料

众所周知,梅兰芳纪念馆藏有大量戏曲文献和文物,2022年1月20日在国家博物馆开展的"梅澜芳华——梅兰芳艺术人生展",展出实物近400件(个别为北京京剧院和中国艺术研究院提供),图片近600幅,可见其文献文物之丰富和珍贵。近年来,梅兰芳纪念馆致力于打造一流学术型、综合型文化名人纪念馆,文献整理和研究是其一项重要的工作,已出版的如《梅兰芳藏珍稀戏曲抄本汇刊》(50册),影印剧目文献459种,约1110出,[3] 其他如《梅兰芳往来书信集》(3辑)、《梅兰芳演出戏单集》(3卷)、《梅兰芳演出剧本选集》(4集)、《梅兰芳访美京剧图谱》(增订本)、《梅兰芳画集》、《梅兰芳藏名家书画集》、《梅兰芳藏名家书画集》(续集)等,包括对梅兰芳口述史的重新整理《舞台生活四十年》(典藏版,湖南美术出版社2022年)。其中,正在进行的,也是规模更巨的是新版《梅兰芳全集》,对梅兰芳文献和作品的发现、收录更为全面和系统。

俞振飞与梅兰芳有密切的合作,特别是在梅兰芳舞台生涯的后期,与俞振飞多有合作,这也是为京剧界和昆曲界所熟知的。馆藏俞振飞及相关昆曲资料,从一个特定的方面反映和揭示了这种关系。初步统计显

示，馆藏俞振飞戏单79件，照片47件，信件2封，书画类1件。戏单79件，未统计是否有重复者，其中最晚的戏单编号丁20597，为1963年北方昆曲剧院特邀俞振飞、言慧珠来京联合演出《游园惊梦》的说明书。戏单集中在20世纪40至50年代，1946年戏单28件，1949年14件，1950年24件，1947年、1959年、1960年各一件。编号丁20640的戏单时间注明为"3月28日"，在大光明大戏院演出《贩马记》，未标明年份，为"上海市漕河泾难童收容所筹建校舍工场等捐募经费义演剧目，梅兰芳、俞振飞、孙兰亭、姜妙香全部《贩马记》"。

最早的一件戏单是1923年编号分类号丁10191杨宅堂会演出的《连环套》，"杨小楼与郝寿臣合演《连环套》，同台有程艳秋、谭富英《探母回令》，马连良《甘露寺》，荀慧生《辛安驿》，谭小培《打棍出箱》，周瑞安《艳阳楼》，谭小培《状元谱》，侯喜瑞《丁甲山》，俞振飞《射戟》，周瑞安《两将军》，梁秀娟《思凡》，全班合演《天官赐福》，共16出剧目"，没有梅兰芳的演出。这件戏单是俞振飞演出较早的文献，除《射戟》为俞振飞与鲍吉祥演出外，《玉狮坠》为程砚秋、俞振飞、吴富琴、哈宝山、曹二庚、慈瑞泉、文亮臣等演出，对研究俞振飞早期演出是非常重要的。

馆藏含有俞振飞的照片47张，均为抗战胜利后至1961年俞振飞的演出舞台照、生活照、工作照，多为俞振飞与梅兰芳照片。

三、馆藏俞振飞书法黄源画扇面

馆藏分类号己00615为俞振飞书法黄源画扇面（双面），正面为牡丹画，正面释文"戊子秋九月抚宋人法似　畹华先生法家教之　蔓耘女史　黄源"（"蔓耘"章）。

扇面《牡丹》正面黄蔓耘、黄源画牡丹

扇面《牡丹》背面俞振飞书法

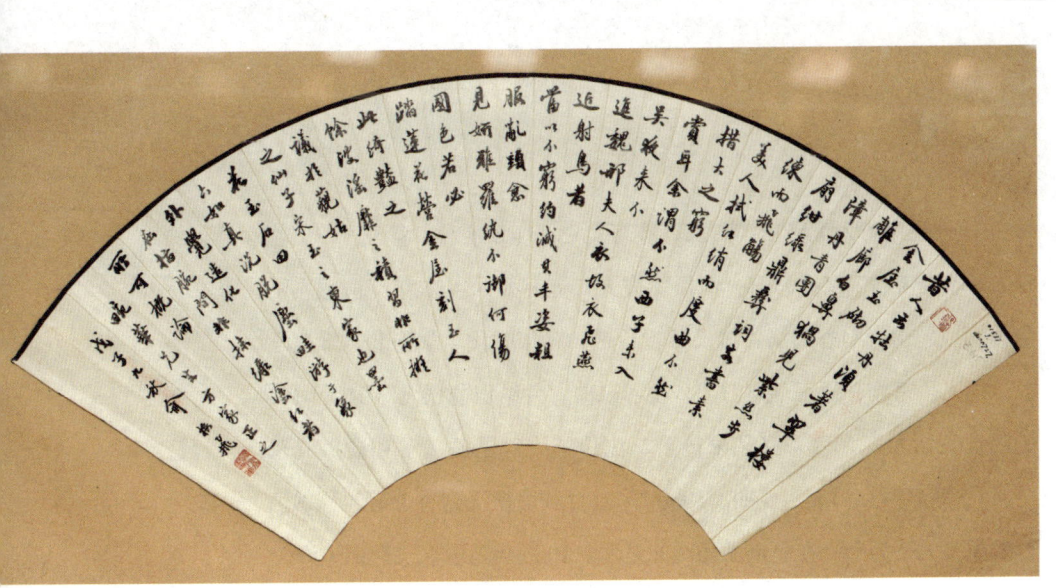

另面为书，其释文：

昔人云牡丹须著翠楼金屋，玉砌雕廊，白鼻猧儿，紫丝步障，丹青团扇，绀绿鼎彝。词客书素练而飞觞，美人拭红绡而度曲。不然，措大之穷赏耳。余谓不然。西子未入吴，夜来不进魏，邢夫人衣故衣，飞燕近射鸟者，当以不穷约减其丰姿。粗服乱头，愈见妍雅；罗纨不御，何伤国色。若必踏莲花，营金屋，刻玉人，此绮艳之余波，淫靡之积习。非所拟议于藐姑之仙子，宋玉之东家也。墨花至石田，只如真洗脱尘畦，游于象外，觉造化在指腕间，非抹绿涂红者所可概论。畹华先生方家正之。

戊子九秋　俞振飞
（"振飞书画"章）

牡丹画作者为黄蔓耘和黄源。蔓耘女史即印章所称"蔓耘"。黄蔓耘（1901—1956），京昆名家，俞振飞夫人，上海人，1936年与俞振飞结为伉俪。她出身书香门第，擅长丹青绘事。青年时代求学于北京师范学校，迷上了京剧，拜王瑶卿习艺，也习昆曲，并结识俞振飞。1940年初，她随俞移居上海，后来又从朱传茗、沈传芷进修昆曲，常和俞振飞及"传"字辈名师在沪演出昆曲。1950年12月和俞振飞到香港后，拜书画艺术家张大千为师，在香港弘扬昆曲艺术。1955年随俞振飞返回上海。

黄源（1905—2003），名启元，字河清，浙江海盐人。当代俄语和日语翻译家，从事编辑和翻译工作。1938年加入新四军，解放战争期间，曾任华东大学文学院院长。上海解放后任上海市军管会文艺处副处长，1950 年为华东军政委员会文化部副部长，1953 年任华东局宣传部文艺处处长。1955 年调任浙江，担任省委宣传部副部长、省文化局局长、浙江省文联主席、中国作家协会浙江分会主席等职。浙江昆苏剧团的《十五贯》的改编、创作，是由黄源亲自领导、亲自参与编剧和修改工作的。

四、馆藏俞振飞致梅兰芳的信

馆藏分类号甲 00946 俞振飞致梅兰芳的信件，信件寄自上海市复兴路 597 号戏曲学校。

  畹华同志：

  好久不通音信，渴想渴想。上次嫂夫人莅申，因工作紧张，未能好好招待为歉。

  《游园惊梦》影片已于元旦日上映，一般反映，都说您的扮相、嗓音已恢复三十年前的样子，尤其一般爱好昆曲的朋友，对这张片子着迷的颇不乏人。最近一期《上海电影》要我为《游园惊梦》影片写篇稿子，因为工作忙乱，他们又索稿甚急，虽然写了一篇，但内容很贫乏，随函附奉呈改。这期《上海电影》刊印几张粤剧《关汉卿》剧照，很精彩，该片最近才拍完，马、红已于前日搭飞机返穗。听说源来兄已回沪，但当未晤面。

俞振飞敬礼   一月廿一日

嫂夫人坤安   姬老致念

上海市戏曲学校

晓华同志：

好久不通音信，渴甚。上次搜夫人莅申，因工作紧张，未能抵掌待为歉。

《游园惊梦》彰厂已于元旦上映，一般反映，游园惊梦彰厂已于元旦上映，一般反映，都说您的扮相、声音已恢复三十年前的样子，尤其一般学昆曲的朋友，对这张片子着迷的颇不乏人。最近一期《上海电影》要我为《游园惊梦》写一篇稿子。因为工作忙乱，他们又索稿甚急，随园附来呈上，势必写了一篇，但内容很贫乏。随园附寄《上海电影》几张专刊。

这期《上海电影》封面即《苏汉卿》剧照。

很抱歉，谅乞最近才拍完，马、红已于前日捨飞机返穗。听说源来兄已回沪，但当未晤面。

搜夫人坤方粮老致念

俞振飞敬礼
一月廿日

这封信写于1961年初，除提到梅妻福芝芳赴沪，马师曾、红线女返穗，许源来回沪外，主要内容所谈为他们合作所拍的《游园惊梦》昆曲电影上演，观众反映"都说您的扮相，嗓音已恢复三十年前的样子"。"随函附奉"俞振飞应《上海电影》约稿写的有关《游园惊梦》影片的文章，他很谦虚，认为因"工作忙乱"，"索稿甚急"，所以"内容很贫乏"，请梅兰芳"呈改"。这封信日期是梅兰芳逝世当年，是俞振飞与梅兰芳交往、友谊的重要见证，内容不长，信息量很大，特别是俞振飞为《游园惊梦》影片所写的文章，比较全面地反映了俞、梅的关系，及俞振飞对梅兰芳的高度评价，具有重要的艺术和文献价值。《上海电影》1961年1月发表俞振飞文章，题目为《写在〈游园惊梦〉映出之前》，内容写道：

舞台艺术片《游园惊梦》快要与广大观众见面了。提起《游园惊梦》，我总有一种特殊的感情。特别是因为这次又是和梅兰芳同志合作，所以对这部电影感情格外来得深。

为什么呢？因为在我幼年开始学戏的时候，老师只教一些动作比较简单的戏，内行叫作"摆戏"（只要穿了行头在台上摆得平就算了），像《游园惊梦》里的柳梦梅这种角色，戏虽然不算繁重，但是必须懂得身段动作的对称、思想感情的交流，内行称之为"身法戏"。我学的第一出身法戏就是这出《游园惊梦》，这是一。其次我和程砚秋同志第一次合演也演的是这出《游园惊梦》，经过这一番合作，我才找到机会，正式走上舞台，开始职业演员的生涯。第三，无巧不成书，在当了职业演员以后，我第一次与梅兰芳同志合作又是这出《游园惊梦》。这又从舞台搬上银幕，还是这出《游园惊梦》。通过这些过程，所以我对这部电影就产生了特殊的感情。既然提笔写文章，开宗明义就得把这种感情吐一吐。

我自己是这样,那么兰芳同志又如何呢?又是无巧不成书,虽然跟我的情况不一样,可是他对这个戏和这部电影的感情却比我更为深厚。

大家知道,兰芳同志是一个大名鼎鼎的京剧演员,可是他对于昆曲一向是热爱的,并且在这方面下过很深的功夫,能戏不下数十出。在这些戏里面,他最喜欢的也就是这出《游园惊梦》。据他告诉我,他在《游园惊梦》身上下的功夫,要比其他的戏多得多。先后曾拜过三位名师——陈德霖、乔惠兰、丁兰荪的说戏,外加经常演出,不断琢磨,最后青出于蓝而胜于蓝,在许多方面都超过了先辈。特别是那种深闺少女怀春时的那种满腔幽怨,既表演得含而不露,又能使观众充分体会得到,真是恰到好处。记得一九三三年我和他第一次同台合演《游园惊梦》的时候,受到过很大的启发。在以前我也和很多人合演过这个戏,但还没有看到过哪一个人能够像他那样巧妙地将表情、身段、唱腔紧紧地糅合在一起。打此以后,我们只要合作演昆曲,总要演一演《游园惊梦》。由此也可看出他对这个戏的感情来。

对戏的感情好,对电影的感情又怎样呢?也是一样深。原因之一,是他自己在这部电影身上花费的心血特别多(他在拍电影期间那种苦苦钻研的精神,实在令人钦佩);第二是拍成以后,比较合乎他的理想。正因为有这两点,所以他对这部电影感情也是特别深。为什么我们两个人都对这部电影感到满意呢?主要就是因为它脱出了过去一般舞台艺术的窠臼,既不是戏曲加电影,也不是古装电影加歌唱,而成为一种糅合了电影和戏曲的长处的新的艺术品。

过去我们两人都拍过电影,尤其兰芳同志拍得相当多,但是都只能算是戏曲纪录片,因为并没有充分发挥电影特长,有很多地方不能令人满意。这次《游园惊梦》开拍以前,北京电影制片厂的同志就向我们提出,要改变过去的做法,通过这部电影把电影和戏曲真正来个自由恋爱到结婚,就是要充分利用电影的特长来尽可能地保留我们戏曲艺术的特色。这个意见正中我们的下怀,于是这就成了我们拍摄《游园惊梦》的总目标。以后的一切努力,就是围绕着这个目标进行的。结果由于全体同志首先是北影厂的有关同志的齐心努力,总算收到了一定的艺术效果。

这篇"随函附奉"的文章是信件的重要组成,而这篇文章所表达的内容是极其丰富的。从这篇文章,我们可以从一个角度解读俞振飞和梅兰芳之关系及俞振飞对梅兰芳的评价。

1. 俞振飞与《游园惊梦》的多重关系

俞振飞对《游园惊梦》有着"特殊的感情"。首先,他从幼年开始学习昆曲,而第一出身法戏就是这出《游园惊梦》,这对任何一位演员来说都会是终生难忘的。其次,我们知道俞振飞较早开始与程砚秋舞台合作,而他们第一次合演的正是《游园惊梦》,时间为1923年,地点是丹桂第一台,为应程砚秋之邀。俞振飞5岁随父亲学昆曲,10岁吹笛,后随沈月泉学戏,为父亲教学吹笛伴奏,继而代替父亲教曲。1920年,俞振飞到上海穆藕初处任文书,每日下午教穆藕初唱曲。1921年秋,苏州昆剧传习所成立,受其父和苏州曲友之托,请穆藕初参加昆剧传习所的筹备工作。这一年俞振飞陪同穆藕初向沈月泉学习,借机学习了《游园惊梦》《断桥》《跪池》三出昆剧,这也是俞振飞所谓"身法戏"的由来。1922年1月28日,穆藕初组织成立昆曲社"粟社",俞振飞任曲务部主任。而这次与程砚秋的合演,"经过这一番合作,我才找到机会,正式走上舞台,开始职业演员的生涯"。再次,俞振飞下海登台后,第一次与梅兰芳合作演出的也是《游园惊梦》,而1959年两人再度合作,把昆曲搬上银幕的依然是《游园惊梦》。三十多年的舞台情结,始于《游园惊梦》,结于《游园惊梦》,创造出了舞台经典。

▼ 梅兰芳与俞振飞拍摄电影《游园惊梦》(1959年)

2. 梅兰芳昆曲师承及杜丽娘人物塑造和表演成就

梅兰芳在《舞台生活四十年》里，专节谈《游园惊梦》，也谈到他的昆曲师承。梅兰芳重视昆曲，除了戏曲界子弟最初学艺都是从昆曲入手，包括其先祖亦讲究唱昆曲外，还有一个重要原因："到了民国二、三年上，北京戏剧界里对昆曲一道，已经由全盛时期渐渐衰落到不可想象的地步。台上除了几出武戏之外，很少看到昆曲了。我因为受到先伯的熏陶，眼看着昆曲有江河日下的颓势，觉得是我们戏剧界的一个绝大的损失。我想唱几出昆曲，提倡一下，或者会引起观众的注意和兴趣，那么其他的演员们也会响应了，大家都起来研究它。您要晓得，昆曲里的身段，是前辈们耗费了许多心血创造出来的。再经过后几代的艺人们逐步加以改善，才留下来这许多的艺术精华。这对于京剧演员，实在是有绝大借镜的价值的。"[4] 在俞振飞眼里，梅兰芳对《游园惊梦》这出戏的"感情却比我更为深厚"，其昆曲能戏不下数十出，在这些戏里面，他最喜欢的就是《游园惊梦》。该戏梅兰芳先后曾得过三位名师——陈德霖、乔惠兰、丁兰荪的说戏，这与梅兰芳自己的口述相一致。多年的演出，不断琢磨，"最后青出于蓝而胜于蓝，在许多方面都超过了先辈"，这是俞振飞对梅兰芳的评价。该戏他们第一次同台演出，俞振飞即"受到过很大的启发"，在之后诸多的合作者中，"还没有看到过哪一个人能够像他（梅兰芳）那样巧妙地将表情、身段、唱腔紧紧地糅合在一起"。在俞振飞看来，梅兰芳的表演，"特别是那种深闺少女怀春时的那种满腔幽怨，既表演得含而不露，又能使观众充分体会得到，真是恰到好处"。

3. 该片的成功探索，成为一种糅合了电影和戏曲的长处的新的艺术品

俞振飞和梅兰芳都拍过戏曲电影，梅兰芳尤其突出。在戏曲电影拍摄方面梅兰芳是先行者，早年即积极投入，1920年开始拍摄了《春

香闹学》《天女散花》，一直到 1959 年拍摄《游园惊梦》，前后进行了近 30 年的探索，《我的电影生活》反映了梅兰芳的这种探索。关于 1959 年的这次拍摄，梅兰芳写有《〈游园惊梦〉从舞台到银幕》一文[5]，详细介绍拍摄过程，整个拍摄团队进行了艰苦的努力和不懈探索，从 1959 年 11 月 13 日成立摄制组至 1960 年 1 月 21 日影片全部摄成。梅兰芳评价"这部影片的制作，是令人满意的"，他从色彩的运用、布景道具设计、镜头的处理、录音效果、化妆技术等方面进行了全面的概括，"演员也在远近各种镜头角度的变动下，按照剧本的精神和导演指示，竭力钻研，使戏曲表演的每一个有规律的动作，更接近生活，并用加强内心表演来适应电影的要求"。俞振飞认为他们的满意之处就在于"主要就是因为它脱出了过去一般舞台艺术的窠臼，既不是戏曲加电影，也不是古装电影加歌唱，而成为一种糅合了电影和戏曲的长处的新的艺术品"。这是戏曲与电影结缘特别成功的一次尝试，从演员到电影制片厂都经过了认真的准备。1955 年，梅兰芳即与北京电影制片厂进行过摄制《梅兰芳的舞台艺术》的合作，已经积累了一定的经验，并且经过几年的发展和变化，各种技术也有新的提高，双方都有愿望和信心，"通过这部电影把电影和戏曲真正来个自由恋爱到结婚，就是要充分利用电影的特长来尽可能地保留我们戏曲艺术的特色"。他们的这一尝试和努力，在当代中国电影史、戏曲史上谱写了绚烂的一笔。

——2022 年 9 月东南大学主办"传承与传播：青春版《牡丹亭》与昆曲复兴"国际学术研讨会论文

【注释】

[1] 唐葆祥:《清风雅韵播春秋——俞振飞评传》,上海古籍出版社,2010年。

[2] 俞振飞:《无限深情杜丽娘》,载中国梅兰芳研究学会、梅兰芳纪念馆编《梅兰芳艺术评论集》,中国戏剧出版社,1990年,第434页。

[3] 参刘祯《从景和堂到缀玉轩——梅兰芳藏珍稀戏曲抄本述论》,《艺术百家》,2020年第1期。

[4] 梅兰芳述、许姬传记,《舞台生活四十年》(上),湖南美术出版社,2022年1月,第229页。

[5] 《戏剧报》,1961年第4—8期。

文献·记录与艺术·历史
——近期梅兰芳纪念馆文献收集、记录、整理与研究

梅兰芳纪念馆在北京市西城区护国寺街9号原梅兰芳故居，成立于1986年，隶属于文旅部（原文化部）。梅兰芳是20世纪伟大的京剧表演艺术家，一生刻苦勤奋，兴趣多样，喜书学画，在其周围也聚集了一批文人墨客，多年来有大量珍贵字画文物，包括与其关系密切的书信档案文献。这些收藏，在梅兰芳1961年去世后，由其夫人福芝芳捐献国家，迄今完好保存于梅兰芳纪念馆，达33448件（套）。这些文献文物，构成梅兰芳纪念馆藏品的基础，丰富而珍贵。

近年来，梅兰芳纪念馆在梅兰芳与京剧及戏曲文献整理与研究方面做了不少工作，推出一系列成果，比较有代表性的是《京剧艺术大师梅兰芳研究丛书》和《梅兰芳藏珍稀戏曲抄本汇刊》，所利用多为梅兰芳纪念馆所藏珍贵文献，将之整理、研究进行出版，推动了"梅学"和京剧史、戏曲史的研究。

近期，梅兰芳纪念馆随着隶属关系变更及工作职能调整，在向学术型、综合型文化名人纪念馆建设中，进一步加大科研投入力度，特别是对有关梅兰芳文献、记录的收集、整理和研究工作，包括《梅兰芳全集》、《梅兰芳表演艺术体系及相关文献收集整理与研究》、《舞台生活四十年》（典藏版）、《梅兰芳在世界》、《梅兰芳纪念馆文献文物总目》等，深感对作为舞台艺术家梅兰芳文献的收集和整理,虽有成绩但前路尚远,也不能停留于传统文字文献,而对包括音频、视频文献等收集和整理研究,亦是我们全面认识梅兰芳及其京剧艺术的基础。

在这方面,梅兰芳是一位先行者。随着现代工业的兴起,唱片、录音、电影、录像运用和流行,梅兰芳看到了它们对舞台艺术传播的重要意义,积极投身其间。1949年秋天,梅兰芳开始做《舞台生活四十年》的口述工作,该文献在1950年代出版后,成为当时的畅销书。1959年梅兰芳撰写了《重视舞台艺术生活的文字记录工作》,指出:"继承、挖掘、发扬传统艺术的具体工作方法,是多种多样的。老艺人把精湛的艺术口传心授来教给下一代当然是首要的,唱片记录、电影记录、文字记录也各有特长,可以相互为用。"

梅兰芳文献的收集整理,其范围和内容包括演出剧本、演出曲谱、书画、摄影、著述文论、日记台账、诗词、楹联、题词、书信函电、演出音频、视频等,其中著述文论类包括梅兰芳报刊文章、笔记、访谈、札记、短文(含未刊手稿)等。其范围和内容远超以前各类收集,特别是梅兰芳作为表演艺术家,演出剧本和曲谱的知识产权是毋庸置疑的。梅兰芳还是一位颇有建树的绘画大家,馆藏有他的书画作品200多幅,社会上公藏和私藏留存的更多。近期整理和发掘发现的梅兰芳具有知识产权的文献总量,是以前公布的数倍之多。

《舞台生活四十年》是1950年初梅兰芳的一部口述史,由许姬传记录整理,最早在《文汇报》连载,后1952年、1954年由平明出版社出版,成为轰动一时的畅销书,此后在不同时期不同出版社都有出版。我们注意到,这部经典的口述著作,随时随环境形势变化,都会有程度不同的变化,特别是在20世纪60至70年代。这种变化虽然只是个别的,但透露的信息则往往很大,与梅兰芳口述历史文化语境渐远。比如开首部分,梅兰芳对许姬传的称谓,现在通行本为"姬兄"。许姬传生

于1900年，小梅兰芳6岁，且许为梅秘书，按说这一称谓以今天人物关系而言，也是合适和说得过去的。应该也是基于人们现在的理解，在后来的出版中，都称"姬兄"。但这样一个小小称谓的改变，失去了梅兰芳与许姬传关系及历史本来的许多信息。考之许姬传著述，在他与梅兰芳相处关系中，梅兰芳确实一直以"姬老"相称，这在梅兰芳儿媳屠珍女士的询问回答中也得到印证。屠珍女士20世纪50年代与梅兰芳二子梅绍武结婚，也入住梅家，其时许姬传作为梅兰芳秘书也一直居住在护国寺街甲1号（今护国寺街9号），可谓第一手的证据。另外，馆藏俞振飞写给梅兰芳信中，结尾问候的人中有许姬传，亦称"姬老"。俞

◀ 张大千《桐阴高士》
（梅兰芳收藏）

振飞出生于1902年,与许姬传相差2岁,所谓"×老"不是以实际年龄计算的。可见,"姬老""姬兄"不能想当然理解,不能只看年龄岁数。梅兰芳虽然长许姬传6岁,许姬传又是他的秘书,但梅兰芳的为人,对人尊重,待人善良,作为一位"艺术劳动者"的平等意识,是贯穿梅兰芳一生的。梅兰芳的伟大,不仅体现于他在京剧艺术传承、发展中的杰出贡献,也在于他的为人和品质,口碑甚佳。"姬老"称谓,正体现了梅兰芳对许姬传的尊重,体现了他的为人处世、做人之道。所以最早版本之"姬老"是梅、许关系的真实写照,也是梅兰芳的本意所在。新近梅兰芳纪念馆整理的《舞台生活四十年》秉持这样一种原则,尽力保持和恢复梅兰芳20世纪50年代口述的语境和语言表达,更准确地体现梅兰芳思想精神。我们将此次整理称为"典藏版",由湖南美术出版社出版。这也包括馆藏发现一部分《舞台生活四十年》未刊手稿,经我们研究,认为其内容对认识梅兰芳及涉及的其他艺术家都很重要,也一并补入新版。

梅兰芳是20世纪杰出的京剧大师、文化名人,多才多艺,包括绘画、书法。他曾潜心绘画,有不俗的表现,20世纪40年代还曾在上海举办画展。历史上署名梅兰芳的作品甚多,认定梅兰芳的作品是件不容易的事情。因为在梅兰芳署名的作品中,代笔也是客观存在的,包括书信、文章和绘画、题词等。梅兰芳是一个个体,也包含一个团队,这个团队就是"缀玉轩"品牌。有些"作品"确非梅兰芳亲题,但为梅兰芳思想和意志体现,亦为梅兰芳指示吩咐,并有梅兰芳签字或印章等,在我们看来都属于"梅兰芳作品"。有些可知的代笔,如绘画或扇面等,没有梅兰芳授权或签名、印章,暂不纳入"梅兰芳作品"。馆藏梅兰芳绘画作品中,有些已知非梅兰芳所作而一直被视为梅兰芳作品备藏者,暂不纳入。经研究或鉴定,凡具有梅兰芳著作权、知识产权的文献都属于"梅兰芳作品"。

梅兰芳文献内容极其丰富，不仅有文章、口述、信件、题词、日记、楹联等文字类文献，而且文字类中还有演出剧本、演出曲谱等。这些剧本、曲谱等均非梅兰芳亲自撰录，但它是梅兰芳舞台表演艺术的物质化、文字化，也是梅兰芳意志思想的传达，因此也是梅兰芳艺术不可分割的组成。梅兰芳口述和日记等亦复如此。如《梅兰芳游美日记》，文字撰录者为其秘书李斐叔，但日记之主体、主人翁为梅兰芳，是梅兰芳的立场和思想，梅兰芳的眼光和语气，这是由李斐叔的身份所决定的。

梅兰芳是一代京剧表演艺术大师，也是绘画大家、摄影家等，这种身份也决定了他"作品"的丰富性和仅非文字可以囊括。其文献以不同媒质存在，除传统文字载体外，包括摄影、唱片（音频）、广播、影片（视频）等。即便是文字化的演出剧目，一场与一场，此时期与彼时期都有出入，这也是有的剧目选择收录不止一个版本的原因所在。梅兰芳艺术文化是多元、立体的，梅兰芳时代正值世界进入工业文明时期，其文献的存在方式也是全新和多样化的，"梅兰芳作品"不复单一和平面，这是梅兰芳文献整理给我们最大的启示。

梅兰芳作为时代的宠儿，也是媒体极其关注和报道的对象。这些报道和采访，许多引用甚至大量引用梅兰芳谈话讲话，如何对待和认识这些文献，也是我们需要考察的。结合国外一些经验和做法，我们认为这些采访和报道具有一手资料的性质，不能完全排斥，故将一些比较完整的谈话、采访内容，将采访人及描述用注释方式处理，而将梅兰芳的谈话和采访内容收录。比较典型的例子是朱家溍记录整理的《梅兰芳谈舞台美术》（《上海戏剧》1962年08期），整理者发表时所加的按语说："从前和梅先生在一起的日子里，彼此聊天总以谈戏的时候较多，每逢演戏回来则谈兴更浓，遇有可记的，随手记录下来。这一篇就是从若干原始记录材料中，选择有关舞台美术的部分辑录的。本文内容不是一次谈的，甚至有的前后相隔几年，有的现在虽然写成一个问题，但在原始材料中却是分散在几次谈话里，并且与谈其他问题夹杂在一起。现在按问题大致加以分类辑录，为了力求保持原意，行文不强求连贯，仍用谈话体裁，所有'我'字，都是梅先生自称。"这些内容不仅是吉光片羽，也是比较完整和充分的艺术见解和思想表达，不应被《全集》遗漏。

馆藏还有较多未刊手稿等，需要加以甄别、整理。梅兰芳时代处于新旧变革之际，新兴工业技术大量进入文化艺术领域，对艺术发展和传承、传播带来巨大影响。当下对梅兰芳文献的收集和整理，检索手段更为便捷、迅捷，不断更新我们的认识和观念，传统与现代手法并用，必将带来梅兰芳文献新的更大、更全面的收获。

——2021年10月23日韩国演剧学会"演剧与记录：现代戏剧记录方式的生产、利用及新方向的探索"研讨会论文

梅兰芳和他的绘画艺术

▼ 梅兰芳在沪寓所作画（1943年）

其实，在中国文化艺术史上，一些杰出的学者、艺术家在文化艺术方面的建树往往会有一突出的领域，旁枝斜逸，多才多艺，烘托出其学术或艺术之地位，这样的例子无论于学者抑或艺术家并不鲜见。当然，有些领域是相近相通的，有些领域的跨越会比较大。戏曲界有句谚语：文武昆乱不挡。言艺人多才多艺，能够文、武、昆、乱兼擅。梅兰芳在京剧领域的地位，得益于他能够在王瑶卿的基础上将青衣与花旦融合的花衫进一步发展，形成了独一无二的梅派表演艺术，这是显见的，也是业界公认的。除此之外，梅兰芳之所以能够成为"美的创造者""美的化身"，也是与他生活中善于观察、善于思考，如种花、养鸽子等，互相启发，能够做到触类旁通不无关系。而最令人开眼的则是他在绘画上的造诣和成就。本来，舞台艺术家兼擅绘画，不能说没有，也不能说很少，不过如梅兰芳在京剧表演艺术上取得如此成就，复又能够在绘画艺术领域如此显眼和亮丽，于20世纪的戏曲界、美术界双跨而又各持如此成就和影响，则是十分难得和罕见的。

梅兰芳登台甚早，学画亦早，故梅兰芳一生的绘画作品亦多，但能够见到和展示的却有限。而梅兰芳纪念馆是收集和保存梅兰芳绘画作品最集中、最多的地方。本文将本馆所藏梅兰芳绘画作品做一统计、归类，从而为学界进一步认识、研究梅兰芳绘画提供文献基础。

梅兰芳一生勤奋好学，并且虚怀若谷，这在绘画上有突出表现，他的绘画老师、朋友有王梦白、吴昌硕、齐白石、张大千、姚茫父、金拱北、汪蔼士、陈半丁等。不同师友在绘画上有不同的兴趣、选择和方向，所以梅兰芳绘画题材和内容也受到这些师友的影响，有着明显的时期特征，而无疑，20世纪40年代前后在上海退出戏曲舞台后，也成为他绘画创作最为多产时期，并曾举办过画展。梅兰芳纪念馆收藏了梅先生从20年代到60年不同时期的作品，较早的有癸亥三月（1923年）为冯太夫人七十五寿画立轴《观世音菩萨》像，丙寅四月（1926年）画立轴《荷花》，较晚的有1956年梅兰芳63岁时画立轴《花卉》，1960年3月为陶俊琪题字镜心"继承优秀传统……满足群众需要"四句。而40年代是其绘画艺术作品最多的时期。梅兰芳纪念馆馆藏共计273幅。

这些作品题材和艺术样式等可以划分为人物、花鸟、梅花（红梅、墨梅）、扇面、画稿等类。其中人物类包括观音、佛祖、达摩、长眉罗汉、洛神、天女、仕女等，其中以佛像、仕女、观音为多，分别为9幅、9幅、7幅。梅花的作品最多，约202幅，约占馆藏其作品总数的四分之三。其中著录为红梅的56幅，一幅扇面《红梅》，带绿梅，署"玉岱先生雅属"，一面字"溃春痕（九言诗）乙酉夏日　玉岱仁兄清属　陈敬弟"。一幅扇面《绿梅花》，署"丁亥仲秋　云霞先生雅属"，

说不尽的梅兰芳 ▼ 梅兰芳绘《无量寿佛》

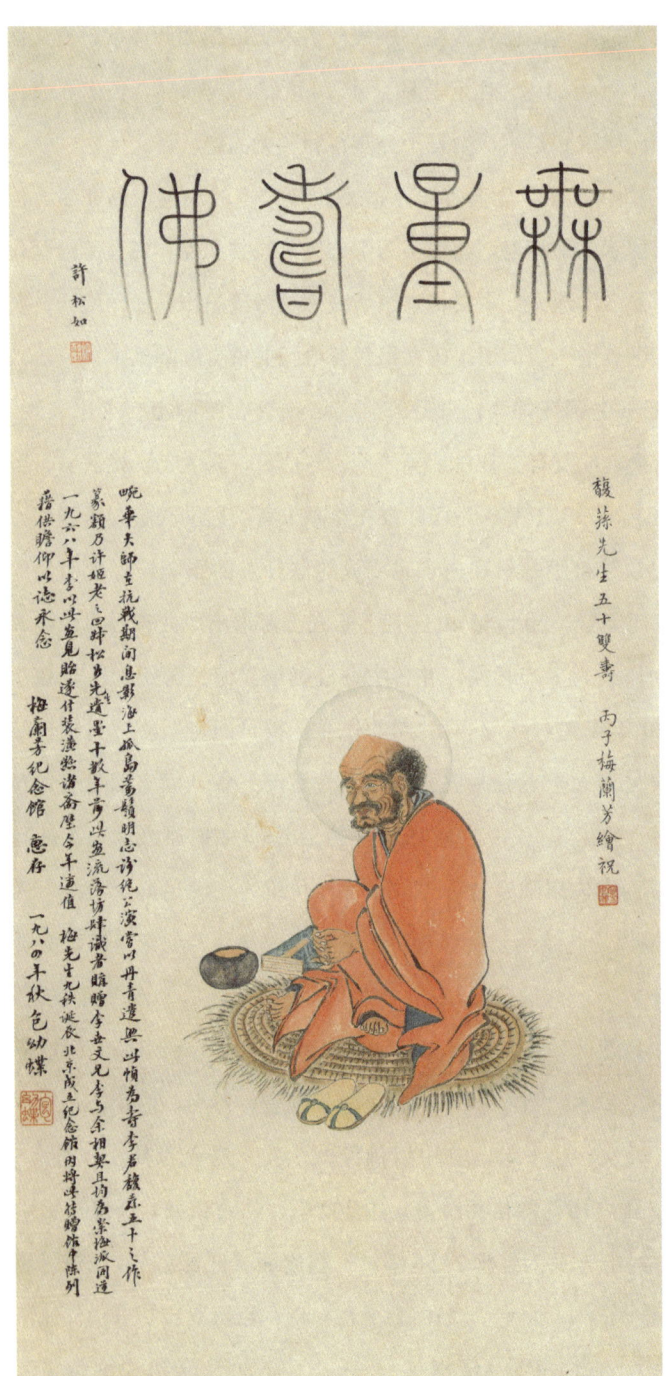

一面空白。特别是扇面，计有 79 幅，存量数和画梅数都很可观。

梅先生与梅花有着特殊的感情，这不仅因为梅先生姓梅，天然地拉近了他与梅花的感情，更主要的是梅花所蕴含的品格，是梅先生所真正喜爱的原因。他的绘画生活是他艺术生活的一个特殊组成，假使忽略了他的这一时期，无疑对全面认识梅兰芳是一个缺陷和损失。1941 年他开始蓄须明志，告别舞台，以画自遣，开启了梅兰芳绘画艺术最为兴盛的时期。这与当时的政治形势，特别是日本入侵有着直接的关系，不仅这一时期画作最多，而且绘画艺术走向成熟，最主要的，绘画作品更多地寄寓了他那一时期的感情和思想。那时作画的条件非常艰苦，多半是在午夜以后，因为几乎每天有空袭警报，夜里 10 点起停止供电。梅先生专门买了一盏铁锚牌汽油灯，点燃汽油灯，拉紧"梅花诗屋"的窗帘，沏一壶香片茶，开始他的绘画创作，常常进行到东方发白。经常在书房陪同他的是许姬传，他曾对一觉醒来的许姬传说道："我当年演戏找到窍门后，戏瘾更大，现在学画有了些门径，就有小儿得饼之乐！"[1] 那个岁月里梅兰芳是悲抑的，只有这样全情投入时，才能看到他的笑容，感受到他得到的安慰。

透过梅花，梅兰芳展示出的是梅花的傲骨品质和春天的难以阻挡。1944 年冬一个风雪的寒夜，梅先生听完短波无线电，突然走出，面带微笑地对大家说："刚才无线电里报告好消息，日本又吃一个败仗。"他拿出一瓶薄荷酒请大家喝，自己也喝了一杯，然后提着汽油灯下楼，创作了一幅梅花，题作《春消息》。[2] 梅花之美与人格之美，在这幅画里得到高度的统一。他的一幅画松作品，松干苍劲有力，作于"甲申冬日"也就是 1944 年，所题"岂不罹霜雪，松柏有本性"恰是他品性的写照。

由此可见梅兰芳绘画艺术之兴趣的浓郁、创作的活跃及绘画之于他交流、交际的重要性，特别是在那个特殊年代，绘画是梅兰芳高洁品格的写照,他的绘画创作及活动实为梅兰芳生活生平不可忽视的组成。而迄今为止,对梅兰芳绘画艺术还没有系统的考察和整理,如果能够整理出一份梅兰芳绘画作品较为丰富、详细的目录,那么对勾勒梅兰芳绘画艺术全貌,进而展开梅兰芳绘画艺术系统和深入的研究,将是十分重要的。绘画艺术是梅兰芳艺术重要的组成,是与京剧艺术相辅相成的一条副线,它与京剧艺术共同构成梅兰芳艺术的复调、二重唱。

只是,京剧的梅兰芳,对20世纪的人们可谓家喻户晓,引领了一个时代的痴迷和风尚,成为一种时代的符号和象征,而绘画艺术的梅兰芳为其表演艺术遮蔽,似乎只是"业余"行为,只是表演艺术的补充。他自己叙述学画经历也说:"一九一五年前后,我二十几岁的时候,两次从上海回到北京,交游就渐渐地广了。朋友当中有几位是对鉴赏、收藏古物有兴趣的,我在业余的时候,常常和他们来往。看到他们收藏的古今书画,山水人物,翎毛花卉,真是琳琅满目,美不胜收。从这些画里,我感觉到色彩的调和,布局的完密,对于戏曲艺术有声息相通的地方。因为中国戏剧在服装、道具、化装、表演上综合起来可以说是一幅活动的彩墨画,我很想从绘画中吸取一些对戏剧有帮助的养料。我对绘画越来越发生兴趣了,空闲时候,我就把家里存着的一些画稿、画谱寻出来(我祖父和父亲都能画几笔,所以有这些东西),不时地加以临摹。"[3] 梅兰芳是位非常谦和、虚心、不张扬的人,这种品性贯穿了梅兰芳一生,但这种谦虚也会造成一种误导,那就是绘画是"爱好",是"兴趣",或者"很想从绘画中吸取一些对戏剧有帮助的养料",也包括确实许多绘画都是"雅属",更看似进一步佐证了他的非专业性和业余性。刘海粟以专业的眼光概括道:"畹华画松,格调高洁,铁影横绝,针叶苍润,得文入画神髓。画梅花最多,大抵为疏朗劲枝,猩红数点,犹若清风入怀,暗香随之;偶有密枝繁花如星火满树者,殆不多见。梅多墨干,花瓣设色古艳浓烈,亦有淡彩及墨绘者,皆自具面目。写兰舞

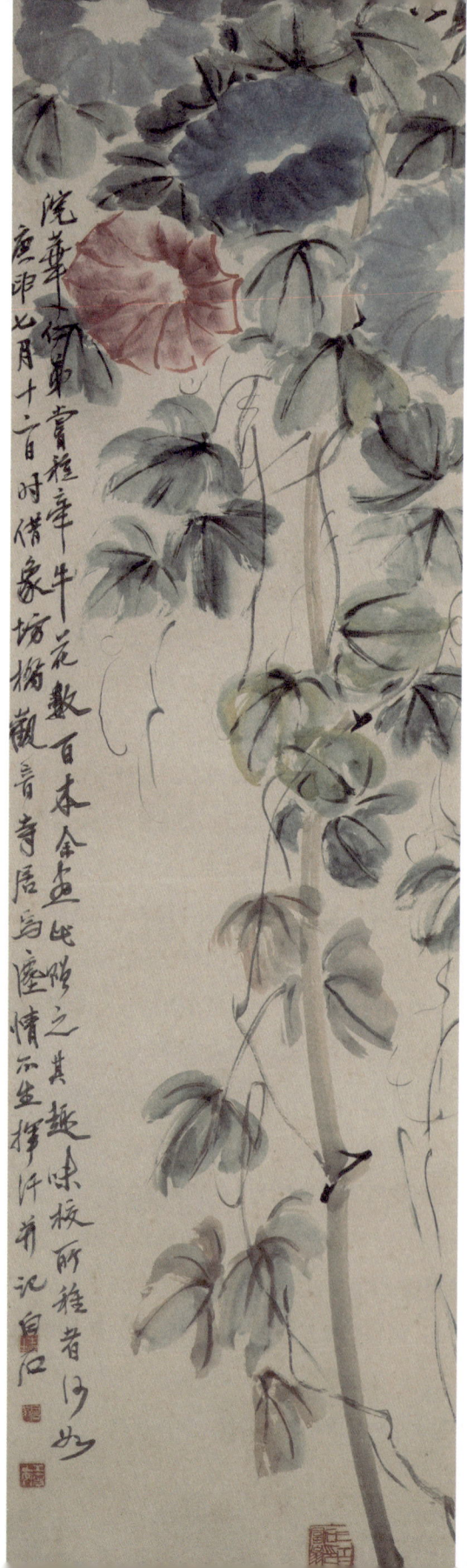

◀ 齐白石绘《牵牛花》
（梅兰芳收藏）

▶ 梅兰芳绘《春消息》

笔如剑，刚健婀娜，韵致洒脱。作牡丹、菊、樱桃、葡萄、小鸟，端谨飞动，不尽以笔墨之巧取胜。"[4]

梅兰芳因其表演艺术之盛名而遮掩了他绘画艺术的光芒，然从现代美术史角度来看，如刘海粟所评价："先生（梅兰芳）功德在于表演及艺术教育。画虽余事，亦可名家。画名为戏所掩，亦因戏名而流布国内外。"[5]

梅兰芳纪念馆馆藏其绘画作品，只是梅兰芳一生绘画艺术的一小部分，也是相对最为集中和丰富的绘画收藏，也构成梅兰芳绘画艺术研究的基础和起点。梅兰芳绘画作品多为私人收藏，20世纪40年代梅兰芳蓄须明志，不再登台演出，绘画、售画是那期间他生活和消费的主要来源之一。1945年4月，梅兰芳与叶恭绰在上海都城饭店合办画展，展品共有170多幅，主要是梅兰芳所作，其中百分之七十的作品售出。从调查和统计、收集梅兰芳绘画作品做起，梅兰芳绘画艺术研究无论于戏曲界还是美术界都孕育着新的学术增长空间，大有可为。这次展览与学术研讨会，是我们梅兰芳研究中心一个新的起点，将梅兰芳绘画作品、绘画艺术纳入梅兰芳艺术研究之中，是梅兰芳艺术有机和重要的构成。

——原载《人民政协报》2017年7月17日

【注释】

[1] 许姬传：《梅兰芳绘画记》，载《忆艺术大师梅兰芳》，文化艺术出版社，2015年，第188页。

[2] 同上，第189页。

[3] 梅兰芳：《舞台生活四十年》（上），团结出版社，2006年，第461页。

[4] 刘海粟：《〈梅兰芳画选〉序》，载《齐鲁谈艺录》，山东美术出版社，1985年，第179页。

[5] 同上，第180页。

附：梅兰芳纪念馆馆藏梅兰芳绘画作品叙录

分类号	名称	年代	内容	款识
己00253	梅兰芳画立轴		《藤萝群鸡》无款，下有缀玉轩印	
己00257	梅兰芳画立轴	癸亥三月（1923年）	为冯太夫人七十五寿画《观世音菩萨》	
己00258	梅兰芳画立轴	乙酉初夏（1945年）	《观音像》立轴	下署"佛弟子画"
己00269	梅兰芳画立轴		《和平鸽》，无款	
己00275	梅兰芳画立轴		《苍鹰》立轴，无款	
己00277	梅兰芳画立轴	壬申二月（1932年）	《达摩渡江》立轴，为乾斋先生六十初度绘。梅兰芳时年39岁	
己00280	梅兰芳画立轴		《竹石海棠草虫》立轴，无款	下署"惮"
己00367	梅兰芳画立轴		《墨笔梅花》，无款	
己00385	梅兰芳画立轴		《花卉、蟋蟀》立轴，无款	
己00388	梅兰芳画立轴		《柿》立轴，无款	
己00395	梅兰芳画立幅镜心	庚午七月（1930年）	梅兰芳36岁时画《观世音像》，李裴叔邀福芝芳题征	
己00412	梅兰芳画册页		《梅、松》册页，未题款，共12开、14幅	
00412-1	梅兰芳画册页		《梅、松》册页，未题款	
00412-2	梅兰芳画册页		《梅、松》册页，未题款	

分类号	名称 年代	内容 款识
00412-3	梅兰芳画册页	《梅、松》册页，未题款
00412-4	梅兰芳画册页	《梅、松》册页，未题款
00412-5	梅兰芳画册页	《梅、松》册页，未题款
00412-6	梅兰芳画册页	《梅、松》册页，未题款
00412-7	梅兰芳画册页	《梅、松》册页，未题款
00412-8	梅兰芳画册页	《梅、松》册页，未题款
00412-9	梅兰芳画册页	《梅、松》册页，未题款
00412-10	梅兰芳画册页	《梅、松》册页，未题款
00412-11	梅兰芳画册页	《梅、松》册页，未题款
00412-12	梅兰芳画册页	《梅、松》册页，未题款
00412-13	梅兰芳画册页	《梅、松》册页，未题款
00412-14	梅兰芳画册页	《梅、松》册页，未题款
己00417	梅兰芳画扇面	历年为友人画，大部分画的是梅花
00417-1	梅兰芳画扇面	一面画《墨梅》，一面李世芳题字，荀慧生画墨《山水》，姜妙香画彩《牡丹》，丁亥秋赐呼瑞霖
00417-10	梅兰芳画扇面	一面画《墨梅》，一面空白，丁亥年仲秋 耕荪先生雅属（许伯遒代求）
00417-11	梅兰芳画扇面	一面画《墨梅》，丁亥年仲秋 明良先生雅属，一面书诗，乙酉长夏 明良仁兄法家正脊 谭泽闿

分类号	名称　年代	内容　款识
00417-12	梅兰芳画扇面	一面画《墨梅》，丁亥年仲秋　康衢先生雅属，一面空白
00417-13	梅兰芳画扇面	一面画《墨梅》，丁亥年仲秋　珊洲先生雅属，一面空白
00417-14	梅兰芳画扇面	一面画《墨梅》，丁亥秋日　志清先生雅属，一面空白
00417-15	梅兰芳画扇面	一面画《墨梅》，甲申　信民先生雅属，一面空白
00417-16	梅兰芳画扇面	一面画《墨梅》，丁亥秋　叔鼎先生雅属，一面空白
00417-17	梅兰芳画扇面	一面画《墨梅》，丁亥仲秋　炳奎先生，一面空白
00417-18	梅兰芳画扇面	一面画《红梅》，癸酉夏　月波先生教，一面空白
00417-19	梅兰芳画扇面	一面画《墨梅》，丁亥仲秋　棣生先生雅属，一面空白
00417-2	梅兰芳画扇面	一面画《墨梅》，丁亥秋日　文涛先生雅属，一面空白
00417-20	梅兰芳画扇面	一面画《墨梅》，丁亥秋　陈冠明先生雅属，一面空白
00417-21	梅兰芳画扇面	一面画《红梅》，带绿梅，玉岱先生雅属，一面字，溃春痕（九言诗）乙酉夏日　玉岱仁兄清属　陈敬弟
00417-22	梅兰芳画扇面	一面画《墨梅》，丁亥秋　济勋先生雅属，一面空白
00417-23	梅兰芳画扇面	一面画《墨梅》，丁亥夏　中超先生雅属，一面空白

分类号	名称 年代	内容 款识
00417-24	梅兰芳画扇面	一面画《墨梅》，丁亥重五 永城先生雅属，一面字，谭富英，敬求丹青墨宝，赐呼永城
00417-25	梅兰芳画扇面	一面画《墨梅》，丁亥秋日 绍衡先生雅属，一面空白
00417-26	梅兰芳画扇面	一面画《墨梅》，丙戌秋日 兴隆先生雅属，一面空白
00417-27	梅兰芳画扇面	一面画《墨梅 绿叶竹》，乙酉夏林文先生雅属，一面字
00417-28	梅兰芳画扇面	一面画《墨梅、竹》，丁亥秋 豫先生雅属，一面空白
00417-29	梅兰芳画扇面	一面画《红梅》，癸酉闰五 仰苏先生雅属，一面空白
00417-3	梅兰芳画扇面	一面画《墨梅》，丁亥秋日 宝玉女士，一面空白
00417-30	梅兰芳画扇面	一面画《墨梅》，丁亥仲秋 自强先生雅属，一面空白
00417-31	梅兰芳画扇面	一面画《红梅》，癸酉夏 绍魁先生雅属，一面空白
00417-32	梅兰芳画扇面	一面画《红梅》，癸酉夏 定欧先生雅属，一面空白
00417-33	梅兰芳画扇面	一面画《红梅》，癸酉 耕宝先生雅属，一面空白
00417-34	梅兰芳画扇面	一面画《红梅》，癸酉夏 兆斌先生雅属，一面空白
00417-35	梅兰芳画扇面	一面画《红梅》，癸酉夏 瑞生先生正，一面空白
00417-36	梅兰芳画扇面	一面画《墨梅》，和卿先生雅属，一面空白
00417-37	梅兰芳画扇面	一面画《红梅》，癸酉夏日 钧仁先生正，一面空白

分类号	名称　年代	内容　款识
00417-38	梅兰芳画扇面	一面画《墨梅》，丁亥仲秋　明兴培先生雅属，一面空白
00417-39	梅兰芳画扇面	一面画《红梅》，癸酉夏　志铭先生正，一面空白
00417-4	梅兰芳画扇面	一面画《墨梅》，丁亥秋　杨志棣先生，一面空白
00417-40	梅兰芳画扇面	一面画《墨梅》，癸酉闰五　弗之先生雅教，一面空白
00417-41	梅兰芳画扇面	一面画《墨梅》，丁亥秋日　镜寿先生雅属，一面空白
00417-42	梅兰芳画扇面	一面画《红梅》，丁卯八月　砚裔先生命画，一面字，砚裔吾兄画家长民画于乙丑初夏呈双松庵
00417-43	梅兰芳画扇面	一面画《山石、红枫叶树、绿竹》，甲戌十月　方锡先生雅教，一面空白
00417-44	梅兰芳画扇面	一面画《墨梅》，丁亥仲夏　恂候先生雅属，一面字，恂候先生属　溥侗
00417-45	梅兰芳画扇面	一面画《红梅》，癸酉　田萃先生正，一面空白
00417-46	梅兰芳画扇面	一面画《绿梅花》，丁亥仲秋　云霞先生雅属，一面空白
00417-47	梅兰芳画扇面	一面画《松》，丁亥重五后一日觉民先生雅属，一面七律诗一首庚辰正月　程砚秋
00417-48	梅兰芳画扇面	一面画《花卉》，癸未中夏　伯参先生雅属，一面字，张启后
00417-49	梅兰芳画扇面	一面画《花卉》，丁亥夏　孟卿先生雅属，一面字

分类号	名称 年代	内容 款识
00417-5	梅兰芳画扇面	一面画《墨梅》，丁亥秋日 博良先生雅属，一面空白
00417-50	梅兰芳画扇面	一面画《花卉》，丁亥秋日 若存先生雅属，一面空白
00417-51	梅兰芳画扇面	一面画《花卉》，丙戌秋 为濂先生雅属，一面空白
00417-52	梅兰芳画扇面	一面画《牵牛花》，未落款，一面空白
00417-53	梅兰芳画扇面	一面画《山水》（山石竹），未落款，一面空白
00417-54	梅兰芳画扇面	一面画《红梅》，未落款，一面空白
00417-55	梅兰芳画扇面	一面画《红梅》，未落款，一面空白
00417-56	梅兰芳画扇面	一面画《红梅》，未落款，一面空白
00417-57	梅兰芳画扇面	一面画《红梅》，一面字，统傅先生雅正 潘二展
00417-58	梅兰芳画扇面	一面画《墨梅、山石》，未落款，一面空白
00417-59	梅兰芳画扇面	一面画《墨梅》，未落款，一面空白
00417-6	梅兰芳画扇面	一面画《墨梅》，丁亥年秋 博良先生雅属，一面空白
00417-60	梅兰芳画扇面	一面画《墨梅》，未落款，一面空白
00417-61	梅兰芳画扇面	一面画《墨梅》，未落款，一面空白
00417-62	梅兰芳画扇面	一面画《墨梅》，未落款，一面空白

分类号	名称　年代	内容　款识
00417-63	梅兰芳画扇面	一面画《墨梅》，未落款，一面空白
00417-64	梅兰芳画扇面	一面画《墨梅》，未落款，一面空白
00417-65	梅兰芳画扇面	一面画《墨梅》，未落款，一面空白
00417-66	梅兰芳画扇面	一面画《墨梅》，未落款，一面空白
00417-67	梅兰芳画扇面	一面画《墨梅》，未落款，一面空白
00417-68	梅兰芳画扇面	一面画《墨梅》，未落款，一面空白
00417-69	梅兰芳画扇面	一面画《墨梅》，未落款，一面空白
00417-7	梅兰芳画扇面	一面画《墨梅》，丁亥仲秋　影横斜　先生雅属，一面空白
00417-70	梅兰芳画扇面	一面画《墨梅》，未落款，一面字，八月仲秋　东云先生
00417-71	梅兰芳画扇面	一面画《墨梅》，未落款，一面字，松山先生正立
00417-72	梅兰芳画扇面	一面画《墨梅》，未落款，一面字，琪璋先生雅属
00417-73	梅兰芳画扇面	一面画《红梅》，未落款，一面空白
00417-74	梅兰芳画扇面	一面画《红梅》，未落款，一面空白
00417-75	梅兰芳画扇面	一面画《红梅》，未落款，一面空白
00417-76	梅兰芳画扇面	一面画《红梅》，未落款，一面空白
00417-77	梅兰芳画扇面	一面画《红梅》，未落款，一面空白
00417-8	梅兰芳画扇面	一面画《墨梅》，丁亥仲秋　杨显林先生雅属，一面空白

分类号	名称	年代	内容　款识
00417-9	梅兰芳画扇面		一面画《红梅》，鸿秉先生雅属，一面空白
己00430	梅兰芳画立轴		《柳雀游鱼》立轴，未题款
己00522	梅兰芳画立轴		画花卉枇杷，未落款
己00532	梅兰芳画立轴		画《牡丹》，未落款
己00541	梅兰芳画立轴		画《月季》，未落款
己00552	梅兰芳画镜心		画《刘海金蟾》，未落款
己00572	梅兰芳画镜心	丙子夏（1936年）	为展文先生画《梅花》
己00577	梅兰芳画梅花立幅		画梅花立幅（多数为红梅），均未落款
00577-1	梅兰芳画梅花立幅		画梅花立幅，未落款
00577-10	梅兰芳画梅花立幅		画梅花立幅，未落款
00577-11	梅兰芳画梅花立幅		画梅花立幅，未落款
00577-12	梅兰芳画梅花立幅		画梅花立幅，未落款（红梅）
00577-13	梅兰芳画梅花立幅		画梅花立幅，未落款
00577-14	梅兰芳画梅花立幅		画梅花立幅，未落款
00577-15	梅兰芳画梅花立幅		画梅花立幅，未落款
00577-16	梅兰芳画梅花立幅		画梅花立幅，未落款
00577-17	梅兰芳画梅花立幅		画梅花立幅，未落款（红梅）

分类号	名称	年代	内容　款识
00577-18	梅兰芳画梅花立幅		画梅花立幅，未落款
00577-19	梅兰芳画梅花立幅		画梅花立幅，未落款（红梅）
00577-2	梅兰芳画梅花立幅		画梅花立幅，未落款
00577-20	梅兰芳画梅花立幅		画梅花立幅，未落款
00577-21	梅兰芳画梅花立幅		画梅花立幅，未落款
00577-22	梅兰芳画梅花立幅		画梅花立幅，未落款
00577-3	梅兰芳画梅花立幅		画梅花立幅，未落款
00577-4	梅兰芳画梅花立幅		画梅花立幅，未落款
00577-5	梅兰芳画梅花立幅		画梅花立幅，未落款
00577-6	梅兰芳画梅花立幅		画梅花立幅，未落款
00577-7	梅兰芳画梅花立幅		画梅花立幅，未落款
00577-8	梅兰芳画梅花立幅		画梅花立幅，未落款
00577-9	梅兰芳画梅花立幅		画梅花立幅，未落款
己00579	梅兰芳画立轴	乙酉（1945年）	梅兰芳52岁时画梅、松、竹，一张为叶恭绰画竹补画梅花
00579-1	梅兰芳画立轴	乙酉（1945年）	梅兰芳52岁时画梅、松、竹，有上款
00579-2	梅兰芳画立轴	乙酉（1945年）	梅兰芳52岁时画梅、松、竹（合作），有上款
00579-3	梅兰芳画立轴	乙酉（1945年）	梅兰芳52岁时画梅、松、竹，有上款

分类号	名称	年代	内容　款识
00579-4	梅兰芳画镜心	乙酉（1945年）	梅兰芳52岁时画《墨梅》，有上款
己00580	梅兰芳画梅花立幅		全部红梅，均未落款
00580-1	梅兰芳画梅花立幅		红梅，未落款
00580-10	梅兰芳画梅花立幅		红梅，未落款
00580-2	梅兰芳画梅花立幅		红梅，未落款
00580-3	梅兰芳画梅花立幅		红梅，未落款
00580-4	梅兰芳画梅花立幅		红梅，未落款
00580-5	梅兰芳画梅花立幅		红梅，未落款
00580-6	梅兰芳画梅花立幅		红梅，未落款
00580-7	梅兰芳画梅花立幅		红梅，未落款
00580-8	梅兰芳画梅花立幅		红梅，未落款
00580-9	梅兰芳画梅花立幅		红梅，未落款
己00581	梅兰芳画镜心		梅兰芳为上海市淮剧联谊会秘书张国华（祉宜）60岁生日画松竹石镜心
己00582	梅兰芳画横幅	癸酉夏（1933年）	为世咏先生画《梅花》
己00583	梅兰芳画梅花立幅		画《墨梅》，均未落款
00583-1	梅兰芳画梅花立幅		画《墨梅》，未落款
00583-10	梅兰芳画梅花立幅		画《墨梅》，未落款

分类号	名称　年代	内容　款识
00583-11	梅兰芳画梅花立幅	画《墨梅》，未落款
00583-12	梅兰芳画梅花立幅	画《墨梅》，未落款
00583-13	梅兰芳画梅花立幅	画《墨梅》，未落款
00583-14	梅兰芳画梅花立幅	画《墨梅》，未落款
00583-15	梅兰芳画梅花立幅	画《墨梅》，未落款
00583-16	梅兰芳画梅花立幅	画《墨梅》，未落款
00583-17	梅兰芳画梅花立幅	画《墨梅》，未落款
00583-18	梅兰芳画梅花立幅	画《墨梅》，未落款
00583-19	梅兰芳画梅花立幅	画《墨梅》，未落款
00583-2	梅兰芳画梅花立幅	画《墨梅》，未落款
00583-20	梅兰芳画梅花立幅	画《墨梅》，未落款
00583-21	梅兰芳画梅花立幅	画《墨梅》，未落款
00583-22	梅兰芳画梅花立幅	画《墨梅》，未落款
00583-23	梅兰芳画梅花立幅	画《墨梅》，未落款
00583-24	梅兰芳画梅花立幅	画《墨梅》，未落款
00583-25	梅兰芳画梅花立幅	画《墨梅》，未落款
00583-26	梅兰芳画梅花立幅	画《墨梅》，未落款
00583-27	梅兰芳画梅花立幅	画《墨梅》，未落款

分类号	名称　年代	内容　款识
00583-28	梅兰芳画梅花立幅	画《墨梅》，未落款
00583-29	梅兰芳画梅花立幅	画《墨梅》，未落款
00583-3	梅兰芳画梅花立幅	画《墨梅》，未落款
00583-30	梅兰芳画梅花立幅	画《墨梅》，未落款
00583-31	梅兰芳画梅花立幅	画《墨梅》，未落款
00583-32	梅兰芳画梅花立幅	画《墨梅》，未落款
00583-33	梅兰芳画梅花立幅	画《墨梅》，未落款
00583-34	梅兰芳画梅花立幅	画《墨梅》，未落款
00583-35	梅兰芳画梅花立幅	画《墨梅》，未落款
00583-36	梅兰芳画梅花立幅	画《墨梅》，未落款
00583-37	梅兰芳画梅花立幅	画《墨梅》，未落款
00583-38	梅兰芳画梅花立幅	画《墨梅》，未落款
00583-39	梅兰芳画梅花立幅	画《墨梅》，未落款
00583-4	梅兰芳画梅花立幅	画《墨梅》，未落款
00583-40	梅兰芳画梅花立幅	画《墨梅》，未落款
00583-41	梅兰芳画梅花立幅	画《墨梅》，未落款
00583-42	梅兰芳画梅花立幅	画《墨梅》，未落款
00583-43	梅兰芳画梅花立幅	画《墨梅》，未落款

分类号	名称　年代	内容　款识
00583-44	梅兰芳画梅花立幅	画《墨梅》，未落款
00583-45	梅兰芳画梅花立幅	画《墨梅》，未落款
00583-46	梅兰芳画梅花立幅	画《墨梅》，未落款
00583-47	梅兰芳画梅花立幅	画《墨梅》，未落款
00583-48	梅兰芳画梅花立幅	画《墨梅》，未落款
00583-49	梅兰芳画梅花立幅	画《墨梅》，未落款
00583-5	梅兰芳画梅花立幅	画《墨梅》，未落款
00583-50	梅兰芳画梅花立幅	画《墨梅》，未落款
00583-51	梅兰芳画梅花立幅	画《墨梅》，未落款
00583-52	梅兰芳画梅花立幅	画《墨梅》，未落款
00583-53	梅兰芳画梅花立幅	画《墨梅》，未落款
00583-54	梅兰芳画梅花立幅	画《墨梅》，未落款
00583-55	梅兰芳画梅花立幅	画《墨梅》，未落款
00583-56	梅兰芳画梅花立幅	画《墨梅》，未落款
00583-57	梅兰芳画梅花立幅	画《墨梅》，未落款
00583-6	梅兰芳画梅花立幅	画《墨梅》，未落款
00583-7	梅兰芳画梅花立幅	画《墨梅》，未落款
00583-8	梅兰芳画梅花立幅	画《墨梅》，未落款

分类号	名称	年代	内容　款识
00583-9	梅兰芳画梅花立幅		画《墨梅》，未落款
己00584	梅兰芳画镜心	丁亥秋（1947年）	为家麒先生画《梅花》
己00586	梅兰芳画红梅扇面		一面空白，一面红梅、山石、不多的花，有梅兰芳的印章
己00636	梅兰芳画立轴		画《花卉、蜂、雀》立轴，未落款
己00654	梅兰芳画立轴		画《长眉罗汉》，有单款
己00659	梅兰芳画立轴		画《佛手小鸟》立轴，小方心，未落款
己00664	梅兰芳画立轴	癸酉春（1933年）	梅兰芳40岁时在上海画《观音像》，题为斐叔供养
己00666	梅兰芳画立轴		画《雁来红竹》，未落款
己00677	梅兰芳画立幅镜心	甲申十二月（1944年）	梅兰芳51岁画《"春消息"梅花》立幅并有题记
己00680	梅兰芳画立轴		画松、兰花、花鸟立幅，均未落款
00680-1	梅兰芳画立轴		画《松》，未落款
00680-2	梅兰芳画立轴		画《松》，未落款
00680-3	梅兰芳画立轴		画《松》，未落款
00680-4	梅兰芳画立轴		画《山石、花卉》，未落款
00680-5	梅兰芳画立轴		画《花鸟》，未落款
00680-6	梅兰芳画立轴		画《柿子、鸟》，未落款
00680-7	梅兰芳画立轴		画《兰花》，未落款

分类号	名称　年代	内容　款识
00680-8	梅兰芳画立轴	画《花卉》，未落款
00680-9	梅兰芳画立轴	画《荷花》，未落款
己 00681	梅兰芳画条轴	白描佛像，仕女画幅未完稿，均未落款
00681-1	梅兰芳画条轴	仕女，未落款
00681-10	梅兰芳画条轴	观音，未落款
00681-11	梅兰芳画条轴	佛像，未落款
00681-12	梅兰芳画条轴	仕女，未落款（有水印）
00681-13	梅兰芳画条轴	仕女，未落款（有水印）
00681-14	梅兰芳画条轴	佛像，未落款
00681-15	梅兰芳画条轴	仕女，未落款
00681-16	梅兰芳画条轴	仕女，未落款
00681-17	梅兰芳画条轴	仕女，未落款
00681-18	梅兰芳画条轴	佛像，未落款
00681-19	梅兰芳画条轴	佛像，未落款
00681-2	梅兰芳画条轴	仕女，未落款
00681-3	梅兰芳画条轴	佛坐树下，未落款
00681-4	梅兰芳画条轴	佛坐树下，未落款
00681-5	梅兰芳画条轴	佛坐树下，未落款

分类号	名称	年代	内容	款识
00681-6	梅兰芳画条轴		佛像，未落款	
00681-7	梅兰芳画条轴		仕女，未落款	
00681-8	梅兰芳画条轴		红描天神踩云，未落款	
00681-9	梅兰芳画条轴		观音，未落款	
己00682	梅兰芳画立轴镜心	1950年	梅兰芳57岁时画《洛神图》	
己00683	梅兰芳画方轴镜心	1944年	梅兰芳51岁时画《松》	
己00684	梅兰芳画立轴		画《梅花》立轴，未落款	
己00685	梅兰芳画立轴	戊辰（1928年）	梅兰芳35岁时画《菊花》	上款：海涛先生雅正
己00686	梅兰芳画立轴	丙寅四月（1926年）	梅兰芳33岁时画《荷花》	
己00687	梅兰芳画立轴	乙酉二月（1945年）	梅兰芳52岁时画《天女散花》，有吴湖帆题诗	
己00707	梅兰芳画立轴	1956年	梅兰芳63岁时画《花卉》	
己00750	梅兰芳画镜框	甲戌十月（1934年）	为强森先生画《松竹石》横幅	
己00778	梅兰芳画方幅镜心		梅兰芳画《梅花》方幅镜心，未题款，有缀玉轩印章	
己00854	为陶俊琪题字镜心	1960年3月	"继承优秀传统……满足群众需要"四句	

分类号	名称	年代	内容　款识
己00914	梅兰芳绘达摩像镜心	丙子（1936年）	梅兰芳绘达摩像镜心，额题："无量寿佛"许松如（一方印），上款：馥荪先生五十如寿（一方印），此画包幼蝶于1984年秋送回我馆（一方印）
己00955	梅兰芳绘《观世音》立轴（复制品）		梅兰芳绘《观世音》立轴（复制品），张謇题字

（梅兰芳纪念馆提供）

序评

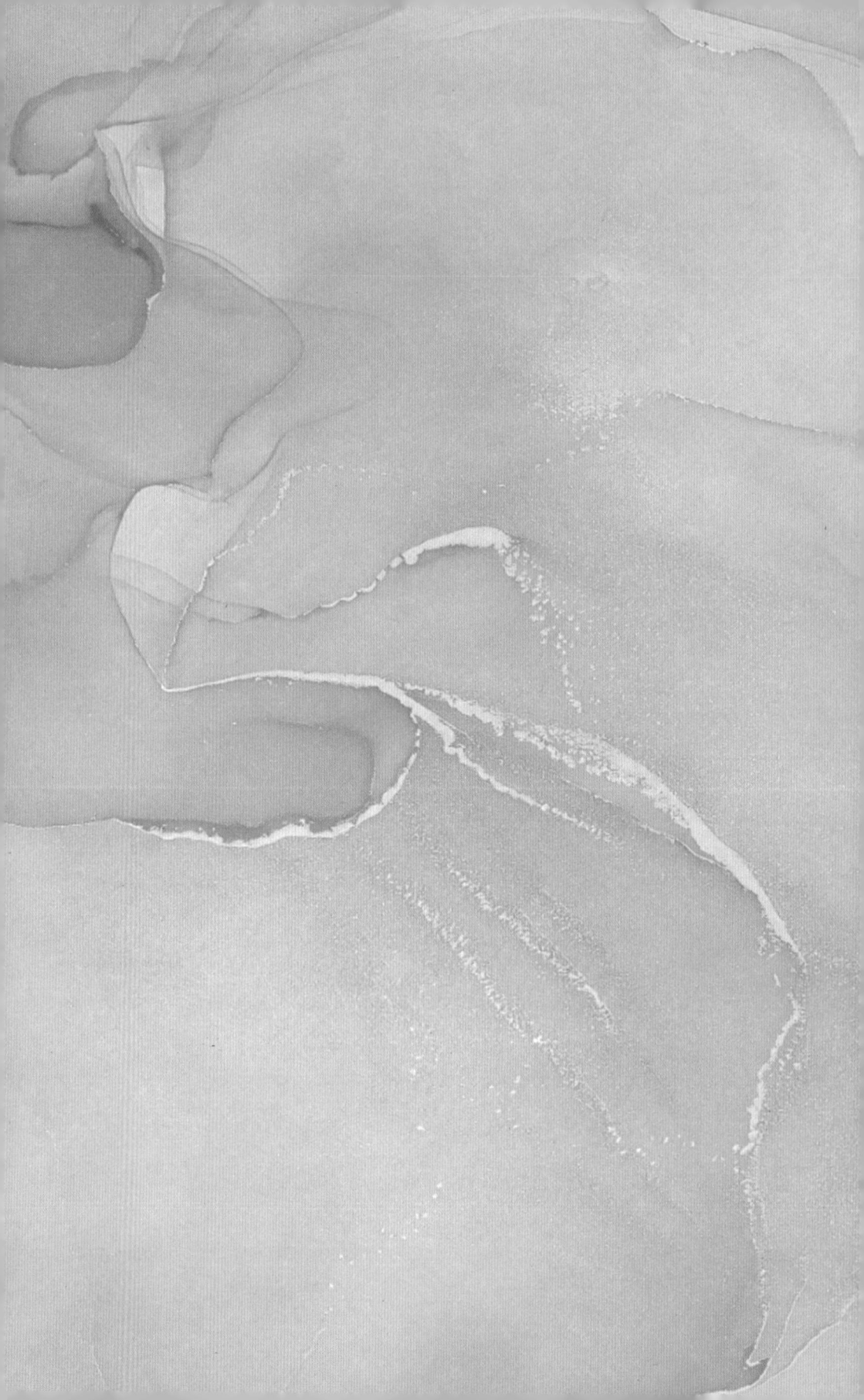

"他山之石"与梅兰芳戏剧的世界意义
——读田民著《梅兰芳与20世纪国际舞台:中国戏剧的定位与置换》

一、"说不尽"的梅兰芳

　　There are a thousand Hamlets in a thousand people's eyes. "一千个读者眼里就有一千个哈姆雷特",这句广为人们所知的名言,既包含读者间阅读、理解的差异性,也体现莎士比亚所塑造哈姆雷特这一人物的复杂和多义性。20世纪梅兰芳的诞生、成长与影响,他引领中国京剧表演艺术臻于大美,并勇敢地迈出国门,先后访日、访美、访苏演出,经历了观众(读者)不同的褒贬厚薄。日、美、苏在那个年代都是世界强国,包括文化意识形态方面的影响力都具广泛的国际意义。梅兰芳出国演出最终定格在这三国,演出本身的轰动也是响彻寰宇的。该如何看待梅兰芳演出与世界戏剧的交流、对话,梅兰芳演出对20世纪国际舞台究竟产生怎样的影响,各国戏剧理论大家如何认识、接受、置换、挪用和诠释梅兰芳与中国戏曲,自梅兰芳1919年踏上东瀛日本,这种关注、评价和研究就不绝如缕,梅兰芳成为20世纪世界戏剧话语难以回避和绕不过去的一个"关键词"。

　　梅兰芳的"说不尽"不仅是观众的,也是学者的;不仅是国内的,也是海外的,海外对于梅兰芳的关注与研究始终就没有消歇过。在进入21世纪时空的理论探索中,田民先生的研究成果《梅兰芳与20世纪国际舞台:中国戏剧的定位与置换》(江苏人民出版社,2022年出版)是特别值得我们推荐和了解的。这是一部理论著作,作者着眼的不是梅兰芳访日、美、苏三国演出过程本身,尽管这个过程的传奇和轰动本身极富戏剧性,在本书也有其篇幅描述,作者着眼的是由其演出所带来的接受者戏剧思想和戏剧观念的碰撞和变化,而能够把梅兰芳三国出访演出从"20世纪国际舞台"这样一个整体和高度去做系统而深入的思考和研究,可谓是不可多得的。这是一部理论著作,却将梅兰芳生命和艺术描绘得极为鲜活,梅兰芳的艺术与思想不断地与后来的接受者、关注者展开真挚的交流和开诚布公的对话，可见梅兰芳经久不息的影响。

二、文献丰厚与梅兰芳"带着中国艺术的精髓来到了日本"

国外有关梅兰芳的文献和评论随着时间不断被发掘和译介过来。梅兰芳出访演出，所到国为日、美、苏三国，跨度大，文化和语言差异大，属于三个语种，这是对研究者的一大挑战。作者田民的语言基础是中文，又有多年英语世界的海外经历，但要全面认识"国际舞台"的梅兰芳，该著前后经历十几年的打磨。

1919年梅兰芳首次出国访日演出，是一个历史性的事件，日方有大量报道和评论，包括汇文堂主人辑录出版15人的《品梅记》，其作者多为以研究中国古代戏曲文学著称的"京都学派"学者，如狩野直喜、青木正儿等人。同为东方之国，日本历史文化与中国历史文化有着深厚的渊源，近代以来日本学习西方，逐渐走向现代化，与中国的距离显著拉大，日本文化思潮面临选择。梅兰芳"带着中国艺术的精髓来到了日本"（村田乌江语），引起日本文化界、戏剧界、评论界不同的评价。该著论及日本木下杢太郎、谷崎润一郎、芥川龙之介、南部修太郎、久米正雄、永井荷风、青木正儿、内藤湖南、神田喜一郎、滨田耕作、守田勘弥、坪内逍遥、久保天随、尾上梅幸等20多位学者，挖掘评论文献。他们对梅兰芳的评价，基于日本的文化思潮和戏剧发展，一方面日本在大规模地吸收西方文化，并被西方文化同化，另一方面，日本人对中国的兴趣又是如此强烈，这种趣味最大要旨是一种因为中日之间长久且复杂的历史文化关系而产生的日本人对于中国事物熟悉且又投入的兴趣，已经深深地扎根并流淌到日本人的血液里，并形成一种

▼《梅兰芳与20世纪国际舞台：中国戏剧的定位与置换》书影

情结。日本人对中国传统戏剧的兴趣是那个时代这种情结的重要组成部分，也是认识和评价梅兰芳的前提和基础。日本小说家、文学评论家南部修太郎1923年在北京短暂停留期间观看了梅兰芳的演出，1924年在东京帝国剧场观看了梅兰芳演出的《黛玉葬花》。不同于在北京看到的程式动作夸张的京剧表演，南部修太郎认为梅兰芳对女主人公的塑造不再是传统纯粹的中国戏，他的脸部表情、眼神、身体动作等技巧充分展现了女主角的性格和情绪，已变得现代、写实和心理化了。帝国剧场使得"梅兰芳获得了全新的体验，他已不再是站在中国舞台上的曾经的他"，"梅兰芳在《黛玉葬花》中的表演已经很日本化了"。[1] 南部欣赏的是在中国观看梅兰芳演出那种纯粹和真正的中国戏的感觉，他对梅兰芳白皙纤细的手指的优美动作和迷人眼睛中流露出的微妙眼神印象深刻，而对现代化了的和西方化了的中国文化现象表示失望。

日本有大批的汉学家，对中国历史、文化、宗教和艺术等具备丰富的知识和深入的了解。梅兰芳的赴日演出在这些学者中引发热烈反响，这集中体现在《品梅记》中。其中汉学家内藤湖南在中国即看过梅兰芳的演出，他认为昆剧比京剧更美丽也更优雅，自己喜欢梅兰芳的昆剧表演胜过了京剧表演，"梅兰芳的昆剧表演代表了某种正在衰退的中国事物的复活"（内藤湖南《关于梅兰芳》，见《品梅记》）。该著指出，内藤湖南对中国文化的尊敬是因为"日本的天职并不是引进西方文明，把它传给中国，使它在东亚弘扬，而是要让日本文明和日本趣味（Nihon no shumi）风靡天下，光被坤舆，又因为东亚各国以中国为最大，因此日本天职的履行必须以中国为主要对象"。[2] 对内藤湖南及其他汉学家研究和思想背景有更深入的了解，才能真正理解他们的评价和评价目的所在，不能停留于汉字字面意义，更不能断章取义。

日本现代戏剧先驱，也是日本传统戏剧改革的主要倡导者之一——坪内逍遥，他对歌舞伎进行全面的研究，要找到日本国剧"自我"的真正本质。梅兰芳1919年的赴日演出，坪内逍遥观看后写了三篇文章阐述其观点。他认为，对于过度运用技巧的日本戏剧来说，梅兰芳的艺术为已然中毒的日本戏剧界充当了解毒的苏打水，梅兰芳的艺术作为他山之石，保持着纯粹质朴的东方气息。他考察了歌舞伎和女形（乾旦）的早期历史，特别是看到梅兰芳的演出后，认为女形不该消失。在田民看来，坪内逍遥的梅兰芳经历使他从彻底改革的积极倡导者变成了回归日本戏剧源头、保存歌舞伎真正传统的支持者。

田民的研究视角能够深入日本历史文化和戏剧艺术现实语境，真正进入日本学术话语体系中，基于日本人的文化立场和分析视角，去看待作为"他者"的梅兰芳及其中国京剧，而非中国人简单的想象和揣测。作为小说家、批评家的角度,与作为汉学家的角度,以及作为戏剧人的角度,对讨论梅兰芳的话题及分析和评价会是不同的,田著对这些批评家的身份和职业做了细致的梳理、区分,分门别类进行讨论,这样使人们对该时期日本文化思潮和戏剧思潮总体把握清晰、有致。

三、文化背景与梅兰芳艺术——"其意义比我们预想的要大得多"

如果没有对文献发表背景的真正了解,仅从字面很难完全理解作者(评论者)的微言大义。该著对于梅兰芳与20世纪国际舞台的认识,无不是将其放置入大历史的背景去观察,无论日本、美国或者苏联,均着眼于梅兰芳访问演出时该国当下的历史、地缘政治、意识形态、文化变革、艺术思潮、戏剧观念,再从文化背景中分析该国接受梅兰芳舞台艺术的文化心理与历史动机,挖掘三个国家何以重视、媒体何以连篇累牍报道、民众(观众)何以津津乐道的深层次的原因。

作者注重充分掌握国外文献,并对每一学者、批评家的言说语境和历史文化背景客观描述,详细交代,准确地捕捉到国外学者对于梅兰芳批评本意。20世纪20年代随着美国戏剧发展,"写实主义的太阳正在落山的最新现实,一个不断扩大和加强的反现实主义语境,和日益增长的自我评估与自我修正的内在需求,正孕育出一种使得美国戏剧界更容易接受某种非西方和非写实戏剧的语境,而最伟大的演员梅兰芳所代表的中国传统戏剧就是这种戏剧的代表"。[3] 美国艺术家、评论家各自批评的出发点不完全相同,但疏离写实主义是一个总体性的趋势,而这一戏剧语境,是梅兰芳美国演出的背景和历史语境。作者田民身在美国,所以他对美国评论家、美国文献的挖掘和介绍尤其翔实。

梅兰芳应邀访苏演出背景是1934年苏联召开了第一次苏联作家代表大会，会上官方正式确定了将"社会主义现实主义"作为苏联文学艺术的基本方法，梅兰芳是在苏联政治文化语境发生根本性变化的关键时刻来到苏联的，这也是苏联戏剧家、评论家评论和产生分歧的背景。

梅兰芳出访是其表演具有世界意义的重要标志，尤其所到之国，各国评论界、戏剧理论界所产生的认同、置换、挪用、诠释和功能重组这种影响也远超戏剧的单一影响而成为一种文化冲击波。前引日本学者多位，美国与苏联的学者亦如此，不仅评论者众，且在各国戏剧界、艺术界地位高。苏联之行更是如此，不仅苏联本国，包括德国的布莱希特、英国的戈登·克雷等学者、艺术家，都深受影响。田著论述到的学者、理论家和艺术家甚多，包括戏剧思想和观点，而专章重点加以阐述的主要有梅耶荷德与布莱希特。在1935年4月14日苏联对外文化关系协会梅兰芳表演座谈会上，梅耶荷德高度评价梅兰芳的演出："梅兰芳博士的戏剧出现在我们这儿，其意义比我们预想的要大得多。现在我们就只剩下惊讶或欣喜若狂了。"[4]这里，田著对梅耶荷德戏剧理论的核心概念uslovnost和uslovnyi中文翻译为"假定性"提出不同意见，认为更准确的中文翻译应该是"程式性"以及与之相关的"程式"和"程式化"，其依据来源于普希金关于戏剧艺术的论述。梅耶荷德程式化戏剧旨在让表演成为舞台艺术的中心，并给予观众充分的想象自由，程式化戏剧观念贯穿了他整个的艺术生涯。梅耶荷德对于梅兰芳表演艺术最珍视的就是程式和形式。田著对梅耶荷德先锋派和现代主义戏剧理论话语与梅兰芳表演进行多方比较，认为尽管两者似乎在技法上不无相似之处，但二者之间存在着本质的差异，梅耶荷德用一种截然不同的视角来重新强调并替换了这种表面的相似性，"区别于对内心体验予以贬低与排斥的梅耶荷德的理论话语，演员对人物的内在体验在中国戏曲里却是至关重要的"。[5]怪诞概念是梅耶荷德戏剧美学的基础，而美的概念是梅兰芳戏剧美学的基础。梅耶荷德怪诞概念不排斥美，但不同于梅兰芳艺术通过变丑为美来寻求和谐完美的目标，梅耶荷德戏剧旨在保持对立面之间、丑与美之间的平衡、对比与张力，不是变丑为美，而是强调丑的存在成为前提和必需。梅耶荷德的名言"美的最大敌人是漂亮"，最能体现其观点。

国内有戏剧三大体系之说，而这三大体系的主人公在1935年梅兰芳出访苏联的演出中有所交集。布莱希特理论系统的原创概念"间离效果"在世界产生重要影响，其理论受到梅兰芳表演和中国戏剧的极大的启发。田民对布莱希特做了重点研究，认为在看到梅兰芳表演之前，布莱希特史诗剧理论的基本思想已经形成，史诗剧的核心概念"间离效果"已确立，他不是在中国历史、文化、艺术和戏剧的语境中理解梅兰芳艺术和中国戏剧，进而在其中发现了他的"间离效果"，而是基于自己理论对梅兰芳艺术和中国表演的一种置换处理。在弗莱那里，置换是为了使神话和故事更适应可信的背景，而在布莱希特这里，置换则是要把那些熟悉的故事或寓言放置到另一个陌生的语境中，使它变得疏远或陌生。"自我观察"是布莱希特的主要观点之一，他认为中国演员在表演中"自我观察"，强调表演者在表演中有意识控制的重要性。田著则认为"中国演员的表演与观众的亲近和移情是联系在一起的，而不是相反的"，中国戏剧的繁荣其实恰恰靠的是观众对它们的熟悉。"假设观众不熟悉艺术，不能理解艺术及其内容，'间离效果'的发生又从何谈起？"[6]布莱希特与梅兰芳表演的因缘，布莱希特理论对梅兰芳的"误读"，也是国内学者多所涉猎的一个论题。然与一些学者更多从字意本身寻绎造成的"误读"不同，田民具有了解梅兰芳艺术和中国表演的母语背景，又能够在更广的布莱希特理论语境和背景下去分析其相似性与不同，对这种"误读"的寻绎无疑更契合布莱希特及西方理论话语系统。通过考察，田民认为布莱希特对中国表演艺术的解释中,"中国表演显然被置换、转换和利用成了一种能够使布莱希特自家的理论期待、投入和预测获得合法性的手段。在真正布莱希特式的功能重组中完成了置换以后,为苏联社会主义观众表演的中国著名演员梅兰芳被重塑了"。[7]

四、国内回望与梅兰芳对 20 世纪国际舞台的影响

梅兰芳的每次出国,不独是梅兰芳个人的演出活动,也成为国内重要的文化活动和社会关切,他每次出国演出前后,所引发的舆论关注和是非臧否,都是全社会的。田著关注的是梅兰芳与 20 世纪国际舞台,也即梅兰芳的日、美、苏三国演出,并且对每次梅兰芳出国国内的舆论和评论,都予以特别的分析,这既是出访前的背景,也是回国后的影响,这种研究结构架起了国际、国内沟通和影响的桥梁,能够较为动态、客观和完整地体现梅兰芳的历史环境及影响力。这方面国内的研究有其便利,成果也较多,不过,阅读田著还是佩服作者文献的搜集、掌握,特别是这一内容在梅兰芳国际舞台这个整体中的有机存在,它所形成的逻辑关系。这一内容在访苏这一章尤其凸显。梅兰芳被邀请访苏本身,与此前出访不同,具有更多国家文化和意识形态的考量,这一邀请得到当时中国政府的支持,但戏曲界、文化界和媒体舆论展开了公开讨论,仁者智者,聚讼纷纭。田著从"对中国戏剧意识形态与社会倾向的争论""对中国戏剧形式与内容关系的争论""对梅兰芳男扮女装的争论""有关中国戏剧象征主义的争论"等方面进行论述,包括鲁迅、田汉、方之中、杜衡、夏征农、张鸣琦、周彦、王光祈、郑伯奇、韩侍桁、艾思奇等参与了这些问题的争论,由此可以看出梅兰芳访苏的复杂性背景。梅兰芳出访关系甚大,梅兰芳作为中国传统文化的代表,田著

的研究也可以说把作为国际舞台上活跃的梅兰芳之国际、国内打通了，不是出访三国的文献和评论研究，而是四国，包括梅兰芳国籍地，这样对该出访的内外背景就更为清晰明朗，也就更容易从一个全局和客观的角度对梅兰芳之出国演出作出判断和评价。

所谓"影响"是指以间接或无形的方式来作用或改变。梅兰芳的国际影响，一是指梅兰芳出访演出，该国评论家、艺术家的直接评论，媒体的报道反应；二是指梅兰芳演出所带来的对该国戏剧及其他艺术方面所产生的后续作用。前者是田著研究的重点，也是我们本文分析的重点，如对于梅耶荷德、布莱希特、爱森斯坦、塔伊洛夫、巴尔巴、斯达克·扬、坪内逍遥等的研究，是一种思想和观念的理解、碰撞、交流和融合；后者更是一种艺术实践的接受和表现，如"梅兰芳对美国舞台影响"一节所分析的戏剧家桑顿·怀尔德，田著还用一节篇幅分析"梅兰芳对美国舞蹈的影响"。

这部著作以梅兰芳日、美、苏三国出访演出为核心，全面论述梅兰芳出国演出及出访背景、出访国对中国戏剧的了解及出访国戏剧现状，演出所产生的交流、接受、影响及中国国内的反应等，重点则是梅兰芳演出所引发的与出访国戏剧精英戏剧观念的碰撞和融合。作者一个重要的观点，接受者无论为谁，都有其接受的历史站位和判断立场，都是从自身现实为出发点的，这是一种真正的交流，不是单向的，会成为我中有你、你中有我，变成一种潜移默化的内置，成为戏剧发展新的动力和资源。田著以文献和有力论证阐述和回答了围绕梅兰芳表演的这些问题，这种论述揭示了真正属于"影响"的本质，是认可、接受和掌声，更可能会是一种商榷、质疑、置换、挪用和功能重组，不是单一直线的结果，是润物细无声的变异。对于习惯了非此即彼的我们来说，这种研究方法和研究态度，不仅对我们有方法论上的启发，更可以改变我们二元对立的思维模式。也因此，田著之研究内容，特别是他设身处地的还原和解读，让我们看到梅耶荷德、布莱希特、爱森斯坦、内藤湖南、坪内逍遥、斯达克·扬等深刻的理解和自我立场的融合、置换。作者田民身份具有双重性，这种双重性本身也存在身份的"置换"，会增加看问题的"他者"视角，也更能突显自己对问题独特的认识、判断，更有可能建立一种客观和多元的认知系统，这是该著细致、全面和看问题辩证之处，也是该著深刻和深入之处。

最后，我们以国际戏剧人类学学会负责人尤金尼奥·巴尔巴20世纪80年代对梅兰芳的评价作为本文评论的结语。他认为梅兰芳的影响通过斯坦尼斯拉夫斯基、塔伊洛夫、特列季压科夫、爱森斯坦、梅耶荷德、杜林、布莱希特等，渗透到了当代戏剧的思想和实践之中。"在潜在的戏剧史上，梅兰芳的影响辐射力无处不在。这位男扮女装者鼓舞人心的能量产生了跨文化的影响，至今仍在潜移默化地影响着我们的技巧和视野。"[8]

——原载《光明日报》2022年8月4日

【注释】

[1] 田民:《梅兰芳与20世纪国际舞台——中国戏剧的定位与置换》，何恬译，江苏人民出版社，2022年，第39页。
[2] 同上，第46页。
[3] 同上，第97页。
[4] 同上，第202页。
[5] 同上，第232页。
[6] 同上，第276—277页。
[7] 同上，第306页。
[8] 巴尔巴:《不同文化的舞台上呈现的女性角色》，引自田民《梅兰芳与20世纪国际舞台——中国戏剧的定位与置换》，第311页。

《梅兰芳学刊》创刊词

20世纪之文化艺术可追忆、品味、咀嚼、继承和蹈扬者固多,然统而摄之,概而括之,可以成为文化艺术标识和代表者却鲜有。这100年是文化艺术激荡流转的100年,也是披沙汰金、掇菁撷华的100年,有着太多的过眼烟云,有着过多的瞬现即逝。而"梅兰芳"这个响亮的名字,不仅辉映了20世纪的台上台下,成为那个年代的标志,被镌刻于历史,而且,进入21世纪,中华民族走向复兴、弘扬民族精神的伟大进程中,"梅兰芳"这三个字对我们依然不可或缺。他所创造的艺术美,他对艺术美的至性至情追求,他的知行合一和中和人生,他艺术之美、品性之善、生命之真积聚为能够体现中华优秀传统文化大写的"人"。

梅兰芳与我们渐行渐远，如果说20世纪是艺术梅兰芳时代，那么21世纪应该是开启梅兰芳研究和弘扬其思想精神的时代，这是历史因循的必然，也是时代和社会发展的需要，这也是我们创设此学刊的意旨和目的所在。

梅兰芳不仅在京剧表演各方面有创新和发展，举凡传习教育、传播交流、组织研究等领域，他都有独到见解，并努力付诸实践，其视野极其开阔广大。中国戏曲有悠久历史，而理论研究一直缺位，远远逊色于演出实践，故齐如山有"自有戏剧以来，已有七八百年的历史，但没有一人将它作为一种学术来研究"之叹（《齐如山回忆录·创立国剧学会》）。包括进入20世纪京剧进一步走向兴盛的过程中，现代报纸杂志出现，戏曲成为关注对象，却多为剧评和名家小传。1931年底，梅兰芳、余叔岩、齐如山等创立了国剧学会，梅兰芳这样阐述研究戏剧艺术："研究艺术是一种极崇高的生活，是从事人类精神生产的生活，是站在时代前面，创造新时代的生活。"[1]学会主要工作有五项：研究国剧原理、搜罗国剧材料、出版月刊画报、办国剧传习所、编纂国剧辞典。其中，创设《戏剧丛刊》本意是"我们成立的国剧学会，既非戏班，又非票房，'国剧'两字之下，加上一个'学'字，则一切工作当然要对得起这个'学'字，无论做哪一种事情，也不该离开这个'学'字"（《齐如山回忆录·创立国剧学会》），亦可谓筚路蓝缕，对戏曲学理论建设功不可没。

今日之京剧学、戏曲学，与彼时相较，已不能道以里计。然今日是从昨日走来，今日之京剧学、戏曲学建设与梅兰芳及国剧学会等的创立，有着历史的、内在的联系。步入21世纪，戏曲学理论体系基础和框架在几代学者的努力下，已初具规模。梅兰芳研究、梅兰芳表演艺术体系研究，是中国戏曲理论体系研究重要的组成。事实上，梅兰芳表演艺术体系研究对于中国戏曲表演体系而言具有符号性、典型性和象征性，戏曲表演的历史性和实践性也决定了这一研究的艰巨性和长期性，学术化与理论化更需自砌炉灶，可以横向借鉴和吸收，但不是替代，方可能构建起属于我们自己的评价话语和理论体系，这是广大学者和艺术家共同面临的使命和担当！

《梅兰芳学刊》，开启 21 世纪学术、思想和精神的梅兰芳！

——《梅兰芳学刊》第一辑，学苑出版社 2018 年

【注释】

[1] 《国剧传习所开学详志》，《国剧画报》，1932 年 5 月 27 日第 1 卷第 19 期。

梅兰芳的表演艺术

"我看到中国演员梅兰芳和他的剧团。他饰演少女,真是棒极了。"这是 1935 年 3 月底,布莱希特在莫斯科观看梅兰芳的表演后,致海伦娜·魏格尔的一封信中写下的文字。这次历史的际遇,让布莱希特发现,舞台上的梅兰芳呈现出两种形象:"一个在展示,一个在被展示。""展示",是演员自身,"被展示",是戏剧人物。

梅兰芳的"展示",是充满东方大雅的艺术创造,可唤起观众从虚构的艺术空间抽离的意识,聚焦于演员存在的本身,体味歌舞传递的大美情韵;同时又有一种"迷藏"的魔力,将演员隐匿于戏剧人物的内部,化为亿万角色之色身,活现于红氍毹上。演员与角色可合一,凭借程式动作的语汇,描述环境,展现心理,创造活泼泼的生命,演绎枯荣盛衰的人生情境;演员又能随时把自己"拽"出角色身体,"用奇异的目光看待自己和自己的表演",生成反照式的陌生效果,间离出观众的理性,反思自我熟悉的日常生活。这正是布莱希特寻找已久的陌生化舞台表达方式。当梅兰芳音发遏云之声,舞动惊鸿之态,翘起脚尖,水袖一掷,便画出中国式的"写意"图景,顿时擦出布莱希特心中的火花,悟出"陌生化"理论的实践手段,找到了建立非亚里士多德式戏剧的践行之路。

梅兰芳天生具有一种美的能力,初工青衣,兼擅刀马旦、花旦,后合青衣、花旦而为一,创造出花衫表演行当的华贵气质,改变戏园以老生为重的旧通例,开启剧界以旦角为中坚的新局面。梅兰芳的演唱,宗时小福一派,练音咬字,一字不苟,行腔圆润,珠喉婉转。时常声到尾处,自有旋折,宛如游龙;其拔尖之音,紧峭高亮,浑然有力,加之娴习昆曲,刚柔浓淡之间,极委婉纤徐之致,甜而不媚,尤显雅质。

梅兰芳的扮相,柔丽妩媚,端丽清华,譬如梅花,淡红香白,别具精神;尤其做工,意态传神,悉造其妙。演黛玉葬花,宁静婉约,尽弱不胜衣之态;扮《虹霓关》东方氏,耍花枪各种,英气逼人;《四郎

▼《樊江关》，梅兰芳饰薛金莲

探母》则显贵妇之端庄气度;《三娘教子》则有贤母之坚固贞正；新编剧《天女散花》，身段活泼，装饰秀丽;《桑园会》《武家坡》等剧，颇能营造贞烈幽节之气象。梅兰芳稔熟程式动作，善于捕捉各色人物的精神气质，洞悉世态人情，摹其形态，画其精神，又能抛开形式的束缚，跳出现实场景的羁绊，在空无一物的舞台，借助身段、手势、眉目、神情等肢体表达，抽象出斑斓的景语，充盈着时空的无穷。他的表演，有写实的部分，也有虚拟的部分，有程式的套式，但绝无程式化的呆板，在虚中生有，于有中藏虚，虚实之间，演出舞台天地的"生生"之意，展现东方艺术的诗意气韵与空灵气质。

　　梅兰芳尊崇传统，但不固守传统。他在中西戏剧的反复碰撞与体认中，扎根中国艺术的生命活水，在写意美学原则的前提下，打开视野，突破创新，主动学习西方戏剧的先进技术，从扮相、身段、服装、道具、布景、电光等方面作现代化的创造，以一手一足、一神一态、一字一腔；塑造多元化的女性形象。他用自身的天然灵性，以及对艺术的虔诚，营造戏曲舞台的华夏风韵，在东西文化交融的大势中，东出日本，西巡欧美，让中国戏曲焕发出新的时代光芒，建立起世界表演艺术中的梅兰芳体系。

立身行己，追求光明
——『艺术劳动者』梅兰芳

梅兰芳是一位共产党员,虽然他的党龄只有两年多,但梅兰芳一生不仅在台上而且也在台下抒写了壮丽、辉煌的人生。他严于律己,追求完美,加入共产党使得梅兰芳人生进入一个新阶段,他的思想实现了一种新飞跃,成为他人生思想信仰的"点睛"之笔,成为"一代完人"。

梅兰芳于1959年加入中国共产党,而其对共产党较为深入的认识,是从上海解放开始。当时在建国东路,他看到许多解放军战士军容整齐,都睡在马路边,回家后,他称赞共产党军队纪律好极了。紧接着梅兰芳参加了共产党领导的新政权的工作,从上海迁往北京居住。先后担任中国戏曲研究院院长,中国京剧院院长和中国戏曲学院院长等职。入党的愿望与他参加革命同时萌生,在梅兰芳看来,"自从一九四九年全国解放以来,在党的极大关怀和教育之下,使我理清了社会发展的必然规律。通过革命的伟大胜利,祖国的伟大建设和党大公无私地为人民、为整个人类谋福利的伟大措施,我深深地受到了感动,使我真正认识到党的马列主义的真理,也认清了作为一个艺术劳动者所应走的正确的光明的道路"(梅兰芳《入党志愿书》)。不过,梅兰芳觉得"几年来,虽然我是热爱党的,在主观上也还是努力加强着政治锻炼,但是非常不够的,因而我久已渴盼成为一个光荣的共产党员的愿望不好意思向党表示"(梅兰芳《入党志愿书》)。梅兰芳认为"我希望成为一个共产党员,但现在还不够条件,要进行思想改造,我是从旧社会过来的,思想改造是非常重要的"(福芝芳《回忆党教育下的梅兰芳同志》)。他对党有个完整认识的过程,同时因为对入党看得很重、很神圣,所以对自己的要求也格外高。

那么何以于1957年提出入党申请呢?梅兰芳说:"我已经参加了社会主义革命事业,天天正在做着我应当做的工作,将来还要把晚年的精力放在培养后一代的任务上面,如果自己还没有锻炼好,怎能够把现在的和将来的工作都做得好呢?所以热烈希望及早参加党的组织,直接受到深入的共产主义教育,使我脱胎换骨,改造得更彻底,才可以放心大胆贡献出所有的力量,我今天才申请入党,不算早了,不能再等待了。"(梅兰芳《自传》)他的入党志愿书写于1957年12月,入党《自传》写了近万字,详细汇报自己的经历、剧团、社会关系、家庭情况及入党理由等,这个时间点的提出,也有他为革命工作时不我待的一种责任和急迫感。1959年3月16日,中国戏曲研究院党组织研究通过梅兰芳为预备党员,3月23日,中国戏曲研究院党员全体大会决议通过梅兰芳加入中国共产党,丁7月1日举行入党宣誓仪式。

新中国成立后,梅兰芳以极高的热情投入人民的戏曲事业中,担任戏曲领域许多重要职务。其时他已经50多岁,此前还有抗战时期的息演,他却始终活跃在演出的舞台上,到全国各地,为基层服务,为工人、农民和广大解放军指战员服务,到抗美援朝前线,到福建前线,慰问和鼓励那些最可爱的人。他每个档期的演出,不是一天两天,也不是一场两场,而是一个月、两个月,甚至三个月,不是以他为招牌,而是以他为主演。以1956年演出为例,1月在北京,2月在南京,3月在泰州、扬州,5月26日至7月16日在日本东京、福冈、八幡、名古屋、京都、大阪等地,9月在北京,10月上旬在上海,10月中旬在杭州,11月在南昌,12月在长沙,1957年1月从长沙又直接到武汉,受寒感冒,嗓音发哑,病愈后又在武汉演出,包括为武钢建设者作了两场慰问演出,一直到 2 月 25 日回到北京。日本回国后的这次浙、赣、湘、鄂演出，前后持续达近四个半月，这时的梅兰芳已经 62 岁，这需要具有怎样的精神和力量。在各地演出，梅兰芳平易近人，他提的唯一条件是，压低票价，希望让更多的观众能够看到、看得起他的演出，以致许多售票点艰难维持购票秩序。这次演出产生很大影响，包括毛泽东主席见到梅兰芳都询问："你几时回来的？这次走了不少地方吧？"（福芝芳《回忆党教育下的梅兰芳同志》）

进入 20 世纪 50 年代，梅兰芳完成了由一位杰出、爱国的"伶界大王"向有理想、有信仰和有高度文化自信的京剧艺术家的历史过渡。这样一种转变和升华，与时代发展及共产党的领导密不可分，梅兰芳的视野、格局、思想和世界观发生了前所未有的变化，他确定了方向，知道自己的艺术为谁服务，目标是什么。所以，共产党领导下的梅兰芳最后之十余年，真正从文化和理论两个层面明确了"梅兰芳"的意义，他大江南北、城市乡村、厂矿部队不遗余力地去演出，是一种认识了艺术真谛和自我价值的回馈与报答，所以他每到一地所迸发的民众"狂欢"和热情，是艺术与观众最本原的交流、融汇。

梅兰芳，严于律己，一生不断追求进步，追求完美，20 世纪真正走向文化自觉的艺术大师！

——《中国艺术头条》2021 年 9 月 13 日

雅音弦歌
——写在跨界艺术《琴芳梅兰》之前

"琴芳梅兰"是一种创新性的艺术组合,以梅派唱段结合古琴之伴奏,让两种"雅音"跨界碰撞,相互交流,进而融汇,彼此映衬,以创造性的转换方式,让传统艺术在新的艺术语汇中,获得充满东方情韵的盎然生机。

古琴是中国古代高雅艺术的象征,乃圣人治世之音,君子养修之物,其音清静远古,淡恬逸雅,清风入弦,绝去炎嚣,尤为性灵。古琴之音,最能与人音相协,与肉声相应,早在尧舜时代,便已成为朝会、祭礼的主要乐器。诗以弦歌之风雅,成为一种传统,流淌在中国的艺术血脉中。抚琴吟咏,字字欸乃,句句依声,声中求静。虚静之处,雪其躁气,释其竞心,扫尽炎嚣,归于大雅。

中国之戏曲声腔,自明代嘉靖曲家魏良辅创辟昆山水磨腔以来,转喉押调,细腻婉转,气无烟火。尤其清唱,有别于戏场之锣鼓喧嚣,以"一拍一箫一寸管"为主要伴奏乐器,犹如魏良辅所言:"箫管以尺工俪词曲,犹琴之勾剔以度诗歌也。"昆曲与琴歌,均有以"静""和"为美的音乐属性。

梅兰芳创造的梅派唱腔,练音咬字,一字不苟,行腔圆润,珠喉婉转,时常声到尾处,自有旋折,宛如游龙;其拔尖之音,紧峭高亮,浑然有力,加之娴习昆曲,刚柔浓淡之间,极委婉纤徐之致,甜而不媚,稳重匀圆,尤显雅质。民国就有文人用古琴之大雅之音,比喻梅兰芳的唱腔:

玉样容颜珠样神,西山爽气得来真。
不妨太古琴声作,弦外听音自有人。

◀《琴芳梅兰》2018年10月在国家大剧院演出
▶《琴芳梅兰》首演宣传单

　　梅兰芳天生具有一种创造美的能力，当他翘起脚尖，水袖一掷，音发遏云之声，舞动惊鸿之态，便能构出中国舞台"写意"式的典雅图景。其表演于细腻之中，佐以典雅，补以和缓，恰与古琴的中正平和之气韵，亮采润圆之音声，有一脉相通之处。

　　皮黄声腔，高亢尖锐，历来以笛子、唢呐、胡琴为主要伴奏乐器。"琴芳梅兰"则打破戏场伴奏的惯例，选取《贵妃醉酒》《霸王别姬》《太真外传》《洛神》四出剧目的五段经典唱腔，经过重新编曲打谱，用琴、笛、箫伴奏，京剧清唱，再辅以小幅度的身段表演，通过文化讲解的方式，让两种"典雅"的声音艺术相互融合，碰撞出新的艺术生命力。

梅派唱腔音色圆润细腻，旋律线条丰富柔韧，古琴音色清丽而静，和润而远，以低音之低回孤高衬托高音之清艳婉转，产生出一种缓慢而宁静的声韵，弦与指合，指与腔合，腔与意合。古琴一勾一剔之间，发音正直和雅；一吟一猱之际，展现转喉行腔；一度一候之内，章句俨然分明。琴音与梅派唱腔，形成一种张力，彼此制约，却空间无限；紧张勾连，又圆融无碍。在缓慢悠长的节律中，凝神屏气，或许听者可用听觉触碰到每一个音符的细节，把玩音与音的关系，体味声腔生成—持续—消失的过程，在声音赋予的时间与空间，可绽放，可无限，可深远，可获得。

琴歌寂静处，游思缥缈于无穷，洁身于天壤，旷志于物外，不可捉摸，却唾手可得，每一处细节，都跳动着自己的光影，或许这就是艺术的风雅意趣。

2018 年 10 月于梅兰芳纪念馆

——原载《文艺报》2018 年 11 月 30 日

交流互鉴，走向世界
——《梅兰芳菲》新书发布会致辞

凝聚我们几年汗水和心血的《梅兰芳菲——梅兰芳在世界》课题在这个似火热情的季节出版问世了。它的出版问世，是近年来我们打造一流学术型、综合型文化名人纪念馆的重要成果之一。作为20世纪伟大的京剧表演艺术家，梅兰芳的不朽和魅力属于舞台，属于艺术，属于他的思想和创造。近年来，《梅兰芳在世界》《梅兰芳表演艺术体系及相关文献的收集整理和研究》、典藏版《舞台生活四十年》等课题项目的实施完成，是进一步打造梅兰芳艺术和思想精神、理论体系的重要收获。

七十年前，这方院落成为梅兰芳新居，使他重归北京，积极参与新中国文化事业建设和发展。十年里，这方院落伴随了他无数个日日夜夜，舞剑练功，运筹思考，种花养鸽，含饴弄孙，度过他生命的最后十

年。曹禺在这里曾说：真正的祖师爷在这儿呢！今天这里成为人们虔诚敬仰崇奉梅兰芳的圣地，它是传承、传播和推广京剧艺术的场所，是弘扬中华优秀传统文化的场所，载荷梅兰芳思想理论和艺术精神，成为梅兰芳研究中心、"梅学"研究中心。

党的二十大报告强调：增强中华文明传播力影响力。坚守中华文化立场，提炼展示中华文明的精神标识和文化精髓，加快构建中国话语和中国叙事体系，讲好中国故事、传播好中国声音，展现可信、可爱、可敬的中国形象。加强国际传播能力建设，全面提升国际传播效能，形成同我国综合国力和国际地位相匹配的国际话语权。深化文明交流互鉴，推动中华文化更好走向世界。

我们体会，传播力影响力首先取决于主体对象对社会与文明的创造力、贡献力，这种创造和贡献首先在本土本民族领域产生巨大甚至史无前例的影响，树立了典范意义。其次，这种创造和影响具有普适意义，不仅本土本民族乐于接受和推崇，他地他民族亦有同趣，能够唤起和激发不同地区、不同民族、不同语言人们的共鸣和审美愉悦。再次，这种创造和贡献对于他地他民族而言也是天花板级的，也即这种创造和贡献达到该事物品类的峰值，从而具有世界价值和更为广大和普遍的意义。

我们说，梅兰芳是代表中华文化具有这种传播力影响力的杰出的表演艺术家，梅兰芳20世纪京剧表演艺术的传承、革新和发展，可谓提炼展示了"中华文明的精神标识和文化精髓"。梅兰芳20世纪访日、访美、访苏演出和文化交流，每到一地，轰动一时，媒体报道评论不断，好评如潮，其演出成为重要的艺术盛事，真正做到了"讲好中国故事、传播好中国声音，展现可信、可爱、可敬的中国形象"。加强国际传播能力建设，全面提升国际传播效能，深化文明交流互鉴，推动中华文化更好走向世界，在这些方面梅兰芳是20世纪的先行者，是一面旗帜，以其美不胜收的民族艺术踏出国门，受到所到国观众和人民的欢迎，深化了文明交流互鉴。

"梅兰芳菲——梅兰芳在世界"项目是2019年梅兰芳纪念馆立项的课题，馆里高度重视，聘请了几位优秀的学者担纲苏联、日本和美国各卷工作。陈世雄教授是俄苏戏剧、世界戏剧理论研究的著名学者，为做好此项目，不顾年事已高，身体多病，亲往俄罗斯查阅文献，令人感佩！其他几位均为新生代年轻学者，素质高，能力强，有责任心，显示了这一代年轻学者的水平。馆里工作人员不同程度参与该项目，他们有的没有署名，但做了大量协助工作。该项目的意义如下：第一，项目具有很高的原创价值，大多文献都是从所在国搜集、翻译、整理和进行研究的。第二，该项目许多文献具有很高的文物价值，梅兰芳纪念馆收藏有大量梅兰芳访日、访美、访苏文献，特别是访美文献。1930年梅兰芳访美，请美国艾伦新闻剪报局制作了《梅兰芳访美剪报集》，珍存了全套访美珍贵的报道评论，包括馆藏《梅兰芳访美评论中文译稿》，也包括部分访日、访苏的文献译稿，不仅文献价值高，也都具有珍贵的文物价值。第三，文、图、文献并茂互文，互相阐发，生动形象。第四，项目队伍整齐，特别是编译者有实力。第五，编辑力量强，书籍设计制作精良考究，文质相符。

《梅兰芳菲》的出版问世，给方兴未艾的"梅学"研究添助"新能源"，相信会对梅兰芳海外文化传播深入研究，进一步加强国际传播能力建设，提升国际传播效能发挥积极作用。

2023年6月6日

——江苏人民出版社2023年

《梅兰芳纪念馆藏拓片集》序

梅兰芳是20世纪伟大的京剧表演艺术家，他的成就彪炳史册，他的影响和贡献是多方面的，诸如京剧表演艺术、海外文化传播等等。地处北京无量大人胡同的缀玉轩，曾是梅兰芳在北京的主要居所，也是他事业臻于巅峰的标志性符号。在缀玉轩，梅兰芳身边聚集了一批志同道合者，他们的修养，他们对梅兰芳的无私援助，不仅使梅兰芳在舞台上大放异彩，也使得梅兰芳的人格修为和文化修养得到显著提升，这是梅兰芳成功的原因之一，也是梅兰芳不同于一般艺人之处。缀玉轩不仅进出众多的文化名人，也收藏了一批珍贵的文物文献，这些文物文献是缀玉轩，也是梅兰芳文化品牌的重要体现。梅兰芳多方面的成就和爱好，越来越为人所知，而作为收藏家和档案文献收藏者则鲜为人知。梅兰芳收藏的档案文献，特别是京剧演出、时尚审美、娱乐市场和文化活动等重要的历史记录和珍贵文献，既是他个人历史的印记，也是那个时代社会的记录；他的书画等收藏也名重一时，所藏极其珍贵，越来越为业界及爱好者所熟悉。而在梅兰芳的诸多收藏中，有些内容重要却不甚为人所知，如拓片。这类藏品，内容丰富，颇具特色。

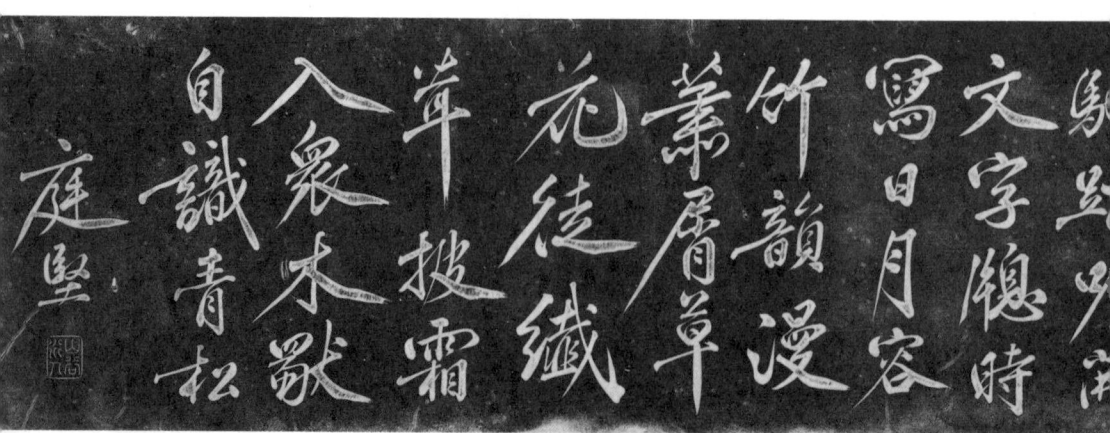

《梅兰芳纪念馆藏拓片集》序

拓片是从碑刻、铜器等文物上拓印下其形状、文字或图画的纸片。它为中国文化的传统手艺，是记录中华文化的重要载体之一。中国摹拓书画的技艺远在唐代之前就已达到相当水平。晚唐张彦远在《历代名画记》卷二"论画体、工用、拓写"中写道："好事家宜置宣纸百幅，用法蜡之，以备摹写（顾恺之有摹拓妙法）。古时好拓画，十得七八，不失神采笔踪。亦有御府拓本，谓之官拓。国朝内库、翰林、集贤、秘阁，拓写不辍。承平之时，此道甚行，艰难之后，斯事渐废，故有非常好本拓得之者，所宜宝之。既可希其真迹，又得留为证验。"一些已毁坏不存的碑刻，因保存有拓片，才能使后人一睹原碑刻的历史内容及形象风采，如汉《西岳华山庙碑》、北魏《张玄墓志》、东吴《天发神谶碑》以及唐柳公权《宋拓神策军碑》等。拓片的种类有甲骨文拓片、秦汉瓦当拓片、历史砖拓、古币拓片、砚铭拓片、汉画像拓片、碑拓、造像拓片等。梅兰芳纪念馆所藏拓片以梅兰芳先生收藏为主，数量168件，主要类别为墓志铭碑刻及石刻、造像题记、器物（砚铭）、书法（碑刻）等，以墓志铭碑刻石刻、造像题记和书法碑刻为多，书法拓片延及当代。

拓片为梅兰芳收藏的重要组成部分，从中能够看到他对以拓片为载体的文物中所积淀的传统历史文化信息的理解和重视。其中北朝墓志铭碑刻、造像题记在梅兰芳现有收藏中占有较大比重，其历史文化价值、艺术审美价值较高，如《牛橛造像题记》《郑长猷造像题记》《贺兰汗造像题记》《广川王祖母太妃侯为幼孙造像题记》等多篇"龙门二十品"，为清代后期流行之碑学。梁启超在《广艺舟之宋齐梁陈》中赞"龙门二十品"有十美："魄力雄强，气势浑穆，笔法跳跃，点画峻厚，意态奇逸，精神飞动，兴趣酣足，骨法洞达，结构天成，血肉丰美。"并称曰"魏碑无不佳者"，彰显了具有时代特征的理性力度之美，形成书法史之质朴美风格。从梅兰芳个人角度来看，收藏拓片与他一定阶段的爱好兴趣及信仰思想不无关系。我们知道，梅兰芳早年受佛教影响较

大，这在他早年的绘画与戏曲创排中均有反映，这类收藏从一个侧面也可窥见梅兰芳某个阶段的思想与意趣所在。

梅兰芳拓片收藏多为历代书画文学大家，如陈抟、黄庭坚、柯九思、董其昌、傅山、朱耷、朱彝尊、金农、郑板桥、刘墉、翁方纲、俞樾等，包括柯璜所书当代伟人毛泽东、朱德诗词，有思想家王阳明的书法，亦多历史上的一些具有爱国情怀英雄、忠臣的书法作品，如岳飞、史可法、杨继盛等，无疑从梅兰芳抗战时期的蓄须明志到新中国的爱国爱党，其思想渊源有自，是可以从多方面进行观察的。传统是一面镜子，也是一种激励，拓片不是一方纸页，积淀其上的思想、精神和气质，会转化为一种动力，会影响人的思想和审美。拓片中有元代至正十年（公元1350年）的《竹》《兰花》，这是历代文人喜爱和欣赏的植物，也是梅兰芳一生高洁情操的象征，虽为墨拓，却能够感受到兰花与竹子的清新、明丽与不俗。在梅兰芳所藏的拓片文献中，也保存了与戏曲梨园界有关的内容，这就是1934年由徐兰沅所书《梨园公益会立碑》拓片，杨小楼、余叔岩、梅兰芳等人"念同业之人旅榇无寄，孤魂何依"，乃筹款助洋，"以作剧界同人义园"，发扬梨园界团结互助的传统，也是梅巧玲辈积义行仁盛德的体现。拓片《释迦文佛》（北齐天统三年，公元567年）有1923年姚茫父的跋记。姚茫父长梅兰芳18岁，为著名文人，金石、诗词曲赋无不精通，与王国维、吴梅并称"曲学三大家"，是梅兰芳的绘画老师。《北齐武平七年造像》《合邑五十人造像记》有罗瘿公跋记，前者跋该造像"民国十一年出土，西充白坚充得诸太原。癸亥三月书画展览会陈列此石，完好精丽。畹华亲摄全影，翌日白君以榻本贻之。为志其上"。后者跋曰"西充白氏藏石，以墨榻贻缀玉轩主人"，均对梅兰芳藏这两件拓片来源进行说明。

梅兰芳构筑的中国戏曲表演体系是以戏曲为核心的，他的海外文化传播也是以京剧为主导的，但梅兰芳有着更宏阔和系统的文化视野和文化理想，这是超越梅兰芳仅仅作为一位艺术家的。梅兰芳京剧与表演艺术研究如火如荼，"梅学"则方兴未艾。文献档案的收集、整理和研究、出版，需要一步一步做，也在一步一步做，而文献是我们认识时代社会最贴近历史真实的描绘，在这个贴近真实的描绘里，也呈现出生动和多彩的梅兰芳！从这一角度看，拓片集的整理出版，不是梅兰芳艺术的边缘和角隅，而应是需要我们认真加以研究的一个领域和天地。

由于馆里的整理和研究工作比较繁重，此稿的整理经历了较长时间。文献的释读整理主要由梅兰芳纪念馆孙利华女士承担，并邀请南京艺术学院美术学院王霖老师做了审校工作，还得到北京画院一级美术师纪清远先生的多次帮助，梅兰芳纪念馆俞丽伟博士亦承担了部分释读工作，本人进一步做了释读和审校工作。这一工作的复杂性和难度显而易见，虽几经努力，仍觉拓片整理存在的问题还多，尚祈方家指正！

2023 年 2 月 20 日于京城惠新里

——知识产权出版社 2024 年

《梅兰芳祖籍考》序

  2014年,正逢梅兰芳先生诞辰120周年。100年前,梅兰芳以不到20岁之龄首次到上海演出,引起上海观众的热烈赞赏,从此,"梅兰芳"三个字便与20世纪的中国京剧、中国戏曲紧密相关。中国戏曲舞台上一颗新星如同横空出世,照耀南北东西,走出国门,影响至于欧美。我们说梅兰芳,当然首先是梅兰芳京剧表演艺术的精湛和取得的成就,然他的成就和影响是那样广泛和深刻,以至于不仅成为中国京剧、中国戏曲的一种代表,与世界之杰出戏剧相比肩,而且也是中国文化的象征和符号,是传统艺术与传统文化的集大成者。梅兰芳离开我们业已50多年,他所留给我们的是一笔丰厚而无价的艺术和精神财富,人们也越来越意识到这一点。所以,在重视传统和非物质文化遗产的当下,我们怀念、纪念梅兰芳，我们更需要认识和研究梅兰芳，梅兰芳研究方兴未艾，梅兰芳研究也在不断走向深入。

在近年梅兰芳研究队伍中，梅兰芳纪念馆的吴开英先生"入道"不过10年，然而却成为人们特别关注的一位。依托梅兰芳纪念馆，吴先生甘坐冷板凳，搜集和掌握了大量文献资料，在北京、泰州等地进行实地考察，对梅兰芳生平艺术进行系列研究考证，其中，《梅兰芳艺事新考》出版后学界反响积极。《梅兰芳祖籍考》是近来吴先生一个新的研究课题，对梅兰芳曾祖父及其籍贯研究已有定论提出质疑和反驳。我们知道，认籍泰州是梅兰芳先生本人首肯并于1956年亲往祭扫的。无疑，祖籍苏州、曾祖父为梅鸿浩这一观点的提出，是一种新的认识（当然不是说之前泰州说没有异议），也可以说是对梅兰芳祖籍研究的一个挑战。这种"挑战"体现在两方面：首先，曾祖父及其籍贯的文献考证，这方面作者不遗余力，所做的工作甚为详尽和深入，质疑已有结论。中国文化重视籍贯里居，有撰家谱族谱的传统，但对许多老百姓来讲，又是不现实的，即便是官宦大户人家，如果家道中落，这一传统是否能够保持也是未定的。而且，人口是流动有变迁的，所以，考证祖籍尤其是梅巧玲、梅竹芬、梅兰芳这样几世"伶人"的籍贯是不易的，现有的文献还待进一步的证据。其次，这一问题更为复杂的是，梅兰芳托泰州有关方面所做的，以梅天才为曾祖父的结果得到梅兰芳的认可。而泰州方面当时的考察，更多的是行政方面的考量和安排。当下，各地争历史名人的做法到了一种几近荒唐的地步，这也是当前社会人们文化心态浮躁、急功近利的一种折射。1956年泰州方面对梅兰芳祖籍的考察当然不同于当下，但先入为主和行政色彩比较强烈，可能会造成一种误判。将错就错还是无当作有，为逝者讳，还是把问题勇敢提出，并进行探求，这不仅是一种态度，更是一种是非。不是说在梅兰芳曾祖父及其籍贯问题上已有是非，是非已明，而是首先我们应该有是非之心、爱真理之心、唯真理之心。在这一点上，本人非常佩服吴先生。吴先生去揭示这一存在的问题，看似触痛先人，实则是还原真实和探求真理，也是真正维护先人。假使我们做学术、做人都能够本着这样一种原则，不仅中国的学术更有含金量，中国的社会道德和良知风尚也会迥然不同。我们有这样的人、这样的学者，但没有形成风气，没有建立一种激励机制和保障机制，那么，没有这种保障和社会风气，这样的人、这样的学者，也会被扼阻在世风日下中。

该著的写作风格也很有特色，一方面作者注重文献和史料，包括以图片形式对重要文献的呈现，严谨认真，考证比较缜密，有据有论，层层推进，让人信服。另一方面，虽然是"祖籍考"，但没有一般考据文章的沉闷和刻板，只是引经据典，而是在考证渊源和揭示史实的过程中，对形成这一现象的历史和现状用一种随笔式的笔法加以叙述，实地考察，当事人的口述和证明，娓娓道来，轻松而生动，有助于人们对这一历史现象形成客观认识和解读。当然这也是一种尝试，也有推测和推论，但能够把这样看似很不同的研究方法和叙述很巧妙地结合起来运用，注重考证而又具可读性，别开生面，值得借鉴。

2014 年 8 月 31 日雨夜于京城非非想书斋

——中国戏剧出版社 2015 年

《梅兰芳演出剧目的生成与递嬗》序

100年前恰是梅兰芳舞台艺术的高光时刻，今天梅兰芳依然是人们心中挥之不去的情结和精神。这当然不是一种感性和怀旧思绪的萦绕，而是艺术发展和历史积淀的文化延伸、思想阐扬。我们看到，"梅学"在今天正在成为戏曲学、艺术学和文化学研究的一个重要领域。梅兰芳是一个"说不尽"的话题，伴随100年前梅兰芳的出道、声名鹊起，关注、舆论、评论、褒贬和研究就是一道绵延的风景线，也成为现代传媒的时尚话题和流行标志。20世纪后半期，一个新时代的诞生，将梅兰芳推向新的高度，也使艺人的梅兰芳真正进入艺术的梅兰芳，这不仅是对梅兰芳的评价和定位，更是中国戏曲的真正定位和走向自觉，我们对梅兰芳与中国戏曲的认识、理解和评价有了全新的视角和艺术本位，虽然不一定尽善尽美，却完成了一个历史性的蜕变和根本性转身，也是建立"梅学"的基础。

近20年来，是文化自觉走向文化自信的时期，进入了学术建设的黄金时期，"梅学"之活跃和向好走深势头愈益明显，这从研究成果统计及越来越多年轻人的涉足可见一斑，包括"梅学"许多选题也都处于学术前沿，备受人们的关注和青睐。梅派的粉丝与观众很多，而"梅学"却显得有些曲高和寡，究其原因，真正建构"梅学"，需要的是专家和行家叠加的通家，是专家而不熟悉舞台、不熟悉梅派不行，是行家不具备研究的理论素养和学科知识也不行。在"梅学"诸多话语选题中，剧目问题始终是一个醒目而重要的内容。梅兰芳的耀眼，"梅派"的成就，是梅兰芳表演艺术的，它是一个整体，也与剧目的选择、编排和创新紧密相关。当年，缀玉轩中不仅有"梅党"围绕剧目热烈的讨论和参与，剧目也是解码"梅派"的肯綮，作为舞台艺术的"梅派"是由有其鲜明特征的剧目构成的。所以，剧目研究在"梅派"艺术研究中占有重要地位。

《梅兰芳演出剧目的生成与递嬗》这一课题的意义首先在于它有一

种贯通剧目文本和梅派表演艺术的意识、思维。显然做这样一个课题，了解和熟悉研究现状是第一位的，没有这种前期的准备，可能就不会生发出这样一种从题目选择、章节框架就能够发现其探讨和辐射的方向。也许作者尚不具备我们所说的"专家＋行家"之资质，但作者对梅派剧目的再研究有这样一种鲜明的意识，这种意识就是一种能力和眼光，甚或就是一种水平，努力破解案头、场上之隔，走向表演与叙事之"整元"，将剧目研究活化为舞台与表演空间场域。该研究在框架结构上有两个层次：一个层次是纵向结构的，体现为前三章与第四章的递进关系，由历史、文本走向表演舞台；第二个层次是横向的，体现为第三、四章中之"示例"。其次，该著体量篇幅不大，作者思维意识清晰，论述简约概括，繁简有致，从晚清至民国时期的社会场域、演出剧目的史学概述（历史分期、剧目类型），到对作为文本叙事之演出剧目两大撰本形式的阐述，再至作为表演的叙事之舞台剧目整元论，论述呈递进之势，彼此呼应。包括后二章中之"示例"，

▼《梅兰芳演出剧目的生成与递嬗》书影

都可视为作者作为表演叙事舞台剧目"整元"之细读和深化剖析。

作者俞丽伟博士为人热情、真挚，执着于戏曲研究，多年来不断追求，不断上进，无论为人师，无论师于人，都认真负责，渴求进步。曾目睹她为人师时，与学生那种亦师亦友的融洽；也领略她读博时，与老师的互动和周到细致；也看到她在纪念馆工作时，对访客包括很多小学生的耐心和热情，虚心地学，诲人不倦地授。也因她博士学位论文选题，毕业后至梅兰芳纪念馆工作，我们成了同事，她对工作的热忱及积极参与，给人留下良好的印象。

因对梅兰芳戏曲手势的热爱，她一边进行相关研究，一边赴国家京剧院观摩和学习戏曲表演，后在中国传媒大学艺术学部艺英培育计划的资助下重新拍摄梅派手势。该摄影作品获得2017年北京大学生书画艺术作品展摄影类金奖和2018年中华人民共和国教育部主办全国第五届大学生艺术展演活动艺术作品一等奖，该项目也得到梅兰芳纪念馆的重视，将这一项目进一步打造升级，于2019年5月在梅兰芳纪念馆举办"手舞艺术——梅派兰花指摄影展"，广受好评。

丽伟博士兴趣广泛，特别是对新兴的多媒体及科技成果，不遗余力地去考察和学习，发表多篇内容和研究视角新颖的论文，参与了单位各类整理和研究课题，我相信她会有更多更好的研究成果问世。

是为序，祝贺丽伟博士大作出版！

2020年5月18日于北京

——中国戏剧出版社2020年

『梅兰芳艺术人生文丛』前言

"他在深厚传统和广泛吸收多家所长的基础上创造了极其精美的艺术。他不愧为现代世界上伟大的表演艺术家之一。他的艺术是近千年来中国戏曲艺术历史上的高峰之一。他是一代宗师,对一代艺术家发生了积极的、深刻的影响。梅兰芳是把中国戏曲舞台艺术介绍到国外,并获得盛誉的第一个戏曲表演艺术家。"(朱穆之《永不停步的革新精神——纪念艺术大师梅兰芳诞辰九十周年》)这个"他",就是20世纪中国最伟大的表演艺术家——梅兰芳。

轻拂时间的尘封,走入历史的情境中,回看梅兰芳的一生,依然那么清晰,又那么熟悉。在20世纪初新与旧、古老与现代、传统与西方的文化碰撞和争持中,梅兰芳的出现,顺应时代要求和审美追求,经过他持之以恒的努力、追索,将京剧艺术推向了一个新的高度,也使得"梅兰芳"这一名字与京剧、与时代紧紧地联系在一起。而从中国艺术、中国文化的传承和脉络来看,其实梅兰芳及其京剧艺术早已融汇到今天的舞台艺术和文化基因里。

演员是梅兰芳的职业,他以自己的努力和奉献,把京剧的旦行艺术推向了新的高度,同时,作为那个时代领风气之先的人物,他的行为思想,又与时代社会紧密联系,为人们所关注,成为时尚标志。而在那个动荡、变幻莫测的时期,梅兰芳洁身自爱,不随波逐流,注重自我品德修养,追求进步,为人中和而讲原则,是非分明;他身上的家国情怀,如傲雪红梅,如罹霜松柏,坚贞不屈,坚定不移。台上他扮演了数以百计不同身份、不同性格的女性人物,个个美丽动人,熠熠生辉,善恶分明;台下他确是铮铮男儿,有血有肉,与人为善,助人为乐,热心公益,具有高度的文化自觉。他有开阔的视野和世界眼光,访日、访美、访苏演出,使中国戏曲得以走上世界戏剧舞台,形成与世界其他戏剧体系平等交流、对话的格局,进一步构筑和阐释了中国戏曲的体系特征,展示了中国传统文化的魅力,提升了中国文化和中国人的地位。

"梅兰芳艺术人生文丛"书影

　　梅兰芳是 20 世纪伟大的京剧表演艺术家，是传承者，是革新者，也是一位绘画大家，是那个时代的时尚代表，是那个时代的文化表征，是那个时代的文化使者，是一位伟大的爱国者，是为人们所爱戴的人民艺术家。本"文丛"试图让人们了解和看到的就是这样一位血肉饱满、生动鲜活、爱憎分明、初心不改而多姿多彩的梅兰芳！

——知识产权出版社 2022 年

《舞台生活四十年》后记

2019年3月,梅兰芳纪念馆启动了梅兰芳《舞台生活四十年》典藏版的编校整理工作,这是纪念馆启动梅兰芳及所藏文献整理工作的一项重要内容。《舞台生活四十年》是梅兰芳重要的口述文献,多次再版,版本情况丰富而显复杂,纪念馆还藏有《舞台生活四十年》部分手稿。

我们注意到《舞台生活四十年》各版本的差异,如1952年平明出版社版本中,梅兰芳称呼许姬传为"姬老",而1961年中国戏剧出版社版本却改成了"姬兄"。我们认为这虽是一个细节,恐非梅兰芳原意,也造成阅读理解的一种"误读"。许姬传是梅兰芳秘书,又比梅兰芳小6岁,按说称"姬兄"就可以表达梅兰芳对许姬传的尊重和客气了。但这不是梅兰芳,梅兰芳称许姬传就是"姬老",这一称呼不仅有时代烙印,更能见出梅兰芳的性格和为人处事。为此,我们查阅两人相处的有关文献,并特意请教了亲自见证过俩人相处的梅兰芳二儿媳屠珍老师,得到了肯定的答复。这是一个细节,却反映了《舞台生活四十年》版本情况的复杂性和存在的问题。为此,梅兰芳纪念馆认为有必要对这部重要的著作文献加以整理,以保持和还原梅兰芳口述的本来面貌和历史语境为宗旨,参校不同版本,取长补短,最终形成这一典藏版。

典藏版编校工作开展之初,馆里多次召开会议,就校勘宗旨、底本选择、注释体例等问题进行讨论,并认为《文汇报》版和平明版分别具有重要的版本价值。《文汇报》版可谓《舞台生活四十年》(第一、二集)的原始版,体例虽不够完备,但相较于其他版本,更加接近梅兰芳口述的原貌。平明版是《舞台生活四十年》的首次结集成书的版本,真正具备了一部著作的完整体例,章节编次皆有体系,也是最接近梅兰芳口述原貌的。因此,我们决定将平明版定为底本。

初稿完成之后,刘祯审阅了全书,并给出了具体的修改意见。文字整理完成后,我们根据底本平明版的图片,在梅兰芳纪念馆馆藏中选取照片,以原图照片为主。在我们看来,图片的匹配,也是保持和还原

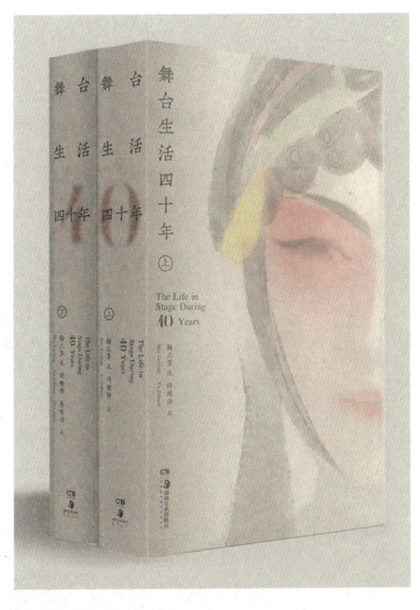

梅兰芳20世纪50年代口述原貌的重要组成。许姬传在《编写说明》里讲道："在本书里面，附刊了一部分与后面正文有关的照片。这里面除梅氏原有者外，其余都是向多方面搜访借印的。"

本次典藏版《舞台生活四十年》由梅兰芳纪念馆策划，编校整理工作由博士后庞婧绮具体承担，并得到梅兰芳纪念馆毛忠博士、柯琦博士、张国强博士、俞丽伟博士、梅玮、孙利华、邢春蕾等工作人员以及中央戏剧学院博士生李萌的鼎力支持。为便于更好学习和领会，增加了刘祯导读文章《一部经典的戏曲口述史》。感谢湖南美术出版社及柳刚永先生对本书的支持和付出！本次出版，还得到2019年度北京市西城区文化艺术创作扶持专项资金项目支持，在此一并致谢。

全书约50万字，涉及版本较多，虽经反复校勘多次，然而疏漏之处，恐在所难免，还望各位方家不吝指正！

2020年11月17日

——湖南美术出版社2022年

访谈

走向世界的梅兰芳
——对话梅兰芳纪念馆馆长刘祯

王文婧

在艺术道路上孜孜以求的梅兰芳

人民艺术家：1907年，梅兰芳搭班"喜连成"科班，正式开始了职业生涯。那时，他除了主攻青衣以外，还学习了昆曲，甚至武打戏，为什么他涉猎如此广泛？

刘祯：那个年代，戏曲界竞争很激烈。对于一般的演员来说，学好自己的本行就非常难得了，而梅兰芳不仅主攻青衣，还跟着不同的老师学习了不同种类的旦角。按理说，梅兰芳的条件并不是最好的，他也曾受到过老师的否定，有人说"老天没赏你这口饭吃"，认为他不适合在梨园行生存。但是我们看到梅兰芳并没有因此而气馁，事实上，他将这些质疑转化成了动力。前几天，我去梅兰芳的出生地铁树斜街考察，那里有一块巨石上面写着"京剧发祥地"，旁边的宣传栏上列了诸多名家，他们当年都是出自那一带，就是纪晓岚故居那一区域，包括杨小楼故居与梅兰芳出生地大概仅有百米之遥。当时梨园界大多数人都聚居在那一区域，这也使他们具有得天独厚的学习条件。过去我们讲转益多师，这样演员就可以吸收不同行当在表演艺术方面的优势，逐渐形成自己的表演风格。梅兰芳饰演的人物中之所以能表现出不同层次的性格特征，这与他少年时的积累是分不开的。

人民艺术家：在梅兰芳尚未成名之前，生行是最受欢迎的行当。直到1913年，梅兰芳在上海演出《穆柯寨》后一炮走红，旦角在戏曲舞台上的地位似乎有所提升，您如何看待这场演出的意义？

刘祯：在京剧舞台上，最早大家看的是生行，包括程长庚、谭鑫培等等。青衣行陈德霖、王瑶卿取得很高成就。因为梅兰芳的出现，观众的审美取向发生了很大的变化。其实梅兰芳在北京时就已经小有名气，但不及他1913年在上海演出《穆柯寨》时的名声大噪，他的成名带来的一个变化就是生行不再像谭鑫培那个年代那样受追捧，取而代之的是旦行。

梨园行有很多好的传统，这种传统从王凤卿竭力推崇梅兰芳演大轴这件事就可以看得出。按理说，梅兰芳当时是没有大轴演出资格的。从票房方面来讲，戏园老板肯定不愿意担这个风险，但王凤卿奖掖后进，竭力说服了戏园老板。梅兰芳成名后对有恩于他的人也始终心怀感激。其实，当梅兰芳面对这样一个机会时，他是非常珍惜的。在那个年代，整个戏曲舞台竞争非常惨烈。也正因如此，京剧表演艺术在那个年代才进入极盛时期。梅兰芳一生做事非常严谨认真，一般观众对他提出的意见，他都认真听取，这也是梅兰芳能够取得成功的重要原因之一。

人民艺术家：欧阳予倩曾评价梅兰芳是"真正的演员，美的创造者"。梅兰芳一生曾饰演过160余个女性形象，他对哪些形象的塑造推动了梅派艺术的发展？

刘祯：我们知道，作为男旦演员，梅兰芳一生在戏曲舞台上塑造了诸多人物，甚至可以说，他塑造的一些人物在近现代中国京剧史上都是熠熠生辉的。与此同时，其塑造的大量女性形象也成就了梅兰芳。梅兰芳塑造的女性形象不仅在他的艺术生涯起着重要作用，也在旦行被确立为京剧艺术主体的过程中发挥了重要影响。举例来说，比较有

代表性的剧目包括《贵妃醉酒》《霸王别姬》《宇宙锋》等。新中国成立以后，梅兰芳的演艺生涯进入后期，即便年龄渐长，1959年，他又排演了《穆桂英挂帅》，这部作品成为他晚年的代表作。

在角色处理上，梅先生与前人有所不同。比如《贵妃醉酒》，杨贵妃和李隆基的故事属于帝王将相、才子佳人的范畴，大家都觉得是很浪漫的。在过去的戏曲舞台上，演员对这一人物的处理有迎合观众，甚至格调不高的一面。但是，到了梅兰芳演出时，他所做的工作最主要的一点就是净化人物，改变了过去迎合观众俗趣的一面。再比如《宇宙锋》，梅先生在处理赵艳容这一人物时投入了很细腻的思想感情，特别是"装疯"这一场，赵艳容受到了父亲的强权逼迫，梅兰芳选择了一种更有层次的表演方式，对角色拿捏精准到位，这也使得梅先生塑造的赵艳容更加为人称道。

人民艺术家：20世纪30年代，上海的《戏剧月刊》投票评选"四大名旦"，梅兰芳高居榜首，他相较于其他三位演员有哪些过人之处？

刘祯："四大名旦"是由观众投票选出的代表当时京剧旦行表演艺术的标杆人物，这一评选从相貌、演唱、表演等方面对演员表现进行量化评比。这几位演员各有所长，但从综合的角度来看，梅兰芳所表现出的雅致、中和的传统之美，使他在这几个人中脱颖而出。

此外，梅兰芳在生活中也同样是美的。无论是少年得意，或是新中国成立后党和政府给予他荣誉，梅兰芳的谦和、虚怀若谷、待人诚恳始终贯穿了他的一生，所以说梅兰芳的成功应该是综合的产物。

人民艺术家：一方面，梅兰芳本身有扎实的积累，另一方面，他也是一个求新求进的人，早期一直在进行戏曲改革，比如尝试时装新戏，但后期又回到了古装新编的道路上，他自己也认为时装新戏的实践比较失败。现在，我们回过头来重新审视，他的时装新戏对当下的现代戏有哪些启发？

《穆柯寨》，梅兰芳饰穆桂英

刘祯：首先，并不能说梅兰芳当时的改革是失败的，这是梅兰芳的谦辞。我认为梅兰芳是既注重传承，又注重创新的艺术家。在这两方面，我们不能顾此失彼，我认为真正的艺术家可以在传承和创新二者间找到平衡点。梅兰芳的创新在时装新戏的编演中是最突出的，这次实践的直接动因源于他在上海受到海派文化的影响，我们知道当时海派文化在上海是非常风靡的。在上海接触到这种文化后，梅兰芳对京剧的局限展开思考，然后，他就通过创作时装戏进行改革。时装戏最大的好处就是贴近现实，可以与观众产生共鸣，与观众进行直接交流，因为表现的就是当下的生活，不是与现实相隔的古代。梅兰芳编演的时装新戏的舞台效果是非常好的。后人在评价他的这次尝试时，简单地将其归为失败的探索，梅葆玖先生生前在一些讲话中也认为梅兰芳编演新戏是失败的，但这一点我是不太赞同的。

时装新戏就是我们现在所说的现代戏，过去我们演出的戏主要是历史题材，形成了一套表演程式。到了20世纪，梅兰芳的时代后进入了现代社会，特别是国门洞开以后，西方的文化、艺术、科技等思潮都涌入中国。实际上，我们的思想精神方面发生了很大的变化。在艺术方面，怎样去表现变化的现实，都是需要面对和回答的一个课题。但是对于戏曲来讲，它不是一件简单的事。因为京剧表演程式的形成，包括行当的凝结是经历了一个漫长的积累过程的。但是社会的变化是一个急剧的变化，新生活与古代生活的差距非常大。如何来表现新生活，这不是梅兰芳一个人的课题，而是整个京剧界、戏曲界的课题。在这方面，梅兰芳是一个先行者、先知先觉者，而且梅兰芳迈出了可贵的一步，他在回忆录中提到当时时装新戏的票房是非常好的。新中国成立后，梅兰芳还多次回忆他编演的时装新戏，其中提到了反对包办婚姻的《一缕麻》，是在他身边发生过的真实的事件。梅兰芳一位朋友的孩子从小就被指腹为婚，对方还是一个精神病患者，后来受到《一缕麻》的影响，双方父母解除了婚约。从这里我们可以看出，梅兰芳对时装新戏的编演还是肯定的，只是当时遇到了困难，这个困难就是过去的那套表演程式已经不能适应现实生活的表现，但一时又找不到一套新的表现手法来。特别是和梅兰芳配戏的这些演员，梅兰芳当时在表演上已经相对成熟了，但是对其他演员来说是一个难题，他考虑到这些因素，所以最后停演了时装新戏。

在我看来，对现代戏的探索是一个世纪性的课题，如果这样的课题只靠梅兰芳一个人攻克，靠梅兰芳的几部新戏就能解决的话，那不就太简单了吗？从50年代提倡现代戏的创作直到今天，梅兰芳的困惑依然没有解决。在现代戏的创作过程中，我们确实有很好的积累和经验，也取得了一些成绩，但是传统戏曲的现代转化依然需要我们不断地探索。

在文化传播上不遗余力的梅兰芳

人民艺术家：从1919年第一次访日开始，梅兰芳出访了许多国家，特别是赴美一行，经历了很长的筹备期。据了解，在19世纪中叶，我国已经有一些戏曲院团到西方进行营业性演出，但演出效果可能并不是特别令人满意，而梅兰芳的出访却在美国造成了很大的轰动。为什么短短半个世纪的时间，西方观众对中国戏曲的认知产生了如此大的转变？

刘祯：关于中国文化的对外传播、交流方面，确实我们有很多先行者采用了不同的方式，在这方面我们与西方的交流是很早的，梅兰芳虽然不是最早的，但我们依然认为梅兰芳是在中华文化"走出去"过程中最具影响力的一位。我们有许多思想家、文化学者也都与西方做交流，但这种交流主要局限在知识阶层、精英阶层，它对西方的影响还是小众的，不像梅兰芳，他是用最为形象、直观的表演艺术展现。一方面,梅兰芳有一种文化自觉,他的表演艺术首先在国内达到了一定的高度,成为北京文化的标识。齐如山有一个统计,梅兰芳曾接待过六七千位外国友人,而且都是个人行为,说明梅兰芳当时已经在国外形成影响,这为他后期出访做了很好的铺垫。

在梅兰芳的几次出访中,访美历时最久,大概持续了半年左右,从美国的东部、中部到西部都进行了演出。梅兰芳访美的第一站并不在美国,而是加拿大。1930年1月30日,梅兰芳一行乘坐加拿大"皇后号"抵达温哥华,还没上岸,国外的记者就跑到船上采访梅兰芳,梅兰芳也很纳闷,不知道他们是从哪里得知了这个消息。有记者告诉他,从梅兰芳离开上海码头起,他的一举一动就已经受到媒体关注,所以他到达的日期,记者是准确掌握的。

梅兰芳在游美日记中讲到,当时华人在国外的地位是非常低的。虽然他们只是途经温哥华,但也被邀请上岸游览温哥华市容,并到唐人街与华人代表进行短暂会面。当他看到凋敝的唐人街与温哥华其他街区格格不入时,原本豁朗的心情一下子黯淡起来。其实,这是当时华人在海外的基本生存状况,包括他后来去美国,华人的生存状况和加拿大是比较接近的。但是梅兰芳去了以后是什么样子呢?他受到了华人华侨的热烈欢迎,在旧金山,市长以国宾礼的规格接待了梅兰芳。前方有警车开道,后面有乐队,打着欢迎梅兰芳大师的横幅,两旁站满了欢迎的民众,可以说,梅兰芳的到来给华人带来了极大的振奋、激励。暂且不论梅兰芳的舞台艺术对西方人的吸引,从舞台外的细节我们就能看出他的影响来。

人民艺术家:1919年,美国公使芮恩施曾建议梅兰芳赴美,但直到1930年,梅兰芳才得以成行。当时,赴美最大的阻碍是什么?

刘祯:我觉得这个阻碍是多方面的。访美和访日还是不太一样的,日本文化和中国文化一衣带水,都属于东方文化,并且日本文化受到中国文化的深刻影响。所以,日本

走向世界的梅兰芳

▼ 梅兰芳在旧金山,由市长小卢金尔夫陪同乘车出席欢迎会,受到群众夹道欢迎

人对中国文化的理解、接受比较容易。梅兰芳1919年赴日正是因为当时一些在华日本人对他的艺术很赞赏，所以邀请他访日。但是，赴美的情况与赴日不同，它不仅仅是路途遥远的问题，美国和中国的文化差异也更大。另外也包括经济方面的因素，我们知道，梅兰芳访日、访美都是个人行为，这就是他最了不起的地方。如果是个人行为，以赚钱为目的的话，这个是比较自然的。但是，他的个人行为是以传播弘扬中华文化为号召，我觉得这个境界是现在很多人都达不到的。后来我们看梅兰芳赴美前后，在各种场合的致辞，包括他与团员交流所表达的，都可以看出，他更重视的是要让西方人了解我们的民族文化，相互间形成交流和对话。所以，我一直认为，梅兰芳有一种文化自觉、历史担当，在这方面，梅兰芳绝对是一个先行者。他对中华文化传播的深刻认识使他努力克服了经济上的困难，他是有一种使命感的。在今天，真正有这样的理想抱负的人也是非常少的。

人民艺术家：有人称他为"不发薪水的民国政府的外交官"。当时，他为什么没有向政府寻求资金支持？

刘祯：因为那个时候剧团的概念和现在是不太一样的。我们今天的剧团基本上都不是民营或私营的，但那时不是这样，梅兰芳的剧团是民间的，当时似乎也没有这样一种意识，就是政府资助民营剧团去做弘扬民族文化的事。但是梅兰芳自身是有将京剧发扬光大的责任和意识的。得益于梅兰芳在表演艺术上达到的高度，他的身边有很多人支持他，所以还是有民间的有识之士支持他完成了这项工作。

人民艺术家：谈到"梅党"，为什么这些人可以持续不断地支持梅兰芳的演艺事业呢？

刘祯：这个类似于我们现在说的粉丝，这种情结在那个年代也是有的。不同的是，现在的娱乐、艺术比较多元化，没有哪一个处于独霸地位。但梅兰芳所处的年代娱乐相对比较单一，戏曲处于独霸地位，而他又恰恰站在京剧的顶端，所以他的身边聚集了一批支持他演出的人，这里面有文人、将军、银行家等等，来自各行各业。所以说，梅兰芳的成功从某种程度上凝结了身边诸多支持他的人的智慧。梅兰芳不是一个单数，而是一个复数。

人民艺术家：而且"梅党"是切实帮助梅兰芳做了一些事的。

刘祯：虽然"梅党"都是从喜欢梅兰芳的戏开始的，但是我们不能单纯以粉丝的概念来看待他们，用现在的话说，他们其实已经形成了一个团队。在这个团队中，大家从各个方面支持梅兰芳，有的人提供资金支持，有的人做策划，有的人负责剧本大纲，有的人填词，各司其职，是这样一种状况。

人民艺术家：梅兰芳访美前，他的"总策划"齐如山请美术界的朋友画了两千多张图谱，对于校不准的地方还特意进行了调查，之前有人梳理过相关资料吗？

刘祯：这个应该是之前没有人做过的。我们过去是不太注重对名称的界定的，包括戏曲动作等，那个时候都没有命名。在制作访美图谱的过程中，梅兰芳和他的"梅党"把一些姿势、动作、身段都进行了命名，其实也是给了它们一个雅称。这有点类似于宋代戏曲，其实它当时没有名称，但有一些文人叫它南戏，还有的叫它温州杂剧、永嘉杂剧，那时候没有人关注它叫什么，只有当它进入大众视野之后，人们才开始对其进行梳理。其实，绘制访美图谱给了梅兰芳一个看京剧的新视角，他们要把美国观众假定为完全不了解京剧的人。所以，我觉得，现在说他是为了美国观众制作的图谱，其实何尝不是对京剧进行了梳理和小结呢。

人民艺术家：除了绘制图谱，他们还做了许多其他准备工作，比如撰写戏剧史、梅兰芳传记，将工尺谱改成五线谱，等等，这些繁杂的资料是如何展示给美国观众的？

刘祯：为了更好地展现中国戏曲的魅力，梅兰芳下了很大苦功。一个就是我们讲到的访美图谱，它以绘画的方式将舞台艺术形象化，而且配以中英文，演出时，图谱是悬挂在当地剧院大厅内的。还有很重要的一点就是剧目的选择，梅兰芳之前没去过美国，他对美国观众的情况不太了解，所以请教了齐如山、张彭春。在剧目安排方面，充分考虑美国观众对京剧的理解和接受，特别选择了动作性、舞蹈性比较强的剧目。另外，还包括理论上的准备。我们知道，胡适和梅兰芳的关系是很有意思的话题。胡适作为新青年派的代表曾经对戏曲是持批判态度的，但后来，胡适看梅兰芳的戏，与梅兰芳成为朋友。特别是在访美的筹备过程中，胡适起到了非常重要的作用，向美国观众介绍中国戏曲的英文书《梅兰芳与中国戏曲》就是胡适撰写的前言。还有一方面，我们知道京剧的唱腔和西方是完全不同的，为了让美国观众熟悉京剧唱腔，梅兰芳先是专门请刘天华将曲谱改编成五线谱、简谱，又请琴师进行核对，核对之后又进行翻译，

梅兰芳访美京剧图谱　走向世界的梅兰芳

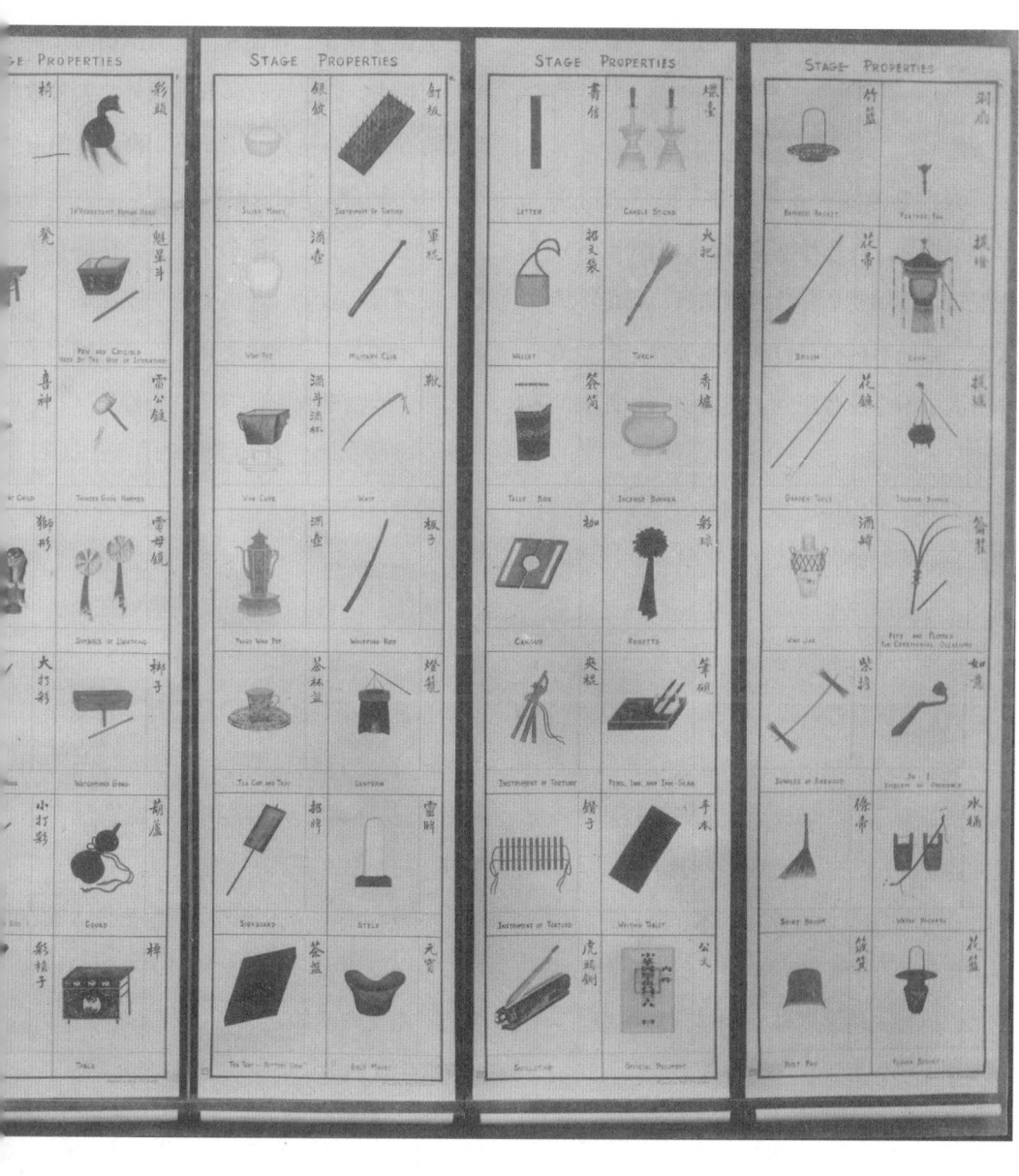

翻译后，梅兰芳又试唱、核对……从这个细节，我们可以看出梅兰芳做事的细心。

人民艺术家：齐如山在《梅兰芳游美记》中提到，在选择剧院时，他们曾定下一些规矩，比如要享有自由辍演权、剧场不能太大、剧场不可抱有盈利目的等等，梅兰芳一行人是不是没有想到访美会引起如此大的轰动？

刘祯：我想梅兰芳当时应该是没有想到演出会取得如此大的成功的。此次演出不能说完全没有经济上的考虑，但显然他还是把弘扬民族文化作为首要责任，这在他后期多次讲话、致辞都有体现。至于剧场不能太大，也可能会有这种情况，因为过去戏曲剧场的规模都是有限的，如果太大的话是否适合于戏曲的表现，这方面考虑也是有的。

中国戏曲是一种综合艺术，所以这种反响不仅对戏剧界，还对电影、舞蹈、音乐等艺术领域都产生了影响。梅兰芳与一些艺术家也建立了个人友谊。

人民艺术家：在促成梅兰芳出访的几个重要人物中，除了大仓喜八郎以外，大多数都是政界人士。从外交层面看，梅兰芳的海外演出产生了哪些积极影响？

刘祯：在梅兰芳的那个年代，中国在国际上地位还比较低。在访美途中发生的一件事让他和团员都非常受刺激。一次，船上放电影时，周围喧闹的环境突然安静下来，人们起立肃穆，船上奏响了各个国家的国歌，但唯独没有中国国歌。下船时，这一幕又发生了。后来，梅兰芳召集他的团员讲了一番话，他认为正是由于我们的国家处在内忧外患、积贫积弱的状态，所以才没有我们的国歌，他激励每个团员从自身做起，在海外为国人树立良好形象。不到20年，梅兰芳的愿望实现了，中华人民共和国成立了，《义勇军进行曲》也奏响了。

有一种说法，在日语里只有三个人的名字采用中文发音，分别是孔子、毛泽东和梅兰芳。由此可见梅兰芳在国际上的影响力，他为中国人赢得了尊重。

在民族气节上坚定不移的梅兰芳

人民艺术家：抗战时期，梅兰芳暂别舞台，这对于戏曲演员来说是很残酷的，当时他还有其他选择吗？

刘祯：他当时是没有选择的，这是梅兰芳不愿看到的，对一个艺术家来说是痛心的，但也是无可奈何的。毕竟个人在历史的洪流面前会显得非常渺小、脆弱。二三十年代，梅兰芳的名声可以说是如日中天。那一时期，日本人已经侵略到东北，梅兰芳意识到了威胁的来临，所以1932年举家迁往上海。在上海期间，梅兰芳的演出非常活跃，创作了《抗金兵》《生死恨》等饱含爱国主义情怀的作品。但没想到日本又占领了上海，梅兰芳去往香港，后来香港也沦陷了。日本人在香港找到梅兰芳，希望借助梅兰芳的影响力帮他们做事，对梅兰芳还是比较礼遇的，包括日方、汪伪政府在内的各方势力都希望梅兰芳演出，有些戏院老板甚至开出优厚的条件邀请梅兰芳演出，只要出场，就可以给出多

少根金条。然而，他却选择了罢歌罢演，蓄须明志，从香港回到上海。

不光是蓄须明志，为了真正让日本人死心，梅兰芳还两次让家庭医生给自己打伤寒针，打伤寒针意味着冒生命危险，很可能因此丧命，但梅兰芳就是下了这么大的决心拒绝与日本人合作。当日本军医发现梅兰芳的

《生死恨》,梅兰芳饰演韩玉娘

身体状况确实无法演出时,日本人这才放弃。从这件事上,我觉得梅兰芳的人品在艺人中是极为少见的。40年代,梅兰芳有两幅画,其中一幅画的是松树,他想借画作表现松柏之志的本性。另一幅画,画的是一枝红梅,题目为《春消息》,作于1944年日本投降前。据说,梅兰芳喜欢晚上把家里的窗子遮好后收听电台广播,通过广播,他了解到当时国内形势的变化,意识到日本即将战败,已经透露出春天将至的消息,所以创作了这幅作品。

人民艺术家:没有演出意味着没有了收入来源,梅兰芳一定下了很大的决心。

刘祯:我想这就是梅兰芳的不俗之处。梅兰芳去世后,陈毅曾评价他是"一代完人"。举个例子,去年12月,我们(梅兰芳纪念馆)在香港举办了"南薛北梅"的展览和国际研讨会。"南薛"指的是粤剧的薛觉先,"北梅"就是指梅兰芳,他们都曾在香港逗留过。因为1919年、1924年的出访,梅兰芳在日本人心中有很高的地位。后来香港被日本人占领,梅兰芳不愿意与日本人合作,所以,他先是把两个孩子送回大陆,随后自己也离开香港,回到上海。在这个过程中,薛觉先在日本人占领时也曾演出,因为艺人也要养家糊口,这是人之常情。但有谁要求过梅兰芳吗?并没有。梅兰芳交往的人太多了,政界、军界、金融界、文化界,各行各业都有,在关于国家民族的大是大非面前,有谁启发过他吗?也没有。而且当时,梅兰芳并不是一个人,也不是一个小家庭,而是一个大家庭,他带着剧团,你想他如果不演出的话怎么办,他的压力很大。

人民艺术家:但他的剧团也没有解散。

刘祯:是这样。当时,上海的一些剧院老板诱惑他,只要你登台,就给你多少根金条,但梅兰芳根本不为之所动。梅先生在大是大非面前是一点也不含糊的,这就是他不俗的一面。

我了解到,梅兰芳当时主要通过两种方法来化解经济难题。一方面,他有很高的信誉,可以向银行借贷,他还变卖、当掉了家

《抗金兵》,梅兰芳饰梁红玉

中的首饰、收藏。另一方面,梅兰芳的绘画在这一时期最为活跃,他当时就是靠卖画为生,在40年代,他还和叶恭绰在上海举办了一个画展。

人民艺术家: 作为文艺界的"抗日斗士",梅兰芳在1956年第三次访日时,想必他的心态是很复杂的。

刘祯: 这件事是上级决定的,当时中日没有建交,民间还要发展友好往来。起初告诉梅兰芳时,梅兰芳是想不通的,后来,周恩来总理给他做了思想工作,要从中日两国人民的长远发展,从中日友好的大局出发,梅兰芳这才同意担任中国京剧代表团的总团长,欧阳予倩做副团长,一行80多人赴日。

人民艺术家: 梅兰芳对中国文化"走出去"产生了哪些积极影响?

刘祯: 梅兰芳的艺术是活的艺术。传播中国文化"走出去"的人很多,比梅兰芳早的也有,但没有一个人超过梅兰芳,原因在于他的表演艺术是面向大众的。当时,华人

▼ 梅兰芳(左六)在北京寓所接待英国驻华公使,陪同人员包括冯耿光等

在加拿大、美国地位比较低,但是梅兰芳去了以后,无论在温哥华、西雅图,还是纽约、旧金山、洛杉矶、夏威夷,华人都觉得扬眉吐气,他起到了提振民族自豪感的作用。

在二十世纪二三十年代,梅兰芳就是北京的文化标识,外国人来北京必做的三件事就包括逛长城、逛故宫,还有访梅宅或者叫观梅剧,连毛泽东1949年带领解放军到北平时都讲,到了北平就可以看梅老板的戏了。

人民艺术家： 2014年是梅兰芳诞辰120周年，梅派的传承者们又重走了一遍梅兰芳海外出访的路线。您觉得未来梅派艺术，或者说京剧艺术如何在国际舞台讲好中国故事？

刘祯： 虽然我们有时讲艺术是无国界的，但毕竟戏剧还是以语言为主的艺术，它和绘画不太一样，绘画的直观可以让你不借助其他工具就可以理解作品的意义。像这样一种民族艺术，我认为首先要做的是立足于民族、国家，不能好高骛远，要先赢得国内观众的欢迎，在演员培养、剧目传承等方面使梅派艺术发扬光大，这是我们需要先去考虑的。反过来，我认为，戏曲发展到了今天，应该说是进入了一个最好的时期。所谓最好，就是说从中央开始对传统文化、戏曲艺术非常重视。但是，戏曲不会永远处于一个最好的时期。既然我们现在正处于最好的时期，我们应该思考，是不是能抓住这样一个机遇，利用现在的条件，把戏曲当前所面临的关键问题攻克？有些问题可能是要靠几代人，花很大的功夫。如果我们抓住了这个机遇，看到了戏曲现代化进程的症结所在，并且能有针对性地集合专业工作者，在理论与实践两个方面下大力气把戏曲现代化向前推进的话，即便戏曲发展的最好时机会过去，但戏曲不会过去。可是如果现在没有把这一工作做好，即便现在是最好的时机，当最好时机退去的时候，戏曲的危机，它出现的问题要比现在更为困难。过去有句话叫居安思危，其实对于戏曲界来讲最应该记住这句话。我们应该在实践中重视这一问题，这不是一个人、一个剧团的问题，一定要从文化战略的高度形成这样一种认识、态度去践行这一工作，戏曲才会更好。戏曲现在处在最好的时机，但人们都在消耗这一时机的能量，一旦这个时机过去，将来的困难也许会更大。

——原载《人民艺术家》2018年第12期

经典戏曲是"把米酿成酒"

夏斌

▼ "中国戏曲艺术与地方文化丛书"书影　　经典戏曲是"把米酿成酒"

读书周刊："中国戏曲艺术与地方文化"丛书既重点关注评剧、川剧、粤剧、汉剧、秦腔等大剧，也深入介绍了道情戏、河南越调、秧歌戏、锣戏等小戏。这样的选择和编排有什么特殊考虑？

刘祯：中国戏曲的一大特点是具有丰富的剧种，东西南北、不同民族，造就了戏曲的丰富多彩，有"百花"之喻。在戏曲"百花园"中，20世纪50年代我们提倡"百花齐放"，强调各剧种具有平等的地位，不分贵贱、高低。而事实上在戏曲的发展进程中，特别是所经历的"戏改"，各剧种的发展不平衡，特别是一些小剧种、小戏，对其剧种价值产生怀疑，一窝蜂地向大剧种、大戏发展和过渡，打破了戏曲发展的平衡，大剧种、大戏成为发展方向，戏曲固有的生态平衡被改变。历来，学界有一种错误的认识和判断，就是认为小戏、小剧种是戏曲的初级形态，只有当其发展为大戏或大剧种才算完成其历史使命，小戏、小剧种本身是一种过渡物。如您所看到的，本套丛书内容的选择和编排，确实有作为主编多年研究的学术认识、学术理念融汇其间，主要包括两方面。一为戏曲是艺术，更是一种文化，其本质是民间艺术。戏曲经历了一个由俗到雅、不断提炼的过程，越来越精致化和文人化，但如果只看到它作为舞台艺术的一面，而看不到它作为文化的一面的话，那么，戏曲脱离观众特别是丢失大众化观众就是必然，这样一来，戏曲的危机、戏曲的命运就会成为现实和迫切的问题，所以，本套丛书着眼的是戏曲艺术、戏曲剧种与"地方文化"的关系，这是各剧种的特色所在，也是剧种赖以生存和发展的社会土壤、生命肌理。二是中国戏曲大剧种和小剧种、大戏和小戏，两者的并行不悖构成中国戏曲完善的结构体系。大有大的好处，特别是从戏曲发展到现代以来对人物故事承载的要求来看，无疑，大戏、大剧种更具有这种能力，无论是行当的众多、唱腔的丰富、表演手段的多样，都可以做到得心应手。但也不是说，小戏、小剧种就是过时和落伍，小戏、小剧种的"二小戏""三小戏"，它侧重娱乐性的表演及与百姓观众接地气的联系，又是大戏很难做到的，没有了小戏、小剧种，不仅是"百花"的凋谢，更是戏曲功能的消减和戏曲与最基本观众的疏离。所以，这套丛书内容的选择和安排寄寓了这样一种思想和用意。

读书周刊：您对上述哪个（哪些）剧种印象较为深刻？理由何在？

刘祯： 我是一位多年专业的戏曲工作者，所以接触各地剧种和剧目比较多，对剧种的认识也可以说超越了印象和喜欢，更多理性色彩。这里我想说的是，京昆是平时接触和观摩最多的剧种，无疑他们的作品和表演代表了中国戏曲的高度和水平，而许多地方戏剧种，带给我们更多新的审美和文化感受。有观众和专家有个人对剧种的偏爱，我特别能够理解。但我对其他地方戏剧种没有排斥和偏见，每到一地，听到看到当地独具特色的唱腔旋律和表演身段，都会感觉非常享受和沉浸其中。也许自己还不是一位高水平的观众，也许自己思想有点中庸，也许对剧种有确实超越一地一剧的关注和投入，对每个剧种的发现和接触，都充满了期待和渴望，而结果也往往是让人赏心悦目的。在本套丛书这一辑中，评剧的生活化、川剧的川味、粤剧语言的难懂和它的味道、汉剧的厚重、秦腔的尽情，犹如当地的一道道美食，能有取舍？道情戏、越调、秧歌戏、罗戏的鲜活生动、接地气和老百姓的喜闻乐见，让人也是再再难忘。

读书周刊：昆曲被誉为"百戏之祖"，为何这套丛书没有予以专门介绍？在您看来，昆曲到底有何艺术价值？

刘祯： 昆曲是首个被列为"官腔"的剧

种，这在戏曲发展史上具有特别重要的意义，这个意义不仅仅是剧种的，而且是戏曲史意义的。戏曲由民间自发发展状态，经历了一个正统思想和势力压制的漫长阶段，所以，戏曲被官方接受本身就是一件大事。昆曲发展兴盛的明代后期，它被列为"官腔"是戏曲古典时期达到高峰的标志。作为"百戏之祖"的昆曲，我们这套书的出版方又是江苏人民出版社，自然不会不考虑，其实，昆曲恰恰是这套书的重要内容。昆曲研究成果这些年达到惊人的程度，以我在中国艺术研究院戏曲所任职期间所做的昆曲整理和研究来说，就有"昆曲与传统文化研究"丛书（10种）、"昆曲表演艺术家传记文献"丛书（4种）、《昆曲口述史》（采访144位昆曲艺术家等），最重要的是积多年之力完成了《昆曲艺术大典》（149册）。那么，从"地方文化"如何入手呢？昆曲虽最终走向全国，成为"官腔"，但昆曲与昆山与苏州与江南文化有着难解难分的姻缘，是江南文化孕育成熟了昆曲，所以，这是一个可以进一步发掘和深入的视角，但写出新意的难度也较大，

所以，作者需要有较多的时间思考和准备，希望这套丛书第二辑能够不辜负读者的期望，可以完成面世。

昆曲之所以被列为首个联合国教科文组织人类口头和非物质文化遗产代表作，在于它所具有的文化价值、历史价值和艺术价值，当时是由我所供职的中国艺术研究院戏曲研究所组织实施的，撰写申报文本等，安奎所长领衔。昆曲艺术价值在于它把民族戏曲审美水平提高到新的阶段，戏曲发展走出民间自发阶段，进入戏曲的文人时代，昆曲文学、昆曲表演、昆曲唱腔音乐等臻于完善，集古典戏曲之大成，建立了民族舞台艺术审美新标尺，开创了民族舞台艺术发展新阶段。

读书周刊：作为梅兰芳纪念馆的馆长，您会如何介绍梅派艺术？梅兰芳的表演到底美在哪里？

刘祯：在众多京剧流派中，梅派艺术独树一帜，了解和研究梅派艺术是我们更好地传承、发扬梅派艺术的前提和基础。梅兰芳集50年之力所打造的梅派，是"美"派，

美是梅派艺术最高的境界和追求，梅兰芳也成为"美的创造者"（欧阳予倩语）。梅兰芳表演之美在于思想内容的扬善进步，人物塑造和人物关系的鲜明、合理以及表演的雅致中和。有人说梅派是"没"派，这个"没"不是没有，而是吸收后的融会贯通，不是炫技，而成为梅兰芳表演艺术整体的有机统一，这也是了解和学习梅派艺术的难处。梅派追求是戏曲整体的追求和进步，不拘囿于一式一招、一字一腔，了解和弄懂一腔一身段不难，而要了解和弄懂所有的要素、要素和整体关系则非一日功，非一般功。梅兰芳留下了大量声音和表演的形象文献，这是梅派艺术最正宗的依据。梅兰芳还非常难得地留下他的口述文献《舞台生活四十年》，这是一部经典性表演艺术家口述史，梅兰芳对梅派艺术的追求，在这部口述史里有非常真切和细致的叙述。梅兰芳表演艺术从细节出发，细节的雕琢、合理成为人物与全剧合理与美的基础，一个个细节、细节与细节间的关系，最终构成全剧艺术的完整。梅兰芳不仅仅是演员，他还是剧团团长，举凡文本、导演、音乐唱腔、舞美化妆，他都有深度参与，从而才有了梅派艺术。梅派是美的艺术，梅兰芳更是有思想和艺术理想的艺术家，这也是梅兰芳有别于旧式演员特别鲜明的一点。本人主持的国家哲社艺术学重大课题《梅兰芳表演艺术体系及相关文献的收集整理与研究》正在研究撰写中，本课题的目标是在前人研究基础上，进一步推进和建立梅兰芳表演艺术体系，这一体系的完成对中国戏曲发展具有重要意义，包括对梅派的传承、普及和发扬。

读书周刊：听说梅兰芳对绘画、书法颇有钻研？

刘祯：这是一个值得特别说一下的话题。向来梅兰芳是作为京剧大师留在人们印象中的，其实梅兰芳的兴趣和爱好非常广泛，养鸽子、种花等，包括梅兰芳对近代以来的许多新生事物都充满了兴趣和求知欲，包括相机、唱机、电影等，他也把这些爱好、兴趣与自己的京剧事业紧密联系起来。鲜为人知的是，梅兰芳还是一位绘画、书法爱好者，是一位绘画大家。他的绘画生涯可以追溯到1915年，京剧舞台上他成名未久，许多民国时期的绘画大家都是他的绘画老师，如王梦白、陈半丁、陈师曾、姚茫父、齐白石等，绘画题材涉及人物、花鸟等。绘画对于梅兰芳表演艺术提高有重要影响，特别是促使他对于京剧舞美、化妆、头饰等的革新。画、戏同理，绘画、绘画理论对梅兰芳表演艺术的影响从《舞台生活四十年》可见一斑。20世纪40年代，梅兰芳在抗战时期暂别舞台，绘画成为他的一大爱好，也是借以维持生计的一个来源，并曾在上海与叶恭绰共同举办画展。梅兰芳纪念馆收藏有梅兰芳绘画约270多幅，内容以梅花为多，他的楷书也受到人们好评。2017年上半年，梅兰芳纪念馆举办"另一个梅兰芳"绘画专题展览，展出馆藏多幅梅兰芳绘画真迹，希望人们在"京剧大师"之外，还了解作为绘画大家的梅兰芳——"另一个梅兰芳"。

读书周刊：在梅兰芳、尚小云、程砚秋、荀慧生这"四大名旦"的努力下，京剧表演艺术达到了怎样的高峰？为什么只有京剧被称为"国粹"？

刘祯：电影《梅兰芳》中十三燕面对新秀梅兰芳的感叹，是现实中谭鑫培所代表的京剧生行被旦行取代所发出的历史性感叹和无奈。梅兰芳集青衣、花旦、刀马旦之成，走上了京剧舞台，旦行逐渐成为京剧占据主角的行当。无疑，"四大名旦"的出现，不仅进一步巩固和确立了旦行在京剧舞台的这一地位，而且，"梅兰芳的纯，程砚秋的正，尚小云的刚，荀慧生的柔"（钮骠先生评语）使得旦行发展更为全面，也臻于炉火纯青，影响空前提高，京剧表演艺术达到一个新的阶段。

京剧溯源于徽班进京，对各剧种兼收并蓄，其孕育、形成于京城，并且与紫禁城有着千丝万缕的联系，这使得京剧一俟形成，很快产生广泛影响，迅速传播到各地，有"国剧"之称。也有称之为"国粹"的，将对京剧的喜爱和价值推向一种极端。作为一个剧种，一种文化载体，京剧所包含的内容十分丰富、多元，也比较复杂，本人以为不宜以一种明显带有褒贬是非的名称赋予一个剧种。

读书周刊：这套丛书有《沪剧与海派文化》。近代上海不只是一个"码头"，它本身也有"源头"。从您的研究和观察来看，沪剧在海派文化中具有怎样的地位？从乡浜说唱到市井戏曲，沪剧经历了怎样的"入城仪式"？

刘祯：沪剧是上海土生土长的地方戏曲剧种，原本是在吴淞江和黄浦江两岸农村传唱的山歌，后又发展成为上海本地的滩簧即"本滩"，1914年为改称申曲，1941年才更名为沪剧。伴随着上海开埠的现代化历史进程，这种草根乡音也经历着从农村到十里洋场的现代性转变。尤其是在新文化中，西方文化被当作一种"先进文化"舶来之后，整个中国传统戏曲均面临着"旧与新""传统与现代""乡村与都市"的文化选择。在这种时代的大变革中，当其他地方剧种依然穿着古装以旧的声腔上演帝王将相、才子佳人的故事时，身处上海大都市的沪剧艺人已开始穿上西装，换上旗袍，主动学习西方的布景、化妆、灯光等舞台技术，将社会重大时事新闻、中外电影、话剧的剧目编排成文明新戏，表演反映都市社会生活与家庭婚姻的现代剧目，塑造了一个又一个活泼泼上海都市人物形象。因此，从文化源头而言，沪剧是上海这块土地上孕育的"乡音"，而它紧跟上海的都市文化浪潮，敞开胸怀主动拥抱新事物、接受新思想、创造新艺术，把自身的艺术变革纳入海派文化形成与发展的时间轨道中，使其成为代表海派文化中的一员。而从沪剧本身而言，它在舞台上创造性地使用中国传统戏曲的艺术语汇，表演现代都市生活内容，塑造都市人物形象，表现现代生活，表达现代观念，其本身就是海派文化的一面镜子。

沪剧的"入城仪式"，是余秋雨评《沪剧与海派文化》一书时，提出的一个概念，其核心意思是沪剧在从乡村走向城市、从传统面向现代的步履中，面临着东西文化猛烈碰撞的徘徊与犹豫，最终在多元性的文化选择中，不断自我革新，与都市化同步，创造了代表上海市民和海派文化的美学风格。

读书周刊：有人说，沪剧之于中国戏曲艺术是一种"冒险"。对此，我们具体该如何理解？

刘祯：中国戏曲是根植于中国传统文化土壤的一种艺术形式，其用唱、念、做、打演故事的程式以及一桌二椅的虚拟空间，都是在传统中形成的艺术语汇，最适宜表现古代的生活。但近代以来，思想文化观念发生了巨大的变革，尤其在1843年，上海开埠通商，由江南小镇一跃成为大都市，西方的文明涌入，不仅改变着社会生活习俗，也唤起思想观念与精神面貌的改变。沪剧进入五方杂处、剧种荟萃的大上海，面对新的都市观众，不得不主动"变"。早期沪剧演员曾试图向表演已到达精纯的京剧学习，以提高其古装戏的表演水平。但此时，古装戏已与具有现代精神的文明新戏格格不入，以邵文滨、施兰亭、丁少兰等为首的沪剧艺人，用旧戏曲的艺术形式编演表现都市生活的时装戏，让都市观众耳目一新。这在当时来说，确实是一种冒险，改编成功便能立足于上海市场，不成功便被新时代淘汰。而正是由于沪剧艺人的大胆改革，立足于地域，关注市民生活的人生百态，坚持现实主义的创作道路，精进"西装旗袍戏"的艺术表现，才逐渐形成自己的鲜明剧种特色，成为最具上海地域文化特征的代表剧种。

读书周刊：近代上海容得下各种刺激和奇幻，但沪剧相对来说不擅长大抒情、大造型，而总体上走着朴实、平和、素雅的叙事之路。这又是为什么呢？

刘祯：我们如果翻检当时的《申报》，会发现近代以来的上海舞台是最为包容的，最多元的，也是最新奇的，各种奇幻惊险刺激的电影、话剧、魔术、杂技，都在上海的舞台上演。上海也是各种艺术的试金石，但凡在上海演"红"了，才算真正的成功。很多剧种为了在上海的市场争得一席之地，在形式上用夸张的动作、刺激的内容吸引观众。但是沪剧并不是走的这样一条艺术革新道路，它就是始终坚持现代性、戏曲化、本土化的艺术原则，表现现实生活的题材，移植中外电影、小说将其中国化或者沪剧化，用沪剧特有的戏曲艺术形式加以表现。因此，沪剧不是用虚拟夸张的程式动作出奇制胜，喧嚣的伴奏锣鼓造势，而是凭借音乐化的唱腔、韵律化的念白、舞蹈化的动作，表现上海都市的现代生活，细腻地刻画人物性格，尤其是唱腔、念白，都具有上海语音语调的地域特色，可谓走着朴实、平和、素雅的现代生活叙事之路。

读书周刊：对现在很多年轻人来说，传统戏曲似乎就是那么几个经典剧目或唱段，如黄梅戏的《女驸马》《天仙配》和《夫妻观灯》，豫剧的《穆桂英挂帅》，越剧的《红楼梦》《孟丽君》，等。请问，传统戏曲的真正魅力在哪里？

刘祯：在戏曲百花园中，有的剧种形成较晚，如黄梅戏、越剧等，约刚满100年，有的剧种历史则较长，如昆曲、汉剧等。每个剧种都有属于自己的经典唱段，这些唱段脍炙人口，代代相传，也成为人们对剧种记忆最好的标识。著名导演、戏曲理论家阿甲对戏曲与话剧的区别，曾经有过一个形象的比喻，他说话剧好比把米做成饭，而戏曲则是把米酿成酒。戏曲的真正魅力在于它是芬芳的酒，是一首诗、剧诗，无论唱段还是剧情抑或人物，它的韵味是美的，也是耐咀嚼的。即便离开剧场，也可使人甘泽回味，余香缭绕。经典的传统戏，经过多少年无数艺人的磨砺，最后的传唱是一种定格和程式化，是一种艺术的积淀，感觉增不得一字，减不得一腔，是一种恰到好处。梅兰芳的剧目之所以能够成为经典，流传不衰，在于无论是整理、改编抑或新创，他对剧目的打造和追求是全方位的，《宇宙锋》《贵妃醉酒》《霸王别姬》《嫦娥奔月》《黛玉葬花》《游园惊梦》《断桥》等，从剧情到人物到唱腔到服饰化妆都经过梅兰芳精心加工和打磨，唱念做打并举，浑然一体，能够"以歌舞而演故事"，成为一个艺术完整的统一体。

读书周刊：还有人觉得，全国300多种剧种不过是用不同方言演唱的京剧、昆曲罢了。对此，您会如何回应或者反驳？

刘祯：文化部2017年统计全国有戏

曲剧种 348 个，剧种繁多是中国戏曲一大特点，也是戏曲兴盛的重要标志。诸剧种发展中，无疑京剧与昆曲的影响最大，不仅流播广，时间长，而且也深刻影响了流播地戏曲剧种的发展及风格特色，这是中国戏曲的一大特征，互相吸收，兼收并蓄，不少剧种都是多声腔剧种，也充分显示了剧种与剧种的这种交流互鉴。历史上，昆曲与京剧分别有"官腔""国剧"之称，其强势地位也非常突出，势必比其他剧种更有影响力。但不同剧种并非"用不同方言演唱的京剧、昆曲"，多有自己鲜明的剧种特色、地方特色，否则也不成其为一个剧种。当然，所谓"全国 300 多种剧种不过是用不同方言演唱的京剧、昆曲"说，某种程度也反映了戏曲发展出现的问题。一个不争的事实是，戏曲剧种的地方特色确实急剧消减、退化，剧种同质化现象愈趋严重，以致有时如果不是演出夹杂方言或横幅显著标明归属剧种的话，难以区分。非物质文化遗产保护工作的实施，是对戏曲特性、剧种特性的再回归、再认识，强调地方戏曲的原生态性，无疑这一工作会有效阻遏这种剧种同质化现象的蔓延，对剧种的恢复生态和良性发展大有裨益。

读书周刊： 新形势下，传统戏曲怎样做才有"戏"？专业化、精致化与大众化的矛盾应该如何破解？

刘祯： 传统戏曲是个宝藏，却也良莠有别。最好的办法可能就是首先将其传承下来，根据时代和社会的发展，完成创造性转化和创新性发展，实现其经典化。戏曲发展中出现的危机，专业化、精致化与大众化是一对矛盾，这种矛盾不是不可调和的，辩证地看待这一矛盾，特别是如果能够超越矛盾现象从更高角度、从戏曲生态时空整体去思考和部署，那么，21 世纪的戏曲发展就是可以信任和期待的。

——原载《解放日报·读书周刊》2020 年 10 月 31 日，本文为未删减版

走出去！让中国戏曲惊艳世界
——『文化传承名家谈』系列之一

刘洋　卢文鳌　徐刘刘

编者的话：习近平总书记6月2日在北京出席文化传承发展座谈会并发表重要讲话，强调"在新的起点上继续推动文化繁荣、建设文化强国、建设中华民族现代文明，是我们在新时代新的文化使命"。中华优秀传统文化如何在新时代更好地发展传承？如何向世界讲好中国文化故事？《环球时报》近期专访中国文化机构领军人、各文化领域名家，从本期开始，推出"文化传承名家谈"系列报道，以他们的思考和实践探索建设中华民族现代文明之路。

研究梅兰芳，传承京剧之魂

中华文明具有连续性、创新性、统一性、包容性、和平性。"中华文明所具有的5个特质在梅兰芳艺术中和京剧领域得到了非常好的体现。"中国梅兰芳文化艺术研究会会长、梅兰芳纪念馆馆长刘祯接受《环球时报》记者采访时表示。

五个特质，一个不少

刘祯称，以连续性为例，世界有三大戏曲文化，即古希腊戏剧、古印度梵剧和中国戏曲，虽然前两者出现早，但中国戏曲具有顽强的生命力，它一经形成就未有中断。中国戏曲延续至今，如今剧种多达348个。从历史的角度看，中国戏曲的创新性特征也十分显著，它随着时代、流行地域、观众审美习惯发展变化。从宋代南戏开始，到最终形成京剧，中国戏曲经历了漫长的历史跨越。

中国戏曲的统一性特征更为明显，中国戏曲是一种唱念做打的艺

▼《琴芳梅兰》在日本明治大学演出（2019年）

术，其综合性和包容性极强，表演融入各种艺术元素。此外，中国戏曲的包容性及和平性，也与中华文明的包容性、和平性一致。

刘祯表示，传统文化的传承和发展在当代的确出现了一些问题。但党的二十大报告对"推进文化自信自强，铸就社会主义文化新辉煌"作出重要部署，凸显了文化传播的重要性、紧迫性。京剧是中华优秀传统文化的重要内容之一，梅兰芳作为具有传播力、影响力的艺术家，其京剧表演艺术的传承、革新和发展，提炼展示了中华文明的精神标识和文化精髓。梅兰芳20世纪访日、访美、访苏演出和文化交流，每到一地，轰动一时，其演出成为重要的艺术盛事，真正做到了"讲好中国故事、传播好中国声音，展现可信、可爱、可敬的中国形象"。"梅兰芳是加强国际传播能力建设、推动中华文化更好走向世界的践行者，他将美不胜收的民族艺术带出国门，受到世界人民的欢迎，深化了文明交流

走出去！让中国戏曲惊艳世界

梅兰芳在美国演出《天女散花》，饰天女

互鉴。梅兰芳所代表的京剧思想和创造力，是中国戏曲的灵魂以及文化传承的重要表现形式。"

加强研究，走进校园

梅兰芳纪念馆主要承担收藏、展示与梅兰芳相关的文物资料，开展京剧艺术研究，推动梅派艺术传承发展，普及、传播和推广京剧艺术等职责。

刘祯表示，梅兰芳纪念馆为发展梅兰芳艺术和梅派京剧、践行中华文化的传承和发展、建设中华民族现代文明做了很多工作。在国内，梅兰芳纪念馆作为国家重点文物保护单位，馆藏有大量的珍贵且可移动的文物及文献。除了文物及文献保护，大量整理和研究工作也是梅兰芳纪念馆的重要工作之一。6月初，凝聚了专家、学者几年心血的《梅兰芳菲——梅兰芳在世界》在梅兰芳纪念馆举行了新书发布会，该著作按其出访地，分日本、美国、苏联三卷，精要记述了梅兰芳的出访纪实、影响和意义，为梅派艺术和思想精神、理论体系研究带来贡献。

这些年来，梅兰芳纪念馆举办了各类展览和沉浸式演出，还走进校园，将中国京剧的魅力传递给年轻一代。刘祯表示："中国京剧耐人咀嚼，其未来在于年轻人。"目前，梅兰芳纪念馆正与北京市教育学会社会大课堂教育专业委员会合作探讨，计划将京剧纳入北京市小学课堂，让孩子们在耳濡目染中系统化地学习京剧。

同时，培养青年学者也是梅兰芳纪念馆传承中华优秀传统文化、弘扬京剧魅力的重要手段。今年5月，由梅兰芳纪念馆与中国梅兰芳文化艺术研究会共同举办的第六届"梅兰芳研究青年学者研讨会"暨"十佳论文"颁授仪式举行。刘祯告诉《环球时报》记者："研讨会举办至今，已经培养了100多名优秀的青年研究者，他们必将对未来的京剧研究和中国戏曲传承产生深远影响。"

与时俱进，走向世界

"梅兰芳是一个具有'文化自觉'的人。"刘祯说。梅兰芳在中国戏曲海外传播方面具有长远的眼光和见识，他对世界的影响是多领域的。梅兰芳在坚守东方价值文化的前提下，把京剧带向世界，欧洲当代艺术受到他的深刻影响。作为一名文化使者，梅兰芳的多次海外出访，开启了中西方戏剧融通互鉴的历史。

刘祯向记者讲述了几个有趣的例子：梅兰芳访美期间，正是美国经济萧条的时代，但其演出仍然一票难求。日本还有学者专门研究梅兰芳演出在该国的售票情况，并将之与日本的歌舞伎演出做对比，发现后者无论是从票面价格还是观众热情程度上都弱一些。

虽然戏曲是一种传统艺术，但戏曲人对于戏曲的革新从来不曾停止。刘祯认为："梅兰芳既是一位京剧艺术传承的集大成者，也在发展改良中国京剧方面走在时代前列。正是因为梅兰芳的革新思想和大胆创造，使得他所代表的京剧艺术达到了其所在时代的顶峰。戏曲界如今仍肩负一份使命和责任，即实现中国戏曲的现代转型，让其成为符合现代文明的艺术样式，焕发出更旺盛的生命力。"

在中国戏曲的传承发展过程中，必然会面临许多困难和挑战。刘祯说，如何完成中国戏曲的现代转型，处理好戏曲内容与当下生活的调试和默契，会是未来相当长一段时间的主要任务。

——原载《环球时报》2023年06月19日

一脉梅香久　百年韵犹真
——刘祯：梅兰芳是京剧史上的不朽丰碑

张宝峰　朱烨

梅兰有情,芳菲无尽。1894年10月22日,北京前门外李铁拐斜街,一个新生儿的啼哭声打破了旧街老宅的平静。本家姓梅,为孩子取乳名裙姊,14年后定艺名"兰芳"。从此,一颗冉冉上升的新星踏上了一代名伶的成长之路。2024年是梅兰芳大师诞辰130周年,中华梨园、四海票友亦将借此共同缅怀先生旧时音容,追忆大师寻常轶事,弘扬梅派艺术精髓。近日,香港《文汇报》走进北京护国寺街9号梅兰芳纪念馆,专访著名戏曲理论专家、梅兰芳纪念馆馆长刘祯,请他带领我们一同走进梅兰芳大师以及梅派艺术的前世今生。

庭院深深,依稀故人。从1951年到1961年,梅兰芳先生一直住在北京护国寺街9号。走进这处闹中取静的院落,柿树郁郁,海棠茵茵,空气中仿佛留存着清音袅袅,屋宇间好像凝结着浓情深深。

旧居里院北房正是梅兰芳夫妇的居所。甫一入门,任凭是谁都会

被门边高大的镜子所震撼。这是一款嵌满了螺钿花片的穿衣镜,当年,梅先生就是站在镜前,揣摩身段,研究表情,推敲动作。"猛听得金鼓响画角声震,唤起我破天门壮志凌云。想当年桃花马上威风凛凛,敌血飞溅石榴裙。有生之日责当尽,寸土怎能够属于他人……"

伫立镜前,追忆先人。大师音容宛在,梅韵至今犹存。

大胆创新 铸京剧巅峰

"认识梅兰芳,一定要从整个京剧发展史的高度去看。二十世纪二三十年代,正是因为梅兰芳的出现,才把京剧艺术推向了巅峰,并让京剧成为家喻户晓的国剧。"刘祯对《文汇报》记者说。正是因为对京剧艺术全面的传承、大胆的创新,以及进步的思想性,共同铸就了"梅

▼ 梅兰芳与子女在北京护国寺街寓所合影(后排左起屠珍、葆玥、梅兰芳、映霞、葆琛,前排左起绍武、葆玖,1957年)

兰芳"这座中国京剧艺术史上的不朽丰碑。

梅兰芳纪念馆保留了梅家旧居的风貌，北房为家长居所，东厢房为梅兰芳之女梅葆玥的居所，西厢房为梅兰芳长子梅葆琛的居所。院落秩序井然，深合儒家礼法。外院植有"一椿一楸"两棵大树，暗含"春秋佳日，山水清音"之意，亦有道法自然之味。就在这儒道互补的宅邸里，梅兰芳度过了人生最后的10年，晚年代表作《穆桂英挂帅》也是在这一时期创编诞生。

"从穆桂英到杜丽娘，从杨贵妃到韩玉娘，梅先生一生塑造了160多位女性形象。他对中国女性的美丽、智慧、勤劳、隐忍，都做了精彩的刻画。"刘祯说。在艺术层面，从唱腔到表演，从化妆到舞美，梅先生也都进行了大胆创新，这些都显示出他超前的审美眼光、卓绝的鉴赏能力和非凡的艺术品位。

多项活动迎大师诞辰130周年

作为"四大名旦"之首，同时也是中国京剧艺术最出圈的"文化符号"，梅兰芳的意义和影响已经抵挡住了岁月的流逝，成为值得永久品鉴学习的经典。2024年将迎来梅先生诞辰130周年，梨园行、艺术界、戏迷圈，亦将纷纷行动起来，重温大师旧事，共赴国粹未来。

刘祯向《文汇报》记者透露，为迎接梅先生诞辰130周年，梅兰芳纪念馆将举行一场大型的美术展，以及一场国际学术研讨会。同时，纪念馆还将推出一系列重磅的研究成果。"我们现在正在编辑整理梅兰芳先生的全集。这次整理将在现有各版本《梅兰芳全集》基础上，增补进我们最新搜集和发现的史料，力争对梅先生的文献进行一次完整的集大成。我们希望能够在明年纪念日前后，推出这套重磅文献。"

在梅兰芳纪念馆采访时，我们还遇到了梅兰芳先生的曾孙梅玮。身为纪念馆馆员的梅玮细心地为我们讲解着馆中的物什，述说着每一件展品背后的故事："印度画圣"难达婆薮为梅兰芳绘制的巨幅油画《洛神》，被誉为"日本罗丹"的雕塑家朝仓文为梅兰芳制作的铜像，齐白石为梅兰芳创作的《荷花四条屏》……在梅玮的介绍中，我们仿佛再次看到了那个在舞台上翩若惊鸿的一代名伶，又仿佛近距离接触到了那个温润如玉、平易近人的戏曲大师。

斯人仙逝，艺术永存。旧日，倾城空巷看梅郎；今朝，梅园桃李遍芬芳。

先生精神 光照艺坛（配稿1）

在世界戏剧史上，古希腊戏剧、古印度梵剧、中国戏曲并称为"最古老的三大戏剧"。虽然从诞生年代上看，古希腊戏剧、古印度梵剧要早于中国戏曲，但是随着时光的流逝，前两者在经历了一段辉煌之后，都渐渐退出现实舞台，转而成为一种文化记忆。相比之下，只有中国戏曲，不仅悠远，更加绵长，时至今日，依然活跃在现实舞台中，并受到广大观众的喜爱。

"单就传统戏曲而言，除了中国，日本也保留着自己的传统曲艺。但是在日本，人们更多地将它视作一种'博物馆艺术'，而中国戏曲则依然以一种'活的艺术'形式，保持着旺盛的生命力。"刘祯说。究其原因，中国戏曲的长青与梅兰芳等一代代艺术大师的传承创新、辛勤耕耘，有着密不可分的关系。

刘祯进一步说，以京剧为例，梅兰芳等大师不仅在表演理论、表演技法等方面，为京剧艺术的长足发展奠定了坚实的基础，更在以艺报国、艺术品格等方面，树立起光辉的榜样。梅兰芳先生高贵的思想和崇高的精神，至今依然光照艺坛，并成为中国戏曲一笔至为宝贵的财富。

故居汇聚"梅家四代"珍藏（配稿2）

1949年之前，梅兰芳有很长一段时间居住在上海。1949年，周恩来希望梅兰芳回北京定居工作。因为梅兰芳曾于1920年购买了无量大人胡同一座四合院，所以周恩来提议可以让梅兰芳回到老宅居住。但梅兰芳认为无量大人胡同的宅院是自己早年出售的，不能借政府之力重新搬回。因此，梅兰芳表达了谢意并婉拒。周恩来非常尊重梅兰芳的意见，最后梅兰芳便定居在护国寺街9号，也就是今天梅兰芳纪念馆所在地。

这座典型的北京四合院，原是清末庆亲王奕劻王府的一部分。朱漆大门上悬挂着邓小平同志亲笔书写的匾额"梅兰芳纪念馆"。1986年10月27日，在梅兰芳诞辰92周年之际，梅兰芳纪念馆正式开馆。习仲勋同志亲自为纪念馆揭幕，夏衍、曹禺等参加了开馆典礼。

庭院里青砖铺地，清幽雅致，既可练功，亦可说戏。当年，梅兰芳先生的合作伙伴、至亲好友、弟子学生等，经常相聚于此，谈戏说艺，不亦乐乎。纪念馆成立后，这里从私宅变成公共艺术场所，不仅成为梅派弟子、梨园中人的精神家园，更成为广大戏迷票友、曲艺观众追忆大师的艺术圣地。

"纪念馆珍藏了梅巧玲、梅竹芬、梅兰芳、梅葆玖等梅家四代人的珍藏与文献，这是我们的一大优势。"刘祯说，"大量珍贵的剧本、音视频资料、史籍、书画等，都在馆中得到了很好的珍藏。未来，我们将通过多种多样的形式，让这些珍贵文献与戏曲爱好者见面，同时也借助我们的研究与馆藏，让梅派艺术不断发扬光大。"

梅兰芳纪念馆：将加强与香港艺术界互动（配稿3）

1922年秋，应香港太平戏院邀请，梅兰芳首次来到香港进行访问演出。原计划演出15天，没想到因为香港观众的热烈挽留，梅兰芳最终增加演出近一个月。《天女散花》《贵妃醉酒》《嫦娥奔月》《黛玉葬花》等剧目，令香港观众如痴如醉，人们都被梅派艺术的魅力所倾倒。这也成为梅兰芳与香港的一段佳话。

"时至今日，依然有香港同胞在传承梅派艺术。每次赴港进行展览或交流活动，我们都能感受到香港艺术家们对于京剧，特别是梅派艺术的深厚感情。"刘祯说。这背后，其实也正是香港同胞对于中华优秀传统文化的无限热爱。

如今，香港正在打造中外文化艺术交流中心。在刘祯看来，这正是香港文艺未来的发展方向。"20世纪初叶，梅兰芳先生就多次外访，为中外文艺事业的交流发展开了一个好头。今天，香港在文化和地理层面都拥有得天独厚的优势，未来，香港也必然能在中华文化传播、中西文化交流方面发挥越来越重要的作用。"

今年，香港国际音乐节将如约而至。梅兰芳纪念馆也受邀作为协办单位，刘祯还将以评委的身份，在音乐节的高峰论坛上发布论文。"类似音乐节这种交流活动，让梅兰芳纪念馆和广大香港同胞更加紧密地联系在了一起。今后，我们还会通过各种形式，加强同香港艺术界的交流互动。"

刘祯：戏曲之未来 重在青少年（配稿4）

梅兰芳8岁学戏，9岁拜师，11岁正式登台。想来，当年亦是翩翩少年时。他所生长的时代，正是舞台艺术的黄金期。此后，随着工业化、信息化浪潮的接踵而至，电影、电视、网络视频，逐渐成为文艺演出和传播的主流载体。传统的舞台艺术似乎走到了一个特殊的十字路口，包括京剧在内的戏曲人才和青年观众的培养，更成为首当其冲的难题。

"戏曲的未来，全在青少年。如果我们抓不住这一点，那么戏曲艺术又哪有未来可言？"刘祯表示，新中国成立后，国家对戏曲艺术特别是戏曲人才培养高度重视。尤其是京剧被纳入世界级非物质文化遗产名录以后，国人越来越有这种意识和氛围，去守护和传承我们的国粹艺术。即使在流行艺术风行的背景下，仍然能够看到各界在青少年中间普及传统戏曲的努力。

在刘祯看来，京剧艺术和流行艺术有着本质区别。"流行艺术可能易于传播和接受，比如流行歌曲，人们听上几遍就能记住旋律，甚至哼唱出来。但对戏曲艺术的接受，却更加复杂更有难度。对于传统戏曲，从不了解到了解，从能接受到很入耳，往往需要一个过程，甚至是很漫长的时间。"

"让年轻人能接触到戏曲，这是一个前提条件。"刘祯认为，无论戏曲院校，还是演出院团，乃至梅兰芳纪念馆，都应该全力创造各种场景，让年轻人可以接触到戏曲，有机会沉浸到戏曲艺术的氛围中，只有这样，才能慢慢培养起年轻的观众群。

——原载香港《文汇报》副刊《艺粹》2023年7月29日

「梅澜芳华」展与梅兰芳纪念馆的学术型公共文化建构

2022年5月10日上午，上海大学上海电影学院戏剧戏曲学专业特邀梅兰芳纪念馆馆长——刘祯研究员做了一场题为《"梅澜芳华"展与梅兰芳纪念馆的学术型公共文化建构》的学术讲座。刘祯研究员就近年来博物馆、纪念馆的发展情况，梅兰芳纪念馆的学术型公共文化建设，以及"梅澜芳华"大展及启示等内容与学院师生进行了分享和交流。本次讲座由廖亮副教授主持，来自全国各地高校及研究机构共80余人在线上聆听、共同参与。

梅兰芳纪念馆"纪念馆"的工作性质决定了我们讲座的侧重会在原来戏曲研究的基础上有所调适、有所改变。到梅兰芳纪念馆工作之后，我也特别希望对在纪念馆工作这么多年的实践和理论做一些总结，并且不止一次和同事们交流过这种想法，也和我的学生们在做一些这方面的选题。"梅澜芳华"在中国国家博物馆的展出及其取得的好评使我意识到，这种总结性的工作应该加快进行，无论对纪念馆的建设还是对公共文化的发展，都是非常重要的。所以，这次我选择了这个选题，和大家谈一下"'梅澜芳华'展与梅兰芳纪念馆的学术型公共文化建构"。

我们就以下几个方面和大家进行一下交流和探讨。

第一，想和大家谈一下文化软实力与近年来博物馆、纪念馆的发展。中国博物馆、纪念馆的发展是我们文化发展中一道亮丽的风景线。关于博物馆，习近平总书记到各地考察过很多博物馆、纪念馆，并做出一些重要讲话，有过一些重要论述："博物馆是保护和传承人类文明的重要殿堂，是连接过去、现在、未来的桥梁，在促进世界文明交流互鉴方面具有特殊作用。""中国各类博物馆不仅是中国历史的保存者和记录者，也是当代中国人民为实现中华民族伟大复兴的中国梦而奋斗的见证者和参与者。""一个博物院就是一所大学校。要把凝结着中华民族传统文化的文物保护好、管理好，同时加强研究和利用，让历史说话，让文物说话，在传承祖先的成就和光荣、增强民族自尊和自信的同时，谨记历史的挫折和教训，以少走弯路、更好前进。""让收藏在博物馆里的文物、陈列在广阔大地上的遗产、书写在古籍里的文字都活起来。"

关于博物馆的总体发展趋势，在座的同学可能这方面关注不够。但我认为无论是当下大家的学习，还是毕业后走向工作岗位，都可以对博物馆这个领域加以关注。这个领域的发展空间是非常大的。

据 2019 年到 2020 年《博物馆蓝皮书：中国博物馆发展报告》的统计，近年来我国博物馆数量迅速增长，2016—2020 年新增的博物馆有 1679 座。我国博物馆免费开放的比例也稳步上升。2020 年，全国登记在册的博物馆共 5788 座，同比增长了 12.78%，其中免费开放的有 5000 多座，占博物馆总数的 90% 以上。我们看到，仅 2016 年到 2020 年这 5 年期间，全国的博物馆增加的数量是 1600 多座，这个增长量和速度是非常快的；到 2020 年，全国登记在册的博物馆是 5788 座，还有些在筹备中的，或者还没有登记的，总体数量也是非常大的。通过这些数据，大家可以想见，博物馆在未来整个国家的公共文化发展格局中，所占的比例和所具有的重要性。

2021 年 5 月，中宣部等 9 个部委发布了《关于推进博物馆改革发展的指导意见》。通过这个指导意见的总体要求，可以想见 2025 年和 2035 年博物馆发展的趋势。《意见》中指出：到 2025 年，形成布局合理、结构优化、特色鲜明、体制完善、功能完备的博物馆事业发展格局，博物馆发展质量显著提升，在弘扬中华优秀传统文化、革命文化和社会主义先进文化，构建公共文化服务体系、服务人民美好生活，推动经济社会发展、促进人类文明交流互鉴中的作用更加彰显；到 2035 年，中国特色博物馆制度更加成熟定型，博物馆社会功能更加完善，基本建成世界博物馆强国，为全球博物馆发展贡献中国智慧、中国方案。这是

梅兰芳塑像

中国博物馆的发展远景。

我们知道,纪念馆是博物馆的一种类型。那么二者有什么差别?其实相对而言,博物馆更重视一种整体性,纪念馆是侧重于某个人或事件,为了纪念一个有杰出贡献的人或者一个重大的历史事件。比如说梅兰芳纪念馆是纪念梅兰芳这个人,中国人民抗日战争纪念馆就是为纪念抗日战争这一重大历史事件而建立的。这是博物馆和纪念馆的一个差别。总体上来讲,纪念馆也属于博物馆的范畴。

梅兰芳纪念馆成立于 1986 年 10 月,位于北京市西城区护国寺街 9 号,是梅兰芳的一个住宅。梅兰芳出生在北京,但在 20 世纪 30 年代到上海住了许多年，在香港也有过几年的逗留。新中国成立之后，梅兰芳又回到北京工作，就居住在了护国寺街9号，也就是今天梅兰芳纪念馆的所在地。梅兰芳从1951年正式入住，到1961年去世，有10年的时间都在这里度过。梅兰芳去世以后，为了纪念他，就有成立梅兰芳纪念馆的动议，但因为各种原因，一直到1986年10月，梅兰芳纪念馆才正式成立。2013年，梅兰芳纪念馆被国务院公布为全国重点文物保护单位，属于文旅部的一类公益事业单位，也是文旅部系统唯一的文化名人纪念馆。目前纪念馆有关于梅兰芳艺术和社会活动的珍贵展览，也有生活起居原状的陈列，可喜的是，有个梅兰芳故居的修缮项目得到了国家文物局的支持，这个项目一旦启动后，一个重要目标就是把护国寺街9号尽可能恢复到20世纪50年代梅兰芳生活时的一种状态。这是将来纪念馆发展可能会有的一个重要变化。

　　我们所追求的目标，是要打造一个一流的、学术型、综合型的文化名人纪念馆。类似的纪念馆其实在各地有很多，以前我们对文化名人纪念馆不够重视，也没能很好地发挥文化名人的效应，甚至有的地方的纪念馆、博物馆变成了一种安排闲散人员的单位。这些年随着国家对文化工作的重视，特别是对公共文化事业的重视，文化名人纪念馆在功能上应该有一些新的探索。梅兰芳纪念馆这些年来的所作所为，就是希望打造一个学术型的公共文化空间。

　　为了让大家更好地了解这次"梅澜芳华"展，有必要先介绍一下梅兰芳纪念馆这几年来的目标追求，以及为实现这些目标做了什么工作，稍后再着重介绍这次在国家博物馆举办的"梅澜芳华"展。下面我们进行下一个话题，就是如何打造学术型公共文化的梅兰芳纪念馆。

　　梅兰芳是北京人，他出生在北京，所以北京有多处梅兰芳居住过的地方。现在给大家展示的就是梅兰芳在北京曾经的寓所，比如李铁拐斜街45号是梅兰芳的出生地，像百顺胡同、北芦草园胡同9号、鞭子巷头条、鞭子巷三条、青云胡同29号、无量大人胡同5号、护国寺街9号等地都是梅兰芳以前居住过、生活过的地方。右边这张照片的街景就是过去的李铁拐斜街，现在叫铁树斜街，照片显示的方位是从西往东，梅兰芳的出生地大约就是在鼠标箭头指示的这个位置上。前几年我专门去铁树斜街了做了一个考察，左边这张照片就是梅兰芳的出生地李铁拐斜街45号，现在是铁树斜街101号，1894年梅兰芳就出生在这个大门背后的小院里。我去考察的时候，这个院子已经被其他的居民所占居。最近得到一个消息，北京市西城区文旅局已经把梅兰芳的祖居，就是梅兰芳出生地，也是他爷爷梅巧玲去世的地方完全腾退出来了。

曾经的李铁拐斜街，也就是现在的铁树斜街实际上是当时北京梨园界演员们聚居的地方。右边这张照片中的广场离梅兰芳的出生地、梅巧玲的故居非常近，直线距离应该不超过200米。查阅相关资料，曾在

◀ 北京铁树斜街101号（原李铁拐斜街45号）梅兰芳出生地
▶ 北京铁树斜街（原李铁拐斜街）

铁树斜街这一带居住的有名有姓的演员将近200人，大都是著名的演员，所以现在北京西城区就把这个广场命名为京剧发祥地，也揭示了这个地理空间和京剧的一种密切关系。沿着铁树斜街继续往东走，有一栋二层的小楼，就是照片中的这座楼，它是谭鑫培的故居。这座楼离梅兰芳爷爷梅巧玲的故居的直线距离也就是100多米。

从地域空间来讲，有几个城市对梅兰芳特别重要。首先是北京，梅兰芳出生在北京，成长在北京，事业发展也主要是在北京。除了北京，第二重要的就是上海，还有就是香港。1938年，梅兰芳携全家留居香港，在香港待了有将近4年的时间。上海和梅兰芳的渊源也是非常深的。1913年梅兰芳首次到上海演出，与王凤卿合演《穆柯寨》，一炮打响，在全国有了重要影响。

1932年日本占领东北，对北平的威胁、压迫感越来越强，梅兰芳感觉居住在北平不安全，所以举家搬到了上海。到上海以后，他就居住在马斯南路121号，就是现在的思南路87号，上海的同学应该是非常熟悉。这张照片是前几年我专门去考察时拍的。现在思南路87号是一个私人的高档酒店，酒店门口的牌子上注明是梅兰芳的故居，上海的同学有时间可以到这边来看一看，不过除了建筑以外，其他梅兰芳的遗迹应该看不到了。马斯南路121号这处故居，对于梅兰芳来讲是非常重要的。梅兰芳到上海以后，开启了新的生活。面对日本的侵略，梅兰芳用作品和行动表达爱国情怀，创编了《抗金兵》《生死恨》等新戏，包括蓄须明志，都是发生在他居住在马斯南路121号这个期间。我们还知道梅兰芳是一位绘画大家，他绘画创作的高峰期应该是在40年代，就是在马斯南路121号居住的时候，他创作了大量的绘画作品。

说不尽的梅兰芳　◀ 缀玉轩
▶ 北京无量大人胡同 5 号

　　北京无量大人胡同 5 号也曾是梅兰芳的住宅，这处住宅特别值得一说。1913 年，梅兰芳在从上海回来之后，可以说是声名鹊起，身价和之前也完全不同了，收入也相当可观。在这样的背景下，梅兰芳在无量大人胡同 5 号买了一座小洋楼，加以改造后居住。照片中的书房就是著名的缀玉轩。我觉得，无量大人胡同 5 号这处住宅对梅兰芳的意义有两方面：一方面，梅兰芳当初买这处住宅是为了孝敬他的祖母；另一方面，梅兰芳买这处住宅是在 20 年代他的戏曲艺术达到巅峰的时候，后来许多重要事件也都发生在他居住在无量大人胡同期间，因为他的声誉，许多国外来宾，包括美国总统夫人、瑞典王储，还有很多艺术家都在这处寓所与梅兰芳会面。

　　这张照片拍的是无量大人胡同 5 号的院子，这处梅兰芳的寓所是一处真正的豪宅。20 世纪 20 年代外国人到北京来访问游览，必须安排的三个活动一个是登长城，一个是逛故宫，还有一个就是访梅宅，或者

叫看梅兰芳的戏。在这所宅院里,梅兰芳进行了大量的文化交流和外事方面的活动。

这张照片是1986年的10月27日,梅兰芳纪念馆成立的揭幕仪式。后面的匾额上"梅兰芳纪念馆"几个字是邓小平题写的。当时邓小平刚刚复出,专门给梅兰芳纪念馆题写了馆名。照片最左边这个是许姬传,是梅兰芳的秘书,梅兰芳回忆录《舞台生活四十年》主要就是由许姬传记录整理的。左二这位是习仲勋,当时习仲勋代表中央出席了梅兰芳纪念馆的揭幕仪式。中间这位是夏衍,正在讲话的是梅兰芳的二儿子梅绍武。梅绍武曾经做过梅兰芳纪念馆的名誉馆长,是著名的美国文学翻译家,也是著名的戏剧学者。后边这位是当时文化部艺术局的局长俞琳,只拍出半张脸的是曹禺。当时纪念馆落成,曹禺在护国寺街9号说了一句非常著名的话,他就指着梅兰芳纪念馆讲道:"真正的祖师爷在这呢。"说的就是梅兰芳。

第二，我想谈一下学术型公共文化空间与梅兰芳艺术精神圣地。梅兰芳纪念馆这些年在公共文化方面的实践和在梅兰芳表演艺术体系方面的理论研究，也引起了一些学者的重视。美国的林达博士专门写过一篇文章《梅兰芳纪念馆学术型公共文化策略初探》，后来有一部分内容在《中国文化报》发表，也在梅兰芳纪念馆的微信公众号发表。我在和林达博士交流的时候，她讲到一个情况：在一些欧美国家，一些由政府或者专项基金资助的文化机构日益向学术型的公共文化服务机构发展、靠拢。我们知道过去学术型的和公共文化型的实际上是两个层次，也就是通常所说的"雅"和"俗"。有些是象牙塔式的、小众的、少数人的、精英的文化，有一些是属于公共的、通俗的、大众的文化。现在国外这两个层次的文化越来越出现了融合的趋势，许多文化活动是介乎学术和公益两者之间的，这是国外前几年出现的一种新的变化。林达博士认为，在中国，学术型的公共文化开始由自发阶段向自觉阶段转变。她把梅兰芳纪念馆作为一个具体的案例，对梅兰芳纪念馆学术型的公共文化建构进行了一些探索，认为梅兰芳纪念馆举办重要公共活动的目的可归纳为以下三个属于学术型公共文化的重要议题：一是制定高传播效率的合作网络以促进文化参与；二是恰当地在公共活动中充分利用艺术资源并强化艺术家的表达权力；三是通过融入市场化文化生态以增强公共活动的可持续性。在我看来，学术型公共文化的提升本身是作为国家事业单位文化自觉、文化自信的一种显现，而且也是全民整体文化素质提高的一个显证。前些年我曾经写过一篇文章，讲到传统艺术的发展与文化时代。在我看来，中国即将进入一个文化时代。1979年，大平正芳当选日本首相，他宣布日本进入一个文化时代；澳大利亚也宣布进入一个多元文化时代。在我看来，21世纪以来中国的经济发展、综合国力奠定了物质基础，中央对弘扬优秀传统文化的重视是政治上吹响号角。我们在文化建设方面所取得的成就，包括现在看到的类似于梅兰芳纪念馆的公共公益的文化机构发生了天翻地覆的变化，都在打造构建一种新型的公共文化职能，所有这些都是和我们的文化自觉、文化自信的增强是分不开的，也和国人总体文化素养的提升是分不开的。现在梅兰芳纪念馆工作人员的博士、硕士学历所占的比例达到50%，这个比例应该说是非常高的。

对于打造学术型的公共文化空间，可以从以下几个方面进行了解。

第一个方面是以文物文献的搜集整理集梅兰芳文物文献大成。梅兰芳去世以后，梅家把梅兰芳生前所收藏的大量文物文献捐给了国家。这些文物和文献需要进行整理，而且这些文物文献对当前的京剧研究、戏曲研究，甚至对于近代文化的研究都具有重要意义。所以，纪念馆学术研究的一个重要方面就是对这些文献进行系统整理。具体成果有《梅兰芳藏珍稀戏曲抄本汇刊》，共50册、1100多个出目、1400多个剧本，量是非常大的，为研究梅兰芳、研究京剧、研究戏曲提供了新的大量的文献和剧本。《舞台生活四十年》是近期最新的一个整理成果，是梅兰芳的经典口述史，20世纪50年代初次出版就很畅销。之后在不同时期的再版过程中，都打上了不同时期的烙印，离梅兰芳50年代口述的语境愈来愈远。本次再版时，为了把这部经典的口述史恢复到梅兰芳50年代初的历史语境中，我们对比了不同的版本，进行了一些研究，包括重新整理馆里面新发现的一些手稿，把书打造成了典藏版。书籍设计也非常精美，书中用的近100张照片都是梅兰芳纪念馆的馆藏资料，保留了《舞台生活四十年》50年代初版时所用的照片，让再版书基本恢复了历史的原貌。《梅兰芳学刊》是梅兰芳纪念馆构建梅学研究的一个非常重要的阵地，是一本不定期的刊物，一年出版两辑。其他如《梅兰芳菲——梅兰芳在世界》（3卷）很快要出版了。新版《梅兰芳全集》也是正在进行的一项重点工作。

第二个方面就是以课题学术建设梅兰芳及其表演体系的研究高地。

梅兰芳纪念馆专门有一个机构叫信息研究处，负责研究工作。2018年梅兰芳纪念馆专门成立了一个梅兰芳研究中心，这个中心的成立使学术研究在梅兰芳纪念馆的地位越来越重要。当然，作为一个纪念馆肯定是要综合发展的，目标是打造一流的学术型、综合型的文化名人纪念馆。我认为，在作为综合纪念馆、博物馆的前提下，纪念馆的学术研究达到什么样的高度，决定了这个纪念馆的发展能够有什么样的宽度和厚度。梅兰芳纪念馆若没有学术的高度，就不会有梅兰芳纪念馆的宽度和厚度。去年，纪念馆向人力资源部申请建立了博士后工作站，这也是梅兰芳纪念馆学术资源非常重要的组成部分。此外，还有一个重要的学术资源就是中国梅兰芳文化艺术研究会，今年3月份的换届使得研究会和梅兰芳纪念馆的关系更为紧密了。我们也希望借助于这样的国字号的文化艺术研究机构，把全国各地有志于梅兰芳研究的学者们团结起来，一起打造新的学术高地。

2018年，我们的《梅兰芳表演艺术体系及相关文献的收集整理与研究》入选了国家社科基金艺术学重大项目，结项的研究成果比较丰富，希望这个成果的出版能够为梅兰芳表演艺术体系建设起到添砖加瓦的作用。这张照片是2018年梅兰芳纪念馆和中国艺术研究院举办的"东方与西方——梅兰芳、斯坦尼与布莱希特国际学术研讨会"，出席这个研讨会的有包括中国在内的10个国家和地区的专家学者。这几年我们每年都会举办一次规格比较高的全国性的或国际性的学术研讨会。2020年，在疫情严重的情况下，第九届中国京剧节在北京举办，由文旅部和北京市人民政府主办。梅兰芳纪念馆承担了本届中国京剧节的理论研讨工作，召开了全国性的"经典·大师——新时代京剧艺术发展学术研讨会"，有50多位专家学者与会。其他的还有一年一度的梅兰芳研究青年论坛，是我们每年固定的两个学术活动中的一个，上半年举办一次青年论坛，下半年围绕有关梅兰芳的话题举办一次全国性的或国际

性的学术研讨会。

第三个方面就是以沉浸体验式的表演传承发展梅派艺术。梅兰芳纪念馆的《遇见梅兰芳》就是这种沉浸体验式的表演,在北京学界、文化界还是小有名气的,受到不少好评。2018年创作的古琴和京剧的跨界演出——《琴芳梅兰》同样也受到了大家的好评。2018年5月6日,《琴芳梅兰》在梅兰芳纪念馆首演,演出成功,反响较好。因为首演成功,在戏曲界和古琴界有较好的反响,紧接着10月份便受邀到国家大剧院小剧场演出。虽然这几年因为疫情影响出行,但《琴芳梅兰》仍在国内的不同地方以及日本演出了有20多场。

▼ 古琴、京剧跨界演出《琴芳梅兰》

第四个方面，谈一下博物馆展览与博物馆戏剧。这些年，我们在展览方面又创新了很多专题，每年都有若干专题的展览在馆内、馆外，甚至在外地和海外进行。2020年之前，几乎每年都有一次国外的展览。这些年纪念馆也做了一些比较重要的展览，比如2018年配合"东方与西方"国际学术研讨会，做了"走向世界的梅兰芳"展览。配合挖掘梅兰芳的绘画作品，做了"另一个梅兰芳"展览，就是要让观众看到作为京剧大师之外的绘画大家的梅兰芳。梅兰芳的戏曲手势艺术是非常有影响的，在他历次出国访问演出时都获得高度赞誉。纪念馆的俞丽伟博士仔细研究了梅兰芳的五十三式兰花指，拍摄了每个手势的照片并解读其意义，举办了"手舞艺术——梅派兰花指摄影展"，也收到众多好评。

2019年是梅兰芳首次访日100周年，纪念馆申请了一个国家艺术基金项目，沿着当年梅兰芳访日的足迹，去东京、大阪和神户举办了

2019年在日本东京"东瀛品梅——纪念梅兰芳首次访日１００周年美术作品展日本巡展"开幕

"东瀛品梅——纪念梅兰芳首次访日100周年美术作品展日本巡展",反响也非常好。在东京巡展时,还在早稻田大学召开了纪念梅兰芳的专题学术研讨会,在明治大学演出了《琴芳梅兰》,都取得了很好的效果。

为庆祝中华人民共和国成立70周年,纪念馆举办了"梅兰芳与新中国"展览。这个展览有着非常重要的意义,因为有些人认为梅兰芳戏曲艺术的影响力主要是在新中国成立之前,也就是二十世纪二三十年代,1949年之后属于梅兰芳的时代就过去了。我们举办这个展览就有一个特别鲜明的指向,就是要让大家了解、看到梅兰芳在新中国成立之后的贡献,展览的内容是非常丰富的。包括在国家博物馆的"梅澜芳华"展览,也把突出梅兰芳在新中国成立之后的贡献作为重要的内容。其他还有"一代宗师——梅兰芳专题艺术展"。2020年是徽班进京

230周年，我们在北京的天桥剧场做了一个专题展览。这个展览实际上不是梅兰芳专题的，而是关于京剧历史、京剧历程的一个展览。通过这个展览，也让人们看到梅兰芳纪念馆的展品不光能够支撑关于梅兰芳的展览，也有关于京剧史、京剧专题的或者是戏曲史、戏曲专题的丰富内容。特别是在国家博物馆的展览中，这一点大家可以看得更清楚。去年是梅兰芳经典名剧《霸王别姬》创排100周年。梅兰芳曾经讲过，《霸王别姬》演出了1000多场。这个戏是1921年年底开始创排，到1922年正式演出。今年是《霸王别姬》首演100周年，我们申报了一个国家艺术基金项目，这个项目会在上海、广州、贵州、武汉和北京5个地方举办《霸王别姬》专题展览。这些都是在展览方面做的重要工作。

现在所说的博物馆戏剧实际上是一个大概念的戏剧，在这方面，我觉得从一个概念的提出到成为一种博物馆的实践，梅兰芳这位大师、梅兰芳纪念馆可以发挥很好的作用。上面提到的《遇见梅兰芳》的沉浸式表演和《琴芳梅兰》的演出等，也应该纳入博物馆戏剧的范畴。我觉得，不光戏剧的空间可以探讨，可以挖掘，可以实践，在实践基础上可以做的理论总结的内容也是非常多的，梅兰芳这位大师及其戏曲艺术特别适合在这方面进行一些发掘。

第五个方面是以"讲坛"构筑思想与知识转化的公共文化空间。梅兰芳纪念馆有一个公益性的讲坛，叫作"兰芳讲坛"，这个"兰芳讲坛"就是要把一种学术性的、思想性的成果转化为一种公共文化，是提升大众对梅兰芳认识和理解的非常好的平台。我们邀请了一些在学术理论方面有建树的专家来馆里做报告，比如中国戏曲学院的钮骠教授、中国艺术研究院的王安奎研究员、武汉大学的郑传寅教授等，这些专家的讲座都是公益性的；也请了一些表演艺术家，比如梅兰芳的弟子李玉芙老师，梅兰芳的弟子、中国艺术研究院的胡芝风老师等。现在的游客和观众跟以前不一样，他们的文化层次越来越高，一些浅显的知识性的内容已经远远不能满足他们的需求，需要把一些学术性的思想、观点、研究成果，深入浅出地传递给他们。这种利用公益讲座和大家进行交流的效果是非常好的。有一次讲座结束后，一个听众在微信上向我反馈，觉得这样的讲座确实在提升他的理论素养方面起了很好的作用，这个效果是出人意料的。

第六个方面是以文创产品尝试打造文旅融合的市场消费。我们和一些公司进行合作，在这方面也做了一些探索。这一幅陶瓷作品是《同光十三绝》，是海南的一位陶瓷家以我们馆藏的《同光十三绝》这幅画为基础，研发了海南红泥陶瓷的《同光十三绝》，制作工艺非常复杂，最终效果也是非常好的。这幅《贵妃醉酒》也是陶瓷作品，还有右边的若干个小碟子，里面的图案都是梅兰芳访美图谱里的，这些都是用激光刻制出来的。梅兰芳在二十世纪二三十年代的影响很大，其蕴含的广

海南红泥陶瓷艺术品类

告价值也是非常高的,我们现在也希望通过和公司的合作,把品牌打出去。

第七个方面是以多元立体组合的方式拓展传播,扩大影响力。在实践中我们发现,一个纪念馆如果仅仅依靠展览,而且是一种较为平面的展览的话,那么对观众和游客的吸引力是比较有限的。在工作探索中我们发现,举办一些组合性的活动,效果和影响往往要好得多。比如在举办大众化的、公共性的展览时,同时也开展高端的学术研讨活动。就像之前提到的在日本举办"东瀛品梅"巡展时,在早稻田大学举办了专题的学术研讨会,不仅有国内随行的学者,还有几位在梅兰芳作品研究领域有较高水平的日本专家出席了会议,这种学术研讨的规格是非常高的。还有在明治大学举办的《琴芳梅兰》的演出,当时将近500人的礼堂几乎座无虚席,从始至终都没有观众中途离场,效果非常好。现在,

纪念馆也是希望与外界多一些合作，通过多元化、立体化的方式扩大影响、传播文化。2019年，纪念馆和青海省文旅厅合作开展了一个关于黄河文化的活动。在这次活动中，我们把《琴芳梅兰》带到了西宁，并且举办了展览和讲座。这样的组合式的活动所产生的影响和效果是比较好的。梅兰芳纪念馆和北京语言大学建立了梅兰芳艺术传承传播基地，这是在北京语言大学举办讲座的照片，当时胡文阁老师做了一个表演示范，学校的师生都非常踊跃地来听讲座，座位不够，很多人都站着，晚上还在学校演出了《琴芳梅兰》。

第三，给大家介绍在中国国家博物馆举办的"梅澜芳华"大展。

为什么要做这个"梅澜芳华"大展？一方面是2021年是梅兰芳逝世60周年。另一方面是梅兰芳去世以后，梅家给国家捐献了34000多件文物和文献，规模是非常大的。这些文物和文献构成了梅兰芳纪念馆藏品的主体部分，而且历来梅兰芳纪念馆的展览活动都是以这些藏品为主的。但以前做的各种展览规模比较小，都是专题性的，这次希望借梅兰芳逝世60周年这个契机，举办一个规模比较大、能够从整体反映梅兰芳的艺术人生的展览。这个想法也得到了文旅部的支持。

这个展览由中国国家博物馆、梅兰芳纪念馆和泰州市人民政府三方主办，由文化和旅游部艺术司、江苏省文化和旅游厅支持。从一开始展览方案、提纲的拟定和展品的选择，都是由梅兰芳纪念馆进行准备工作。这张就是当时媒体见面会的照片，相当于一个开幕式了。

展览的策划方案很大，想确实地把我们对梅兰芳的学术认识和见解融入展览中。展厅有2000平方米，还单独做了一个缀玉轩的空间，稍后我也会讲到缀玉轩的话题。

展览的名称是"梅澜芳华——梅兰芳艺术人生展"。定名为"梅澜芳华"，是因为梅兰芳名澜；副标题直接点明展览内容，就是关于梅兰芳的艺术人生。展览的方案和内容共有8个单元，一开始的方案是做

2022年1月20日"梅澜芳华——梅兰芳艺术人生展"在中国国家博物馆开展

了6个单元,我看后觉得不行,就改成了8个单元。第一个单元"群英谱京韵",是简单的京剧史的回顾。这个单元展出了《同光十三绝》的原画,用工笔重彩描绘了清代同治、光绪年间十三位享有盛名的京剧演员所扮演的剧中人物,是京剧形成期的标志。第二个单元"梅秀出世家",主要讲梅家三代人,从梅兰芳的爷爷梅巧玲到梅兰芳。这张油画像就是梅兰芳的爷爷梅巧玲,是梅兰芳请人画的。第三个单元"梅占百花魁",展现了梅兰芳从学艺到后来成名的艺术成长历程。这个单元很重要的一个内容就是展示梅兰芳的经典剧目,将一个剧目作为一个小专题来做介绍，有大量的文献支撑，比较详细。第四个单元"梅馨缀玉轩"，是展示梅兰芳在无量大人胡同居住时期的生活，在这里，缀玉轩是体现他人生经历的一个非常重要的空间。居住在无量大人胡同这段时间，是梅兰芳的戏曲艺术达到巅峰的时期，也是他与各界包括国外友人联系非常多的一个时期。缀玉轩对梅兰芳具有标志性的意义，这个单元就是通过缀玉轩把梅兰芳生活的方方面面连缀起来。第五单元"梅香传万里"，主要是讲梅兰芳在文化传播方面做的贡献。梅兰芳的文化传播不仅包括访日、访美、访苏的演出，也包括梅兰芳在缀玉轩和国际友人之间的文化的往来和交流。第六个单元"梅骨傲风雪"，这一单元展出的是日军入侵东北后，梅兰芳离开北平迁居上海，在抗战期间蓄须明志，不再登台。在上海这段时期，梅兰芳艺术成就比较重要的一个方面就是绘画创作，包括在上海举办画展。这个时期和梅兰芳书画往来的画家也特别多，这个单元就是把梅兰芳当时绘画作品和与他交流往来的绘画大家的作品进行重点展示。第七个单元"梅报万物春"，主要是讲新中国成立之后梅兰芳的工作生活，突出展示了梅兰芳的爱国行为和入党等事情。第八个单元"传承与发展"，主要展示梅派艺术的传承与发展，也包括关于梅兰芳及其戏曲艺术的理论研究。除了北京的梅兰芳纪念馆，泰州还有一个梅兰芳纪念馆，这个单元也展示了两处纪念馆的工作和发展的状况。每一个单元下面还分有若干小节，形成了纵横交错的结构。总的来看，这个结构是以时间线索为纵轴，在时间纵轴上，把梅兰芳的相关艺术活动或人生事件纳入一个比较一致的专题。

比如"梅骨傲风雪"这个单元，重点展示了梅兰芳从1932年迁居上海到1945年抗日战争胜利这段时期的生活经历。在这里首先是按一个时间线索来讲述，但是又打破了空间的阻隔，因为这段时期也包括了梅兰芳在香港的生活。这个展览方案和内容的设定是我们经过反复推敲后形成的，目的是尽量全面地展示梅兰芳重要的艺术成就和人生经历，

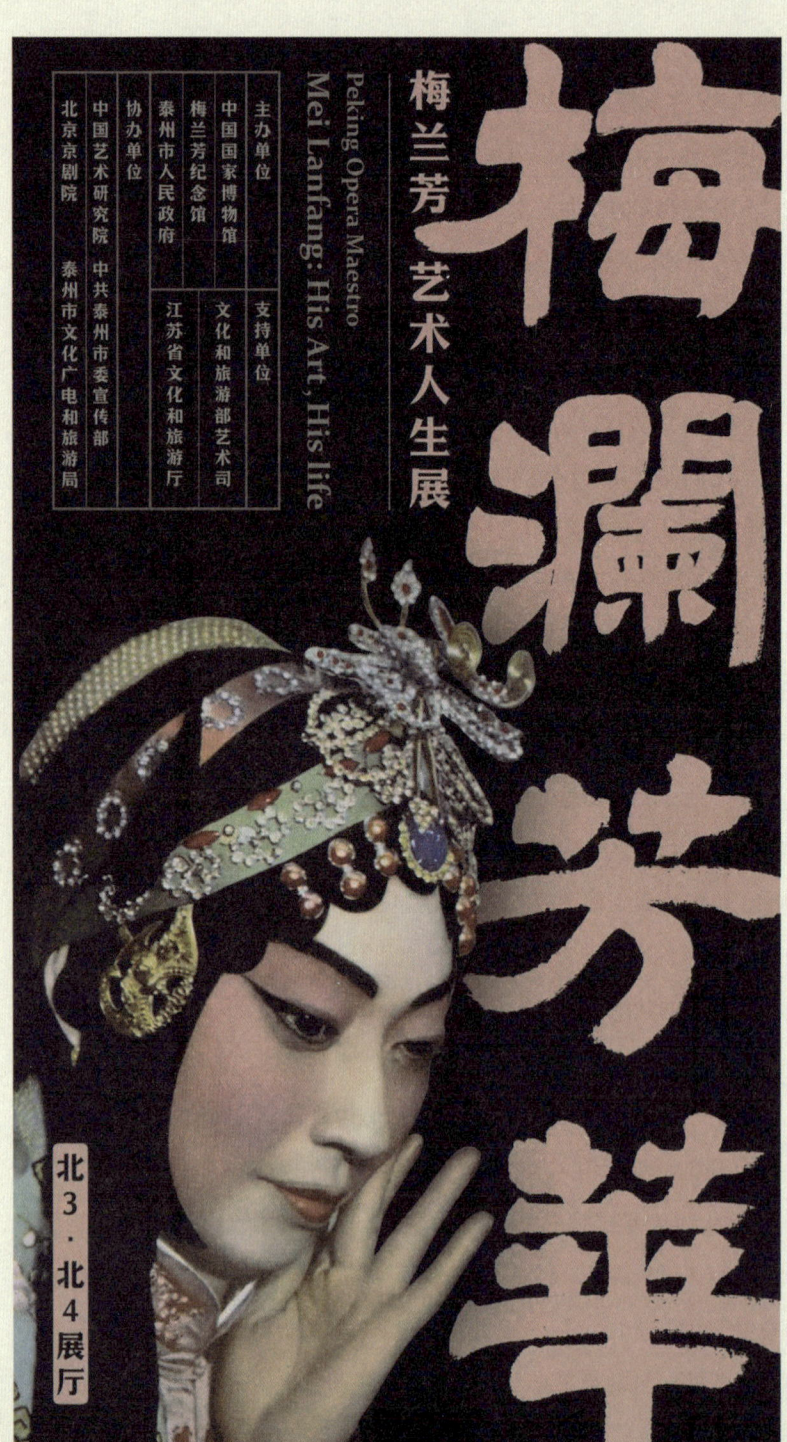

能够高度概括但又不显得结构凌乱。

这次展览有哪些特点和亮点？我看了许多学者和观众的评价、留言，自己也做了一些思考，觉得可以归纳为这么几个方面：

一是规格高。展览的主办方之一中国国家博物馆代表了博物馆展览的最高水平，支持单位是文旅部艺术司和江苏省文旅厅，并且2020年和2021年文旅部两次关于梅兰芳纪念馆的部长办公会议定的事项里面都有"梅澜芳华"这个展览，所以说这个展览的规格是非常高的。二是规模大。两个展厅面积近2000平方米，展览照片近600张，实物近400件，体量是很大的。我们准备的展品比实际展出的要多，但是考虑到空间的限制，有些展品最后没有展出。三是品质优。品质优是指展览的文物级别很高，价值也非常高，这个稍后我会着重讲一些例子，包括我们做的文物鉴定定级工作。四是营造了两大空间。一个是以守旧为代表的舞台空间，一个是以缀玉轩为代表的生活空间，这是特别重要的一点。五是多元立体、具有表演性的呈现。这次展览不是一个单一的、平面的展览，虽说最初设想和准备的表演的内容没有融入展览中，但我觉得通过展览本身，特别是通过一些音视频的参与，还是努力地把梅兰芳作为京剧艺术大师表演性的一面呈现了出来。六是梅兰芳语录。我们把梅兰芳语录作为每一节的导言，引领观众进入梅兰芳时代。七是突出了梅兰芳在新中国成立后的生活工作经历与贡献。八是研究和学术成果的内嵌与外化呈现。

这次"梅澜芳华"的展览引起的反响很强烈，不仅是观众层面的反响，而且在学术界的一些反响，据我所知还是比较少见的。比如有些北大、人大的老师不止一次两次地去参观，有人甚至去了三次。疫情期间国家博物馆限流，本来就不方便，大家为了安全考虑其实也不愿意多出门。但是为什么这个展览能够吸引这些专家学者一而再、再而三去参观呢？这是值得思考的。后来我看到好多文章专门评价、谈论这次展览，这些作者我大都不认识，而且发表的媒体也不熟悉，完全是观众和媒体自发的行为。虽然在开展时我们也邀请了一些媒体，但是相继有这么多媒体自发走进"梅澜芳华"这个展览，进行全方位报道，有的甚至是电视台的视频、文字，这是比较出乎我们意料的。

这次展览了很多珍贵的文物，选几个重要的例子给大家讲一下。

这幅画是《思志诚》，研究戏曲史的同学会非常了解。《思志诚》没有《同光十三绝》那么有名，但实际上它在京剧史、戏曲史上的地位不次于《同光十三绝》。《同光十三绝》为人们所熟知，很多京剧史、戏剧史的著作都会提到，《思志诚》同样也有很高的戏曲艺术价值、文献价值。这幅画在此之前从未公开亮相过，这是第一次拿出来展览，引起了很多人的关注。这幅画，包括里边的文字说明、后面的跋，对研究画作本身和京剧都是特别重要的。画作描绘了很多演员，这个穿红衣服的就是梅兰芳的爷爷梅巧玲，在《同光十三绝》里也有他，而且《同光

十三绝》中有些人物在《思志诚》里也有。

这个剧本是梅巧玲收藏的京剧抄本,上面是著名的景和堂,梅巧玲的堂名叫作景和堂,由此可以看出这个剧本的年代和文献价值。这对剑是梅兰芳演出《霸王别姬》使用过的双剑。梅兰芳有个弟子叫王熙春,是二十世纪三四十年代京剧和电影两栖明星,在香港期间拜梅兰芳为师,这对剑就是梅兰芳送给她的拜师回礼。王熙春离开舞台的时候把这对剑给了妹妹王熙苹,王熙苹是陕西京剧院的演员,现在也80多岁了,由于年事已高,并且子女也不从事这行,后来就通过李玉芙老师联系我们,把这对剑捐给了梅兰芳纪念馆。

这把团扇是泰戈尔赠给梅兰芳的。1924年泰戈尔访华,梁启超、徐志摩、林徽因等陪同。1924年5月19日,梅兰芳招待泰戈尔演出《洛神》,第二天见面的时候泰戈尔心情特别好,对演出也提了些建议,还专门为梅兰芳赠了一首诗。这首诗原文是用孟加拉文写的,后来泰戈尔又亲自翻译成英文,然后林徽因的父亲林长民又把它翻译成了中文,就是"认不出你,亲爱的,你用陌生的语言蒙着面孔,远远地望去,好似一座云遮雾绕的秀峰"

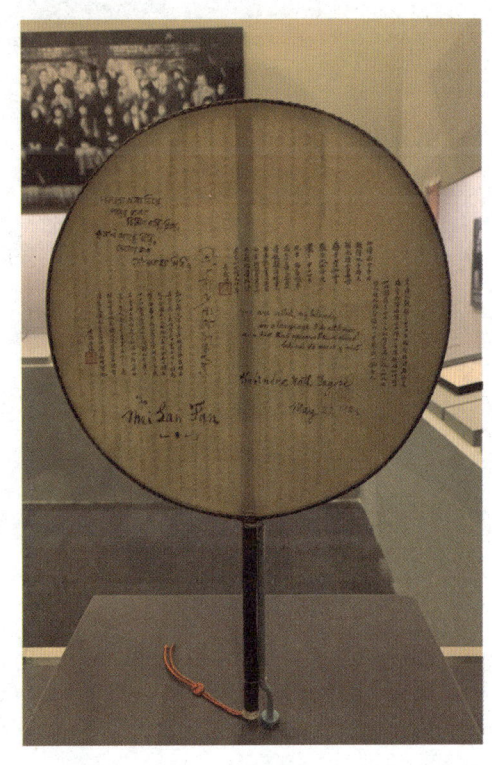

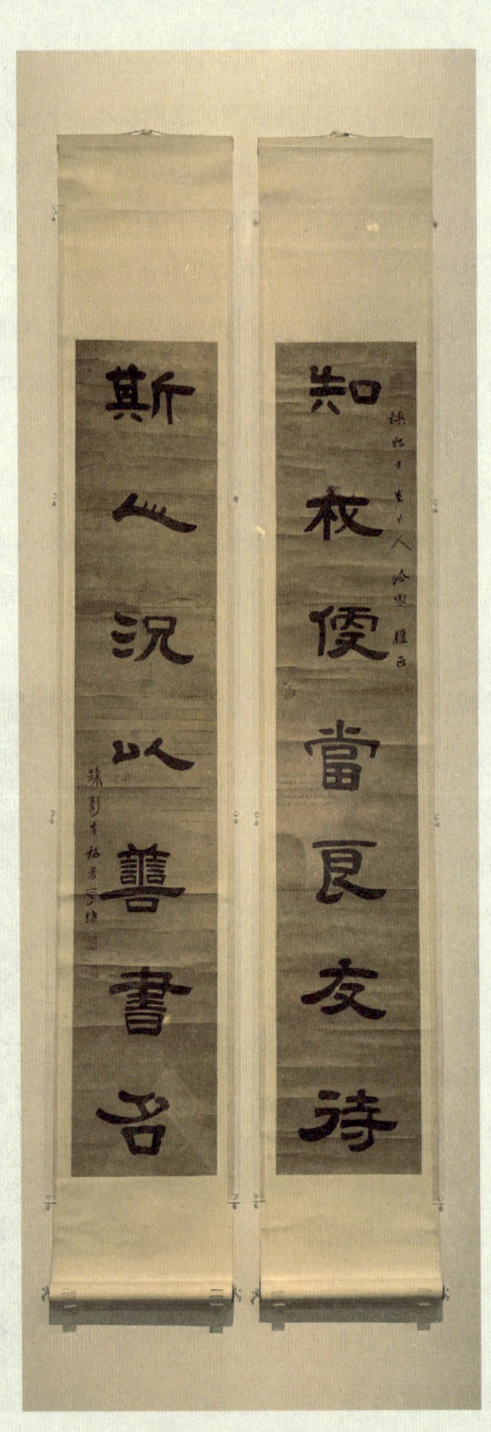

这首诗。这次展出了纪念馆馆藏的团扇原件,文物价值是非常高的。

去年梅兰芳纪念馆做了一项工作,就是把馆藏的所有的书画做了鉴定和定级。其中一级文物共计21件套,实际上是35幅,因为有的作品是多幅;二级文物共计171件套,实际上是280多件(幅);三级文物共计700件套;一般文物共计238件套:总计1130件套。

这幅书法作品是梅兰芳的爷爷梅巧玲的。梅巧玲做过四喜班的班主,也到宫廷供奉演出过,从这幅字就能看出他良好的文化修养。另一幅照片是梅兰芳的父亲梅竹芬画的扇面。梅兰芳4岁左右时,他的父亲梅竹芬就去世了,一个20多岁的艺人能够有这样的书画作品留下来是相当不容易的。因为这幅扇面的原件急待修复,所以展览时用的是梅兰芳亲自拍摄的照片。

这是梅兰芳收藏的齐白石的《荷花四条屏》。馆藏齐白石的绘画作品有35幅,这套《荷花四条屏》是鉴定的唯一的一甲文物,就是一级

文物里最高的等级,这组条屏在齐白石的画作中品质也是非常高的。

再重点讲一下这次展览设计的两个重要场景。一个是"守旧"。这个守旧是梅兰芳使用过的,上面的图案是吴湖帆画的。守旧和一桌二椅构筑了一个舞台空间。这个守旧非常气派,虽然国博展厅空间非常大,但守旧下面还是折叠了45厘米。另一个就是缀玉轩——生活空间。展出的写字台、练功镜、竹刻炕桌等都是梅兰芳纪念馆的原藏品。缀玉轩是梅兰芳20世纪20年代无量大人胡同寓所的书房,梅兰芳又被称为"缀玉轩主人",缀玉轩是梅兰芳的文化标识,对他来讲是十分重要的。通过"守旧"和"缀玉轩"两个空间的设计,不仅突出了梅兰芳艺术和

▲ 守旧与一桌二椅构成的舞台空间

▼ "缀玉轩"题字与书桌、书橱构成的生活空间

"梅澜芳华"展与梅兰芳纪念馆的学术型公共文化建构

人生的主题，也使展览更为立体化，更具舞台艺术和生活气息。

　　这次展览还有一个特点，就是每个单元下面有若干小节，每个小节下面都用了梅兰芳自己的话来概括他的这个时期。看到这些话，就感觉被带回到当时的历史空间。这种做法在以前的展览中恐怕也不多见，每个单元下都辑录梅兰芳的一段话来概括专题性的内容，这应该也是一种创新。

　　展览还突出了梅兰芳与新中国，就是梅兰芳在新中国成立之后做了什么，这个话题确实很重要。二十世纪二三十年代梅兰芳的艺术臻于炉火纯青，取得了极大的成就，但梅兰芳艺术的成熟和完整，包括梅兰芳思想的成熟和完整，他的世界观和艺术观的真正实现，是在新中国成立之后，受到中国共产党的教育和培养之后，最终成为具有高度文化自觉的艺术家，这是梅兰芳和一般的演员特别不同的一点。在1949年之后新中国开辟的艺术道路上，梅兰芳热情积极地投入国家建设伟业，他的艺术是为广大的工农兵服务的。这一时期一个重要的时间节点是1959年，在新中国成立10周年之际，梅兰芳的人生中发生了两件重要的事：一个是他于1959年3月加入中国共产党，一个是排演了他最后一部，也是他的经典之作《穆桂英挂帅》。这两件事标志

▼《穆桂英挂帅》，梅兰芳饰穆桂英

着梅兰芳完成了从一位具有高度文化自觉的艺术家到实现了文化自信的艺术家的一个跨越。所以,不能将梅兰芳割裂开来,不能只看到二三十年代舞台上绚丽的梅兰芳,而看不到50年代以后梅兰芳的贡献,特别是他思想观念的巨大变化。这是我们在这次展览中非常强调的方面,内容也很丰富,馆藏的文献、图片等资料也是非常多的。

展览的结尾比较响亮。我们用了这两件展品:一个是中华人民共和国成立70周年梅兰芳获得了"最美奋斗者"荣誉称号,另一个是20世纪初梅兰芳在谭鑫培去世后获得"剧界大王"的荣誉。从"剧界大王"到"最美奋斗者",标志着梅兰芳从一位具有高度文化自觉的艺术家,最后实现了为人民服务的文化自信的艺术家的历史性的跨越和升华,也以此对展览做了一个富有意味的小结。

以上是我的汇报,谢谢大家。

——2022年5月10日上午上海大学上海电影学院戏剧戏曲学专业"名家系列讲座"

《霸王别姬》对新时代表演艺术和创作的启示

李荣坤

文艺创作如何从高原走向高峰，这是一个时代的命题。100 年前，梅兰芳古装新戏《霸王别姬》首演，一俟登台，便盛演不衰，在 1922 年至 1959 年的 37 年间，先后演出千余场，成为梅派最为经典的剧目之一。该剧目在台上展现了无与伦比的艺术之美，而幕后则凝聚了梅兰芳及其团队的艺术追求。《霸王别姬》经久不衰的艺术魅力，给新时代表演艺术和创作又带来哪些启示？为此，记者采访了梅兰芳纪念馆馆长刘祯。

《霸王别姬》这部经典如何炼成

早在 1913 年，梅兰芳在上海演出之后就声名鹊起。1922 年，正是梅兰芳的表演艺术达到巅峰之时，《霸王别姬》被搬上舞台。

据了解，《霸王别姬》的首演是在第一舞台。当时，即便是名家的演出，也不会选在那里，因为第一舞台内多达 2500 个座位，一般都不会坐满，但《霸王别姬》的演出受到观众的热烈欢迎，场场爆满，座无虚席，首演获得巨大成功。

"在这部戏中，杨小楼饰霸王，梅兰芳饰虞姬，姜妙香饰虞子期，许德义饰项伯，李寿山饰周兰，迟月亭饰钟离昧，李鸣玉饰刘邦……演出阵容强大，这些演员都代表了当时不同行当的最佳阵容，是《霸王别姬》可以取得巨大成功的原因之一。"刘祯和记者盘点着戏里的各大名角儿。

刘祯介绍，这个故事并非第一次以戏曲的形式上演，《霸王别姬》是由《楚汉争》改编而来，1918 年杨小楼、尚小云等艺术家都曾经演过，但效果一般就停了。梅兰芳看重这个题材，请齐如山、吴震修对剧本进行改编，最终删到了 20 场以内。"这原本是个武戏，打斗动作多，

而改编之后容易落到以往武戏的旧套之中，因此，梅兰芳认为，这里面的武戏应该是工架大方、点到为止，在此基础上又进行了删减。在之后的演出中，剧本持续打磨，精益求精，1936年精简到12场，新中国成立后减到8场，而后又为了艺术的完整性将场次增至9场。"刘祯说。

可见，《霸王别姬》的改编和成功是梅兰芳团队多年不断打磨、完善的结果，梅兰芳从中起到一个统帅的作用。刘祯表示，这种集体创作在二十世纪五六十年代也较为突出，不同行当里的顶级艺术家、专家聚在一起，如切如磋，产生了一系列优秀的现代戏、样板戏，深受群众喜爱，现在还需要发挥这样的优良传统，发挥集体优势，创作更多优秀作品。

磨砺38载，始终与时代同行

值得一提的是，作品改编后增加了虞姬的戏份，而其中最著名的就是虞姬的剑舞。"为了戏剧情节的需要，梅兰芳特别请了专门的老师学习太极拳和太极剑，精心设计了剑舞，虞姬的人物形象更加生动饱满。梅兰芳对剑舞的理解和表达也非常准确，以精细的舞蹈为主，让项羽'聊以解忧'，与故事情节和虞姬的人物背景和性格非常吻合、融为一体。同时，剑舞与音乐的配合也非常经典，他选择了【夜深沉】的曲牌作为配乐，该曲节奏感强，这为剑舞创造了丰富的条件。梅兰芳不让乐队迁就自己，他在表演中主动去追求节奏感，与伴奏配合得非常好。时而婉转妩媚，时而铿锵有力，张弛有致。"刘祯说。剑舞可谓整个剧目的点睛之笔。

在《霸王别姬》的千场演出中，梅兰芳不断对剧作和人物有新的诠释和创新。古有"十年磨一剑"之说，而梅兰芳的《霸王别姬》一磨就是 30 多年，与之合作饰演霸王的如杨小楼、沈华轩、周瑞安、金少山、刘连荣、袁世海、汪志奎等皆是京剧武生行当、花脸行当的名家。梅兰芳根据自己的感受仍然不断修改，大大提升了其艺术效果，使《霸王别姬》日趋完美，最终成为常演不衰的梅派经典剧目，到了 21 世纪的今天，仍然是一部经典保留剧目。

《霸王别姬》不断打磨、修改、精简是其能够成为一部经典作品的必要过程。梅兰芳本身是一名演员，但这部戏的每次改编与梅兰芳对作品的思考和理解密不可分，他在剧本的改编中发挥了很大作用。不仅如此，梅兰芳在导演、音乐、唱腔、扮相、舞美、服装等与表演相关的各方面都发挥着重要作用，这是一种全方位的综合艺术素养。"这一点，特别值得我们的现代艺术家学习。在文艺大繁荣大发展的背景下，各个剧种都涌现出很多优秀的艺术家，他们都代表着当下各剧种最高的舞台水平，我们的文艺创作处于从高原走向高峰，但在戏剧舞台上却少有真正高峰之作，不能不让我们深思。在戏曲修养和对于剧目全方位的把握等方面，我们应该向梅兰芳学习，不能只局限在做一名优秀的演员，要不断增加自己的文化理论修养，多读书，这是梅兰芳对《霸王别姬》文本的改编给我们的重要启示。"刘祯说。

勇于担当，戏曲的现代化转型未来可期

当下，中国正处于一个伟大的变革时期，刘祯提到，艺术家在讴歌时代的同时，要尊重艺术创作规律，不论选择何种题材，艺术表达固然重要，但艺术思想和概念不能取代表演。同时，对于舞台艺术的创作，生活体验很重要，即便是历史剧，演员也应该有自己对于历史的认知和理解。此外，对于一些舞台大制作，在发挥科技作用的同时，一定

不能削弱戏曲本体和戏曲演员表演发挥的作用。

"现代人的生活工作节奏较快,很多艺术家和创作者有着强烈和迫切的愿望创作优秀作品,而缺乏体验生活和揣摩作品的心态,观众无法从作品中感受到艺术的真实动人,因此创作的心态要平心静气。"刘祯还强调,在追求奖项和荣誉的同时,要着眼于戏曲的未来发展和探索创新,有前瞻性,从长远角度规划创作剧目,把戏曲所遇到的困境,作为探索和实验的内容,有国家、历史和艺术的担当,使戏曲可以真正活在当代,成为大众艺术。理论、学术研究及成果,决定戏曲创作和发展的道路与高度,不是可有可无的。新中国成立后,梅兰芳积极响应"百花齐放,推陈出新"的文艺方针,参与戏曲改革,他始终与时代同行。

在刘祯看来,中国的戏曲无论是昆曲、越剧还是黄梅戏,从来都是一种当代艺术、流行艺术,戏曲的现代化是戏曲工作者所面临的担当和使命,如果在戏曲的现代化方面探索有效,它才有可能真正走向未来,否则戏曲就会处于生活和艺术的边缘,成为走向博物馆的艺术,虽然也是一种选项,但那无疑是戏曲在这个时代格局的改变和功能作用的萎缩。如果创作者在尊重戏曲艺术规律的基础上勇于开拓,像梅兰芳对《霸王别姬》那样孜孜不倦地探索,中国戏曲的现代化转型未来可期。

——原载《中国文化报》2023年3月7日

附录

梅兰芳名言

刘祯　摘选

文化修养

演技是没有止境的。内行有句俗语，叫"师父领进门，修行在自身"。这就说明了要获得艺术上的成就，必须有奋斗的意志，和苦学的精神。如果倚靠着自己一点小聪明，不肯下功夫；或者稍露头角，就骄傲自满，不多方面接受批评，那么他在艺术上的成果是可以预料得到的。

——《舞台生活四十年》第一集第十章

我在戏里既然是一个主角，如果发生了错误，首先我是要向观众来负责的。过去有些角儿，喜欢在台上开玩笑，暴露别人的弱点，显出自己的机灵，实际上等于开自己的玩笑。这种举动会造成互相报复的因素，破坏观众的情绪，影响业务的发展，可以说是损人而不利己。我一生在台上从来没有跟人开过玩笑，别人也没有暗算过我。有时偶然发生一点意外的事件，我一定要把责任先弄清楚了。错在我，就应该很坦白地责备我自己。错在别人，就用一种严肃的态度来劝告他，决不用讽刺的话来调侃他。这样，受到批评的人，自然会心平气和地接受我的善意的纠正了。

——《舞台生活四十年》第一集第十章

凡是一个艺术工作者，都有提高自己的愿望，这就要去接触那最好的艺术品。

——《舞台生活四十年》第三集第二章

在旧社会辛辛苦苦演了几十年的戏,虽然在艺术上有一些成就,但服务的对象究竟是什么,是很模糊的。解放后,学习了毛主席《在延安文艺座谈会上的讲话》,才懂得文艺首先为工农兵服务的道理。由于明确了这个方向,觉得自己的艺术生命才找到真正的归宿。解放几年了,我深感在六十年的生命史上是最宝贵的一个阶段,无论在政治、艺术上都得到了前所未有的发展。五年多以来在戏曲艺术实践当中虽然做了一些努力,但应该做而没有做的还有很多,如戏曲改革方面贡献的还不够,《舞台生活四十年》应赶紧写出三、四两集。这次拍摄电影,希望能通过它对青年一代有一点贡献。此外,还要加强辩证唯物主义的学习。

——《谈表演艺术的创造》,《光明日报》1955 年 4 月 12 日第 3 版

一个演员表演艺术的道路如果不正确,即使有较好的条件,在剧场中也能得到一部分观众的赞美,终归没有多大成就,所以说演员选择道路关系非常重大。选择道路的先决条件,就需要自己能鉴别好坏,才能认清正确的方向。不怕手艺低,可以努力练习;就怕眼界不高,就根本无法提高了。

不能鉴别好坏,或鉴别能力不强的人,往往还能受环境中坏的影响而不自觉,是非常危险,并且也是非常冤枉的。譬如一个演员天赋条件很好,演技功夫也很扎实,在这种基础上本来可以逐渐提高的。但如果和他同时还有个演员,比他声望较高,表演上不可否认的也有些成就,可是毛病相当大,他就很可能受到这个演员的影响,学了一身的毛病,弃自己所长,学别人所短,将来可能弄得无法救药。归根的原因在于自己不能辨别,为一时肤浅的效果所诱惑,以至于走上歧路。

——《要善于辨别精、粗、美、恶》,《戏曲研究》1957 年第 1 期

一个演员对于剧本所规定的人物性格,除了从文学作品和过去名演员对于角色所创造、积累的结晶应当继承以外,主要就靠平时在生活中随时吸取新的材料来丰富角色的特点,并给传统表演艺术充实新的生命。假使不具备辨别精、粗、美、恶的能力,将会在日常生活中吸取了不合用的东西,甚而至于吸取不少坏东西。

——《要善于辨别精、粗、美、恶》,《戏曲研究》1957 年第 1 期

有时候演员的动机确实很好,想从生活中吸取材料,只由于不辨精、粗、美、恶,对于前人的创造没有去很好地学习,或者学习了而不求甚解,视之无足轻重,因而对于生活中千千万万的现象,就不可能辨认出哪个好哪个坏,哪个用在舞台上,或不能用在舞台上。例如孙悟空这个角色,当优秀的演员演出时,观众觉得他是一个英雄,是一个神,一出场就仿佛朝霞万道似的,从扮相到舞蹈动作都表现这种气概,在这气概之中还要有猴子体格灵巧的特色,这是最合乎理想的孙悟空。但现在也有些扮孙悟空的并不具备这种形象,只是拼命学真猴子,把许许多多难看的动作直接地搬上舞台;甚而至于把动物园中猴子母亲哺乳小猴子、抚摸小猴子的动作,都加到孙大圣的形象上去,这种无选择地向自然界吸取,是一种非常不好的倾向。

——《要善于辨别精、粗、美、恶》,《戏曲研究》1957 年第 1 期

作为演员,当然要求在舞台上有创造。但是创造是艺术修养的成果,如果眼界不广,没有消化若干传统的艺术成果,在自己身上就不可能具备很好的表现手段,也就等于凭空的"创造",这不但是艺术进步过程中的阻碍,而且是很危险的。

——《要善于辨别精、粗、美、恶》,《戏曲研究》1957 年第 1 期

每个戏都有它的故事,每个故事都离不开人物;每个人物,不论男女,都有身份、年龄、性格和生活环境的不同。我们演员首先要把戏里故事的历史背景了解清楚,然后再根据上面所说的四项,把自己所扮演的人物仔细分析,深入体会。提到体会,就必须联系到演员的思想认识和政治修养。我们演的角色,究竟是好人还是坏人,他做的事情是好事还是坏事,这些虽然已经由剧本规定好了,但是我们如何体验剧本,用什么表演方法把它恰当地刻画出来,这要看你的政治修养怎样了。你的思想水平越提高,刻画出来的人物越生动,对观众的教育作用越大。这个工作不简单,只有不断地加强学习,才能够做好。

——《关于表演艺术的讲话》,《文汇报》1962年2月28日第3版

我生平有一种观念,是觉得世界上无论何人,对我总是好的,善意的,宽恕的。我因此从小至今,对于何人何事,都是竭我的诚意来应付。不但我的朋友很多,我都是推诚相处;就是有许多不了解我的事实,或是有不能原谅的人们,无法弥补或说明之时,我是永远原谅,而永远保持我的诚意。

——《诚意来应付,虚心来研究》,上海《东方杂志》1935年元旦号

我在二十五岁以前,与社会接触甚少,后来经历稍多,便觉得处处人情物态,都是我们的戏剧的教科书。

——《诚意来应付,虚心来研究》,上海《东方杂志》1935年元旦号

世界至大,艺术至深,像我所会的,真是沧海一粟。我不但不敢

有丝毫满足之心，对于任何教训，我都是坦白地领受。

——《诚意来应付，虚心来研究》，上海《东方杂志》1935年元旦号

我永远是乐观的，永远是感觉兴趣的。尤其是唱戏，我是永远觉得是最有意思的。我常告诉我的朋友，我最觉得舒服的，就是卸妆到后台，浑身大汗的时候。

——《诚意来应付，虚心来研究》，上海《东方杂志》1935年元旦号

无论做什么事业，都应该拿出诚意来应付，虚心来研究，尤其是做事须有兴趣。

——《诚意来应付，虚心来研究》，上海《东方杂志》1935年元旦号

爱国忧民

旧社会里是动辄要分阶级的，骡车也不例外。有一种叫作'后档车'的，车身的尺寸和车后的档子都特别加大，只限于王府贵妇乘坐。其次还有'大鞍车''小鞍车'的区别。大鞍车的尺寸也比较宽舒，车厢外面底下的一段是用红呢围着，也有'品级'管住，不能随便乱坐的。

——《舞台生活四十年》第一集第四章

在我早年接触到的这类角色中，使我最难忘的是穆桂英。我在不断演出中，对于刻画这个女英雄人物的爽朗、活泼、勇敢、大胆的性格，和她那爱国的高尚品质，自己早就受到了感动。

——《〈穆柯寨〉到〈辕门斩子〉是喜剧——穆桂英与杨延昭的表演分析》，载许姬传、许源来著《忆艺术大师梅兰芳》，中国戏剧出版社1986年

演员必须把剧中人思想的纯洁、性格的倔强和爱国御侮观念的明确，随着场子的变换，在脸上、身上和语言声音上很生动而又周密地表达出来，这才能够描写出杨家将队伍里的穆桂英，而不是《马上缘》的樊梨花，也不是《双锁山》的刘金定（这两个角色都是刀马旦，扮相也大体相似）。因为樊梨花和刘金定虽然也是有本领的女将，也都是争取婚姻自主的，但比起穆桂英的许多特点，如聪明、豪爽、天真尤其是爱国御侮的精神来，显然是相形见绌了。因此，我觉得穆桂英的确是一位卓尔不群的女英雄。

——《〈穆柯寨〉到〈辕门斩子〉是喜剧——穆桂英与杨延昭的表演分析》，载许姬传、许源来著《忆艺术大师梅兰芳》，中国戏剧出版社1986年

编演时装新戏，往往采取现实题材，意在警世砭俗，但是旧社会里形形色色，可以描写的东西很多，一出戏里是包括不尽的，在选题时，只能针对某一方面的现象来暴露、讽刺。

——《舞台生活四十年》第三集第三章

旧社会的大都市——租界里,华洋杂处,纸醉金迷,有人把它比作染缸、开锅。初出茅庐少年得意的演员,钱来得方便,上台有人叫好,下台到处欢迎,处在那样环境里是很危险的。

——《舞台生活四十年》第三集第四章

我记得辛亥革命后,北京梨园行有进步思想的田际云先生等,创议成立公会性质的"正乐育化会",以代替"精忠庙"的旧制。

——《舞台生活四十年》第三集第四章

从美国回来后,不到两年,发生了"九一八"事变,东北沦陷于敌人之手,平津一带也天天在被吞并的危险中,我觉得住在北平不安全,就搬家到上海。在上海我排演了《抗金兵》《生死恨》两出戏,把一些爱祖国、爱民族的意义编进戏里,想借此表达我对日本帝国主义的仇恨。

——《梅兰芳自传》

沉默了八年之久,如今又要登台了。读者诸君也许想象得到,对于一个演戏的人,尤其像我这样年龄的,八年的空白在生命史上是一宗怎样大的损失,这损失是永远无法补偿的。在过去这一段漫长的岁月中,我心如止水,留上胡子,咬紧牙关,平静而沉闷地生活着。一想到这个问题,我就觉得这战争使我衰老了许多,然而当胜利消息传来的时候,我高兴得再也沉不住气,我忽然觉得我反而年轻了,我的心一直向上飘,浑身充满了活力,不知从哪儿飞来了一种自信,我相信永远不会老,正如我们长春不老的祖国一样。

——《登台杂感》,上海《文汇报》1945年10月10日因为要演戏,近来我充满着活动的情绪。吊嗓子,练身段,每天兴冲冲地忙着,这种心情,使我重温到在科班中初次登台时的旧梦,一方面是害怕,一方面是欣喜。那种兴奋竟是这样地吻合!八年了,长时间的荒废,老是那么憋着,因为怕人听见,连吊吊嗓子的机会都没有。胜利后,当我试向空气中送出第一句唱词的时候,那心情的愉快真是无可形容。

——《登台杂感》,上海《文汇报》1945年10月10日

因为我这一次的登台,有一个更大的意义,这就是为了抗战的胜利。在抗战期间,我自己有一个决定:胜利以前我决不唱戏。胜利以后,我又有一个新的决定:必须把第一次登台的义务献给祖国,献给我们的政府。

——《登台杂感》,上海《文汇报》1945年10月10日

我必须感谢一切关心我的全国人士。这几年来您们对我的鼓励太大了,您们提高了我的自尊心,加强了我对于民族的志诚。请原谅我的率直,我对于政治问题向来没有什么心得。至于爱国心,我想每一个人都是有的吧?我自然不能例外。假如我在戏剧艺术上还有多少成就,那么这成就应该属于国家的,平时我有权利靠这点技艺来维持生活,来发展我的事业;可是在战时,在跟我们祖国站在敌对地位的场合底下,我没有权利随便丧失民族的尊严,这是我的一个简单的信念,也可以说是一个国民最低限度应有的信念。

——《登台杂感》,上海《文汇报》1945年10月10日

回想八年以来，我们所过的是如何阴暗的岁月。中国是具有悠久的历史和优秀传统的国家，在抗战期中，每一个国民都有为她忍受痛苦的义务。现在痛苦的日子已经过去了，我希望未来的将是永久的和平和幸福。

——《我理想中的新中国》，上海《周报》第六期"庆祝胜利号"，1945年10月13日

至于我个人，我只是一个演剧者，毕生的心力都花费在舞台上。如果也允许我对新中国有什么理想，我愿意从我切身的事业想起。

我想象，在未来的新中国，无论新旧戏剧，都将是文化事业的一环，社会教育的一个有力的部门，而不止是单纯的娱乐。从事戏剧的工作者，都成为服役于民众的艺术家、建设新中国的战士，国家保障他们的生活，社会尊重他们的地位；而他们本身，也不止于是供闲人消遣的工具。在平剧一方面，我希望有一个国家设立的学院，一面以完备的课程（包括一般的教育）训练人才，一面聘请专家实验研究，如何使它去芜存菁，发扬光大。因为社会的进步，平剧是否将归于淘汰，我现在想象不出来。可是这一艺术形式的存在，自有它历史的和社会的依据，直至今日，还是最为广大观众所接受，加以改革，推进，使它蜕化为一种有意义的教育工具，我想是必要的吧。

——《我理想中的新中国》，上海《周报》第六期"庆祝胜利号"，1945年10月13日

文化与艺术传统

北京的风俗,每到一个季节,都有一种应时点缀。这里面尤以跑马赛车为最盛。像元宵节的白云观、三月三的蟠桃宫、端阳节的南顶(永定门外),都是跑马的地方。

——《舞台生活四十年》第一集第四章

北京各种行业,每年照例要唱一次"行戏"。大的如粮行、药行、绸缎行……小的如木匠行、剃头行、成衣行……都有"行戏",大概从元宵节后就要忙起,一直要到四月二十八日才完。这一百天当中,是川流不息地分别举行的。"行戏"的性质,无非是劳动者忙了一年,借这个名义,大家凑些份子,娱乐一天。举行的地点,除了有些行业有固定的会馆外,大半都是假座精忠庙、浙慈会馆、南药王庙、正乙祠、小油馆……这些地方。

——《舞台生活四十年》第一集第四章

有些人一定不能完全了解,我为什么偌大年纪,还要拼了老命这样唱法。为了生活吗?为了过戏瘾吗?这些推测当然都猜着了一部分。主要的原因,却是因为我还有观众。他们对我的期望,没有减退,还是不断地鼓励着我向新的更完美的途径上走。同时还要我把几十年来从老前辈那里学来的一点艺术上的精华,在这么广大的观众面前,完完全全地拿出来,供后一代年轻艺人们参考。这一种期望,我哪能不接受呢?我看到前辈艺人的创造成果和许多宝贵演技的改进,到今天已经渐渐快要湮没了,后一代的人才,又没有培养成熟。在这青黄不接的时代,我站在一个艺术工作者的岗位上，趁我的精力还能勉强支持的时候，我是应该尽我的力量来努力工作，一直到我不能工作的时候为止的。

——《舞台生活四十年》第一集第十章

民国初年，娱乐场所的种类，还没有后来那么复杂而广泛。电影院内基本顾客都是外国人，中国人看电影的风气，还没有普遍展开。其他如大世界、新世界等大规模的游戏场，也全没有建立。所以看京班大戏，就成为各阶层观众唯一的娱乐。

——《舞台生活四十年》第一集第十章

到了民国二、三年上，北京戏剧界里对昆曲一道，已经由全盛时期渐渐衰落到不可想象的地步。台上除了几出武戏之外，很少看到昆曲了。

——《舞台生活四十年》第一集第十章

北京每年元旦的一天，戏院里照例是早晨九点开锣，下午三点散戏。开场先跳灵官、加官，跟着是《天官赐福》《卸甲封王》这一类的吉祥戏。我记得那天我在"天乐园"演的是《打金枝》，又名《七子八婿》。因为新年里各馆子贴的全是大团圆的喜剧，竭力避免死、杀、伤、刑的出现。拿我们唱青衣的来说吧，如《彩楼配》《大登殿》《御碑亭》带《金榜乐》《回荆州》《贵妃醉酒》……这些都是常演的戏。还有一路玩笑旦的戏，专靠科诨、逗乐见长，也是很受台下欢迎的。初五以前连《起解》《玉堂春》都不肯唱。当时的习惯，演员和观众，都要在新年讨取口彩,认为苏三的披枷戴锁,是会引起观众不好的印象的。元旦这天的座儿,向例是不会太满的。听戏的大半在除夕守岁,一夜无眠,第二天还要忙着一切旧风俗上的仪节,哪有工夫出门听戏呢?演员们的家里也有一套祭祖敬神的老习惯。晚上没得好睡,白天上了台,真有点像站在云里雾里一样。再说有些只取口彩的老戏,我们内行称作"歇工戏",平日也不常唱,根本唱不出精彩来的。可是每一个组织好的班社里面,那天一定有戏。而且搭上班社的每一个演员,还是非出台不可。为的是要让观众知道这家班社里今年约定的是一些什么角儿,带点广告性质的。

——《舞台生活四十年》第一集第十一章

从前编戏的为什么老离不开小说,因为小说上的人物与故事,早已家喻户晓地深入了民间,一旦演员们在台上把它绘形绘声地搬演出来,他们看了自然觉得格外亲切有趣,容易接受。

——《舞台生活四十年》第二集第三章

《红楼梦》是一部伟大的现实主义杰作,反映了封建时代一个官僚地主的大家族由极盛渐趋灭亡的历史,多少年来已经成为广大人民热爱熟知的作品。

——《舞台生活四十年》第二集第三章

当时北京的昆曲已经衰落到不可想象的地步,各戏班里,只有少数几出武戏还是昆曲。我提倡它的动机有两点:(一)昆曲具有中国戏曲的优良传统,尤其是歌舞并重,可供我们采取的地方的确很多;(二)有许多老辈们对昆曲的衰落失传,认为是戏剧界的一种极大的损失。他们经常把昆曲的优点告诉我,希望我多演昆曲,把它提倡起来。同时擅长昆曲的老先生们已经是寥若晨星,只剩了乔蕙兰、陈德霖、李寿峰、李寿山、郭春山、曹心泉这几位了,而且年纪也都老了,我想要不赶快学,再过几年就没有机会学了,即便学会了也没有人陪我唱了。我一点没有看错,不久这些老辈凋零以后,果然就发现了一连串这样的事实。

——《舞台生活四十年》第二集第三章

从明嘉万间一直到清乾嘉间,可以说都是昆曲极为流行的时期。这当中它也繁盛了二百年光景。那时候"家家收拾起,处处不提防"(上句出于《千钟禄》的《惨睹》,下句出于《长生殿》的《弹词》),何尝不是人人放在嘴里哼着唱的呢。

——《舞台生活四十年》第二集第三章

凡是根据古典名著改编的戏剧,应该尽可能尊重原著,保留它的本来面目。除非记载有了出入,足以引起我们的怀疑,或者含有毒素的地方,自然也应该加以变更和删节。

——《舞台生活四十年》第二集第五章

汉剧跟京戏的确有血肉相连的关系,我们只要研究一下京戏的创始,就不难知道它们的渊源了。京戏的产生,是混合了徽、汉两种地方戏,再吸取一部分昆曲的精华,这样组织成功的。咸、同年间,四大徽班里，最著名的老生，如程长庚、余三胜两位老先生，就是徽、汉二派的开山祖师。

——《舞台生活四十年》第二集第六章

从前的元剧里，所有权奸土豪、公差流拐、奸凶盗贼，这些坏人，规定都是用"净角"扮的。一般平常老百姓，如里正、甲头、牧童、卖茶的，倒是轮着丑角扮演。可见得"丑"的身份和性格，在当时的戏曲里就是很纯洁的。

——《舞台生活四十年》第二集第六章

京戏出现在后，一切组织，自然采用昆剧的旧路。最初的京班也分老生、小生、老旦、正旦、小旦、丑、付、净、末、贴十门角色。

——《舞台生活四十年》第二集第六章

丑的俗名叫作小花脸，是最难学的。先要学会十门角色的身段，再要学会各省的方言，还要能够在台上插科打诨，这些条件都完备了，才算是个好角。他的任务，是扮一个爽朗风趣的人物，说几句明快轻松的台词，博得台下的哄堂大笑，却往往能在这中间画龙点睛地指出人民的爱憎来。在观众坐久了，精神上容易感到疲劳，或者看得过分紧张的时候，都有用他来暂时调剂一下的必要。所以不论京剧与地方戏，哪一个戏班的组织，都少不了他。后来的京班，付的名称也取消了，丑付的扮相和嗓门，也没有多大区别了，这才引起了丑角是专扮坏人的误解。

——《舞台生活四十年》第二集第六章

中国戏剧在服装、道具、化装、表演上综合起来可以说是一幅活动的彩墨画。

——《舞台生活四十年》第三集第二章

绘画艺术与戏曲艺术一样，都共同有一个继承传统、发展创造的问题，既要继承又要发展，既要认真向前人学习，又要大胆进行创造革新。

——《舞台生活四十年》第三集第二章

齐白石先生常说他的画法得力于徐青藤、石涛、吴昌硕，其实他也还是从生活中去广泛接触真人真境、鸟虫花草以及其他美术作品如雕塑等，吸取了鲜明形象，尽归腕底。有这样丰富的知识和天才，所以他的作品，疏密繁简，无不合宜，章法奇妙，意在笔先。

——《舞台生活四十年》第三集第二章

画是静止的，戏是活动的；画有章法、布局，戏有部位、结构；画家对山水人物、翎毛花卉的观察，在一张平面的白纸上展才能，演员则是在戏剧的规定情境里，在那有空间的舞台上立体地显本领。艺术形式虽不同，但都有一个布局、构图的问题。中国画里那种虚与实、简与繁、疏与密的关系，和戏曲舞台的构图是有密切联系的，这是我们民族的对美的一种艺术趣味和欣赏习惯。正因为这样，我们从事戏曲工作的人，钻研绘画，可以提高自己的艺术修养，变换气质，从画中去吸取养料，运用到戏曲舞台艺术中去。

——《舞台生活四十年》第三集第二章

戏曲演员，当扎扮好了，走到舞台上的时候，他已经不是普通的人，而变成一件"艺术品"了，和画家收入笔端的形象是有同等价值的。

——《舞台生活四十年》第三集第二章

凡是名画家作品，他总是能够从一个人千变万化的神情姿态中，在顷刻间抓住那最鲜明的一刹那，收入笔端。画人最讲"传神"，画法以"气韵生动"为第一。所谓"传神""气韵生动"都指的是像真。

——《舞台生活四十年》第三集第二章

我们从绘画中可以学到不少东西，但是不可以依样画葫芦地生搬硬套，因为，画家能表现的，有许多是演员在舞台上演不出来的，我们能演出来的，有的也是画家画不出来的。我们只能略师其意，不能舍己之长。

——《舞台生活四十年》第三集第二章

画的特点是能够把进行着的动作停留在纸面上，使你看着很生动。戏曲的特点，是从开幕到闭幕，只见川流不息的人物活动，所以必须要有优美的亮相来调节观众的视觉。有些火炽热闹的场子，最后的亮相是非常重要的，往往在一刹那的静止状态中，来结束这一场的高潮。

——《舞台生活四十年》第三集第二章

当年有人把针对社会现象的时装戏，比作应时的菜肴、果品，有人就认为这种戏很快就会过时的，犯不着花很多的力气，这就错啦。按节令上市的菜肴、果品，必定要让顾客吃得鲜美可口。那么，时装戏也要花更多的劳动来争取时间，满足观众的要求。

——《舞台生活四十年》第三集第三章

我认为，中国有那么多剧种，积累的遗产是丰富多彩的，但长于此，绌于彼，各有不同，应该按照自己的风格，保持自己的特点，各抒所长地担负起历史任务，努力向前发展！

——《舞台生活四十年》第三集第三章

从戏曲历史发展来看，京戏不是北京土生土长的戏曲，它是以徽、汉为主流的两种地方戏，到北京受到欢迎，站定了脚，发展起来的。初期的京剧，不可避免地带有较浓重的乡音，以后才逐渐冲淡了。它在音韵、音乐、表演方面，为了适应北京观众的需要，竭力吸收昆曲、梆子等姊妹剧种的东西，才一天天走向于丰富成熟的阶段。

——《舞台生活四十年》第三集第四章

一个古老的剧种，能够松柏常青，是因为它随时进步。如果有突出的优秀的创造而为这个古老剧种某一项格律所限制的时候，我的看法是有理由可以突破的。但是必须有能力辨别好坏，这样的突破是不是有艺术价值？够得上好不够？值不值得突破？我同意欧阳予倩先生说的话："不必为突破而突破。"话又说回来，没有鉴别好坏的能力，眼界狭隘，就势必乱来突破了。

——《要善于辨别精、粗、美、恶》，《戏曲研究》1957年第1期

我们的艺术，必须货真价实，颠扑不破，才能流传永久。像《西厢记》《琵琶记》《拜月记》《白兔记》《牡丹亭》《雷峰塔》等许多传奇名作，有的已经演了几百年，至今还在上演。又如以《三国演义》《水浒》等小说为题材的许多好戏，至今也仍然受到群众的普遍欢迎。另外，各剧种还拥有数量不小、具有代表性的保留剧目。这些都是祖先们给我们留下的遗产，我们必须好好地继承下来，使它们发扬光大。但我们还必须要有新的创作，同时在发掘、整理、改编工作中，大家要集中力量来共同创造，也给下一代留下些像样的东西。

——《赣湘鄂旅行演出手记》，《戏剧论丛》1957年第2辑

汤显祖先生以毕生精力从事文学创作，给我们留下了许多宝贵遗产。他是与英国诗人莎士比亚同时期的剧作家，他的著作不但在国内享有盛名，并且流传海外，这不是偶然的。

——《谈杜丽娘》，《戏剧论丛》1957年第3辑

每一个剧种都有它独特的风格，我们所期望的是每一个剧种都从原有基础上发扬光大，不要在吸取别人的东西的同时，丢掉了自己传统的风格。

——《谈表演艺术》，《陕西日报》1957年10月16日第3版

中国戏曲是一种综合性的艺术，包含着剧本、音乐、化装、服装、道具、布景等等因素。这些都要通过演员的表演，才能成为一出完整的好戏。这里面究竟哪一门是最重要的呢？我以为全部都重要。

——《关于表演艺术的讲话》，《文汇报》1962 年 2 月 28 日第 3 版

我国的舞台艺术，流派繁衍，遗产丰富，往往只集中在某些老艺人身上，如不抓紧时间，把他们的绝技记录下来，对于继往开来是很大的损失。

——《我的电影生涯·自序》，中国电影出版社 1984 年

戏曲搬上银幕，历史上最早的应该说是在清代光绪三十一年（1905 年），北京琉璃厂内丰泰照相馆为京剧界名老生谭鑫培拍的《定军山》耍刀的片段，以及名武生俞菊笙（杨小楼是宗俞派而后发展为自成一派的）与名武旦朱文英（和我合作多年的朱桂芬是他的儿子）合拍的《青石山》的对刀，名武生俞振庭（俞菊笙的儿子）拍的《白水滩》《金钱豹》。这些片子，当年都先后在北京"大观楼"（"大观楼"在前门外大栅栏，始建于光绪年间，一直使用到解放后，1960 年 9 月改建为立体电影院）上映过。

——《我的电影生涯·小引》，中国电影出版社 1984 年

卓别林的影片，和当时流行的所谓悲欢离合以大团圆收场的影片也完全不同。他打破了这种虚伪的程式。他所扮演的角色都是喜剧形式、悲剧性格，有些还很像鲁迅先生笔下描写的阿Q式的可怜虫。我

看过他不少影片的结局，往往是一个人踽踽凉凉，愈走愈远，不知走到哪里去了。

——《我的电影生涯·再次会见卓别林与对〈大独裁者〉的观感》，中国电影出版社 1984 年

中国戏曲的表演艺术，是个综合体，它包括唱、做、念、打等各方面成为一套完整的体系。

唱、做、念、打统一于人物的思想感情，同时又必须统一于表演节奏。这两者的关系，也就是内容决定形式的问题。表演艺术必须通过唱、做、念、打来完成，而唱、做、念、打必须以口、眼、手、身、步为基础。很明显，在唱、念上必须讲究口法；做、打方面，则必须通过高度准确的手、眼、身、步法才能很好地表现出来。口、眼、手、身、步在舞台上必须贯串起来，是不可分割的整体。

——《中国戏曲的表演艺术》，载中国人民政治协商会议北京市委员会文史资料研究委员会编《文史资料选编》第 27 辑，北京出版社 1986 年

我们的国家有几千年的文化历史，当别国人民有的还在茹毛饮血、过着

原始生活时，我们已经有了自己的灿烂的文化艺术。有些外国朋友看到故宫博物院里陈列着三千年前我国劳动人民创制出来的青铜器时，都为那种工整而精巧的式样和细微复杂的花纹所震惊，他们赞不绝口，自愧不如。我认为我们的戏曲艺术也必须保留一批精雕细刻、思想性、艺术性都很高的剧目，而这些戏又必须符合人民的需要并为广大人

民所喜闻乐见的剧目。因此，我感到继承、发展、改革三个步骤是缺一不可的。

——《中国戏曲的表演艺术》，载中国人民政治协商会议北京市委员会文史资料研究委员会编《文史资料选编》第 27 辑，北京出版社 1986 年

表演与舞台艺术

戏剧圈里至今还流传有两句俚语："唱戏的是疯子，听戏的是傻子。"这两句话非常恰当地描写出当时戏院里的情形。

——《舞台生活四十年》第一集第三章

我在苏联表演期间，对《醉酒》的演出得到的评论，是说我描摹一个贵妇人的醉态，在身段和表情上有三个层次，始则掩袖而饮，继而不掩袖而饮，终则随便而饮，这是相当深刻而了解的看法。

——《舞台生活四十年》第一集第三章

其实每一个戏剧工作者，对于他所演的人物，都应该深深地琢磨体验到这剧中人的性格与身份，加以细密的分析，从内心里表达出来。同时观摩他人的优点，要从大处着眼，撷取菁华。不可拘于一腔一调、一举一动的但求形似，而忽略了艺术上灵活运用的意义。

——《舞台生活四十年》第一集第三章

每一出戏，不是仅只靠一个主角就能唱得好的，配角也占着重要的地位。

——《舞台生活四十年》第一集第五章

演员们的眼睛，在五官当中，占着极重要的地位。观众常有这样的批评，说谁的脸上有表情，谁的脸上不会做戏，这中间的区别，就在眼睛的好坏。因为脸上只有一双眼睛是活动的，能够传神的。所以许多名演员，都有一对神光四射、精气内涵的好眼睛。

——《舞台生活四十年》第一集第六章

从来舞台上演员的命运，都是由观众决定的。

艺术的进步，一半也靠他们的批评和鼓励，一半靠自己的专心研究，才能成为一个好角，这是不能侥幸取巧的。王大爷（瑶卿）有两句话说得非常透彻，他说："一种是成好角，一种是当好角。"成好角是打开锣戏唱起，一直唱到大轴子，他的地位，是由观众的评判造成的。当好角是自己组班唱大轴，自己想造成好角的地位。这两种性质不一样，发生的后果也不同。前面一种是根基稳固，循序渐进，立于不败之地。后面一种是尝试性质，如果不能一鸣惊人的话，那就许一蹶不振了。

——《舞台生活四十年》第一集第八章

我的姨父徐兰沅告诉过我一副对子，共计二十二个字，里面只用了八个单字，就能把表演的技术，描写出许多层次来。我觉得这副对子做得好，就把它记住了。请你写下来吧："看我非我，我看我，我也非我；装谁像谁，谁装谁，谁就像谁。"

——《舞台生活四十年》第一集第九章

演员是永远离不开观众的。观众的需要，随时代而变迁。演员在戏剧上的改革，一定要配合观众的需要来做，否则就是闭门造车，出了大门就行不通了。

——《舞台生活四十年》第一集第十章

演员在台上的表情，是有两种性质的。第一种是要描摹出剧中人心里的喜怒哀乐，就是说遇到得意的事情，你就露出一种欢喜的样子；悲痛的地方，你就表现一种凄凉的情景。这还是单纯的一面，比较容易做的。第二种是要形容出剧中人内心里面含着的许多复杂而矛盾又是不可告人的心情，那就不好办了。

——《舞台生活四十年》第一集第十章

中国的古典歌舞剧，和其他艺术形式一样，是有其美学的基础的。忽略了这一点，就会失去了艺术上的光彩，不论剧中人是真疯或者假疯，在舞台上的一切动作，都要顾到姿态上的美。

——《舞台生活四十年》第一集第十章

我一生从来没有敢满足过我自己的演技。

——《舞台生活四十年》第一集第十章

俞（振飞）派的唱腔，有"啜、叠、擞、嚯、撮"五个字的诀窍。讲究的是吞吐开阖，轻重抑扬，尤其重在随腔运气，的确是有传授的玩意儿。

——《舞台生活四十年》第一集第十章

俞腔的优点，是比较细致生动，清晰悦耳。如果配上了优美的动作和表情，会有说不出的和谐和舒适。

——《舞台生活四十年》第一集第十章

这四十年来，我所演的昆、乱两门，是都有过很大的转变的。有些是吸收了多方面的精华，自己又重新组织过了的。有的是根据了唱词宾白的意义，逐渐修改出来的。总而言之，"百变不离其宗"，要在吻合剧情的主要原则下，紧紧地掌握到艺术上'美'的条件，尽量发挥各人自己的本能。

——《舞台生活四十年》第一集第十章

昆戏的身段，都是配合着唱的。边唱边做，仿佛在替唱词加注解。

——《舞台生活四十年》第一集第十章

我对演技方面，向来不分派别，不立门户；只要合乎剧情，做来好看，北派我要学，南派我也吸收。

——《舞台生活四十年》第一集第十章

照我的理解，杜丽娘的身份，十足是一位旧社会里的闺阁千金。虽说下面有跟柳梦梅梦中相会的情节，到底她是受着旧礼教束缚的少女，而这一切又正是一个少女的生理上的自然的要求。我们只能认为这是杜丽娘的一种幻想，决不是荡妇淫娃非礼的举动。这是少女的"春困"，跟少妇的"思春"是有着相当的距离的，似乎也不一定要那样露骨地描摹。所以我最后的决定，是保留表情部分，冲淡身段部分。

——《舞台生活四十年》第一集第十章

古典歌舞剧是建筑在歌舞上面的。一切动作和歌唱，都要配合场面上的节奏而形成它自己的一种规律。前辈老艺人创造这许多优美的舞蹈，都是根据现实生活中的动作，把它进行提炼、夸张才构成的歌舞艺术，所以古典歌舞剧的演员负着两重任务，除了很切合剧情地扮演那个剧中人之外，还有把优美的舞蹈加以体现的重要责任。

时装戏表演的是现代故事。演员在台上的动作，应该尽量接近我们日常生活里的形态，这就不可能像歌舞剧那样处处把它舞蹈化了。

——《舞台生活四十年》第二集第三章

艺术的本身，不会永远站着不动，总是像后浪推前浪似的一个劲儿往前赶的，不过后人的改革和创作，都应该先吸取前辈留给我们的艺术精粹，再配合了自己的功夫和经验，循序进展，这才是改革艺术的一条康庄大道。

——《舞台生活四十年》第二集第三章

演员在台上的"唱"和"念",本有"死口"与"活口"两种习惯。用惯死口的,是根据台词,背得滚瓜烂熟,临时不能变动一个字的。如果同场演员,要改动对白,那就得事先对好了才行。用惯活口的,他在台上就可以随机应变,对白里临时加减也无所谓的了。两者比较起来,活口固然灵便一点,可是也容易犯疏忽大意的毛病。死口的演员,只要大家按着准词儿念,是不大会出错的。

——《舞台生活四十年》第二集第三章

中国戏剧的服装道具,基本上是用复杂的彩色构成的。演员没有审美的观念,就会在"穿""戴"上犯色彩不调和的毛病,因此也会影响到剧中人物的性格,连带着就损害了舞台上的气氛。

——《舞台生活四十年》第二集第三章

大凡一个成名的艺人,必要的条件,是先要能向多方面撷取精华。等到火候够了,不知不觉地就会加以融化成为他自己的一种优良的定型。

——《舞台生活四十年》第二集第五章

念白虽然没有音乐伴奏,但须具有一定的音乐性。

——《舞台生活四十年》第三集第一章

学习绘画对于我的化装术的进步,也有关系。因为绘画时,首先要注意敷色深浅浓淡，眉样、眼角是否传神。久而久之，就提高了美的欣赏观念。

——《舞台生活四十年》第三集第二章

舞台上一切装饰，是衬托戏的内容，加强艺术效果的。因此，图案的色调不可相差太大，线条组织也不宜过于强烈；所以桌围、椅帔、后幕等舞台装饰，如直接搬用敦煌壁画以及出土汉画像石刻等，有时也显得与剧中人的服装不能调和。

——《舞台生活四十年》第三集第二章

中国古典戏曲一切表演都是在方台上创造的，所以出场入场以及台上一切活动内容可以气贯整个的舞台。

——《舞台生活四十年》第三集第二章

"武戏文唱"的含义。武戏虽然以武打当作戏的主要内容，但是武打这一种技术和舞台上其他的动作一样，都是表演手段之一，它们都必须和生活内容、思想内容结合起来，不是单纯卖弄武工。凡是唱武戏能达到这个标准，或是朝着这条道路发展的，我们称为"武戏文唱"。

——《舞台生活四十年》第三集第二章

要防止一种倾向，就是"文戏武唱"最忌武的技术表面化。

——《舞台生活四十年》第三集第二章

京剧的组织，角色登场，穿扮夸张，长胡子、厚底靴、勾脸谱、吊眉眼、贴片子、长水袖、宽大的服装……一举一动，都要跟着音乐节奏，作出舞蹈化身段，从规定的程式中表现剧中人的生活。

——《舞台生活四十年》第三集第三章

时装戏一切都缩小了，于是缓慢的唱腔就不好安排，很自然地变成话多唱少。一些成套的锣鼓点、曲牌，使用起来，也显得生硬，甚至起"叫头"的锣鼓点都用不上，在大段对白进行中，有时只能停止打击乐。而演员离开音乐，手、眼、身、法、步和语气都要自己控制节奏，创造角色时，必须从现实生活中吸取各种类型人物的习惯语言、动作，加工组织成"有规则的自由动作"，才能保持京剧的风格。

——《舞台生活四十年》第三集第三章

旦角——青衣进行大段慢板唱腔时，外部动作讲究简练稳重，内心活动则根据唱词中角色的思想感情，层次分明地表现出来。

——《舞台生活四十年》第三集第三章

我觉得花旦、丑角这两门行当，由于在传统剧目里穿的服装大半露手露脚，又常常说京白，习惯语言动作比较接近现实生活，所以演时装戏，在创造人物时，比其他行当要便利些。

——《舞台生活四十年》第三集第三章

我体会到，演员掌握了基本功和正确的表演法则，扮演任何戏曲形式的角色，是能够得心应手，扮谁像谁的。但他们在创造角色时，却必须经过冥心探索，深入钻研，不可能一蹴而致，不劳而获的。

——《舞台生活四十年》第三集第三章

虽然演时装戏，不能搬套某一出戏的身段，但有了准确的范本，是可以融会贯通，推陈出新的。

——《舞台生活四十年》第三集第三章

解放后，戏曲表演现代生活，有了提高发展，虽然在内容与形式的矛盾上，还没有彻底解决……有的巧妙地运用了传统程式，有的在传统基础上创造了新的动作，确已大大提高了一步。有些地方剧种，由于形式上更适宜于表现现代生活，已经有了更好更多的保留节目，这些现象是可喜的。

——《舞台生活四十年》第三集第三章

台上的玩意儿最忌雷同，好腔不宜重唱，灯笼王学程大老板，连用一腔，观者大笑说：长庚好腔无重用者。

——《舞台生活四十年》第三集第三章

我认为不少名演员创造的好腔，多半是按照角色当时的思想感情、喜怒哀乐的情绪来安排组织的，才能流传众口，争相仿效。而吸取他人的东西,也要量体裁衣,运用得当。

——《舞台生活四十年》第三集第三章

京剧的特点:一、它的语言文字,虽然粗浅,但比较通俗,而表演方面具有较大的灵活性,给演员以发挥创造的机会。二、善于向各方面学习,例如,武打一门,吸收武术的不少架势,曲牌则大量采用昆曲的牌子,但都经过组织拆洗的工作,而变成自己的东西,这就不能不归功于许多前辈的旁搜博采,精心创造。

——《舞台生活四十年》第三集第四章

"花衫"这个名称是辛亥革命后才流行起来的,但戏曲班社角色分工里,并没有这种行当,它的含意就是青衣、花旦两门抱的意思。

"花衫"的另一种说法,是有些角色介乎青衣、花旦两门之间。

——《舞台生活四十年》第三集第四章

谭(鑫培)老的艺术,晚年已入化境,程式和生活融为一体,难于捉摸。

——《舞台生活四十年》第三集第四章

他们二位(谭鑫培、杨小楼)所演的戏,我感觉很难指出哪一点最好,因为他们从来是演某一出戏就给人以完整的精彩的一出戏,一个完整的感染力极强的人物形象。

——《舞台生活四十年》第三集第六章

在我的心目中谭鑫培、杨小楼的艺术境界，我自己没有适当的话来说，我借用张彦远《历代名画记》里面的话，我觉得更恰当些。他说："顾恺之之迹，紧劲联绵循环超忽，调格逸易，风趋电疾，意在笔先，画尽意在。"谭、杨二位的戏确实到了这个份，我认为谭、杨的表演显示着中国戏曲表演体系，谭鑫培、杨小楼的名字就代表着中国戏曲。

——《舞台生活四十年》第三集第六章

汤显祖所描写的杜丽娘，是一个可以代表封建时代"千金小姐"身份的典型人物。她生在生活优裕的家庭里，父母对她十分钟爱，她是美丽而且淹通诗书的才女，她希望有一位品貌兼优的书生而又是能够理解她的人作为终身伴侣，同时她也知道父母对于女儿的婚姻大事是不会草草的，但是理想中的人是可遇而不可求的，因而有着寂寞、空虚、彷徨、抑郁的心情，不免游春伤感。像杜丽娘这样一个典型女性，如果仅仅从表面上描写她的相貌美丽和性情温柔，而没有把她藏在心灵深处的这一点思想刻画出来，那就成为一般的了。汤显祖作品的动人之处，就在这种地方。他是先从环境写起的，在《牡丹亭》前几出戏里都有了交代，这就等于角色的小传，随后就一步一步地进入核心，虽然现在一般都不演全本《牡丹亭》，我认为演员仍然应该把全部曲文择要阅读、揣摩。

——《谈杜丽娘》，《戏剧论丛》1957年第3辑

"游园"一出，着重地描摹杜丽娘的闲适心情。在"袅晴丝吹来闲庭院"这样安静清雅的环境里，一个具有诗人情感的人当然是很愉快的，所以"游园"的曲文从景中写情，情中有景，都充满了春光明媚的

意境,在这种意境中只微露出"良辰美景奈何天"和"那牡丹虽好,他春归怎占的先"等一类的诗人式的感慨。作者把环境写得越美,越显得杜丽娘在"惊梦"里奔放了的内在情感更有力量。汤显祖把梦中相会的情景,用"如花美眷""似水流年""在幽闺自怜""是那处曾相见,相看俨然,早难道好处相逢无一言"这些句子来形容、衬托,造成美妙高超的境界,像这种风格,决不是寻常手笔所能梦见的。

——《谈杜丽娘》,《戏剧论丛》1957年第3辑

"惊梦"一出,刻画杜丽娘的心情,是有三个层次的转折:第一,是从念独白到唱【山坡羊】为止,这一段因为春香已不在面前,所以"怀人幽怨"的心情就表面化了,渐渐地在"困人天气"中睡去。第二,是两支【山桃红】曲子,她平时的理想人物在梦中出现了,梦中的情绪是奔放的,这是杜丽娘在全剧中最愉快的一段。第三,是梦醒之后,有些惘然若失的意思,当着母亲的面却要故作镇定,母亲走后,又细细回忆梦中的情景。

——《谈杜丽娘》,《戏剧论丛》1957年第3辑

一个演员对角色性格有了钻研和体会,应当怎样表达出来呢?这就关系到你的表演艺术是否丰富。前辈老艺人给我们留下了多种多样的传统表演方法,只要我们肯踏踏实实去学,这一座艺术宝库是取之不尽,用之不竭的。但是在运用方面,一定要结合我们的内心活动。譬如《醉酒》里的"卧鱼"这个身段本来没有目的,我把它改成蹲下去,是为了闻花。可是所有闻花、掐花、看花等姿态动作还是传统的东西。要点是在当时我的心中、目中都有那朵花,这样才会给观众一种真实的

感觉。

——《谈表演艺术》,《陕西日报》1957 年 10 月 16 日第 3 版

演员在表演时都知道,要通过歌唱舞蹈来传达角色的感情,至于如何做得恰到好处,那就不是一件容易的事情了,往往不是过头,便是不足。这两种毛病看着好像一样,实际大有区别。拿我的经验来说,情愿由不足走上去,不愿走过了头返回来。因为把戏演过头的危险性很大,有一些比较外行的观众会来喜爱这种过火的表演。最初或许你还能感觉到自己的表演过火了,久而久之,你就会被台下的掌声所陶醉,只能向这条歪路挺进,那就愈走愈远回不来了。

——《谈表演艺术》,《陕西日报》1957 年 10 月 16 日第 3 版

谈到服装,从前有一句老话:"宁穿破,不穿错。"这不是说要大家穿了破衣服上台,而是说明历来舞台上对服装的考究,因为服装跟剧中人的身份、年龄、性格和生活环境都有密切关系。

——《关于表演艺术的讲话》,《文汇报》1962 年 2 月 28 日第 3 版

唱、念、做、打都离不开眼神。眼神在表演里起着领带、贯穿的作用。凡是演员必须练就一对能够传神的眼睛。在眼神运用的技巧方面要求准确,准确就是有目的。运用眼神时要求有焦点,还要经济;眼神注视焦点移动的路线要准确,不要浪费在没用的地方。

——《中国戏曲的表演艺术》,载中国人民政治协商会议北京市委员会文史资料研究委员会编《文史资料选编》第 27 辑,北京出版社 1986 年版

古装头，也是首先要求髻形美观，假发厚薄要合适，额前看发和片子衔接起来在面型上要起分清面部轮廓的作用。发髻不论采取什么形式，一定要有相当程度的夸张，和梳大头的夸张程度一样。大头的形式，是从生活实际中来的，但它和人面的比例，已经和生活实际状况不同了，可是出现在舞台上刚刚合适。有些梳古装头的很接近真实，给人的感觉是稀稀地一点头发，头上单摆浮搁一个小髻，就是因为它的比例不合乎舞台需要，发不够厚，髻不够大，髻形不美，在这种基础上，所有附加在头上的装饰，也就不会好看了。

——《谈戏曲舞台美术·旦角的梳头》，《上海戏剧》1962 年第 8 期

设计服装，当然不能永远拘于陈腐旧套，但对于旧的规律一定要彻底明白。

——《谈戏曲舞台美术·服装的色彩与质料》，《上海戏剧》1962 年第 8 期

脸谱是京戏净、丑面部化装的一种更夸张和具有象征意味的造型艺术。这种化装方法和净、丑角色的表演形式是分不开的；它和生、旦角色的面部化装，有着明显的区别。角色一出场，脸谱就给观众一个明确的人品概念——正直的或奸佞的，善良的或丑恶的，一望而知。

——《谈戏曲舞台美术·脸谱》，载中国艺术研究院戏曲研究所编《中国戏曲理论研究文选》下册，上海文艺出版社 1985 年

中国戏的一切服装、道具、布景等都是为演员表演艺术服务的，因此舞台上所用的物件、器具总尽量避免用真的实物。式样、质料、轻

重、大小、长短都要比生活中的实物有所不同。有的予以夸张、放大（如酒杯、印盒等），有的则予以缩小（如城、轿、车等），甚至以鞭代马，以桨代船，目的都是为了适应演员各种各样的表演动作，为不受时间、空间限制的虚拟环境提供条件，以符合舞台经济的原则。

——《谈戏曲舞台美术·道具》，载中国艺术研究院戏曲研究所编《中国戏曲理论研究文选》下册，上海文艺出版社 1985 年

电影与戏曲都是综合性的艺术，但它们的表现手法，在写实与写意的程度上有差异。

——《我的电影生涯·自序》，中国电影出版社 1984 年

卓别林的表演艺术，最使我心服的是冷隽、幽默。他在银幕上几乎看不见有欢乐大笑的镜头，至多是讽刺性的冷笑，或者是痛苦的微笑。他的内心活动是深藏不露，不容易让你看透。一种富有诗意的，含蓄得像淡云遮月、柳藏鹦鹉那样的意境，是令人回味无穷的。

——《我的电影生涯·再次会见卓别林与对〈大独裁者〉的观感》，中国电影出版社 1984 年

学艺与教育

天赋方面具备了各种优美的条件，还要有名师指授，虚心接受批

评，再拿本身在舞台上多少年的实际经验，融会贯通以后，才能够成为一个十全十美的名演员。

——《舞台生活四十年》第一集第三章

学旦角的，不一定专看本工戏，其他各行角色都要看。同时批评优劣，采取他人的长处，这样才能使自己的技能丰富起来。

——《舞台生活四十年》第一集第三章

像这各方面的人才，要大量地培植，就非有一个很健全的机构不可。从前有科班，有学校，隔了几年就能培养出一大批人才。现在这些机构，都由于私人经济力量的不足，全都停办，才造成这样普遍的演员荒。回想到叶春善老先生创办喜连成的精神与毅力，从小规模做起，一直维持了三十几年，培养出许多各部门不同的人才，成为今天戏剧界的基本骨干，真是值得钦佩、表扬的。同时富连成的停办，也不可否认的是我们戏剧界的一个绝大的损失。

——《舞台生活四十年》第一集第五章

叶（春善）老先生从几个小学生教起，教到七百多人，场面、梳头、管箱等工作人员，还没有计算在内。在近代戏剧教育史上说，是有他很重要的地位跟不可磨灭的功绩的。

——《舞台生活四十年》第一集第五章

可见得这种教育,要用私人经济力量来办,就好像大海里的一只小船,遇到了风浪,谁也支持不住,那翻船的危险是不可避免的。只有政府出来主持,才能建立起一个很坚固的基础,把我们戏剧界旧的艺术精华保留下来,新的思想加进去,成为一种最完整的舞台剧。

——《舞台生活四十年》第一集第五章

童年用嗓子累过了头,恢复起来困难。但我认为过劳过逸,都有流弊,劳则伤音,逸则败气。少年人经验不足,不能掌握分寸,恰到好处,那就要师友们随时体察实际情况,细心辅导。

——《舞台生活四十年》第三集第四章

这里我要提醒初学乍练的青年演员们,假使火候不到,宁可板一点,切不可扭捏过火,过火的毛病,比呆板要严重得多。

——《舞台生活四十年》第三集第四章

古人曾说:"校书如扫落叶。"那意思说,一遍一遍的校对,好像秋天树木落下的叶子,一边扫一边落是扫不净的。演员要想把一出戏演好,必须有扫落叶的精神,同时也要懂得辨别精粗美恶,不要想入非非地胡琢磨,那样会钻进牛犄角里去,或者把好东西顺手扫了出去。

——《舞台生活四十年》第三集第四章

其实,学戏的过程,也和大家没有什么两样。我以为,一个演员的成就，第一要靠"幼工"结实。动作部分应该练好腰腿，唱念部分应该练好发音咬字。这些基本的技术，大家都是内行，也无须我细讲。第二，要靠舞台实践。我的经验是戏唱得越熟，理解力越强，正如俗语所说"熟能生巧"，这句话是一点都不错的。可是，还应当注意戏唱熟了，往往会"油"。戏唱油了，是要不得的。第三，是要多看前辈们的表演。什么行当的戏都看，什么剧种的戏都看。但是，看戏必须具备一种鉴别能力，才能分出好坏来。看到好戏，固然能够丰富我们的表演；看到坏戏，也不要失望，这对我们也有益处，因为我们能看出他走错了路，就可以不再犯他同样的错误。这种鉴别能力，也是要经过一番锻炼，才能具备的。只要我们肯多看前辈们好的表演，多听行内行外一些良师益友的经验之谈和正确的意见，再加上自己的琢磨钻研，久而久之，我们的眼睛亮了，耳朵也灵了，心里也明白了，到那时候，我们就能够分清哪是精华，哪是糟粕，那么，在表演方面就一定可以进入角色，自然就会有许多的创造，我就是从这样一条路上走过来的。

——《赣湘鄂旅行演出手记》，《戏剧论丛》1957 年第 2 辑

　　戏曲照相的目的，除了宣传之外，主要还是当作研究资料，所以应该分为两种方式进行。一是在剧院现场照相，一是在台下化装或"素身"（便装表演，术语叫作"素身"）照相。在剧院现场照相，据我个人的经验，提出下列六忌：

　　1. 忌正相偏照。就是说，这个亮相本来是给观众看正面的，假使从侧面照出来，就不会好看。

　　2. 忌侧相正照。这个相本来是侧面亮给观众看的，假使从旁边照，当然照的是正面。我有一张《洛神》"拾翠羽"的照片，就是侧相正照，给人的感觉就好像夹着膀子似的。

3. 忌照未完成的亮相。我有一张《抗金兵》——梁红玉和金兀术水战的照片，我左手正在"掏翎子"，脚底下正在"垫步"，这个相还没有亮出，就照下来了。这如同写字缺了末一笔，说一段话、写一节文章，有前提，无结果，看了就觉得别扭。这一类武打身段，尺寸并不快（走马锣鼓），摄影师如果熟悉表演是可以照得好的，当梁红玉和金兀术都在台中心的时候，可以先把部位找好，对准距离，等掏完翎子，脚步落下和亮相的"底锤锣"（一个亮相完成时的节奏声音），同时按"快门"，一定会照得很精彩。

4. 忌仰镜头。在台下照台上的演员，当然镜头角度是有些上仰的，但远而小仰无妨，近而大仰则不可。当演员正在台口，距离最近，仰起镜头就会把人照成上小下大的宝塔样子。面部也就走了形。

5. 忌照开口音。演员正在唱的时候，不是不能照，但要选择闭口音，因为演员唱的时候观众注意力主要是听，虽然有时口张得大一点，也很快地就过去了，但照下相来就看着不舒服了。

6. 忌照不合节奏的相。凡是唱的时候，面部表情（包括头、颈的动转，眼睛注视方向的移动）、身上动作（包括指指点点等小动作）都是随着唱的节奏进行的。演员正在舞台部位较为固定时唱着，照相应该说问题不大，但这类照片的好坏，往往决定于是否抓住节奏。最好在一个腔完成时，和鼓板尺寸同时按快门，照出来就必定是一个完整的相。

上面提出的要求，比较严格，而摄影师在观众席上不能任意活动、选择角度，进行工作时受到很大的限制，所以我觉得公开演出和照相是有矛盾的。

——《戏曲照片》，《戏剧报》1961年第19，20期合刊，21，22期合刊连载演员幼年学艺的基本功,非常重要,这如同盖楼房,一定要打地基,地基打得结实,房子就坚固耐久。学戏也是如此,所以青衣要从《三娘教子》《二进宫》《彩楼配》入手。这些唱工戏,唱腔比较平正通达,做工也不多,适合小孩学习。把这些戏演熟了,自然熟能生巧,本身就起了变化。

——《培养下一代,培养师资》,《戏剧报》1961年第19,20期合刊,21,22期合刊连载

后 记

责编发来电子版校样，才意识到出版在即，说几句必不可少，时光荏苒，不容等待。回想自己这些年，有三个交叠的10年期，2002年至2013年，在中国艺术研究院戏曲研究所从副所长（主持工作）到所长11年，2013年到2023年在梅兰芳纪念馆从书记、副馆长到馆长、书记10年，2010年到2021年担任中国傩戏学研究会会长11年。这三个10年期既做业务，也做管理，也各有所得。而在梅兰芳纪念馆工作的这10年，也是自己从业务到管理工作成长和走向成熟的重要阶段，尽己所能，努力开拓，也算没有蹉跎岁月！

作为专业的戏曲研究者，真正对梅兰芳的关注和研究，还是从踏入护国寺街9号大门的那一天开始的。这10年，梅兰芳的艺术、思想和理论使我受益多多，在走近梅兰芳的过程中，愈益为他身上所散发的人格魅力着迷，也点燃了我内心深处无限探求和崇敬之情。如果说，我们对梅兰芳的认识和研究还处于初步阶段是对前人学者的不恭，那么我们尽可以说，随着对梅兰芳文献的不断发掘和整理，"梅学"真正是方兴未艾，"梅学"属于未来！

这10年我做了一些事情，也写了一些文章，包括主持了新版《梅兰芳全集》的编纂工作和国家社会科学艺术学重大项目《梅兰芳表演艺术体系及相关文献的收集整理与研究》，但觉得要做的事情尚多，学无止境，深以为是！本书是我近年来的论文、评论、序跋、随笔、访谈等的汇集，也是我对梅兰芳的一些理解和认识，承蒙河北教育出版社不

后记

弃，借纪念梅兰芳诞辰130周年的重要时间节点，应时而出。

在梅兰芳纪念馆任职的10年，工作上得到了同事们的大力支持，通过学术讨论，形成良好的环境氛围，实现着向一个学术型、综合型名人文化纪念馆的转型。书中有的文章是与同事或学生合撰，梅兰芳历史照片资料也多为梅兰芳纪念馆提供，谨致感谢！本书的出版得到了河北教育出版社社长董素山、总编辑刘贵廷的首肯和重视。河北教育出版社是一个在出版界有甚佳口碑的大社，甚为学界看重。出版社学术读物编辑室主任任晓霞、副主任赵莉薇为本书的编辑工作付出了极大的辛劳，多次与我交换意见，对文稿配图甚为认真，殊觉感人！

文或浅陋，谨以最诚挚的感情纪念伟大的表演艺术家梅兰芳先生130周年诞辰！

刘祯
2024年8月18日于北京惠新里寓所